老科学家学术成长资料采集工程

中国工程院院士传记丛书

# 治水殆与禹同功

| 1925年 | 1943年 | 1950年 | 1958年 | 1970年 | 1983年 | 1994年 |
|---|---|---|---|---|---|---|
| 出生于湖南益阳 | 考入重庆国立中央大学 | 调入汉口长委会 | 参加丹江口查勘队 | 负责葛洲坝工程规划设计 | 参加三峡工程 | 当选中国工程院院士 |

老科学家学术成长资料采集工程

中国工程院院士传记丛书

# 治水殆与禹同功

## 文伏波 传

王红 王学 ◎ 著

上海交通大学出版社

中国科学技术出版社

**图书在版编目(CIP)数据**

治水殆与禹同功：文伏波传/王红,王学著. —上海:上海
交通大学出版社,2016
(老科学家学术成长资料采集工程丛书)
ISBN 978-7-313-14395-2

Ⅰ.①治… Ⅱ.①王…②王… Ⅲ.①文伏波-传记
Ⅳ.①K826.16

中国版本图书馆 CIP 数据核字(2016)第 007539 号

| 出 版 人 | 韩建民　秦德继 |
| 责任编辑 | 张　扬 |
| 责任营销 | 陈　鑫 |
| 版式设计 | 中文天地 |

| 出　　版 | 上海交通大学出版社　中国科学技术出版社 |
| 发　　行 | 上海交通大学出版社 |
| 地　　址 | 上海市番禺路 951 号 |
| 邮　　编 | 200030 |
| 发行电话 | 021-64071208 |
| 传　　真 | 021-64073126 |
| 网　　址 | http://www.jiaodapress.com.cn |

| 开　　本 | 787mm×1092mm　1/16 |
| 字　　数 | 338 千字 |
| 印　　张 | 22.75 |
| 彩　　插 | 3 |
| 版　　次 | 2016 年 5 月第 1 版 |
| 印　　次 | 2016 年 5 月第 1 次印刷 |
| 印　　刷 | 上海景条印刷有限公司 |
| 书　　号 | ISBN 978-7-313-14395-2/K |
| 定　　价 | 68.00 元 |

# 老科学家学术成长资料采集工程
## 领导小组专家委员会

主　任：杜祥琬

委　员：(以姓氏拼音为序)

巴德年　　陈佳洱　　胡启恒　　李振声

王礼恒　　王春法　　张　勤

# 老科学家学术成长资料采集工程
## 丛书组织机构

**特邀顾问**（以姓氏拼音为序）

樊洪业　　方　新　　齐　让　　谢克昌

**编 委 会**

主　编：王春法　　张　藜

编　委：(以姓氏拼音为序)

艾素珍　　董庆九　　胡化凯　　黄竞跃　　韩建民

廖育群　　吕瑞花　　刘晓勘　　林兆谦　　秦德继

任福君　　苏　青　　王扬宗　　夏　强　　杨建荣

张柏春　　张大庆　　张　剑　　张九辰　　周德进

**编委会办公室**

主　任：许向阳　　张利洁

副主任：许　慧　　刘佩英

成　员：(以姓氏拼音为序)

崔宇红　　董亚峥　　冯　勤　　何素兴　　韩　颖

李　梅　　罗兴波　　刘　洋　　刘如溪　　沈林苣

王晓琴　　王传超　　徐　捷　　肖　潇　　言　挺

余　君　　张海新　　张佳静

# 老科学家学术成长资料采集工程简介

老科学家学术成长资料采集工程（以下简称"采集工程"）是根据国务院领导同志的指示精神，由国家科教领导小组于 2010 年正式启动，中国科协牵头，联合中组部、教育部、科技部、工信部、财政部、文化部、国资委、解放军总政治部、中国科学院、中国工程院、国家自然科学基金委员会等 11 部委共同实施的一项抢救性工程，旨在通过实物采集、口述访谈、录音录像等方法，把反映老科学家学术成长历程的关键事件、重要节点、师承关系等各方面的资料保存下来，为深入研究科技人才成长规律，宣传优秀科技人物提供第一手资料和原始素材。按照国务院批准的《老科学家学术成长资料采集工程实施方案》，采集工程一期拟完成 300 位老科学家学术成长资料的采集工作。

采集工程是一项开创性工作。为确保采集工作规范科学，启动之初即成立了由中国科协主要领导任组长、12 个部委分管领导任成员的领导小组，负责采集工程的宏观指导和重要政策措施制定，同时成立领导小组专家委员会负责采集原则确定、采集名单审定和学术咨询，委托中国科学技术史学会承担具体组织和业务指导工作，建立专门的馆藏基地确保采集资料的永久性收藏和提供使用，并研究制定了《采集工作流程》、《采集工作规范》等一系列基础文件，作为采集人员的工作指南。截至 2014 年底，已启动304位老科学家的学术成长资料采集工作，获得手稿、书信等实物原件资料 52 093 件，数字化资料 137 471 件，视频资料 183 878 分钟，音频资料 224 828 分钟，具有重要的史料价值。

采集工程的成果目前主要有三种体现形式，一是建设一套系统的"老科学家学术成长资料数据库"（本丛书简称"采集工程数据库"），提供学术研究和弘扬科学精神、宣传科学家之用；二是编辑制作科学家专题资料片系列，以视频形式播出；三是研究撰写客观反映老科学家学术成长经历的研究报告，以学术传记的形式，与中国科学院、中国工程院联合出版。随着采集工程的不断拓展和深入，将有更多形式的采集成果问世，为社会公众了解老科学家的感人事迹，探索科技人才成长规律，研究中国科技事业的发展历程提供客观翔实的史料支撑。

# 总序一

中国科学技术协会主席　韩启德

　　老科学家是共和国建设的重要参与者，也是新中国科技发展历史的亲历者和见证者，他们的学术成长历程生动反映了近现代中国科技事业与科技教育的进展，本身就是新中国科技发展历史的重要组成部分。针对近年来老科学家相继辞世、学术成长资料大量散失的突出问题，中国科协于2009 年向国务院提出抢救老科学家学术成长资料的建议，受到国务院领导同志的高度重视和充分肯定，并明确责成中国科协牵头，联合相关部门共同组织实施。根据国务院批复的《老科学家学术成长资料采集工程实施方案》，中国科协联合中组部、教育部、科技部、工业和信息化部、财政部、文化部、国资委、解放军总政治部、中国科学院、中国工程院、国家自然科学基金委员会等 11 部委共同组成领导小组，从 2010 年开始组织实施老科学家学术成长资料采集工程。

　　老科学家学术成长资料采集是一项系统工程，通过文献与口述资料的搜集和整理、录音录像、实物采集等形式，把反映老科学家求学历程、师承关系、科研活动、学术成就等学术成长中关键节点和重要事件的口述资料、实物资料和音像资料完整系统地保存下来，对于充实新中国科技发展的历史文献，理清我国科技界学术传承脉络，探索我国科技发展规律和科技人才成长规律，弘扬我国科技工作者求真务实、无私奉献的精神，在全社会营造爱科学、学科学、用科学的良好氛围，是一件很有意义的事情。采集工程把重点放在年龄在 80 岁以上、学术成长经历丰富的两院院士，以及虽然不是两院院士、但在我国科技事业发展中作出突出贡献的老科技工作者，充分体现了党和国家对老科学家的关心和爱护。

自 2010 年启动实施以来，采集工程以对历史负责、对国家负责、对科技事业负责的精神，开展了一系列工作，获得大量反映老科学家学术成长历程的文字资料、实物资料和音视频资料，其中有一些资料具有很高的史料价值和学术价值，弥足珍贵。

以传记丛书的形式把采集工程的成果展现给社会公众，是采集工程的目标之一，也是社会各界的共同期待。在我看来，这些传记丛书大都是在充分挖掘档案和书信等各种文献资料、与口述访谈相互印证校核、严密考证的基础之上形成的，内中还有许多很有价值的照片、手稿影印件等珍贵图片，基本做到了图文并茂，语言生动，既体现了历史的鲜活，又立体化地刻画了人物，较好地实现了真实性、专业性、可读性的有机统一。通过这套传记丛书，学者能够获得更加丰富扎实的文献依据，公众能够更加系统深入地了解老一辈科学家的成就、贡献、经历和品格，青少年可以更真实地了解科学家、了解科技活动，进而充分激发对科学家职业的浓厚兴趣。

借此机会，向所有接受采集的老科学家及其亲属朋友，向参与采集工程的工作人员和单位，表示衷心感谢。真诚希望这套丛书能够得到学术界的认可和读者的喜爱，希望采集工程能够得到更广泛的关注和支持。我期待并相信，随着时间的流逝，采集工程的成果将以更加丰富多样的形式呈现给社会公众，采集工程的意义也将越来越彰显于天下。

是为序。

# 总序二

中国科学院院长　白春礼

　　由国家科教领导小组直接启动，中国科学技术协会和中国科学院等 12 个部门和单位共同组织实施的老科学家学术成长资料采集工程，是国务院交办的一项重要任务，也是中国科技界的一件大事。值此采集工程传记丛书出版之际，我向采集工程的顺利实施表示热烈祝贺，向参与采集工程的老科学家和工作人员表示衷心感谢！

　　按照国务院批准实施的《老科学家学术成长资料采集工程实施方案》，开展这一工作的主要目的就是要通过录音录像、实物采集等多种方式，把反映老科学家学术成长历史的重要资料保存下来，丰富新中国科技发展的历史资料，推动形成新中国的学术传统，激发科技工作者的创新热情和创造活力，在全社会营造爱科学、学科学、用科学的良好氛围。通过实施采集工程，系统搜集、整理反映这些老科学家学术成长历程的关键事件、重要节点、学术传承关系等的各类文献、实物和音视频资料，并结合不同时期的社会发展和国际相关学科领域的发展背景加以梳理和研究，不仅有利于深入了解新中国科学发展的进程特别是老科学家所在学科的发展脉络，而且有利于发现老科学家成长成才中的关键人物、关键事件、关键因素，探索和把握高层次人才培养规律和创新人才成长规律，更有利于理清我国科技界学术传承脉络，深入了解我国科学传统的形成过程，在全社会范围内宣传弘扬老科学家的科学思想、卓越贡献和高尚品质，推动社会主义科学文化和创新文化建设。从这个意义上说，采集工程不仅是一项文化工程，更是一项严肃认真的学术建设工作。

中国科学院是科技事业的国家队，也是凝聚和团结广大院士的大家庭。早在1955年，中国科学院选举产生了第一批学部委员，1993年国务院决定中国科学院学部委员改称中国科学院院士。半个多世纪以来，从学部委员到院士，经历了一个艰难的制度化进程，在我国科学事业发展史上书写了浓墨重彩的一笔。在目前已接受采集的老科学家中，有很大一部分即是上个世纪80、90年代当选的中国科学院学部委员、院士，其中既有学科领域的奠基人和开拓者，也有作出过重大科学成就的著名科学家，更有毕生在专门学科领域默默耕耘的一流学者。作为声誉卓著的学术带头人，他们以发展科技、服务国家、造福人民为己任，求真务实、开拓创新，为我国经济建设、社会发展、科技进步和国家安全作出了重要贡献；作为杰出的科学教育家，他们着力培养、大力提携青年人才，在弘扬科学精神、倡树科学理念方面书写了可歌可泣的光辉篇章。他们的学术成就和成长经历既是新中国科技发展的一个缩影，也是国家和社会的宝贵财富。通过采集工程为老科学家树碑立传，不仅对老科学家们的成就和贡献是一份肯定和安慰，也使我们多年的夙愿得偿！

鲁迅说过，"跨过那站着的前人"。过去的辉煌历史是老一辈科学家铸就的，新的历史篇章需要我们来谱写。衷心希望广大科技工作者能够通过"采集工程"的这套老科学家传记丛书和院士丛书等类似著作，深入具体地了解和学习老一辈科学家学术成长历程中的感人事迹和优秀品质；继承和弘扬老一辈科学家求真务实、勇于创新的科学精神，不畏艰险、勇攀高峰的探索精神，团结协作、淡泊名利的团队精神，报效祖国、服务社会的奉献精神，在推动科技发展和创新型国家建设的广阔道路上取得更辉煌的成绩。

# 总序三

中国工程院院长 周 济

由中国科协联合相关部门共同组织实施的老科学家学术成长资料采集工程，是一项经国务院批准开展的弘扬老一辈科技专家崇高精神、加强科学道德建设的重要工作，也是我国科技界的共同责任。中国工程院作为采集工程领导小组的成员单位，能够直接参与此项工作，深感责任重大、意义非凡。

在新的历史时期，科学技术作为第一生产力，已经日益成为经济社会发展的主要驱动力。科技工作者作为先进生产力的开拓者和先进文化的传播者，在推动科学技术进步和科技事业发展方面发挥着关键的决定的作用。

新中国成立以来，特别是改革开放 30 多年来，我们国家的工程科技取得了伟大的历史性成就，为祖国的现代化事业作出了巨大的历史性贡献。两弹一星、三峡工程、高速铁路、载人航天、杂交水稻、载人深潜、超级计算机……一项项重大工程为社会主义事业的蓬勃发展和祖国富强书写了浓墨重彩的篇章。

这些伟大的重大工程成就，凝聚和倾注了以钱学森、朱光亚、周光召、侯祥麟、袁隆平等为代表的一代又一代科技专家们的心血和智慧。他们克服重重困难，攻克无数技术难关，潜心开展科技研究，致力推动创新发展，为实现我国工程科技水平大幅提升和国家综合实力显著增强作出了杰出贡献。他们热爱祖国，忠于人民，自觉把个人事业融入到国家建设大局之中，为实现国家富强而不断奋斗；他们求真务实，勇于创新，用科技为中华民族的伟大复兴铸就了辉煌；他们治学严谨，鞠躬尽瘁，具有崇高的科学精神和科学道德，是我们后代学习的楷模。科学家们的一生是一本珍贵的教科书，他们坚定的理想信念和淡泊名利的崇高品格是中华民族自强不息精神的宝贵财富，永远值得后人铭记和敬仰。

通过实施采集工程，把反映老科学家学术成长经历的重要文字资料、实物资料和音像资料保存下来，把他们卓越的技术成就和可贵的精神品质记录下来，并编辑出版他们的学术传记，对于进一步宣传他们为我国科技发展和民族进步作出的不朽功勋，引导青年科技工作者学习继承他们的可贵精神和优秀品质，不断攀登世界科技高峰，推动在全社会弘扬科学精神，营造爱科学、讲科学、学科学、用科学的良好氛围，无疑有着十分重要的意义。

中国工程院是我国工程科技界的最高荣誉性、咨询性学术机构，集中了一大批成就卓著、德高望重的老科技专家。以各种形式把他们的学术成长经历留存下来，为后人提供启迪，为社会提供借鉴，为共和国的科技发展留下一份珍贵资料。这是我们的愿望和责任，也是科技界和全社会的共同期待。

周济

文伏波院士

采集小组访谈文伏波（左起：王红、文伏波）

采集小组访谈文伏波（左起：王红、殷汉霞、文伏波、匡扶东、杨沈龙）

采集小组在南京大学档案馆采集文伏波档案资料

# 目 录

老科学家学术成长资料采集工程简介

# 图片目录

# 导 言

    文伏波,1925 年 8 月 24 日(农历 6 月 15 日)生于湖南省益阳县(今益阳市桃江县)源嘉桥镇软桥村,毕业于南京国立中央大学工学院水利工程系,就职于长江水利委员会[①]。

    文伏波是四兄弟中的老四,备受父母和兄长宠爱。凭借父母的勤劳、大哥和二哥的辍学、文姓祠堂奖学金的资助、三哥的引导和帮助,得以接受良好的基础教育,并顺利地考入国立中央大学工学院水利工程系和湖南大学工学院水利工程系。由于仰慕国立中央大学的名气,选择就读于国立中央大学。

    文伏波之所以选择工科,一是他不喜欢政治,认为工科凭技术吃饭,学成之后,还可以带领家人、族人、乡人到工厂做工致富;二是受到三哥的影响。三哥文望平,长文伏波一岁,文伏波习惯称其为"平哥",从小学到高中,兄弟俩都就读于同一所学校,平哥早一届,喜欢理工科,尤其擅长物理;三是

---

[①] 长江水利委员会,前身为扬子江水利委员会(1935.4—1947.6)、长江水利工程局(1947.7—1950.1)。1950 年 2 月,成立长江水利委员会,简称"长委会";1956 年 10 月,更名为"长江流域规划办公室",简称"长办";1989 年 9 月,恢复"长江水利委员会"的名称,简称"长江委"。下文皆沿用此称呼。

文伏波高中要好的几个同学都喜欢理工科,而且相当上进。至于选择水利工程系,文伏波说:"中学地理老师鲁立刚先生,系竺可桢先生高足,讲授《气象概论》,谈到三峡,眉飞色舞。受其影响,使我与水利结下不解之缘。"①

1949 年 9 月,文伏波到扬子江水利委员会下游工程局实习,开始了他梦寐以求的水利职业生涯。1950 年 5 月,文伏波调入长江水利委员会规划处设计科做技术员。先后参与了荆江分洪工程北闸、汉江下游杜家台分洪工程的设计与施工,是丹江口水利枢纽工程和葛洲坝水利枢纽工程现场设计的主要负责人之一,参与了 1955 年 1 月至 1959 年 7 月的《长江流域综合利用规划要点报告》的编制工作,主持了 20 世纪 80 年代长江流域规划(1990年修订)的编制工作,是 21 世纪初第三次编制长江流域规划的倡导者之一。

1949 年,长江发生洪水,荆江两岸干堤出现大量险情,长江治理迫在眉睫。新中国尚缺乏经济实力和技术能力兴建大型水利枢纽控制工程,中央决定,先修建荆江分洪工程,暂缓荆江洪水压力,为在长江上兴建大型水利枢纽工程赢得时间。荆江分洪工程北闸(亦名进洪闸、太平闸),是我国第一座大型分洪控制闸,也是首次在平原地区软弱地基上兴建大规模的分洪闸。对设计人员来讲,无疑是个巨大的挑战。但文伏波等在科长曹乐安的带领下,在苏联专家的帮助下,前后不到一年时间,就顺利地完成了北闸的设计工作。对软弱地基的处理方法是,在冲积层的沙土基础上,修建钢筋混凝土闸底板,消除地基的不均匀沉降对水利工程的破坏作用。这种设计理念和设计方法,是设计原理上的一个重大突破,当时的苏联都没能做到。

北闸施工期间,作为北闸设计者之一、北闸指挥长任士舜的秘书、北闸质量检查组组长,文伏波进驻北闸施工现场,指导并监督施工方严格按照设计图纸施工,同时,监督和检查北闸的施工质量。荆江分洪工程以其建设的高速度和工程的高质量而闻名,文伏波因此获得 1952 年"丙等劳动模范"的荣誉称号。1954 年,长江流域发生百年一遇的大洪灾,北闸经受住了三次分

---

① 文伏波:《我的心愿》.《长江三峡工程报》,1993 年 5 月 12 日;另载文伏波手稿,无名,原件已提交馆藏基地;另载文伏波:《水利工程的创新离不开理论和实践》.《科技进步与对策》,2001 年第 5 期,第 15 页;另载长江水利委员会:《文伏波治江文集》,内部资料,2012 年 7 月,第 284 页。

洪考验。实践证明，软弱地基上不打桩基，也可以建成大规模的分洪闸。

杜家台分洪工程，是我国"一五"计划中水利建设的重点工程之一，像北闸一样，建在平原地区的软弱地基上。文伏波参与了该工程查勘、设计、施工、初期复查的全过程。文伏波等设计人员采纳了苏联专家的建议，对杜家台闸在汉江右岸干堤以内闸室及堤外滩地上的闸室基、左岸墩及主要结构建筑物的基础等，全部进行预压处理，预压时注意加强排水，即在预压台四周挖排水沟抽水，以加速预压效果。工程于1956年4月26日提前一个月竣工，截至2005年10月，经历了20次分洪考验。实践证明，预压这种不同于北闸对软弱地基的处理方法，也是成功的。

经历了荆江分洪工程和杜家台分洪工程之后，文伏波等对在平原软弱地基上兴建大型分洪闸的设计和施工技术，积累了一定的经验。在曹乐安的带领下，设计人员共同编写出《平原地区水闸设计参考手册》(北京：水利电力出版社，1958年12月)。在相当长的时期内，该手册都是平原地区建闸的重要参考资料。同时，文伏波还积累了设计和施工组织管理经验，迅速成长，为日后在丹江口和葛洲坝水利枢纽工程的设计和施工打下了坚实的基础。

杜家台分洪工程，只是在国家经济困难、技术条件不成熟的条件下，治理汉江的临时性工程，欲在更大程度上控制汉江的洪水，必须兴建大型控制性的枢纽工程。丹江口水利枢纽工程，是有史以来首次横截汉江的水利枢纽工程。不仅是文伏波，而且也是长江流域规划办公室兴建大型水利枢纽工程的开山之作。在设计和施工过程方面，是当时中国最大的、世界一流的水利枢纽工程。文伏波参与了丹江口工程开工前的初步设计、扩大初步设计和施工详图设计工作；开工后，担任丹江口工程施工现场的设计代表组组长、核心组组长，即现场设计的主要负责人之一，在丹江口工程工地待了12年(1958年8月21日—1969年12月)。

丹江口工程是在全国掀起"大跃进"的形势下仓促上马的，机械化的施工设备基本没有，技术力量薄弱，地质情况不清，对外交通不便，场内设施包括生活住房条件、基本医疗条件、教育条件等都不具备。开工的次年，国家进入"三年困难时期"，物资极度匮乏。紧接着又是苏联专家全部撤离，技术力量大大削弱。所有这些,都给文伏波的设计工作带来了极大困难,同时,也激发了文伏波等人的创造力。文伏波等根据人力施工的特点,重新选择料场,修改砂石料的开采和运输设计,重新进行场地布置设计,改混凝土双墩大头坝为宽缝重力坝;因缺乏钢板桩,将右岸一期低水围堰设计成土沙石混合围堰;摸索出在大流量的河流上施工导流的独特方法,即第一期围堰和第二期围堰的共同混凝土纵向围堰方案;促成并主持制定了基础开挖标准、爆破标准和地基验收制度;采用楔形梁的办法,成功地处理了破碎带的地基;修改截流设计,并成功截流等。但文伏波修改设计,必须以保证工程质量为前提,绝不单单为了施工便利、节省材料、加速工程进度。如:为施工便利,施工方提出取消右岸导流底孔下游护坦,这遭到文伏波的坚决反对,最后,双方共同协商,决定把护坦长度从 80 m 缩短至 40 m。

在修改设计过程中,文伏波等搞出许多技术创新。如:适用于大流量河流上施工导流的一、二期围堰共同使用的纵向混凝土围堰方案,被后来的葛洲坝和三峡水利枢纽工程施工导流所采用。又如:文伏波要求施工单位在开挖地基时,尽量将较好的石头保留下来,以备将来作为混凝土浇筑的骨料使用,既节省投资、加速工期,又能避免应力过于集中。这一成功经验被文伏波推荐给三峡工程使用后,很快在全国范围内推广普及。这些技术创新虽说是"限于当时的条件",却"取得了较好效果"。然而,多年后,文伏波却总结说:"多年的治水经验告诉我,水利工程,尤其是大型水利工程,不仅工期长、投资大,而且直接与广大人民群众的生命财产息息相关,因此,一般只能采取成熟的经验。在工程建设中设计居于先行与主导的地位,是整个工程的灵魂,必须事先综合考虑各方因素,而且必须留有余地。丹江口工程的诸多创新,是屈从于时代的产物,多少有些冒险、激进,不值得提倡。如果可能,我宁可老老实实地,按照既定的机械化施工方案,把工程平平安安地做下来。"①

由于片面追求高速度,大搞节约化生产,忽视了机械化施工,忽视了混

---

① 文伏波:《设计是水利工程的灵魂——回忆丹江口工程的几次重大设计改变》。载长江委:《文伏波治江文集》,内部资料,2012 年 7 月,第 227 页。

凝土温控措施,丹江口工程出现了严重的质量事故,被迫停工。停工期间(1962年3月—1964年12月17日),文伏波主持完成了周恩来交代的补强设计和施工、机械化施工准备两件大事儿,为丹江口工程重新开工创造了条件。针对以前混凝土浇筑基本没有温控措施的缺陷,文伏波等广泛收集了相关参考资料,总结国内各工程的实践经验,对丹江口大坝产生裂隙的原因进行了分析研究,经过反复讨论,制定出了四项基本正确并且行之有效的防止裂缝的温差标准,大坝的混凝土浇筑质量达到了设计要求;针对大坝混凝土的质量事故,设计代表组发明了钻灌补强技术、压水检查补强效果技术等;对难度最大的19~23坝段坝前上游厚防渗板的设计,采用了厚防渗板和混凝土大坝之间的结合方式——"先自由,后嵌固",即防渗板和大坝间预留1 m宽槽,厚板可以自由活动,待新老混凝土均匀冷却至稳定温度后,再回填宽槽联成整体。厚板与大坝自由滑动的支座设计十分困难,文伏波等刚开始设计成钢板接触方案,后来通过反复做试验,改成两层油纸中涂黄油的方案。至于板背支座混凝土墩内是否放钢筋的问题,文伏波等认为,支座受力条件复杂,无法算清,决定配方钢筋,设计的结构安全可靠,还节约了约百吨钢材和很多劳力。

1973年10月1日,丹江口工程"较顺利地按初期规模建成"①,真正实现了周恩来所说的防洪、灌溉、发电、航运、水产养殖"五利俱全"的目标。

按中央和"长办"的设想,丹江口工程是为三峡水利枢纽工程练兵的,可由于种种原因,三峡工程暂时不能上马,中央决定,先建三峡工程的反调节水库——葛洲坝水利枢纽工程。葛洲坝工程是长江干流上的第一坝,是当时中国乃至世界上最大的水电站,作为反调节水库,应该与三峡工程同时兴建,或在三峡工程建成之后再建,现在却要比三峡工程先上马,而且是在"文革"时期,仅凭一个规划性的设计报告,便在边勘测、边设计、边施工的"三边"情况下仓促开工,因此,其设计和施工的技术环境,"较丹江口更为困难。"②开工不久,许多重大技术问题开始暴露出来。

---

① 文伏波:《难忘岁月》。载汉江集团报社:《我与丹江口水利枢纽》,内部资料,1999年6月,第37页。
② 文伏波:《水利工程的创新离不开理论和实践》。《科技进步与对策》,2001年第5期,第15页。

葛洲坝水利枢纽工程的设计难点有:水库库区、船闸上下游引航道和电站进出口的泥沙淤积;大流量泄水闸消能防冲;基岩软弱夹层的加固处理;大型船闸闸门启闭机的设计与制造;大型低水头水轮机组的研制与安装,以及超高电压技术的应用;施工导流和大江截流的设计施工;混凝土高强度施工的组织和管理;混凝土的温控措施;大型水利枢纽的运行管理;以及在安全检测系统中建立微机资料处理、解积及安全评价系统等。各部门之间争论的焦点主要有:通航问题,即泄洪与通航的矛盾问题;救鱼问题,即大坝是否兴建过鱼设施的问题;泥沙淤积问题,即泥沙淤积与多发电之间的矛盾问题;为尽可能利用停工前投入的 2.7 亿元兴建的工程,做到不浪费或少浪费,在一定程度上也增加了设计的难度。这些技术难题,经过广大科技工作者的共同努力,尽管过程艰辛,但最终都一一克服。文伏波作为葛洲坝水利枢纽工程设计的主要负责人之一、现场设计代表处处长、副总工程师,在工地现场待了近 13 年(1970 年 3 月—1982 年 12 月),见证了工程的艰难和工作人员的艰辛。然而,他却总结说,他在葛洲坝中主要做了三件事:"提出挖除葛洲坝小岛,将二江泄水闸由 19 孔增加到 27 孔,有利于泄洪";"认真贯穿林一山主任提出的取消过鱼建筑物,改为人工放流鲟鱼,节约投资,并为三峡工程建设中救鱼措施做了准备";"与广大科技工作者一道,研究了取消原设计的大江五孔冲砂闸,利用节省下来的空间,增加 4 台 12.5 万千瓦的机组,增加了 50 万千瓦的装机容量,每年多发电数量以亿计"。①

1981 年 9 月 25 日,在全国第四次"质量月"授奖大会上,长江葛洲坝水利枢纽大江截流工程荣获"国家优质工程项目金质奖"。1985 年,葛洲坝二、三江工程及水电机组,与"两弹一星"一起,荣获当年全国仅有的"科学技术进步特等奖"。由于文伏波是该项设计的主要参加者,国家科学技术进步奖评审委员会颁发给文伏波个人"葛洲坝二、三江工程及其水电机组"特等奖证书。

文伏波还因设计葛洲坝工程而得了个"伏波将军"的美称。1972 年 11月,在中南海西花厅,周恩来办公室,正在召开葛洲坝工程质量会议。周恩

---

① 文伏波:《水利工程的创新离不开理论和实践》.《科技进步与对策》,2001 年第 5 期,第 15 页。

来得知文伏波的名字,风趣地说:"伏波这个名字,搞水利很好,但到越南去,'伏波'二字不受欢迎。"①接着,周恩来讲述了东汉大将马援,在征讨交趾(今越南),打败两位女将征二、征侧后,被封为"伏波将军"的故事。自此,文伏波"伏波将军"的名号就被传开了。

文伏波没有出国求学经历,只有两次短暂的出国考察,而且都与葛洲坝工程有关。1980年5月16—31日,文伏波带团考察了罗马尼亚和南斯拉夫共有的铁门水电站通航枢纽的船闸和通航系统管理、运用、检修、自动化调度安全通航的经验,参观了铁门水电站南斯拉夫船闸的检修情况、铁门电站下游80 km处铁门二号电站的施工现场,访问了罗马尼亚的水电设计研究院(I·S·P·H)、试验室和水利工程研究院(I·C·H)。这次考察,为葛洲坝水利枢纽2#、3#船闸及其航道的投入运营,1#船闸及其航道的设计、施工和运营管理,取得了经验。1983年11月28日—12月7日,作为日本众议员望月邦夫访华的回访,文伏波带团访问了日本,考察了日本琵琶湖等水电站,向日本宣传葛洲坝水利枢纽工程。

江河的开发治理,必须以流域规划为依据。文伏波是1955—1959年7月一修《长江流域综合利用规划要点报告》的参与者,是20世纪80年代二修长江流域规划(1990年修订)的主持者,是21世纪初三修长江流域规划的倡导者。丹江口和葛洲坝水利枢纽工程,就是在1959年7月一修长江流域规划的指导下修建的。1990年9月21日,国务院发出国发[1990]56号文,要求有关部门和长江流域内各省、市、自治区,贯彻执行文伏波主持编修的《长江流域综合利用规划简要报告》,这是继《中华人民共和国水法》颁布之后,经国务院正式审查批准的第一部大江大河的流域规划。在1990年二修长江流域规划的指导下,长江流域水利建设进入了一个大力发展阶段,兴建了三峡工程、南水北调中线工程和东线工程、长江中下游大规模防洪工程等。大规模的水利建设,促进了长江流域社会经济的快速发展。

长江流域规划的编制,涉及长江流域所有省、市、自治区、直辖市,而且还涉及国民经济的诸多部门和多种学科,是一个复杂的系统工程。迄今为

① 文伏波手稿,无名,写成于2006年3月31日,原件已提交馆藏基地。

止,世界范围内,只有中国编制过像长江流域如此大范围大规模的流域规划。况且,水电工程多分布在深山峡谷之中,60多岁已退居二线的文伏波,经常外出进行实地考察,异常艰辛。由于主持编制的《长江流域综合利用规划报告》(1990年修订)贡献突出,1992年1月,长江委颁发给文伏波"科学技术进步特等奖";由于主持编制《长江流域综合利用规划简要报告》(1990年修订)贡献杰出,1994年12月17日,水利部①颁发给文伏波"科学技术进步一等奖"。

三峡工程是新中国成立之后几代人的梦,能为三峡工程效力,文伏波认为是他的荣幸。1955—1959年参加编制长江流域规划时,他已接触到三峡水利枢纽工程。1982年11月底—1985年7月,他不仅参与了组织领导,而且还亲自参与了三峡水利枢纽工程150 m方案和其他多种方案的编制工作。由于少数人反对,以及泥沙淤积问题、水库淹没和移民问题、航运问题、投资问题等纠结其中,导致这些方案最终被搁浅。1986—1989年,文伏波参加三峡工程重新论证中施工组的论证,在混凝土砂石料问题、对外交通问题、施工导流和施工通航问题、金属结构、机电安装和施工设备问题的论证方面,都提出了意见和建议。在工期的论证过程中,有人担心三峡工程浩大,按准备工期3年、一期工程3年、二期工程6年、三期工程6年共18年工期的施工期限,难以竣工。文伏波则根据他在丹江口和葛洲坝工程现场工作24年多的工作经验分析认为,三峡工程的混凝土浇筑量虽大,但只要做好机械化施工准备、现场布局、混凝土浇筑的温控措施,就能如期或提前竣工。三峡工程开始之后,其施工方案和施工期限基本按照上述施工论证方案进行,并提前一年竣工。事实证明,文伏波的推断是完全正确的。三峡工程的对外交通,或以铁路为主,或以公路为主,以水路为辅。文伏波和长办的同事们共同推荐以公路为主、辅以水路运输的方案,该建议被决策者所采纳。

---

① 1949—1954年,称"中央人民政府水利部";1954—1958年2月10日,称"中华人民共和国水利部"。统统简称为"水利部"。1958年2月11日—1979年2月22日,水利部与电力工业部合并,称"水利电力部",简称"水电部"。1979年2月23日—1982年,水利部与电力工业部分开,简称"水利部"。1982—1988年2月,两部再次合并,称"水利电力部",简称"水电部"。1988年4月至今,水利部与电力部再次分开,简称"水利部"。下文称呼皆用简称。

三峡工程开工后，文伏波年事已高，他以长江委技术委员会主任委员的身份，带领长江委的老技术员工，在 2004 年前，每年到三峡工程工地现场至少考察 4 次，提出了不少合理化意见和建议，而且大多被采纳。如：支持三峡工程就地取材，围堰采用垂直防渗技术，大大节省了投资，提前了 10 个月的工期。这是世界上首次将大型围堰直接建在粉细砂上的一次大胆而且成功的尝试。

　　文伏波是位实干家，拥有丰富的实践经验，同时，他也是位著作颇丰的理论家。他在公开刊物上发表了数十篇专业论文，直接参与或组织领导了《长江志》、《葛洲坝水利工程丛书》、《大中型水利水电工程技术丛书》等书籍的编纂工作，主编了《长江流域地图集》等书。其中，《长江流域地图集》属于拓荒式的著作。

　　文伏波的一生分为三个时期，受教育时期（到长江委汉口总部工作之前）、活跃在水利建设一线时期（1950 年 9 月—1982 年底）和退居二线时期（1983—　　）。该传记将"家庭"和"教育"分别列为第一章和第二章，此乃文伏波人生的第一个时期；文伏波是新中国的一部鲜活的长江治理开发史，活跃在水利建设一线时期，主要参与了四大工程的设计和施工——荆江分洪工程、杜家台分洪工程、丹江口水利枢纽工程和葛洲坝水利枢纽工程，为此，该传记将这四大工程分别作为第三章、第四章、第五章、第六章，尽可能还原他学术成长的主线和原貌；自 1983 年至今，文伏波尽管离开了水利建设一线，但仍坚持为长江的治理开发发挥着余热，最杰出的贡献是主持编制了长江流域规划（1990 年修订），为此，该传记将"主持编制长江流域规划（1990年修订）"专列为第七章。至于 1955—1959 年 7 月的首次长江流域规划的编制，当时他尚年轻，仅仅参与，故而未专列章节，只在第七章略作交代而已。退居二线之后，文伏波还参与了三峡工程施工组的论证，为三峡工程设计和施工的技术问题提供咨询，陪同林一山考察南水北调西线工程，著书立说，关心水利工程的质量，倡导三修长江流域规划等，所有这些，专列为第八章。

　　文伏波是我们国家自己培养的水利专家，对长江治理和开发贡献卓著，然而，我们项目组却未搜索到文伏波的传记，仅搜集到与文伏波生平有关的少量资料，大多是新闻记者采访文伏波写的文学作品，或是关于文伏波的一些新闻报道,或是文伏波本人撰写的少量工作和生活中的回忆片段等,但令人欣慰的是,我们掌握了丰富的资料。

第一,档案资料。2012年9月,我们到长江委档案馆调阅了文伏波个人的所有档案,已扫描成电子文件提交馆藏基地。2013年2—4月,我们再到长江委档案馆调阅了文伏波参与设计和施工的水利工程技术档案、一修和二修长江流域规划的档案。鉴于档案的保密管理制度规定,未能提交馆藏基地,但在该传记中多有引用。2012年12月,我们在国立中央大学(今南京大学)收集到文伏波大学时期的成绩单、复员军证明、申请免修曾经学过的课程共三份档案。

第二,手稿、信件、证书、著作、论文、家谱、照片等实物资料。2012年11月,2013年12月,2013年12月—2014年12月初,我们多次到文伏波家,2013年3月,我们到文伏波的办公室,搜集到他的证书证件、著作、论文、杂文、信件、照片、文氏家谱、海量的工作笔记等。

第三,纸质工程技术资料。2013年3月文伏波的秘书刘国利处长提供了帮助,2013年12月初在文伏波家中进行搜集,再加上充分利用武汉大学图书馆,我们获得了与文伏波有关的纸质工程技术资料,其中一部分是机密或秘密资料,如:1959年7月《长江流域综合利用规划要点报告》与1990年文伏波主持编制的长江流域规划成果等。

第四,网络数据资料。2012年6月至2013年11月,我们充分利用网络数据库,搜集并下载了文伏波的论文、著作、报道、自述、采访、简介等资料。

第五,采访的摄像和录音资料。2012年11—12月,2013年12月,2014年1月,我们采集小组共采访文伏波本人及相关人员共8次。其中,11月13日、11月20日、12月7日、12月12日的采访,保存有摄像资料和录音资料。11月8日采访文伏波1次,2012年11月20日采访文伏波的次女文丹1次,2012年12月8日和11日采访文伏波的同学兼同事薛士仪2次,2012年7月25日采访文伏波的同事成绥台1次,2012年7月25日采访文伏波的同事傅秀堂1次,保留有录音资料。同时,我们在阅读消化资料和撰写结题报告时,遇到不清楚的问题,经常电话联系文伏波,有时甚至到他家,随时向他请教。

第六，到文伏波家乡采访了文氏族人、曾就读的小学、初中和高中，收集到了与文伏波有关的校庆、校友、声像、文氏家谱等实物资料。2013 年 1 月，我们到文伏波的老家——湖南省益阳市桃江县灰山港镇软桥村，采访了他的族人，了解了文氏家族的一些信息，收集到文伏波赞助和主修的文氏家谱一本；同月，我们到文伏波曾经就读过的益阳县立第五高等小学（今湖南省桃江县河溪水中学）、湖南私立信义中学（今湖南省益阳县一中）、湖南长郡联立中学校（今湖南长沙长郡中学），搜集到校庆、校友、学校展板、雕刻、声像等资料。

在上述的这些采集成果中，以文伏波在南京中央大学和长江委完整的个人档案、海量的工作笔记、采访他本人的摄像和录音资料等，史料价值最高。

遗憾的是，2014 年 1 月，当我们按约定的时间去文伏波家，准备取回他同意修改的该书初稿时，他很失望地告诉我们，因身体状况欠佳，仅浏览了部分内容，未能批阅，不过，他表扬我们不仅文笔很好，而且忠于史实。可喜的是，2014 年 4—5 月，我们与文伏波的两个女儿互相加为 QQ 好友，她们通过 QQ 发给我们一些珍贵的照片，长女文潮还对该书中与家庭和生活相关的内容进行了修改，并提供了一些新的生活资料，多少弥补了文伏波本人不能修改书稿的遗憾。

文伏波的一生，是为长江的治理和开发奉献的一生，可以毫不夸张地说，其治水业绩，不在大禹之下。如果说参与荆江分洪工程北闸的设计和施工，是文伏波水利工程设计生涯的肇端，那么，成功设计丹江口水利枢纽工程，则标志着文伏波的专业技术水平迈向了成熟；成功设计葛洲坝水利枢纽工程，则表明文伏波的专业技术水平达到了巅峰；主持编制 1990 年长江流域规划，不仅充分体现了他高水平的专业素养，而且也展示了他在组织调度管理和人际交往沟通等方面的综合能力。由于对水利事业贡献巨大，1992 年 10 月，文伏波成为全国第二批享受国务院特殊津贴的专家。1994 年 5 月，文伏波当选为首批中国工程院院士。

# 第一章
# 家　庭

　　文伏波,名永琚,字伏波,男,汉族,1925 年 8 月 24 日(农历 6 月 15 日)生于湖南省益阳县(今益阳市桃江县)源嘉桥镇软桥村牛车圹。软桥村位于桃江县的东南边缘,资水支流志溪河从软桥村东边流过。

　　村名"软桥",源于村子里一座桥石砌的廊桥叫软桥,桥上有亭子,亭子的左右两边都安放着固定的长条椅,亭顶上盖有青瓦,能遮阳、挡雨、纳凉,因此,廊桥就成了村民聚会、聊天、讲故事、发布新闻、散步、嬉戏的公共场所。文伏波儿时在廊桥上听到很多故事,包括"万邦隆盛德,永世尽忠良"的文氏家族的辈分排序。文伏波为"永"字辈。源嘉桥镇西偏北方向的高桥乡的得名,也源于其乡有一座桥名"高桥"之故,虽名"高桥",桥实际并不高大。对这两座桥,桃江县人常常这样形容:"软桥桥不软,高桥桥不高。"

　　文氏"肇基于雁门,乃周文王支孙,以谥为姓"。文伏波属于七房抱珍公一脉,"系东周越大夫文种之后,传至西汉蜀郡太守文翁,翁之裔孙春元于后唐时由蜀徙江西永新,其二十一派孙潮鏖于明初由江右迁至益阳"。潮鏖乃湖南益阳文姓之始祖,其孙绍禄"居十里梓梁岩",绍禄育有三子,长子仕恭为一房,次子仕望为七房,三子仕月为九房,绍禄的弟弟绍通子仕宽为二房,文伏波乃仕望七房祖一脉。清初,仕望的七代孙抱珍公从梓梁(子良)岩,

"外迁至软桥"①。

"文氏出之于名门,堂构久盛,贤人辈出,见于史册者多矣。"②辅佐越王勾践的文种,汉蜀郡守文翁(即文党,庐江舒人,景帝末为蜀郡守,《汉书》卷八十九《循吏传·文翁》)、宋丞相文天祥等,皆文氏先祖。文伏波说,文氏"邦"字辈的一个高祖父,当过两年孝感知县后,升职到荆州府知府,尚未到任便病故,时年47岁,即记名知府。太平天国运动时,高祖追随湖南同乡曾国藩、胡林翼等,参与镇压过太平天国运动。清咸丰十一年(1861)八月二十六日,胡林翼去世后,高祖将胡林翼的尸骨从湖北武汉运回湖南益阳县老家安葬。

祖父文盛藩(1857—1926),字子敏,私塾先生,与祖母何氏(1856—1943),合葬于艾家仑。祖父母育有七子二女,七子自长至幼依次为:德修(字舜陔)、德备(字庭陔)、德仁(字萤陔)、德仪(字宾陔)、德伍(字曙陔)、德伟(字墨陔)、德陔(字及阶)。其中,文伏波的父亲德陔(1894—1950),乃七子中最小者。二女分别嫁于丁家和周家。

祖父共有田约300石,约1920年分家析产时,四伯父德仪已去世,无嗣,两女未继承田产,因此,田产按6份划分,文伏波父亲分得45石田亩(每石收稻谷110斤左右)。田地不多,加上家乡常闹水旱灾害,时局动荡,家道愈艰。文伏波能受到良好的教育,父母的艰辛不言而喻。

# 父母双双没于运动

父亲旧制高小毕业,在乡下,算得上是知识分子,常为乡民排忧解难。

---

① 文克成:《八修谱序》,2001年5月18日。见文伏波:《益阳文氏七房抱珍八修族谱》,私家资料,2002年8月,第13～14页。

② 文克成:《八修谱序》,2001年5月18日。见文伏波:《益阳文氏七房抱珍八修族谱》,私家资料,2002年8月,第13～14页。

文伏波清楚地记得,他幼年时,每到春节,接受过他父亲帮助的乡亲们常到他家来送礼,以表谢意。

母亲丁秀霞(1900—1966),比父亲小4岁,家贫,文盲,约有七八个兄弟姐妹,母亲最小。外祖父母和两个舅舅去世得早,母亲便嫁给一个姓蔡的当小媳妇,由于性情刚烈,不堪虐待,和蔡姓丈夫离婚。父亲原配罗氏(1896—1918)去世后,母亲便嫁给父亲做续弦。母亲的兄弟姐妹中,唯有一满舅舅与文伏波家有往来。不过,母亲的远方堂叔,文伏波的"干外公",见母亲孤苦聪慧,便收她为干女儿,对文伏波一家多有关照。

父母育有四子,老大永瓒(字北辰)、老二永瑄(字藕耕)[①]、老三永琼(字望平)、老四永琚(字伏波)。由于文伏波是四兄弟中最小的一个,幼年、少年和青年时代,备受父母宠爱和三个兄长的百般呵护。

刚分家的头几年,文伏波一家无处居住,常住文氏祠堂或庙宇。父母二人一度经营过杂货店,母亲打豆腐,父亲杀猪,后因资本缺乏,人手不够,生意让给三伯父做。此后,文伏波一家便寄居在干外公家,1932年文伏波7岁时,干外公家的房子已不够住,一家便迁居到文姓家族的一个祠堂里。

贫寒的家境,给文伏波幼小的心灵留下了深刻的印象,他暗下决心,自己将来要设法摆脱这种贫困局面。父母也反复叮嘱文伏波,仅靠家里为数不多的田产养活全家是不可能的,教育文伏波要努力读书,靠自己的能力改变命运。文伏波回忆小学生活时说:"感到'挑牛屎扁担,勒锄头把'苦,不能维持生活。读书以后,可干别的事摆脱穷困。能读书很是不易,非常用功。因自己生活较贫苦,父母亲又不断鼓励,发奋图强之心特别重。功课虽好,自卑心很重,觉得其他地方很多不如,很害羞。"其

图1-1 文伏波的母亲丁秀霞女士

---

① 文伏波档案中,二哥的名字,时而写成"藕庚",时而写成"藕耕",《益阳文氏七房抱珍八修族谱》(私家资料,2002年8月)第371页也记为"藕耕",该书以族谱为准。

实,文伏波学习成绩好,还有一个重要原因,就是他天资聪慧,他"八岁就看小说,看得快,看得多"。①

文伏波读高小期间,父亲多方努力,农商兼顾,利用大哥在书店当学徒的关系,赊取书籍和笔墨纸砚等文具,下乡销售后,再到书店归还赊账,即本金。这种小买卖,父亲一直坚持做到抗战开始才停业。由于聪明勤劳,父亲的书籍文具生意逐渐扩大,差不多全乡一半的书籍文具都由父亲供应。即便如此,供给四个孩子上学,仍捉襟见肘。1934 年,14 岁的大哥高小毕业,二哥藕耕才 12 岁。暑假的一天,兄弟四个正在外面玩耍嬉戏,父亲突然把四兄弟叫进屋,说要送大哥到益阳教育图书馆当学徒,二哥文藕耕在家里帮助父母种地,四兄弟都开始紧张起来,大哥哭了。不几天,大哥便远离家乡,开始了学徒生活。二哥则开祠堂内的荒地,种植瓜果、蔬菜、甘薯、玉米之类,补充家庭膳食,同时也帮助解决了家里的薪柴问题。空闲时间,二哥还帮助父母打理杂货店的生意,跟随父母逐渐学会了杀猪、磨豆腐等杂活儿,甚是辛苦。

1936 年,三哥望平考入桃花仑信义初级中学(今湖南益阳市益阳一中)就读初中,每学期学费约 40～50 元,家里不能负担。父亲借机让年仅 17 岁、尚是书店学徒的大哥赶早结婚。沿乡间习俗,用大哥结婚、三哥升学的名义打贺(又叫"打秋风"),即邀请亲朋好友送礼集款,然后再分期偿还,三哥得以继续学业。次年 7 月,文伏波也就近考入该校初中二十九班,此时,大哥在益阳书店三年学徒期满,升为先生,每月薪金 12 元。二哥也快成年,抵得上一个劳力。有了父母兄长的共同努力,文伏波得以顺利进入信义中学就读初中。

1937 年 2 月,国民政府行政院公布修正《保甲条例》,向全国范围内推行保甲制。干外公是地主,为人浑厚,此时正在里总(相当于乡长)任内,于是,便提升父亲作团总,即第一任保长,为此,父亲还接受了一个月的保长训练。父亲担任保长后的第一项重要工作,就是抽壮丁,这是一件棘手而遭人怨恨的工作。1939 年,父亲因不愿得罪乡亲充当抽壮丁的恶人,而坚辞保长不

---

① 文伏波的自传及属于自传性质的档案,扫描件 2-7,已提交馆藏基地。

干。几个伯父家的月彩、蒲生、群来、腊昆等5个兄长被抽做壮丁后,皆牺牲在抗日战场。文伏波在信义初级中学就读期间(1937年9月—1940年7月),父亲利用保长的职务,促使文氏族长会议决定,只要族中子弟升入初中和高中,便用祠堂公产为族中子弟提供辅助奖学金。这种祠堂公产奖学金制度,在当时的湖南较为常见,为族内贫寒子弟受教育开启了方便之门。此后,文姓祠堂公产奖学金制度,为文伏波兄弟俩提供了受教育所需费用的一半,而且,直至抗战后期,入中学读书的文姓子弟只有文伏波兄弟俩。当然,后来,其他受教育的文姓子弟,全部都享受到该奖学金制度的福泽。文伏波被评为院士之后,曾写下"志溪子弟江湖老,永忆难忘父母帮"[1]的诗句,以表永志族人赞助其学业之意。

1939年,三伯父去世,父亲转给三伯父的杂货店被迫歇业。于是,父亲辞去保长之职,利用少量的积蓄,再借贷一部分资金,以500元的资本,接管了该杂货店。此后,直至20世纪50年代初土地改革时,父母一直经营着该杂货店。店址在关帝庙,租金很便宜。刚开始,杂货店只卖油盐等杂货和豆腐,屠宰坊由他人经营。两年后,生意有些起色,父母便将屠宰坊也一道接管起来,父亲杀猪,母亲磨豆腐。自1940年以后,每年年底,三石、五石地买进田地,家里陆续买进了30石田(多半为文伏波大伯、二伯的田地),四五年间,田地总数最多时达到了75石谷地。如十成全收,一石谷地可收一石稻,约相当于5斗米。

开杂货店的头三年,田地仍由二哥耕种,仅农忙时雇零工。杂货店由父母照料,因忙不过来,雇佣了文伏波的一个14岁的堂兄做小工,帮助打杂。二哥成年后,学会了杀猪、做豆腐,杂货店的生意一天一天好起来,并扩大经营,兼作油货生意。生意最旺时,杂货店约有100多担谷的股本。自1942年起,由于田地增加,生意渐有起色,人手开始紧张,便雇佣一个长工专门种田。在雇长工的头两年,还当进了10石田,两年后又退还给田地的主人。二哥则专门照顾店内生意,仅在农忙时下田帮忙耕种,同时,还雇佣了几名师

---

[1] 益阳文氏七房抱珍八修族谱编写组:《文伏波传略》,2001年10月。见文伏波:《益阳文氏七房抱珍八修族谱》,私家资料,2002年8月,第21页。

傅与小工,帮忙打理杂货店的生意。这段时期,父亲除了经营杂货店的生意外,还兼管文氏祠堂公产,与乡长、保长互有来往。

1943年8月,文伏波接到了中央大学的录取通知书,父母及兄长们甚是高兴,可家里竟筹措不齐他去重庆上学的1万元路费。父亲欲让文伏波先向学校请假,在益阳县立第五高等小学(今湖南省桃江县河溪水中学)任教1年,赚足了上大学的路费后,再去上学。文伏波学工科心切,哪里肯应。幸好家里的亲戚朋友热心,父母以他上大学的名誉打贺,来了12家亲朋好友,每家各出2担谷子,共收到24担谷,这才算是凑够了文伏波去重庆上学的路费。后来,父母每年向亲朋好友偿还一个家庭的债务——2担谷子。

在湖南大学上学的三哥和在中央大学上学的文伏波,都属免费工科生,自1944年始,不大需要家里接济。父亲和二哥开始逐渐扩大生意,借谷为资,作敬神和包东西用的土纸生意,销往汉口一带。不巧,正遇日寇向湘桂进军,纸失去了销路。益阳陷落后,盐源断绝,而益阳合作社的一位办事员,趁战乱贪污了二三担盐,父亲的杂货店从这个办事员那里赊欠了2担盐销售。不料事后归还欠款时,一斤盐竟要5斗稻子。纸张和盐生意蚀本之后,家里一下负债200多石谷子,大受打击,田里的收入竟不能纳清谷息。

乡下杂货铺的维持相当不易,于是,父亲便增加股东,另邀其他二人入股,同时,增加了磨坊生意,两副磨子,三头牛,一个雇工,忙时雇工二人,一天可磨麦子1石。生意又渐有起色,但负债过多,利息过高,结果卖出15石谷地,偿还清了一些零碎散户的账,只欠一家整整100石,利息亦减低至3%,土地改革时期,此债尚未偿还清。父母最终保留了56石谷地。

1950年3月,父亲被枪毙。此前,家里曾经三次写信,希望三哥望平和文伏波能够救救父亲。第一次,家里去信给青岛的三哥,说父亲希望到三哥那里去,三哥和文伏波都反对父亲去青岛。文伏波"主观上以为,他不致遭镇压,希望他在土改中受到农民深刻的教育后,能重新作(做)人"。谁曾想,农会改组,二哥未能入围,家里被定为地主成分,这大大出乎文伏波意料之外。时至2013年元月,谈及此事时,文伏波还喃喃自语,"我家怎么能算得上地主呢?糊口而已。"第二次,家里写信给文伏波,说要将家里的地献给公家,文伏波和同事张某商量,认为土改后每家每户都会分田地,而且自家的田地也不多，所以，回信告诉家里说，"不要这样作（做），要站在农会立场上，辅助其工作，积极拥护政府法令，在地主阶级中起带头作用。"第三次，家里写信说，事情严重，说要交出250石稻谷，父亲性命也可能不保。接到信后，文伏波与同事叶科长研究过，"对财产没收，父亲被扣押斗争的事，思想上都作了准备。""总以为不至于枪毙，工作一忙就忘掉了。"①

父亲被枪毙前一周的周末，家乡来了个商人，说乡里土改已完成，马上就要开胜利大会。该商人接近中农成分，得到一些消息，说胜利大会上要枪毙四个地主，父亲是其中之一，罪名是霸占公产，操纵农会，是地主阶级的当权派。问文伏波可有法子相救。还问，如果父亲枪毙了，可否把母亲接出来。文伏波问了其他叔伯关于父亲的一些情况，都没有弄错，事情没有大的偏差，文伏波也没有法子相救。便让来人赶紧回去，叮嘱来人："要母亲他们作好思想准备，父亲的事儿他自己担当了，不要难过，在新社会里仍（重）新鼓起勇气做人。"②当天下午，商人便离开了。次日，文伏波接到父亲被枪毙的电报。父亲被镇压的理由：一是当过团总、保长；二是父亲吃是非饭，维护地主阶级的利益；三是管理文姓祠堂公产时，侵占公产300多石谷；四是新中国刚成立时操纵农会，阻碍土地改革；五是侵占村民丁双溪房屋一间；六是土改前破坏竹林1万多根。被清算300多石稻谷，还给了农会，杂货店折价抵偿清算款。

"从小起，父亲反复教诲，要好好读书，将来可外出谋生，否则，只有一辈子在家勒锄头把。"③父亲被枪毙，文伏波"感到难过"。当时他认为，父亲"与报上登载的恶霸罪过相比，好像小巫见大巫，既未打死逼死过人，也没有强奸过人。56石稻（田）未出租过，只雇佣临工种，工具、种子、肥料，都是自己的。最近六七年，总是欠人家的债，秋收的粮食全部作息谷，还给了地主。一年生计，靠店铺来维持。虽然管公堂（即祠堂）、收学租、当过两年伪保长，

① 文伏波档案，扫描件"可供参考的有保存价值的材料—自我检查10-3"，已提交馆藏基地。
② 文伏波档案，扫描件"可供参考的有保存价值的材料—自我检查10-2～10-3"，已提交馆藏基地。
③ 文伏波：《文伏波自传》。见长江水利委员会：《文伏波治江文集》，内部资料，2012年7月，第269页。

吃事[是]非饭等罪过是有,但新中国成立后,劳动已2年,不至于抵抗土改"。况且,"家里来的那人说,母亲为这事想不通,常常在家里哭。"①为了缓解失去父亲的痛苦,文伏波便"埋头技术和努力学习好俄文……回到书本上去"。② 不过,这种办法并不能解决根本问题,"白天没事,工作占去了闲想的时间,但晚上一上床,脑子里就涌现出父亲终于被枪毙了这个问题。"③父亲被镇压,在那个讲究根红苗正的时代,文伏波也"感到害羞","这样一个恶劣的家庭出身,怕别人知道了笑话,除了领导外,硬着头皮只告诉了几个较亲近的同志。"④

父亲去了,"母亲可怜","她年老多病,生活无法维持。"⑤对于母亲,文伏波有说不尽的感恩和牵挂,"母亲为招扶我,送我读书,实在做了最大的牺牲,花费了她无数的血汗。"⑥1953年6月,三哥望平接母亲到青岛照看孩子,大哥送母亲到青岛时,在武汉停留数日,文伏波匆忙去接母亲,"6年不见的老母,坐在一家小铺店的小凳上,鬓发已苍,手足消瘦,几乎认不到了。我在她面前叫了一声,母亲抚摸着我的手,用微弱的声音答应了,接着就淌出眼泪来了,我心里非常难过,免作笑容,竭力用话安慰。母亲是坚强的,很快收住了泪水,问我们情况,一句也未提及父亲之事。"⑦送母亲上了去青岛的列车,火车启动的前一瞬间,文伏波不忍离开。送走了母亲,"我坐上三轮车,禁不住眼泪直流,怕人看见,低着头,强自抑制,直到二中附近,方停住了哽咽。可爱的母亲啊,我要用加倍的努力,争取进步,更多的[地]为人民服务,更好的[地]注意身体,来报答您如三春晖的伟大的母爱!"⑧此后,在相当长

---

① 文伏波档案,扫描件"可供参考的有保存价值的材料—自我检查10-2",已提交馆藏基地。
② 文伏波档案,扫描件"可供参考的有保存价值的材料—自我检查10-7",已提交馆藏基地。
③ 文伏波档案,扫描件"可供参考的有保存价值的材料—自我检查10-3",已提交馆藏基地。
④ 文伏波档案,扫描件"可供参考的有保存价值的材料—自我检查10-2",已提交馆藏基地。
⑤ 文伏波档案,扫描件"干部鉴定书10-30",已提交馆藏基地。
⑥ 文伏波手稿,1953年6月5日日记,扫描件和原件已提交馆藏基地。
⑦ 文伏波手稿,1953年6月15日日记,扫描件和原件已提交馆藏基地。
⑧ 文伏波手稿,1953年6月22日日记,扫描件和原件已提交馆藏基地。二中,指位于汉口的武汉市第二高级中学,当时文伏波肺结核病尚未痊愈,故提到要"更好地注意身体"。

图 1-2 2009 年,文伏波出资为父母修建的墓地

一段时期内,文伏波"心恋慈母,不能安定"。[①]

1963 年 4 月 18 日—5 月 9 日,文伏波在北京汇报丹江口工程补强轮廓方案之后,于 5 月 10—13 日,顺道去济南二哥家时,老母已与二哥一家共同生活了 10 年。14—17 日,文伏波带着母亲取道南京返回武汉,自此,母亲便与文伏波一家一起生活。11 月 4 日,文伏波将母亲的户口从湖南桃江县软桥村转到汉口,打算供奉老母晚年的生活。不料,1966 年夏,母亲、岳母、妻子常被街道居委会和妻子就职的长办幼儿园拉去批斗。武汉号称我国三大火炉之一,这年夏天尤其炎热,老母愣是被批斗得吃不消,中午回到家便中暑去世了。此时的文伏波,尚在丹江口工地为国家的水利建设工作!

由于家道艰难,父母一生辛苦备至,为了让三子和四子接受教育,不惜让长子和次子辍学,做这一抉择时,该有何等痛苦!为了三子和四子能完成学业,促成了文姓家族公产奖学金制度的建立,不过,该制度也惠及了所有接受中学及中学以上教育的文姓子弟。2014 年 1 月,当笔者与文伏波谈及此事时,文伏波万分首肯父亲这一举措,言辞之中,神态之间,自然而然地流露出自豪和赞赏。遗憾的是,父母双双皆因地主成分而亡于政治运动,子欲

---

① 文伏波手稿,1953 年 6 月 23 日日记,扫描件和原件已提交馆藏基地。

养而亲不待,每忆及此,文伏波痛苦不堪,默然无语。父亲的离去,更成为文伏波的"死穴",终身不愿提及。

# 兄 友 弟 恭

四兄弟打小儿感情甚笃,忆及儿时生活,文伏波说:"兄弟四人,我最小,备受父母宠爱,恃势欺侮二哥、三哥,养成在家内对亲人放肆骄横,对外面则十分胆怯陌生(的习惯)。"①为此,文伏波有着浓厚的家庭观念,很是依恋父母兄长。求学期间,一遇到不顺心的事儿就想家,回家即可无忧无虑,生病的时候,尤其如此。文伏波深深明白,是大哥和二哥的辍学,换来了三哥和他的学业;是三哥的监督和辅导,读高中的他才养成勤奋好学的习惯。为此,工作之后,尽管四兄弟天各一方,文伏波常与三个兄长保持联系,相互扶持,对在家务农的二哥,更是关心备至。

## 一、大哥北辰

大哥北辰(1919—1976),辍学到书店当学徒,为文伏波和三哥望平能继续学业创造了条件,因此,文伏波对大哥终身怀抱感激和愧疚之情,兄弟间的情谊十分深厚。

1935年,文伏波11岁,在益阳教育图书馆当学徒一年左右的大哥,突患火感病(即伤寒),父母从益阳县城将大哥抬回家治病。文伏波思念大哥,便借口珠算盘未带,请假回家。到家时,晚霞满天,父亲和二哥正在拉解锯。父亲批评文伏波不在学校好好念书,没有长进。待文伏波讲明情况后,父亲才勉强同意他在家住了一宿。

抗战爆发后,抓壮丁是常事。1939年下半年,大哥20岁时,文伏波读初

---

① 文伏波档案,扫描件"设计室2-2",已提交馆藏基地。

三,税警团(新一军前身)在益阳招兵,许多青年为逃避壮丁,大批参加。大哥到部队当了文书上士,随军到过贵州镇远,因不适应军队生活,不到半年,以心脏病为由,请长假回家。父亲设法送大哥到乡公所当文书,抵过一名壮丁。抗战胜利后,大哥立马离开乡公所,与朋友一起集股10石稻,约20股,在益阳市开了一家书纸文具店,因熟悉业务,一直担任书纸店经理。新中国成立后,书店变成了国营,大哥仍然在书店工作,直至退休,曾任益阳市人大政协委员工商联秘书长。

尽管文伏波工作繁忙,但仍时常挤时间给大哥写信。大哥偶尔闲暇,就到武汉与文伏波一家相聚,文伏波则带上大哥一起,去照相馆照相纪念。文伏波工作之余,也会回湖南老家看望大哥一家。每次大哥到武汉,文伏波都买好火车票,送大哥上火车后,才恋恋不舍地离开。

大哥身体状况不佳,病重期间,文伏波正在葛洲坝工地现场负责设计工作,异常繁忙,仍回家看望大哥数次。令文伏波终身遗憾的是,大哥病故之时,未能见上最后一面。

大哥与大嫂丁腊秀(益阳市蚊香总厂退休工人,1919—?),育有一子,名世开,字克成,1966年毕业于湖南师范大学。1968年分配回益阳,在中学任教。1975年调益阳师范学校,1984年任益阳师范学校副校长,主管教学工作。1992年调入中共湖南省委主办的湖南社会主义学院,担任教授。大哥去世后,文伏波一如既往地关心大嫂的健康和生活状况,还时常叮嘱侄子克成孝敬妈妈,叮嘱二哥藕耕的次子克立就近多关心照顾大伯妈。


## 二、二哥藕耕

二哥藕耕(1920—1999),为了支持年幼的三弟和四弟继续学业,与大哥北辰同时辍学,时年12岁。当时,三哥望平和文伏波在益阳县立第五高等小学读高小时,二哥已经开始跟随父母学种庄稼,同时,常赤脚草鞋(寒冷的冬季也不例外)给三哥望平和文伏波送米菜,每周至少一次。这些情景,文伏波终生难忘。抗战爆发后,为了躲避壮丁,父亲在杂货店内设了一个邮政信箱,二哥专门为乡亲们传送来往信件,算是抵过一名壮丁。

　　文伏波心里明白,是大哥和二哥辍学,换来了三哥和他的学业,甚至事业。二哥在桃江县农村老家,四兄弟中,条件最差,也最辛苦,因此,文伏波经常接济二哥。1962 年 3 月,文伏波"接二哥信,乡下尚有困难,邮寄 20 元与他"。① 1999 年 1 月 17 日,二哥藕耕写信给文伏波,"你们寄来的一万元钱已收到……我和克立商量了一下,建房大概需要三万五千元左右,而现在只付了两万元钱,家里大概欠一万八千左右的债。在打禾期间,克坚打禾去了,我因不小心摔在屋后的阴沟里,几小时没有起来,恰好卫娥回来看望我,给我请医生,又是帮我煎药,细心的[地]在家照顾我七八天,连药钱都是卫娥交付的……现在家中的屋虽然起[砌]好了,但是门和窗户都刚刚装上。家里的一切都好,只是暂时经济不太活跃……现在家中的日子越来越拮居[据],欠的一万八千元钱,利息一分五,债是要还的,不能老拖着。当初起[砌]屋,并没有做什么准备,做什么事,都是临时做的。本来想到克成那儿去借钱,因克成的两个儿子都要成家立业,我也不好张口向他借钱。而克立呢,他自身都难保,而现在的农村亲戚,都有很重的负担,我更不好意思开口向他们借钱,而他们在起[砌]屋期间,都尽心尽力地帮了小工,我总[怎]能

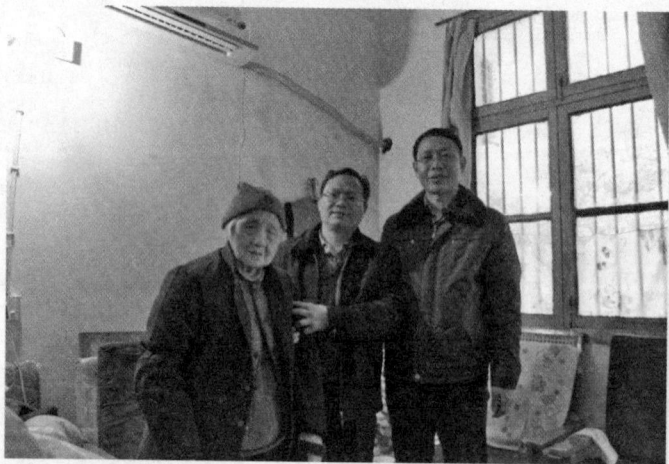

图 1-3　文伏波的二嫂符中秀(左)和侄子文克立(中)

---

① 文伏波手稿,1962 年工作笔记,扫描件已提交馆藏基地。

向他们借钱呢？……伏波、慕真对我们真心真意，我代表全家，特表感谢你们！"①

文伏波对二哥经济上的帮助，二哥的儿女都铭记在心。1999年9月1日，二哥的长媳聂创吾听说文伏波夫人刘慕真去世的消息后，写信劝解道："我爸爸一生多灾多难，由[尤]其是旧年房屋倒了以后又建好，都是您老人家帮助他，我们下一代真是感谢不尽。"②

二哥和二嫂符中秀（1919—   ）育有两子两女：长子世坚，字克坚（1953—   ），务农；次子世文，字克立（1963—   ），益阳市政府公务员；长女素娥（1945—   ），1953年8岁时，随祖母到青岛三叔望平家居住，并由三叔三婶抚养成人，天津大学化工系毕业，北京燕山石油化工公司高级工程师，1999年退休。二哥去世后，文伏波与二嫂、侄儿、侄女常保持联系，几乎每次到北京出差，都要去侄女素娥家小聚。二哥次女卫娥，在家务农。文潮说，在农村，由于地主成分，文家的儿子难找媳妇，可文家的女儿却被乡人争抢着娶，说是文家的种好，聪慧，会读书。

## 三、三哥望平

三哥望平（1924—2009），从小学到高中，与文伏波都在同一所学校就读。三哥长文伏波1岁，比文伏波高一个年级，既是兄长，又是学长。三哥比文伏波早熟，从小学到高中，对文伏波的学习和成长影响颇大，照顾文伏波也最多，无论幼年、青年、中年还是老年，三哥都一如既往地关心和爱护着文伏波，因此，四兄弟中，文伏波与三哥感情最深。

1942年，三哥考中了全免费的兵工大学导弹系和湖南大学机械系，选择去湖南大学机械系就读。大学期间，三哥加修和自修了几门必修课程，其中有高等微积分和高等材料力学，对解决日后工作中的技术难题，起了不可忽

① 二哥文藕耕1999年1月17日写给文伏波夫妇的信，扫描件"信件12-2"和原件，已提交馆藏基地。
② 二哥的长媳聂创吾1999年9月1日写给文伏波的信，扫描见和原件已提交馆藏基地。

视的作用。1946 年,三哥大学毕业后,就业于青岛纺织公司。1952 年,调入青岛电业局。随后,到山东省电力厅所属的发电厂、动力专科学校、电力实验研究所、基建局等单位工作 28 年。1980 年,参与筹建山东省科学院能源研究所。1990 年底退休后,继续担任山东能源学会理事长。三哥勤奋好学,他一生坚持活到老、学到老。

父亲被镇压不久,三哥又在"三反五反"运动中,被定为"贪污犯"。三哥曾写信大哥,向大哥借钱,偿还所谓的"贪污款",文伏波因此事而对三哥很是不齿。然而,当他从荆江分洪工程现场回到长委会时,收到三哥的一封信。信中,三哥言辞甚是恳切悲苦,申述他纯属冤枉。凭着对三哥的了解,文伏波推测,"可能是打错了。"①毕竟,是三哥影响甚至带领文伏波选择了高中的理科和大学的工科,是三哥的帮助才有了文伏波高中成绩的飙升,是三哥供给文伏波在南京中央大学的开销,是三哥给文伏波找到青岛做暑期实习的单位。

图 1-4　1975 年,文伏波(前左)、三哥望平(前右)、长女文潮(后左)、次女文丹(后右)在武汉合影

20 世纪 60 年代,物资极其匮乏,文伏波时不时地给三哥寄些食物,偶尔也趁出差之便去济南市看望二哥一家。1963 年 4 月 18 日—5 月 9 日,文伏波在北京汇报丹江口工程补强轮廓方案之后,于 5 月 10—13 日,顺道去济南

---

① 文伏波档案,扫描件"干部鉴定书 10-30",已提交馆藏基地。

看望二哥一家。同年6月2日周日,文伏波"寄二哥糖3斤"。10月20日上午,"写信给大哥、平哥。"三哥也常借工作之便,到武汉与文伏波一家相聚。1963年11月3日,"平哥来汉出席湖北省能源学会会议,晚抵家。"大哥碰巧也来到武汉,三兄弟相聚,说不完的家常话。10日晚,文伏波带着家人,和大哥、三哥一起,去餐馆"吃饭闲聊"。15日晚,"在家同平哥、大哥闲谈。"16日"早6点,送大哥大嫂上281次火车回长沙"。17日,周日,"同平哥看电影《跟踪追击》。"18日"早6点25分,送平哥乘82次车去郑州回济南"。① 长女文潮还清晰地记得,一天早上醒来,一个慈祥的长者站在他床边,笑眯眯地望着她,这是她印象中第一次见到三伯父。

因为地主家庭出身,20世纪50—70年代,三哥受到过许多不公正的待遇。1993年7月,三哥写信告诉文伏波:"王以柱(高十四班),湖大(即湖南大学)同学,将我的高中文凭从四川眉山寄来,他是清理箱子发现的,我则全然不知此回事。51年来,亦算有缘。'文化革命',我的所有证书、英文书、结婚照片,都荡然无存。而今得此证书,能不慨叹么!"②尽管如此,三哥工作仍然很出色。1955年,论证原青岛厂在日伪统治时期一次事故中拆除一台主力机组的一个重要部件的错误,恢复了该机的发电能力;1956年,改造了潍坊发电厂两台瑞士造的发电机落后设计部件,使其能连续发电,解除了潍坊市周末必停电维修的困扰,因而获得山东省1957年第二届"省级劳动模范"称号,并被派往参与国家组织在大连对国产第一台1.2万千瓦机组的鉴定工作。此后,三哥在电力试验研究所领导和组织了多项技术改造,都先后获得成功,培养了一批技术骨干。

1979年,三哥被国务院科学技术干部局任命为高级工程师,后改为研究员。20世纪80年代初,工作近30年,经过多次申请,才被批准加入中国共产党。曾历任山东动力专科学校热能动力专业主任,山东省电力科学试验研究所副总工程师。晚年,调入山东省科学院,协助组建了山东省能源研究所,具体负责全面分析研究山东省的能源问题,提出了山东能源发展的总体

---

① 文伏波手稿,1963年工作笔记,扫描件已提交馆藏基地。
② 三哥文望平1993年7月24日祝贺文伏波68岁生日的信,扫描件和原件已提交馆藏基地。

设想;综合调查研究了山东省的农村能源,提出了山东农村能源区划和规划;参加建设农村能源试点等。先后担任山东省能源研究所副所长、所长、总工程师,山东省能源研究会理事长兼秘书长、电力动力学会副理事长,曾被评为山东省先进工作者。1992 年起,享受政府特殊津贴。1993 年,文望平被《桃江县志》(第二十篇《人物》)①收录;和四弟文伏波一道,被《湖南桃江县河溪水乡中学七十周年校庆》收录。三哥一生谦虚谨慎,平易近人,从不居功自傲,觉得平凡、普通就好。

文伏波几乎每年都能收到三哥写来祝他生日快乐的家信,字里行间满满地是三哥对文伏波健康和安全的挂念。1993 年,文伏波 68 岁生日即将到来之际,三哥 7 月 24 日便提前写信祝贺文伏波生日快乐,还关心地问:"新闻联播,汉口水位涨得很高,是否有水灾? 雨季不要外出,年老还是生活得安稳点好。"②1994 年初,文伏波中风之后,三哥更是关怀备至,时常写信叮嘱文伏波不要着急,通过治疗、按摩和锻炼,慢慢康复,同时,还劝说文伏波:"我是这么想,一辈子有大半辈子为长江三峡、丹江口、荆江分洪等,竭尽了心力。如今有病,更应该好好休息、休养。"同时,三哥也为文伏波在业务上的贡献而感到无比自豪,他说:"最近,我买了一本《风雨三峡梦》,同时也阅读了部分《风流峡谷——毛泽东与长江三峡工程》。在《风流峡谷》中,有这样一段:'1964 年秋天,林一山以沉甸甸的行装上路了,与林一山一道的还有长江水利水电科学院高级工程师唐日长,长江流域规划办公室副总工程师文伏波。他们到了西北,又到了内蒙,后来又辗转西北、辽河、渭河、黄河……十几条多沙河流的大小水库,到处留下了他们的足迹。'这就是历史的记载。回味这些过去,会估计自己更好地平和养病,养到完全康复。"③晚年的文伏波,像儿时那样,让平哥牵肠挂肚。

1999 年 4 月 12 日上午 10 时许,三哥接到弟媳刘慕真去世的消息,"默然良久",随即写信劝说文伏波尽快从悲痛中走出来,"继续为事业出点主意

---

① 桃江县志编纂委员会:《桃江县志》,中国社会出版社,1993 年 5 月,第 412 页。
② 三哥文望平 1993 年 7 月 24 日祝贺文伏波 68 岁生日的信,扫描件和原件已提交馆藏基地。
③ 三哥文望平 1994 年 4 月 10 日写给文伏波夫妇的信,扫描件和原件已提交馆藏基地。

（只能出主意,绝不要像此前一样劳碌奔波）","孩子们让我们接你来济南住一个时期,好更加平静下来,不知能否做到！当然,有小丹一家陪伴,早早（晚）朝夕相随,可以分去一些思念,但更要紧的是自我超脱,保持家中之乐。""万望自我放松,往事可忆,但千万不要多念而放不下。"①

三哥与三嫂朱宁（1925—　,小学教师）育有两子两女:长子世闻,字克闻（1950—　）,高中文化程度,公务员;次子世见,字克见（1952—　）,大专文化程度,工程师;长女文唯,次女文虹。

# 贤妻付出全身心

夫人刘慕真（1929—1999）,大地主家庭出身,师范毕业。刘慕真的父亲刘凤池,北京大学中文系毕业,教师,故于 1953 年。刘慕真的母亲,性情温婉,娘家殷实,大地主家庭。"文化大革命"时,岳母与文伏波一家共同生活,常被长江流域规划办公室附属幼儿园拉到街道批斗,后来,干脆被赶回了乡下。岳父去世后,岳母独自一人带着两儿两女。刘慕真是四个子女中的老大,大弟刘继善,黄埔军校毕业,20 世纪 40 年代末到台湾。1987 年曾回武汉,特别拜望居住在文伏波家里的老母,此时刘继善与老母分别已近 40 年。在长子离开后,随即老母便溘然长逝。文丹说,

图 1-5　1952 年,热恋中的文伏波（左）和刘慕真（右）

① 三哥文望平 1999 年 4 月 12 日写给文伏波的家信,扫描件和原件已提交馆藏基地。

外婆愣是撑着见到长子才释然离去。小弟 26 岁时,刚职工大学毕业,被造反派活活打死。妹妹从部队转业后,在山西口腔医院做牙科大夫,直至退休。

当年,文伏波在设计室工作,刘慕真在苏联专家办公室工作,由于工作关系,两人经常接触,互生爱慕,于 1953 年喜结伉俪。次女文丹说,"当时妈妈留着一对长长的辫子,年轻貌美,煞是迷人。"

图 1-6  1953 年,新婚前后的刘慕真

文伏波与夫人刘慕真感情甚笃。1953 年,新婚不久,夫人刘慕真曾到武昌学习,由于当时交通不够发达,一周或两周才回汉口团聚一次。新婚不久的小夫妻,汉口、武昌隔着长江,不能朝暮相伴,煞是急人。他说:"见到了我的胖胖(文伏波对夫人刘慕真的昵称),就是我最大的快乐。听到了她的声音,就引起我的激动。如何才能做到片刻也不分离呢? 我这一点私心,实在有些克服不了。"[1]每次夫人去武昌时,文伏波必至车站,夫人回到汉口时,文伏波必定到车站去迎接。

一个周末,下着小雨,由于交通拥堵,文伏波拖着患肺结核尚未痊愈的病躯,从晚上七点等到八点半,一辆辆车过去了,就是没看到夫人刘慕真,"一下子焦急感就袭击了我,我不安起来。无论如何也躺不住,拖着疲惫的步子,去门外逛。在八点四十,刚出门,就遇到了胖子,是等车等船耽误了时间。原来今天是周末,大家都要回来过礼拜六呢。"[2]为了缓解双方的思念之情,俩人相约,每晚电话联系。如果有一个晚上没接到夫人的电话,文伏波就会很不开心。1953 年 6 月 6 日晚,文伏波没能等到夫人电话,"满肚子不痛快,回寝室即上床睡觉。"[3]不料次日晨,"胖胖打电话过来了,她昨晚九点就给我打电话,没有人接。我心里立刻闪过一阵愉快,昨

---

① 文伏波手稿,1953 年 5 月 27 日日记,扫描件和原件已提交馆藏基地。
② 文伏波手稿,1953 年 5 月 30 日日记,扫描件和原件已提交馆藏基地。
③ 文伏波手稿,1953 年 6 月 6 日日记,扫描件和原件已提交馆藏基地。

图 1-7　1960 年，文伏波全家福［文伏波（后右）、夫人刘慕真（后中）、次女文丹（后左）、岳母（前右）、长子文洪（前中）、长女文潮（前左）］

晚错怪了她，亲人同志约定的事，是决不会失约的，而我把她叮嘱我钉扣子的事忘记了，而且在她未提醒前，一点也记不起来。"[1]

　　1953 年 5 月，夫人怀孕（即长子文洪）之时，尽管文伏波的结核病尚未痊愈，但仍然对夫人牵挂有加。6 月 27 日晚，"等慕真电话不到，快九点，摇电话过去，原来她已打过两次电话过来，没有人接。她反应还正常，真使我欢慰。昨晚梦内说她反映得起不了床，引起了我一天的难过。舍不得放电话筒，不知怎么突然挂了，真有点怅然。睡不着，起来翻照片看。亲爱的慕真，痴痴地望着我，连吻了四次，就如见了面一般，老看老看，舍不得丢，久久才放在枕头底下，睡着了。吻着相片，就像触了电一样，心里痛快，夹着思念，难道这就是爱情的火花在燃烧吗？"以至于文伏波感叹说："爱情有时是苦恼人。"[2]

　　刘慕真不只是文伏波的最爱，也是他在困境中的精神支柱。父亲被镇压，母亲 1966 年被造反派批斗中暑而亡，三哥望平在"三反五反"中被误定为"贪污犯"，文伏波被打倒，1952—1953 年患结核病、1994 年 2 月突患脑溢

———————

① 文伏波手稿，1953 年 6 月 7 日日记，扫描件和原件已提交馆藏基地。

② 文伏波手稿，1953 年 6 月 14 日日记，扫描件和原件已提交馆藏基地。

图1-8　1994年,文伏波(左)中风过后喜庆余生,与夫人刘慕真(右)合影留念

血……夫人刘慕真自始至终坚强地与文伏波相伴度过。1953年6月22日,母亲要去青岛三哥家带孩子,文伏波在火车站送走母亲之后,想到失去父亲的母亲无依无靠,一时感情无法释然,"打电话给真,告诉她母亲已走。听到她的声音,感到无上的安慰,握着电话机,久久不能放。"①为此,文伏波下定决心,"要以百倍的信心,打退结核菌,在业务上前进的实际行动,报答你的爱情……换取以后永远是欢笑幸福的生活。"②

文伏波真不食言,他的工作得到单位领导尤其是长办主任林一山和湖北省省长张体学的认可,这却意味着刘慕真的负担更重了,她必须独自一人承担起照顾三个子女、生母和婆母的重任。仅丹江口工程(1958年8月—1969年底)和葛洲工程(1970年3月—1982年12月),文伏波就在工地现场工作24年多。长女文潮、次女文丹出生时,他皆奔波于工地现场。文丹因常年见不到父亲,常常把爸爸的同事、自家相邻单元的洪庆余当成爸爸。文丹说,洪总长得高高瘦瘦,戴着20世纪60—70年代的白边眼镜,和爸爸有些像。每每谈起这些,文伏波都觉得亏欠夫人和子女太多。但他也自豪地说,"妻子很能理解我,从来都没有和我唠叨她的苦处,其实,我心里都很明白。"③正如三哥在写给文伏波的信中评价的那样,"(刘慕真)操劳一生,为支持你的工作,更付出了全身心。"④

1994年元月,正值三峡工程开工前夕,文伏波作为专家,在宜昌工地参加对外交通的准高速公路及左岸船闸开挖等施工项目的评标工作。元月

---

① 文伏波手稿,1953年6月23日日记,扫描件和原件已提交馆藏基地。

② 文伏波手稿,1953年5月22日日记,扫描件和原件已提交馆藏基地。

③ 孙军胜等:《文伏波:勿无激扬　但求行实》,《中国水利报》,2005年10月15日,第005版;另载长委会:《文伏波治江文集》,内部资料,2012年7月,第320页。

④ 三哥文望平1994年4月12日写给文伏波的信,扫描件和原件已提交馆藏基地。

底,文伏波从三峡工地回到汉口,夫人刘慕真已躺在医院,她像文伏波一样,患有高血压。一直以来,都是夫人刘慕真照顾文伏波及家人,这次,好不容易有了照顾夫人的机会,然而,2月9日,即除夕之夜,文伏波突患脑溢血而住进协和医院。此后,老伴撑着病躯,反过来照顾文伏波。这次,文伏波因中风,右手再也不能书写,为了工作不辍,他愣是通过反复练习,学会了左手写字。

大病之后,老伴和子女们,将精力都集中到文伏波的健康问题上,可事实上,老伴的血压比文伏波还要高得多。1999年4月2日,夫人带着对文伏波的万般不舍,独自去了。

文伏波一生忙于事业,基本不会料理家务。妻子去世的次年,即2000年,子女们撮合父亲与妈妈生前的好友、自家的邻居殷汉霞阿姨,结成伴侣。文丹说,"没有殷阿姨的照顾,爸爸没有今天这个样子。"文潮说:"殷汉霞温柔婉约,两人相持相伴,过着和谐温馨的晚年生活。随着后期文伏波年老体衰,殷汉霞对之尽心尽力,照顾周到,让大半辈子以工作为重的文伏波,享受到平和安详的家庭生活。"①殷女士作为文伏波的夕阳伴侣,能得到文家子女如此的认同,与她的真心付出和文家子女的知书达理是分不开的。

图1-9　文伏波与殷汉霞女士在家中书房

## 子承父业

文伏波和刘慕真育有一子两女:长子文洪、长女文潮、次女文丹。长子

---

① 文潮对该书稿修改时添加的一段话。

文洪,生于 1954 年 1 月 16 日,16 岁就以知青的身份到农村务农,1974 年以工农兵学员身份被推荐到武汉水利电力学院(今武汉大学)就读大学本科。恢复高考后,文洪感到工农兵学员像"右派"一样,摘不掉帽子,于是报考研究生,考入武汉水利电力学院结构力学专业攻读硕士学位,毕业后,到华东水利勘测设计研究院工作,曾任华东水利水电勘测设计院副总工程师,教授级高级工程师,先后担任福建闽江水口水电站、浙江天荒坪抽水蓄能电站、浙江桐柏抽水蓄能电站等工程的设计总工程师。长子原名本叫"克明",出生数月后,恰逢 1954 年长江发生百年一遇的大洪水,为了减轻荆江大堤的防洪压力,荆江分洪工程被启用三次,并取得了较好的分洪效益。荆江分洪工程是文伏波参与设计的第一座大型水利工程,标志着文伏波水利工程设计生涯的正式开始,而且,他参与设计的北闸工程,开创了在平原地区软弱地基上建闸的先河,也经受住了 1954 年洪水期间三次分洪的严峻考验。为此,文伏波特将长子更名为"文洪"。

长女文潮,1955 年生,也当过下放知青。1977 年恢复高考,已参加工作的她考入南京航空航天大学,毕业于直升机设计专业,后就职于深圳机场股份有限公司。"潮",取意于"建设社会主义高潮"。

次女文丹,1960 年生,文伏波当时正在丹江口工程工地负责现场设计工作,故为次女取名"丹"。1978 年高考时,文丹原本打算报考军医大学,可父亲建议她第一志愿填报武汉水利电力学院,说学水利好,览尽祖国的大好河山,如父所愿,文丹被第一志愿录取了。大学毕业后,就职于父亲所在的单位——长江水利委员会规划设计处,主要从事南水北调中线工程的规划设计工作。

巧合的是,名字与水有关的一子一女,正好继承了父业,从事水利工作,而名字与水无关的长女,则从事直升机设计工作。

三个子女成长时期,文伏波基本不在家,但他一刻也没有忘记家人。据次女文丹回忆,1959—1961 年的"三年困难时期",文伏波在丹江口工地负责现场设计工作,因为是处级干部,多少有些特殊供应的物资,如花生米、罐头。他从不舍得自己吃,趁自己或同事回长办办事之机,捎回家给孩子和夫人吃。长女文潮回忆,"爸爸每次出差回来,就连飞机上发的食物也捎回家。"文潮说，"小时候，爸爸出差回家，首先翻他的包，看是否有好吃的。"在家的日子少，文伏波对子女便多了些溺爱。子女们在妈妈那儿得不到满足时，找爸爸就能如愿，而且，三个子女从没挨过父亲的打，对子女的顶撞，父亲也无条件接受。

两个女儿的儿子，儿时常骑在外公身上，跟外公一起玩黑猫警长的游戏：两个孙子是黑猫警长，外公是坏蛋，坏蛋得在地上爬。有时候，文伏波也和两个孙子玩智力游戏，或者唱歌。文潮回忆说：

上午，与正在住院的老爸通了电话，他的语速缓慢，不够清晰，有气无力。人的衰老好像是有加速度的，珍惜亲情，不能只是怀念。

二十多年前，他与两个外孙玩得不亦乐乎，卖力地扮演着游戏中外孙们分配给他的各种角色。一天，三人又一起高唱着童歌，老男人的声音与两个儿童的声音在一起，效果很搞笑，加上三人都属于五音不全，唱得怪腔怪调，面目全非。我忍不住了，过来笑他们三人是布莱梅镇上的音乐家。当时经常给儿子读童话，刚好读过童话"布莱梅镇上的音乐家"：一头驴、一只狗、一只公鸡在路上相遇，三个都对音乐感兴趣，于是决定一起到布莱梅镇上当音乐家，在到达的当天半夜，有敌人来袭击，三位一起高声怪叫，居民被叫醒，赶走了外来的敌人，居民们很感激他们三位。

祖孙三位不在意我的嘲笑，继续完成着他们的"音乐梦想"。这种歌声只能是自家人听，这种"音乐"的美妙只可意会，不能言传。

无论如何，我的父亲至少当过"布莱梅镇上的音乐家"。①

文伏波不只是两个孙子绝配的好玩伴儿，也是两个孙子学习的引路人之一。他把自己对地理、历史和古诗词的爱好和兴趣，传递给两个孙子，以至于两个孙子说，外公是他们难觅的知音。两个孙子和一个孙女，都是国内名牌大学毕业的高材生。

---

① 长女文潮 2011 年 7 月 4 日的 QQ 日志。

2014 年 8 月 5 日,孙女毛毛(长子文洪的女儿)从上海回到武汉,为爷爷庆祝 90 寿辰,特意为爷爷戴上了生日快乐的"皇冠",还在电脑上为爷爷制作了一张生日贺卡。

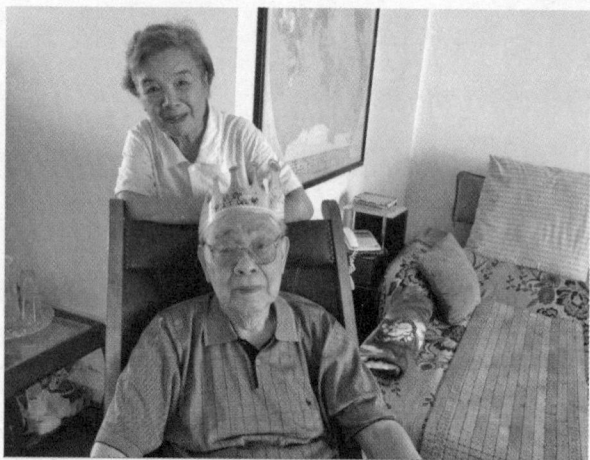

图 1-10　2014 年 8 月 5 日,文伏波 90 寿辰头戴孙女毛毛买的生日快乐"皇冠"

# 第二章
# 求 学

　　文伏波是幸运的,他出生在重视教育且教育相对发达的湖南省。宋代,在文伏波的家乡桃江县,私塾已普遍存在。至清末,私塾已遍及民间,有村办、族办、殷实之家独办、私塾自办四种形式,是为私塾鼎盛时期。清光绪三十一年(1905)废除科举制以后,桃江县开始兴办新式学堂,新办的乡村学校,以初级小学为多,民间私塾也同时存在。清末,桃江县已有部分学子留学日本,学成归国后,大多成为辛亥革命的先驱,至民国初年,他们在家乡倡导新学,推动了桃江县教育的改革和发展。

　　文伏波在桃江县接受小学教育,成绩优秀。由于政局动荡,高级小学毕业时,不能到长沙赴考,初中便到了益阳县城就读,没能到自己理想的学校,自暴自弃,成绩不甚理想。初中毕业,考上了长沙的名牌高中——长郡联立中学,学习环境好。因此,高中三年,文伏波酷爱学习,名列前茅。在国立中央大学期间,抗日战争吃紧,国民政府号召青年保家卫国,他一度投笔从戎,到过缅甸抗战前线。1945 年 8 月 15 日,日本投降后,几经转折,历尽艰辛,返回南京中央大学完成了学业,同时,又恰逢解放战争,文伏波便积极投身于革命洪流之中。

# 文氏抱珍初级小学

1927 年 7 月,第一次大革命失败后,湖南省的许多爱国知识分子、开明士绅,利用庙宇、祠堂祖产等,办起了私立学堂,倡导新学。文伏波就读的文氏抱珍初级小学,就是利用文姓祠堂族产所办,属于民国时期湖南省第一批兴办的私立学校之一。

1930 年春,文伏波 6 岁开蒙,进入软桥村文氏抱珍初级小学读书,1934 年 7 月毕业。在近 4 年时间里,由于年龄偏小,读了两次一年级,没读三年级下学期。该校虽实行新学制,却只能教授语文、算术、常识等课程,未能设置体育、音乐、美术等新式课程,而且,管理和教学方式仍然沿袭了私立学校的传统,学习知识主要靠记诵。老师经常体罚学生,"背书错一个字,也要打手心,五六岁的小孩,挨了打很是恐惧。"[1]

在文氏抱珍初级小学学习期间,文伏波接受过文茂生(祖父辈)、文运辉(叔祖)、文楚宝(叔辈)等老师的教诲,其中,清末秀才文茂生给文伏波印象最为深刻,人称"茂相公",备受乡人尊重。他经常读报,教学内容丰富多彩,常给学生们讲帝国主义入侵中国,包括"五卅惨案"在内的国家大事,这与文氏抱珍初级小学古板严厉的教学方式、固定的教学内容和教学模式,形成了鲜明的对比,孩子们幼小的心灵,被茂相公的爱国主义热情深深地感染着。2013 年,文伏波 88 岁高龄时,谈起茂相公,赞赏之情仍溢于言表,不禁感慨道:"这个老头子蛮好,不是一般的老头子","教的不是一般的老古董","富有爱国精神。"[2]

---

[1] 文伏波:《一个屋檐下的特殊组合家庭》。见夏泽嵩:《宝案堂遗墨》,私家资料,2005 年 10 月,第 215 页。

[2] 2012 年 11 月 13 日,王红采访文伏波院士录音资料,已提交馆藏基地。

# 益阳县立第五高等小学

　　1924 年,益阳县大桥镇依照前劝学所实施新学制案而设立了一所高等小学,叫益阳县第五学区区立高等小学,借志溪河畔李氏卓室公祠为校舍。1929 年春,该校改为县办,校名改为"益阳县立第五高等小学",简称"县立五校"(今湖南省桃江县河溪水中学),校址由李氏卓室公祠迁到河溪水畔救十寨下的慈善堂。县立五校与文氏抱珍初级小学一样,都是大革命时期利用祠堂族产公益产业兴办起来的新式学校。1934 年 9 月,文伏波是这样升入益阳县立五校第 10 班[①]的。

　　　　一九三四年秋,我三哥文望平初小毕业了,要去益阳县立第五高等小学报考,学校设在河溪水慈善堂内。记得我父亲送三哥去考五小时,我偷偷地跟在他们后面,保持一段距离。父亲发现了,要我回去,我却一直尾随着他们,父亲只好让我同行。到校后,刘德山老师接待我们,当场出题叫我们做。他阅卷完毕,宣布两人都(被)录取了。[②]

　　县立五校及其周边地区,山清水秀,溪流潺潺。发源于雪峰山的河溪水流经学校旁边,是志溪河左岸的支流,志溪河又是资水右岸的支流。傍晚时分,同学们常常三五成群地沿学校周边散步,远望西偏南方的救十寨村,漫步河溪水小镇,涉足志溪河水,忘情嬉戏。晚年时,文伏波每忆及此,常常

---

① 据桃江县河溪水乡中学七十周年校庆筹备委员会编《湖南桃江县河溪水乡中学七十周年校庆纪念册》第 61 页,1929~1942 年,每年招收一个班,连续编班号。文伏波 1938 年入校,被编入第 10 班。但据文伏波的档案材料及其回忆,他被编入第 15 班,这可能是自 1924 年创办学校以来,每年招收一个班连续编班号的结果。10 班共 27 人。

② 文伏波:《一个屋檐下的特殊组合家庭》。见夏泽嵩:《宝案堂遗墨》,私家资料,2005 年 10 月,第 215 页。

图 2-1　河溪水中学的院士路

"魂牵梦绕"[1],尚清晰地记得慈善堂前的那棵大树,校舍旁供全校食用的那眼清水井。

县立五校的首任校长曾广璋(又名何韵珂,1892—1969),是毛泽东在湖南省立第一师范学校的同窗好友,曾留学日本,意在教育救国,宣传民主,倡导科学,教育学生以爱国为本,实施德智兼备、手脑并用原则,注重培养学生素质,从而形成了"民主、科学、爱国"之育人传统,以及"求严务实,勤学奋进"的校训。文伏波入学时,对曾校长留学日本心怀芥蒂,认为凡是和日本有关系的人,都不是什么好人,但很快发现,曾校长对日本和其他帝国主义国家入侵中国的历史十分熟悉,而且,时常教育学生爱国,好好读书,报效祖国,只有科学技术发展了,国家强大了,才不会被他国欺侮。文伏波和丁夏畦两个院士,都是曾校长的学生。2005 年 5 月 7 日,湖南教育政务网以《一所农村中学出两院士　桃江河溪水乡育才扫描》为题,专门介绍了当年这所名不见经传的山区小学在教育方面为国家作出的贡献。

在文氏抱珍初级小学,文伏波尚未读过初小第七册和第八册,即四年级第一学期和第二学期,由于县立五校只有第八册,文伏波便读了两遍第八

---

① 文伏波:《五小啊,我亲爱的母校》。见韩存志,王克美:《院士书信》,上海:上海科技教育出版社,2002 年 9 月,第 272 页;另载桃江县河溪水乡中学七十周年校庆筹备委员会:《湖南桃江县河溪水乡中学七十周年校庆纪念册》,内部资料,2000 年,第 36 页。

册。在该校三年学习期间，像大多数同学一样，文伏波过着一周回家一次的住校生活。从老师那里得知，刷牙时牙刷要竖向刷，叠被子前要抖扇数下挥去碳酸气，穿衣服要"燠三冻九"，衣服要定期洗晒(洗衣都没有肥皂)等。因此，文伏波曾说，是县立五校"培养了我独立生活、自力更生的能力"。①

益阳县立五校定期举行各种竞赛活动，以激发学生的求知欲，开拓学生的视野。刚入校不久，学校举行了一次全校演讲比赛，文伏波感到有些紧张，便到学校图书室找到一本小小说——《班超三十六人定鄯善》，将其熟背下来，作为演讲稿。文伏波自此便学会了利用图书室的资源，遇到演讲时，不再紧张，经常参加学校举行的语文、算术等各类比赛。他说："这对以后我应付各种考试很有帮助。"②

益阳县立五校还举行为数不多的远足活动，去白水寨(海拔 455 m，位于今桃江县河溪水乡)那次，文伏波第一次看到了瀑布，"那蒙蒙的雨雾，那飞流直下的气势，激发了我对地理知识的兴趣。"③

相比抱珍小学，益阳县立五校的校长和老师显得格外慈祥。一次，文伏波和同学文季桐爬到慈善堂前的大树上坐着，正好校长蔡锡周路经大树前，两人很是紧张，校长不但没有责备，反而让他们小心地慢慢地爬下树，不要跌倒。又一次，算术老师杨秉彝在黑板上演算一道题，问同学们算得对不对。全班只有文伏波一人说是错的，杨老师便态度和蔼地让同学们自己算一遍，结果证明杨老师的演算是正确的。杨老师没有批评文伏波，但文伏波自此便牢牢掌握了先解小括弧、先乘除再加减等运算法则。

益阳县立五校重视德育教育。文伏波班上的毕业手工作业，是两个学

---

① 文伏波：《五小啊，我亲爱的母校》。见韩存志，王克美：《院士书信》，上海：上海科技教育出版社，2002 年 9 月，第 272 页；另载桃江县河溪水乡中学七十周年校庆筹备委员会：《湖南桃江县河溪水乡中学七十周年校庆纪念册》，内部资料，2000 年，第 36 页。

② 文伏波：《五小啊，我亲爱的母校》。见韩存志，王克美：《院士书信》，上海：上海科技教育出版社，2002 年 9 月，第 272 页；另载桃江县河溪水乡中学七十周年校庆筹备委员会：《湖南桃江县河溪水乡中学七十周年校庆纪念册》，内部资料，2000 年，第 36 页。

③ 文伏波：《五小啊，我亲爱的母校》。见韩存志，王克美：《院士书信》，上海：上海科技教育出版社，2002 年 9 月，第 272 页；另载桃江县河溪水乡中学七十周年校庆筹备委员会：《湖南桃江县河溪水乡中学七十周年校庆纪念册》，内部资料，2000 年，第 37 页。

生一组，雕刻一个竹笔筒。文伏波和文必山一组，竹筒制作得相当精致，可文必山想据为己有，杨秉彝老师便再给文伏波一个竹筒，让他重新制作一个竹笔筒。结果，杨老师给文必山60分，给了文伏波高分。不过，文伏波自己也有次印象深刻的"不道德"记忆。在益阳县立五校的第一年，他经常吃不饱饭。一次，饥肠辘辘的文伏波正好经过食堂，闻到饭香，禁不住抓起饭来就吃，不巧被一个同学看见并向先生"告密"。先生叫去文伏波，说："一个人要坦白，你家里穷，要有志气，你一向成绩好，先生、同学都看得起你，你不要自己毁了自己。"尽管文伏波始终都没有勇气承认错误，却感到羞愧难当，"大哭起来"。文伏波说，"自此，'家里虽穷，要有志气，要争气'这句话影响我很深，总想努力读书。"①

　　由于家道艰难，为节省开支，兄弟俩在学校隔壁的一个远方亲戚——腊生姑妈家搭伙，姑妈帮助煮好饭，俩兄弟自己弄菜，晚上在学校自习和寄宿。如此，俩兄弟只需要向学校交一个住宿生的费用，这比俩兄弟全部在学校寄宿（即在学校吃住）节省了一半的费用。兄弟俩的米菜等基本生活用品，家人每星期送一次。文伏波说："记得一个冬日的黄昏，二哥赤足草鞋，挑着小箩筐，为我们送米菜。他那时只有十三四岁，一双脚冻得通红。"②70年后，文伏波如此描述了在腊生姑妈家搭伙时的情景：

　　　　在姑妈家还有表哥贺月霞，当时在当校工，负责起床、开饭时打梆、擦拭灯罩等清洁工作。梆声轻重变化，疾徐有度，振人心弦。霎时，百余孩子起床洗漱，熙熙攘攘飞奔食堂就餐，集体生活养成了我们守时守纪律的习惯。

　　　　另一个小表哥贺连义，小小的年纪，参加农业劳动，却不能就近入学，因年龄相近，与我们兄弟很玩得来。姑妈每天为我们煮好饭，她那慈祥的笑容，七十年后的今天，还鲜明地留在我脑海中。姑父贺春生老实巴交，很少言语，闷着头打草鞋。

① 文伏波档案，扫描件"可供参考的有保存价值的材料—自我反省1-60"，已提交馆藏基地。
② 文伏波：《文伏波自传》。见长委会：《文伏波治江文集》，内部资料，2012年7月，第269页。

只有姑妈的弟弟品一叔,偶尔来看姑妈,姑姑[姑夫]备菜打酒,才有一翻[番]热闹。品一叔在益阳街上的一家织布厂当工人,在乡里人眼内是见多识广。他总是鼓励我们好好读书,将来当"厂长"①。

由于支付不起晚自习点灯的费用,兄弟俩被迫借用其他同学的灯光学习,备受同学们的欺侮与嘲讽,有些师长也说他们是"半住半通",揩同学们的灯油,文伏波感到很是难堪和愧疚,害羞的习惯自此养成。2006年忆起这段往事时,文伏波说:"我感激老师对我们兄弟宽容接纳。我哥哥上初中后,我正式在学校搭伙寄宿,心理上才得到平衡自安。"②

贫穷和父母的不断鼓励,促使俩兄弟刻苦学习。每个学期,俩兄弟不仅成绩名列前茅,全校作文、算术、演讲比赛,也均有名次,师长大为称赞,父母也更加宠爱,同时,也坚定了父母、大哥、二哥继续支持三哥和文伏波学业的决心。

学校没有员工宿舍,单身老师住校内,间或回家去。国文老师夏维城因家距学校较远,便携带夫人蔡则时女士、儿子夏泽蒿和夏泽苗,在腊生姑妈家租住了一间房。于是,在腊生姑妈家搭伙的两年中,文伏波俩兄弟与夏老师一家接触颇多,"我们在三餐饭时,与夏师母一家见面,日久渐渐熟识了。"夏老师的"豁达文雅",师母的"贤淑"、"整洁"③,给文伏波留下了深刻的

---

① 文伏波:《一个屋檐下的特殊组合家庭》。见夏泽蒿:《宝案堂遗墨》,私家资料,2005年10月,第215页。
② 文伏波:《五小啊,我亲爱的母校》。见韩存志,王克美:《院士书信》,上海:上海科技教育出版社,2002年9月,第272页;另载桃江县河溪水乡中学七十周年校庆筹备委员会:《湖南桃江县河溪水乡中学七十周年校庆纪念册》,内部资料,2000年,第36页。
③ 文伏波:《一个屋檐下的特殊组合家庭》。见夏泽蒿:《宝案堂遗墨》,私家资料,第215页。益阳县立五校毕业后,文伏波兄弟俩再也没有见到夏师母和姑母一家人,常听大嫂和大嫂的儿子说,夏师母在秀峰湖益阳基础大学期间,经常问到文氏俩兄弟的情况,文伏波也甚是挂怀夏师母一家。1991年,在查看洞庭湖水文站网时,途经益阳市,正逢母校信义中学(今益阳一中)85周年校庆活动,聚餐席上,文伏波巧遇夏师母的儿子泽苗、卢维谟等小学同学,欣慰莫名,欲拜见夏师母,不巧夏师母去了湘潭师院女儿家,文伏波惆怅万分。2000年10月2日,益阳县立五校70周年校庆活动时,文氏俩兄弟联系上了夏师母的儿子泽蒿。此后,便常与夏师母一家电话联系。泽蒿先后精绘两幅老虎画赠予文氏俩兄弟,文伏波的那幅老虎画名《崇山盘踞今胜昔》,书法有其父亲夏师之遗风。泽蒿还赠予文伏波夏师晚年书写诗作,书法遒劲有力,文伏波甚是感慨,叹夏师之师德师风,可敬可佩,可师可效。

印象。

夏维城老师不仅才华横溢,倾心教育事业,而且,师德高风,常暗中资助贫困学生,注重对学生进行爱国主义教育。其实,不只是夏老师,益阳五小的老师们,多饱含爱国热情,当讲到帝国主义列强侵略中国,并迫使中国签下一系列不平等条约时,老师们甚至声泪俱下,在学生们幼小的心灵中,激起了强烈的爱国主义热情及报国雪耻的壮志。1937 年 7 月的毕业典礼大会上,当校长蔡锡周先生向同学们宣布"七七卢沟桥"事变爆发时,义勇军进行曲在会场上空飘扬,师生们义愤填膺,同学们深切地感受到:国家兴旺,匹夫有责!

2000 年 5 月 25 日,文伏波撰写了《五小啊,我亲爱的母校!》一文,献给10 月 2 日河溪水中学建校 70 周年庆。该文回忆了他在益阳五小的三年学习生活,末尾饱含热情地写道:"值此母校校庆之际,远方游子,敬祝母校繁荣昌盛,万古长青! 愿桃江儿女,志源子弟,茁壮成长,人才辈出!"[①]

# 湖南私立信义中学

1937 年 7 月,文伏波高小毕业,适逢"七·七卢沟桥"事变爆发,由于政局动荡,益阳县(今益阳市)的 7 所县立高等小学的毕业生,都不能像往年一样去湖南省省会长沙报考,毫无选择地全部挤报益阳县内唯一的一所中学——湖南私立信义中学(今湖南省益阳市第一中学,简称"益阳一中")。另外,一些读过私塾的同学,因风气日开,认为读古书没有出路,改读新学,也纷纷报考了信义初级中学,因此,这年信义初级中学的生源相当充足。文伏波所在的 29 班,同学们年龄相差较大,功课也各有所长,来自私塾的同学,

① 文伏波:《五小啊,我亲爱的母校》。见韩存志,王克美:《院士书信》,上海:上海科技教育出版社,2002 年 9 月,第 272 页;另载桃江县河溪水乡中学七十周年校庆筹备委员会:《湖南桃江县河溪水乡中学七十周年校庆纪念册》,内部资料,2000 年,第 38 页。

一般年龄偏大,古文、历史功底相对深厚。不过,同学之间仍较为和睦,彼此关心。

湖南私立信义中学,源于清光绪三十二年(1906)挪威信义会在益阳桃花仑狮子山创办的信义中学堂。该校基本课程设置,遵照当时政府规定。由于该校是所教会学校,把宗教课列为必修课之一,带有明显的宗教色彩。但该校同时也传播西方文化科学知识和资产阶级民主意识,客观上促进了中西文化的交流,也培养了一批思想开放、学有专长的优秀人才。如:第一班的学生刘白参加过武昌起义;第三班的学生李唐留学日本,因参加密谋推翻湘督汤芗铭而殉难;第十一班的曾士娥,参加过北伐战争、秋收起义,随毛泽东进军井冈山,任红十一师师长兼政委等职;周扬及夫人苏灵扬,以及林凡、蔡华林、文伏波、潘自强、李阜棣、蔡建章、彭定之、张启人、李锡林、李进才、何凤山、冷卫红等社会各界名流,皆曾就读于该校。1930年秋,校名更改为"湖南私立信义初级中学"。1936年,校名再次更改为"湖南私立信义中学"。1952年9月,益阳市人民政府正式接管该校,改为公办学校,并改名为"益阳市第一中学"。

信义初级中学傍山而建,低丘绵亘,错落有致,环境优美。春季桃花盛开,遍地竹林,夏日凉风习习。课余,少年同学们嬉闹追逐于竹林与溪水之间,甚是惬意。耄耋之年,文伏波与同班同学王言信,电话中谈及竹林中追奔细节,二人仍"记忆犹新,相与灿然"。[1] 1993年3月23日,同班同学陈家钰在写给文伏波的信中也提到:"谈起桃花仑,苋江往事,不胜唏嘘。"[2]

信义初级中学没有正规的操场,便将校园附近的长益公路作为师生晨跑的锻炼场所。师生们每天从信义初级中学校门出发,经过公路,跑到终点——苗圃,取下各自的牌子,再跑回学校。由于每天晨跑,文伏波的身体状况良好,不像后来上高中时期,只知道一味地学习,几乎不锻炼身体,经常生病。不过,长益公路弯急坡陡,交通事故频发,给文伏波和同学们留下了十分恐怖的记忆。一天,文伏波与几个同学正沿公路步行,突然,一辆深绿

---

[1] 文伏波:《桃红柳绿忆年华》。见长委会:《文伏波治江文集》,内部资料,2012年7月,第274页。

[2] 初中和大学同学陈家钰1993年3月23日写给文伏波的信,扫描件和原件已提交馆藏基地。

图 2-2　益阳一中校史馆校友之星（从上往下第二排右二为文伏波）

色的"湘字"邮政车急驶而来，在一个急弯陡坡处突发事故，倾翻在坡下，四轮朝天，部分路过的高中同学，勇敢地施救，场地一片狼藉，血肉模糊，惨不忍睹。某日，在公路旁的山坡上，打柴人发现一具用柴草覆盖的男尸，同学们好奇，纷纷观看，尸体仰天躺着，双腿叉开，穿白袜球鞋。待看清了，同学们又吓得飞跑。往后，晨跑时，只要经过这里，同学们便聚集数人结伴而过。

　　初中一年级，信义初级中学教学秩序井然，师生们生活稳定。1938 年，日寇进犯湘北，战事吃紧，南京市、长沙市、益阳县的部分中学，纷纷迁入桃江县办学，桃江县的教育在政局动荡的年代呈现出异常兴旺发达的景象，培养出了不少人才。1938 年 10 月下旬，文伏波读初二上学期时，武汉沦陷，信义初级中学宣布停课,学校即将搬迁到湖南省安化县东坪镇。11 月 13 日,日本侵略军制造长沙"文夕大火",文伏波正在家乡软桥村等待信义初级中学复课,在家乡遥望长沙上空,一片红光,乡民们议论纷纷,说是血光之灾!

经过 10 多周的等待,1939 年元宵节前夕,十三四岁的几个同学,一起结伴去东坪镇,雇人挑行李,在雨雪泥泞的路上艰难行进,一天只能走 40~50里,夜宿荒村小店,第四天到达东坪镇的信义初级中学。① 东坪镇是安化县的大镇,现为安化县政府驻地,信义中学设在镇尾一家茶厂的旧厂房(即茶叶作坊)内,背倚青山,前临荑江,对岸是东坪镇上有名的荑江小学。荑江两岸,绿柳成荫,江水清澈,是信义中学的同学们游泳嬉戏的场所。荑江汇入资水干流处,建有一座桥,名镇东桥,桥面宽阔,桥顶盖瓦,两侧木壁围护,是座十分别致的廊桥。桥面两侧摆满各种摊位,熙熙攘攘,人流不绝。

文伏波初中二年级第一学期,信义初级中学迁到东坪镇以后,学习条件和生活条件都十分艰苦,教学设施简陋,二层高的地板楼房,四合大院,楼下是课堂、办公室、饭堂、厨房等,楼上设有三间课堂,剩下的房间全部用作学生宿舍。没有床,楼板就是床,席地而卧,每个同学仅拥有 50 公分宽的地板。更为糟糕的是,楼板还有缺缝,有的同学夜晚睡觉时,小腿会掉进地板缝里被卡住而受伤。课桌是长条木板钉制而成,一排坐 5~6 人,晚自习用桐油灯,熄灯铃一响,桐油灯熄灭,校园一片漆黑。因战乱,师资匮乏,课程精简了,音乐、体操、美术等课程,形同虚设。日寇飞机还时不时地轰炸,师生们躲在山沟里,每个同学自带一把折叠小凳听课学习,时不时地还能听到日寇炸弹轰炸的声音。

信义初级中学十分重视爱国主义教育。学校规定,只要是晴天,每天都要举行升旗仪式,师生听到号声,就地肃立致敬。每周一的早晨,全校师生都集中在操场上,举行升旗仪式,唱国歌,然后,校长或老师讲话,教育同学们要做一个遵纪守法的好学生,时而也讲到抗日战争形势,鼓励同学们树立抗战必胜的信念,为打败日本帝国主义而努力学习。音乐老师何吉安教唱

---

① 1940 年,信义中学迁回益阳桃花仑旧址。1944 年夏,日寇犯境,信义中学再次迁往安化县黄沙坪镇。1945 年秋,抗日战争胜利后,复迁回益阳桃花仑。

的多是抗日救国歌曲,"起来,不愿作奴隶的人们……","大刀向鬼子们的头上砍去,杀!"这些令人热血沸腾的爱国歌曲,80多岁的文伏波尚能熟练吟唱。学校规定,同学们必须时不时地参加抗日救亡宣传工作,或定期到外地慰问伤病员,或到商店募集救急药包(按定型药包计价的一种募捐方式)。每每想起这些,文伏波都会由衷地说:"真正体现了同仇敌忾,全民救亡图存,全民抗战的精神。"①

信义初级中学要做礼拜、过圣诞节、上宗教课,不过,学校主张信教自由。不信洋教的无神论师生们,骂洋教徒是"舔洋屁眼的"。文伏波不信洋教,源于他在抱珍小学和益阳县立五校时了解到洋人欺侮中国的许多事情。

既是教会学校,就十分重视英语教学,文伏波的英语基础就是在该校奠定的。校长陈开源曾不失时机地短期聘请逃难到桃江县的北方名师,到信义初级中学授课,令学生们耳目一新。到文伏波班上的一位女英语老师,高挑个儿,清脆声儿,上课时,先用英语简短讲讲,教几遍生字和句子,然后一一点名复述,随时纠正同学们的发音,师生都全身心投入教与学的过程中,效果甚佳。

信义初级中学29班入学时52人,毕业时29人。王言信、詹政才等是文伏波的同班同学,略长于文伏波,阅历较丰,对文伏波关照颇多。2006年10月6日,益阳一中百年校庆,文伏波从詹政才那里得知,1940年夏,29班毕业照上题有"429-29班","429"表示4月29日拍摄。文伏波感叹道:"但愿保有该照片的同学,能提供翻拍机会,该是何等宝贵啊。"②2007年6月,文伏波得知王言信因恶疾撒手人寰,告知詹政才,两人相与感慨良久。次日,詹政才主动代文伏波写挽联一副,文伏波当即寄给了王言信的夫人罗荣辉女士。挽联如下:

桃岭花红,莨江柳绿,三载深情呼小弟。

益水波寒,楚天斗暗,万家含泪悼名师。

---

① 文伏波:《桃红柳绿忆华年》。见长委会:《文伏波治江文集》,内部资料,2012年7月,第275页。
② 文伏波:《桃红柳绿忆华年》。见长委会:《文伏波治江文集》,内部资料,2012年7月,第275页。

詹政才大学毕业后，报名从军，先后在北大荒、新疆屯垦戍边 50 余年，南归无计，眷恋故土，关注母校，学友之情，与日俱增，"几次嘱我，在校庆之际，代为祝福母校永葆青春，见到老同志代为问好。"老同学或凋零，或远隔千里，总难相见，文伏波感叹道："同学老年今何在，桃花依旧笑春来！"①

　　初中三年，文伏波成绩平平，原因有三：欲到长沙市一流初中就读的愿望，由于抗日战争的爆发而破灭了，多有不快，学习便不如小学勤奋；有了文姓祠堂奖学金的资助，很少看到父母因经济窘迫而愁眉苦脸的样子，努力学习的思想随之淡化；结交的同伴对学习也采取"自暴自弃"、"敷衍了事"的态度。为此，文伏波"一天到晚就是调小皮，捣小蛋，大的反抗行为不敢作，喜欢以小卖小，弄小聪明，真正的大场合里就不敢出头了，对弄好功课没信心，考试舞弊，弄到六七十分就完事了。"②


# 湖南长郡联立中学校高中部


　　1940 年初中毕业时，父亲让文伏波报考师范院校，由于不愿教书，自己作主，报考了高中。7 月，赴安化蓝田（今湖南省娄底市涟源市）考取了三哥就读的学校——湖南省长郡联立中学（今湖南长沙市长郡中学）。该校肇始于清光绪三十年（1904）长沙府知府颜钟骥创办的"长沙府中学堂"，校址设在黄泥街，继迁宝南街。这是当时长沙府唯一的一所府立中学堂，在长沙首倡新学。光绪三十四年（1908），长沙府署拨专银三万六千余两，择三府坪筑建校舍，长郡中学才开始拥有了真正意义上的校舍。1911 年辛亥革命后，府制废除，原长沙府属 12 县的驻省中学合并于长沙府中学，更名为"长郡公立中学"，并面向长沙、善化、湘潭、益阳等十二州县招生，学子过千。"民国"三年（1914），湖南巡按使公署整顿各县联合中学，改名为"湖南第一联合县立

---

① 文伏波：《桃红柳绿忆华年》。见长委会：《文伏波治江文集》，内部资料，2012 年 7 月，第 276 页。
② 文伏波档案，扫描件"自传及属于自传性质的档案 2－7"，已提交馆藏基地。

中学"。"民国"六年(1917),该校增设师范部,改名为"长郡公学"。此后,该校多次更名,湖南第一联合县立中学、湖南长郡联立中学校(1930年始)、长沙市第一中学(1951年)、长沙市第二中学,1984年恢复"长郡中学"的校名。一代名师徐特立、李维汉、陈子展、周世钊等,老一辈无产阶级革命家任弼时、李立三、李富春、肖劲光、陈赓、曾三等,美学家蔡仪,音乐家吕骥,科学院院士张校骞、沈其震、李薰、苏纪兰、陈庆云、丑纪范、陈希孺,工程院院士黎介寿、黎磊石、朱建士、欧阳平凯、曾广商,歌唱家张也、陈小朵等,皆出于此校。截至2004年,长郡中学已出了12位院士,其中,黎介寿和黎磊石兄弟俩,都是文伏波的同班同学。一个班出3位院士,成为长郡中学历史上的一段佳话。

图2-3　2004年9月30日,母校长郡中学百年校庆,文伏波捐赠给母校三峡大坝基石

由于长沙沦陷,该校于1938年4月迁往蓝田。9月,文伏波进入该校高中第15班就读。刚入学不久,文伏波便决定学理科,将来上大学报考工科,原因有三:一是三哥比文伏波早一年考入长郡联立中学校,物理学得非常好,选择学理科,文伏波的几个要好同学也学理科,受其影响,也选择学习理科;二是觉得读师范院校出路不大,不喜欢政治,相信机器万能,认为工科是铁饭碗,打不破,凭真本事吃饭,不求人;三是见到伯伯、叔叔、舅舅家太穷苦,立志自己学业有成,到工厂做事后,首先把做苦力的兄弟们带到工厂做

技工,如有余力,则介绍其他穷苦青年乡亲到工厂当技工,帮他们摆脱穷困的生活状况。

三哥不仅学习刻苦用功,而且还时常监督和指导文伏波学习。文伏波的几个要好同学,学习也非常刻苦,尤其是商人的儿子刘海畦,个性偏犟,甚至有些孤僻,但学习异常用功,成绩优秀,中央大学气象系毕业,因厌恶政治,大学毕业后,当了气象预报员,业务搞得很好,待遇也不错。文伏波说:"高中时,受他影响相当大,读死书。"①学校开设了体育课,未设置美术、音乐、绘画等课程。文伏波唯恐虚度光阴,几乎不参加课外活动,也不做运动或其他娱乐活动,甚至连报纸、小说也不敢多看,极其担心耽误了"正课"的时间。他不但熟读了高中课程,还自学了不少大学一年级课程,成绩明显上升,自信心随之恢复,上进心便随之加强,自高中一年级第二学期起,就一直是班上的前三名,高中三年成绩总评第一名。成绩好了,有的同学便经常依赖文伏波"打 pass"(即丢小纸团、搞夹带)通过考试。对那些不爱学习、只爱吃喝玩乐没出息的同学,文伏波多少有些瞧不起,升大学的欲望变得异常强烈起来。

图 2-4　长郡中学校园里的文伏波雕像

---

① 文伏波档案,扫描件"可供参考的有保存价值的材料—自我反省 10-74、10-75",已提交馆藏基地。

该校校长兼地理老师鲁立刚(1897—1985),浏阳县东门市人,给文伏波留下深刻印象。1917年,鲁立刚考入武汉高等师范,攻读博物地理。1921年毕业,随竺师应聘于南京东南大学(原中央大学,今南京大学前身),任助教兼江苏农业学校气象教员。1930年,他成为湖南气象事业之创始人。他以地质地理、天文气象造诣甚深而名震教坛,著有《地学概论》、《中外地理》,被湖南省、市各中学作为地理教材。1936年秋至1949年5月,连选连任4届校长,任职长达13年,是长郡中学历史上担任校长年限最长的一位。他始终没有脱离地理教学第一线。他认为,不坚持教学,就很难领导好教学,就是不合格的校长。他学识渊博,讲课生动,分析精辟。文伏波说,他高考填报志愿时,选择水利工程系,就是受到鲁立刚的影响。

我选择水利工作,是受了高中地理老师鲁立刚的影响,他讲授的《地学概论》,谈到气象、水资源等问题,谈到西北边陲飞沙走石、水贵如油,讲《建国方略》中三峡水利资源开发,觉得很新鲜。报考大学时,我填的志愿是水利工程系。[①]

我决心投入水利事业,早在高中时期就确定了……教地理的老师是竺可桢的高足,他教的《地学概论》,讲气象、水文,结合大西北的辽阔、壮丽和严重缺水的事实,又给我们介绍了三峡水利资源。从此后,我下决心要在水利方面为国家和人民作贡献。高中毕业时,我报考中央大学和湖南大学,专业都是水利工程。[②]

中学地理老师鲁立刚先生,系竺可桢先生高足,讲授《气象概论》,谈到三峡,眉飞色舞。受其影响,使我与水利结下不解之缘。[③]

我高中就读于抗日战争时期的湖南长郡联立中学……该校注重全

---

① 文伏波手稿,无日期,已提交馆藏基地。根据内容推测,似乎是《毕生精力献长江——文伏波院士自述》(载杨敬东:《三湘院士科学人生自述集》,长沙:湖南科学技术出版社,2009年11月)的草稿。

② 文伏波:《水利工程的创新离不开理论和实践》。《科技进步与对策》,2001年第5期,第15页。

③ 文伏波:《我的心愿》。《长江三峡工程报》,1993年5月12日;另载长委会:《文伏波治江文集》,内部资料,2012年7月,第284页。

面发展,理科以外,也十分重视文史地教育。教地理的老师是竺可桢先生的高足,他讲授的《地学概论》,讲述水文气象,联系大西北缺水、三峡水利开发,十分新鲜。受其感染,觉得祖国河山大好,水利事业前景无限。高中毕业报考中央大学、湖南大学,都是填报的水利工程系,并都被录取了,我进了中央大学,从此,与水利结下不解之缘。①

鲁立刚认为,中学教育并非专为考大学而设,实际上,也不可能每个学生都能升入大学。如高中毕业涉足社会,各行各业均得掌握一定的基础知识,而且能学以致用。为此,他主张文理并重,反对直接与高考科目衔接的文理科分科教学管理模式,要求不分文理科,让学生全面发展。高中一年级第一周国文课时,老师要求每个同学写篇文言文,文伏波此前受的是新式教育,情急之下,模仿欧阳修的《秋声赋》写了一篇,得60分。老师的批文是,模拟欧文,亦能貌似。文伏波自此开始重视国文学习,并对古文尤其是古诗词

图2-5 2009年10月9日,国家科学技术奖励大会文伏波(左三)与长郡中学毕业的部分院士在人民大会堂湖南厅合影

① 文伏波:《毕生精力献长江——文伏波院士自述》。载杨敬东:《三湘院士科学人生自述集》,长沙:湖南科学技术出版社,2009年11月,第38页。

产生了浓厚的兴趣。后来所写关于荆江分洪工程、丹江口水利枢纽工程、葛洲坝水利枢纽工程、三峡水利枢纽工程等的诗词,即得益于高中三年打下的扎实国文功底。

鲁立刚秉承长郡联立中学"朴实沉毅"的校训,"从个人生活上做起,毅然剃去长发、布衣布履,一反过去衣着讲究之温文雅士作风,与学生打成一片。在其带领下,全校师生艰苦朴素,蔚然成风。鲁立刚时有'长郡叫花'之谑称,实为长郡校风之写照。"[1]家境原本贫寒的文伏波,在校长、校风、校训的感染之下,自此养成俭朴的生活习惯,并终生坚守。高考结束后的暑假(1943年8—9月),为贴补家用,曾到他就读过的益阳县立五校(时称"益阳完全小学")担任8周教员,教自然和算术。由于是平生第一次工作赚钱,所以,非常谨慎小心,也十分卖力,赢得了师生的认可。高中三年唯一的遗憾是,未能改掉儿时养成的害羞习惯,很少做公益事务,就连当伙食干事也紧张得很,怕搞不好被别人笑话。

1998年3月20日,长郡中学举行鲁立刚校长诞辰一百周年纪念活动,文伏波因工作繁忙,未能如期前往,甚感遗憾。不过,他寄去了原载《长江三峡工程报》的一篇文章——《我的心愿》,怀念鲁校长。

# 国立中央大学

1943年8月,文伏波启程,经两个多月的跋涉,11月到达重庆的国立中央大学,在重庆接受了近一年(1943年11月—1944年11月)正规的水利工程系的大学教育之后,1944年11月的一天上午,报名参加了驻扎在重庆鸳鸯桥的驻印远征军新一军三十八师教导三团。1945年元旦前后,转入新成立的青年军二〇一师,被编入山炮第一营第四连。1945年3月,在缅甸作战

---

[1] 张仲昆:《鲁立刚先生与长郡中学》。载鲁公逝世十周年纪念编印:《鲁立刚先生纪念集》,中国台湾,私家资料,1995年7月15日,第82页。

的国民党远征军即新一军要补充壮丁,3月下旬,文伏波一行200多人,从重庆出发,4月初到缅甸密支那,被编入新一军三十八师新兵补充营。1945年7月上旬,新一军三十八师教导总队从密支那飞回广西南宁市。1945年8月15日,侵华日军投降。新一军奉命,紧急接收广州。9月底,文伏波等抵达广州。

1945年10月10日国庆节休假时,文伏波等逃离部队,迫于生计,曾在广州电讯器材厂打零工2月余。1946年1月回到老家,利用亲戚关系,迅速在益阳县立初级职业学校谋到当教员的差事。10月,复学南京中央大学。

复学之后,解放战争爆发,文伏波曾参与过一系列的学生运动。1948年4月,参加了共产党的地下外围组织——新民主主义青年社(新中国成立后改称"中国共产主义青年团")。1948年11月30日—1949年4月22日,文伏波等撤退至江苏句容县农村进行秘密工作。期间,于1948年12月向中国共产党提出入党申请。1949年1月2日,南京党组织正式批准文伏波加入中国共产党。1949年7月,文伏波向党组织提出申请,要求转成正式党员,7月2日,在南京如期转成了正式党员。1949年4月22日,解放军渡江,南京解放,文伏波等人立即从无锡返回南京中央大学。

1949年5—7月,南京中央大学派遣文伏波到南京军事管会下属的教育委员会大学专科部担任秘书工作。7—9月,南京中央大学调文伏波到南京市委会学区党委会组织部任干事。9月,借着精简节约政策推行之机,文伏波要求到南京军事管制委员会水利部扬子江水利委员会下游局任实习员。几经周折,数经磨难,文伏波终于可以从事他热衷的水利事业,赢得了实现工程梦契机。

## 一、重庆中央大学

高中勤奋好学,3年成绩总评第一,对于考大学,文伏波信心满满。可考虑到拮据的家庭经济状况,又不免为前途担忧。天无绝人之路,恰逢国民政府宣布,读工科可以享受全公费待遇。与湖南其他高中毕业生一样,文伏波参加了湖南省高中毕业会考。当时,各省都组织高中毕业会考,会考成绩优秀的,就被分配到本省的某个大学。为了实现工程梦,文伏波还另外报考了当时他知道的大学——国立中央大学①和湖南大学。由于长沙沦陷,湖南省会暂迁至耒阳,所有考生都必须到耒阳参加高考。

1943年8月的一天,文伏波一日之内收到三份大学录取通知书。他报考的国立中央大学和湖南大学水利工程系通知书各一份,通过湖南省全省毕业会考,被保送到湖南大学水利工程系的通知书一份。因仰慕中央大学的名气,文伏波选择了国立中央大学。

接到中央大学工学院水利工程系的录取通知书时,已经接近中央大学开学的时间,由于家道艰难,筹不齐去重庆的路费,父亲让文伏波向中央大学请假一年,继续在益阳完全小学任教,等筹齐了去重庆的路费,再去上学。然而,文伏波不肯放弃学工科的机会。父母被迫通过打贺的方式,为文伏波筹措到去重庆的路费。待文伏波加快步伐,花去1个多月的时间,赶到重庆中央大学时,学校已经开课近2个月了。

重庆中央大学二、三、四年级的学生在沙坪坝松林坡,交通很是便利,即便是在抗战时期,生活也还算可过。可一年级新生却在松林坡嘉陵江对岸的磐溪,这里属于山区,交通极为不便,加之公费少得可怜,因此,大学一年级的生活极其艰苦,一天少得可怜的三顿稀饭,偶尔才有馒头,学生们每餐抢饭票,抢到了饭票,才能买来饭菜。抢饭票,女生比男生能耐,待女生抢完了饭票,男生就没得吃了。后来,干脆不饭抢票了,直接抢稀饭,用饭碗舀,常常把稀饭弄到军用棉裤上(学校发给学生冬天御寒穿的)。磐溪的一年级学生无洗澡条件,为让学生洗澡,校长顾毓琇整日开着他那部小汽车的马达烧水,数千学生都端着盆,接半盆热水(热水流量非常小),再回到宿舍洗澡。

---

① 国立中央大学,属"中华民国"国立大学,是抗战时期中国高等教育界的龙头,拥有很多当时国内最顶尖的专家和学者。新中国成立后,更名为南京大学。"中华民国"政府迁台湾后,1962年,"国立"中央大学在台湾复校,1979年恢复校名。1952年,中国大陆高校院系调整,南京大学分散,文理学院并入金陵大学,更名"新南京大学",工学院留守本部,成立南京工学院,后更名为"东南大学"。抗战初期,1938年始,实行全国"联考"制,即统一招生的几年中,当时全国全部考生总数的2/3将中央大学作为报考的第一志愿。

此外,学习条件也差,夜晚灯光昏暗,纸张质量差得难以下笔,而且,当时重庆的生活费还异常昂贵。大学二年级时,搬到重庆市区的沙坪坝松林坡后,交通运输条件便利了些,城区的学生因吃不惯学校的饭,便回家吃,住校生的生活条件因此得以改善,不用抢饭吃了,而且,只有早上才吃稀饭,中午和晚上吃干饭。

中央大学水利工程系,1937年夏成立于南京。1937年"八一三"事变(又称"八一三"淞沪抗战)后,随校迁往重庆沙坪坝,在磐溪修造了较大规模的水力实验室和土壤实验室。由于获得水利部门的拨款和补助,师资充实,设备先进,实验完善。文伏波在重庆中央大学水利工程系就读时,水利工程系尚未细分专业,数学、物理和水利工程的各类专业基础课程都得学,功课任务繁重,学生们整日忙个不停,死啃书本,成天头昏脑闷,文伏波几乎到了两耳不闻窗外事的程度。当时重庆中央大学的教学与国际接轨,相当一部分课程的教材是龙门书店影印的西文(主要是英文)原版教材,老师讲课也夹杂着英语,新成立不久的水利工程系,教材更是西文原版居多。因此,文伏波在重庆中央大学,接受了较为系统的专业教育,并拥有了扎实的英语专业功底,这为后来的工作和自学,提供了极大的便利。同学王禹对文伏波的评价是:"读书很用功,也很聪明","正统思想较浓,一般事情还有正义感,不爱参加什么社会活动,对人还很热诚,生活俭朴。他当时来往的人大部分是他中学时代的同乡,分析他的正统思想,主要是与湖南的中学教育有关。"①

在重庆中央大学的一年(1943年11月—1944年11月)时间里,文伏波感到功课紧张、生活艰苦、心情苦闷,看到学工科的学长毕业后很难找工作,靠裙带关系才能谋到一份差事勉强糊口,升职的可能性更小。舅舅的儿子,文伏波的干表哥,机械化专业毕业后,工作不好,薪水也低。考大学时那种想当工程师专家的强烈愿望逐渐破灭,工科是"铁饭碗"的思想也开始动摇,读书的劲头稍有减弱。

---

① 文伏波档案,扫描件"人事档案第五类—政审材料"中1956年王禹写的《关于文伏波同志的材料》,已提交馆藏基地。

## 二、弃笔从戎

1943年上大学时,文伏波已经19岁,开始有独立思考的能力了,而且正值国破山河碎之际,因此,思考的问题开始复杂起来。1944年豫湘桂大撤退,6月18日,日军占领长沙。8月8日,衡阳陷落。报纸、广播等新闻媒体纷纷宣传"一寸山河一寸血,十万青年十万兵"的口号,一时燃起了许多爱国青年的报国热情。

家乡沦陷、国将不国,学工科的幻想接近破灭,在像夏良哲这样的爱国青年的感召下,文伏波想到他几个叔伯兄弟被抽壮丁,战死抗日前线,经过激烈的思想斗争,决定弃笔从戎。于是,与土木系的同学周雪飞相约去报名参军,并准备好了一切,决定第二天出发。出发前夜,躺在床上,文伏波展开了激烈的思想斗争,想到当兵打仗可能会战死沙场,想到家人,尤其是妈妈,很是不舍,痛苦至极。夜里竟噩梦一场,梦见妈妈哭着不准他去参军,醒来发现枕头湿了一大片,从军的思想开始有些动摇。但碍于与周雪飞约定,又不好意思开口说不去。次日晨,下着大雨,嘉陵江大水,船不能泊岸,两人有些动摇,便借口不能上船,打消了从军的念头。由于过于轻率而闹出笑话,事后,文伏波感到非常惭愧,暗自庆幸无第三者知晓此情,便打定主意,安下心来,好好读书,完成大学学业。

不料,湘桂战争吃紧,各大报纸争相报道紧张的战局,很多名人到处讲演,搞些音乐演奏会、晚会等,大力鼓励青年从军抗日。文伏波好不容易安定下来的心,又开始沸腾了。当时,许多学子报名到部队从事政工工作,文伏波觉得政工工作不能参加打仗,属于"挂羊头卖狗肉"之行径,可耻。于是,便和机械系的同学冯先开(新中国成立后改名为"洪荒")和宋昌黎,同班同学陈家珏、沈佩文、袁君范(新中国成立后改名为"袁家杕")等一起,于1944年11月的一天上午,报名参加了驻扎在重庆鸳鸯桥的驻印远征军新一军三十八师教导三团。当时,驻印远征军正在招收知识青年入伍,说是到印度学习驾驶坦克等机械化知识。文伏波当时一门心思地渴望能到印度学会驾驶坦克,上前线作战,保家卫国,对家和家人的眷恋、升官发财的梦想,统统抛到九霄云外了,有的只是一腔报国热情,对抗战胜利充满了信心,并期待抗战胜利后,再回中央大学复学。

1944年12月2日,日本打到贵州南端的独山,眼看要打到贵阳,蒋介石准备将首都再向西迁至西康,从军的同学骤然大增,达到600多人,不过,多数是到教导团避难的。12月底,日军停止进攻,战局稍稳,重庆的动荡情绪也渐趋安定,教导团便停止出国,当时传说,停止出国与国民党军队内部孙立人和黄埔系的陈诚之间的斗争有关。教导团解散了,那些到教导团避难的同学们,便纷纷借口与其意志不符,整批整批地回到学校继续学业去了。部分学生或自己报名或直接转到了1944年底国民政府新成立的青年军。1945年元旦前后的一个晚上,文伏波和同班同学陈家珏、冯先开、袁君范、彭映煌、叶秉如等,碰头商量,决定转入新成立的青年军二〇一师,继续从军。一方面,他们想坚持到抗战胜利,嘲笑那些复学的同学是假爱国,贪生怕死;另一方面,他们心里也有个小阎阎,担心复学赶不上功课。学校将他们送到重庆,当即编到青年军二〇一师,然后,再被送到璧山县城。

在璧山的第一个月,未分兵种。后来,参军的人多了,开始分兵种:一是政工工作,将来可能升至上尉、少校;二是当翻译;三是当二等兵。文伏波等幻想通过他们这些知识青年当兵,改变军队的暗黑制度,故而要求当二等兵。而且同学们个个都以为炮兵好,便选择当炮兵。文伏波和他要好的10多个同学一起,被编到山炮第一营第四连,紧接着就被迁至离璧山约20多里的乡下,大概待了2个月左右。此连因系刚成立,人数不齐,共50~60人。连长是一个复旦大学的学生,是国民党军校毕业后,被保送到复旦大学的。

在山炮第一营的3个月里,没有正规军事训练,后来发支步枪,从未见过炮影。山炮第一营第四连的营房在乡下,借住老百姓的民房、庙产,条件较差,城内营房则是标准营房,条件较好。一次打靶时,一位同学因瞄准了国民党的党徽而被判刑。所有这些,引起了同学们的不满,闹情绪,反复提意见,早上懒睡不起床;早晚集合唱国歌,许多人不开口;上操喊口令,大家都笑,不严肃。连长恼火流泪,但没辙,只好将其中几个闹事的学生头儿关了禁闭。

一次,师长来连队视察,士兵都质问师长,为什么乡下士兵住茅房,而城里士兵住营房？为什么炮兵营见不到炮的影子，几个月，士兵们啥也没学到。师长很是窘迫，对学生军的自由散漫作风也无可奈何，因为四连的士兵都是来自中央大学、复旦大学、政治大学的学生。后来，长官索性不管，出操减少，整日地玩。出国前的一个月左右，上级派政治大学毕业的沈姓学生到四连当指导员，他组建了一个图书阅览室，有小说、杂志、报纸等，很是合学生军的胃口。

1945 年 3 月，在缅甸作战的国民党远征军即新一军要补充壮丁，军政部命令在青年军中挑文化低、调皮捣蛋的"坏分子"去补充壮丁(事后流传的说法)。青年军二〇一师山炮第一营第四连是最令长官们头痛的一个连队，因此，大部分士兵被选中，文伏波一行也无一例外，但学生军们却被告知，上级要求挑选文化水平高的士兵到国外学坦克等机械化技能，能领取到新式武器。公布消息后只一天，就到重庆乘飞机去昆明，上飞机时，除了炮四连的士兵外，其他的人没有几个文化高的，其他学校的熟人一个也没见到，大家开始有些怀疑，转而又想，与其留在二〇一师鬼混，还不如出国去参加真正的作战部队，与盟国配合作战，还是经过改革了的新军队，应该不像国内的军队制度那么黑暗。

1945 年 3 月下旬，文伏波一行在重庆乘飞机，经云南昆明，为转机而等待数日，4 月初到缅甸密支那。一行 200 多人，被编入新一军三十八师新兵补充营。密支那的新一军三十八师奉命接收壮丁，训练 2 周后，就上曼德勒前线补充。班长、排长都是行伍出身的文盲，开口就骂，动手就打，完全是国内虐待壮丁的老一套。几经波折，再遭此非人待遇，满腔抗战热情和改革国民党军队黑暗制度的理想，至此完全化为乌有。同学们暗下决心，并私下商量，一有机会回国，就开小差。有的同学还天真地说，"回去了要告状，蒋介石说了，军队不许打骂的。"

同学们向长官提出，到国外是学习机械化的，可相关长官压根儿都不知道这事儿，此前同学们的怀疑得到证实。当时，补充新兵中，除了重庆等城市的大学生外，还有西安教导团自昆明飞来的一些中学生。大家团结一致，先派代表到驻印远征军办事处请愿交涉，毫无结果。次日，大家悄悄约好，不出早操，自动排队，再次到驻印远征军办事处去请愿。结果，新一军的长官告知美国宪兵，说新一军新兵暴动，老美派了一连宪兵，将文伏波等监视起来。经历这次威吓，大部分同学害怕了，以为天高皇帝远，长官们可以胡作非为，不得不暂时屈服，乖乖地接受严格的新军训练，包括在丛林中开辟场地、搭盖营房、轮流做饭、出操等。

经过 40 多天壮丁的艰苦训练之后，1945 年 5 月，三十八师师部才发现文伏波等这批新补充的所谓"壮丁"是学生军，孙立人专门派三十八师副师长葛南杉到新兵补充营视察，把文化高的挑出来编入到新一军军部干部教导总队，其余的被编入三十八师学生队，文伏波及其大学同学则被编入到教导总队的学生第六队。教导总队的兵分为两种，一种是军士队，由学生队毕业的军人及部队里的班长组成；一种是学生队，由新参加的学生组成，文伏波等属于学生队。

学生队要接受 6 个月的严格新兵训练，然后可充任班长，或继续留在教导总队的军工队受训。其训练项目有：搭盖营房、徒手训练、步枪训练、打野外(班教练、排教练)，学科是步兵操典、射击规范等。每天黎明起床，跑步早操；上午学 2 个钟头的学科课，接着就是术科操练；下午体育；晚上无灯，跑步、唱歌。每天都很紧张，毫无闲暇可言，只是并无什么政治课。学生的待遇，除伙食外，还发缅币 12 个卢比的军饷，等同于下士的待遇，可以买些零星物品，只是身处在森林深处，无处购买。

1945 年 5 月，孙立人率新一军返抵广西南宁，准备反攻广州。7 月上旬，新一军三十八师教导总队在密支那乘飞机回国，因交通工具不足，文伏波等先至广西省南宁市，驻扎在距南宁数十里的乡下。首先搭盖营房，安定下来后，按照在缅甸的老一套进行训练，开始学习打靶，步枪打了好几次，机关枪打了一次。回国后，相当多士兵想家，可部队不允许士兵复员，并严格监视士兵，防止士兵逃跑。与文伏波所在连队一起驻扎的另一连队，有 2 个士兵开小差逃跑，被长官抓回来，召开全总队大会，吓唬着要枪毙，结果被打了屁股完事儿。

1945 年 8 月 15 日，侵华日军投降。新一军奉命，紧急接收广州。9 月 7 日，新一军进入广州，接受日军第二十三军投降。教导总队从南宁市步行到贵县，等待一两个星期后，再乘木帆船到广州，经过 1 个多月的长途跋涉，于 9 月底抵达广州,驻扎在广州石牌中山大学校园里。文伏波及同学们,弃笔从戎是为了抗日,如今日本投降了,便申请复员,然后复学中央大学,继续完成大学学业。可到了广州,却听说新一军要派到日本去当占领军,不允许复员。于是,大家便纷纷开小差逃离部队,文伏波也打定主意,准备开小差回湖南老家。

从缅甸同班战友、中央大学机械系的宋昌黎那里得知,宋昌黎和他在教导团的浙江老乡林惠文想开小差,于是,文伏波请求宋昌黎带他一起开小差。三人秘密商定,利用 10 月 10 日国庆节放假逛街的机会开小差。

在广州军政部,林惠文有一个同姓熟人,是接收广州的一个特派员。国庆节休假时,三人找到该特派员,请求帮助寻找安身之所。林特派员介绍他们去一家军械厂躲藏,不巧,这家军械厂隔壁驻着新一军的一支部队,交涉良久,军械厂也不敢收留他们。三人只好回去再找林特派员,林特派员便介绍他们去广州长堤刚接收的军政部广州电讯器材厂联系,该厂最终收留了他们。这是一家作手电池与蓄电池的小厂,仅几个工人。为躲避教导团的搜寻,三人躲在工厂的楼上,换上便衣,一周之内没敢出大门一步。很快,三人没钱吃饭了,林特派员便给林惠文找了份工作,文伏波和宋昌黎则请求厂方在厂里打点零工,只给饭吃,不给工资。在厂里做手电池纸盒两个多月,因担心被抓,文伏波和宋昌黎不敢出去,看了很多小说,包括高尔基的小说。因短期内广州至浙江的海运不能恢复,宋昌黎也托林特派员帮助,12 月在广州找到了工作。文伏波则等待粤汉铁路通车,同时,托人联系到在广州参加接收工作的一个远房堂叔。堂叔正准备寄钱回老家,文伏波便向堂叔借了些钱作回的路费。12 月下旬,广州到曲江的公路开始通车。因借来的旅费充足,文伏波便秘密通知了在教导队的两个湖南籍的重庆中央大学同学冯先开和彭映煌,一起开小差,于 1946 年 1 月回到湖南老家,属于比较早开小差的一批人。

大学同班同学陈家珏和袁君范,从缅甸回国后就调到了军政部工作,文伏波、冯先开和彭映煌在离开广州之前,陈家珏和袁君范还请他们 3 人吃饭饯行。1995 年 1 月 26 日,已更名洪荒的冯先开,提起和文伏波一起开小差的事,说道:"记得当年从广州开小差回长沙时,除你、映煌、我三人外,还有沈志,那时狼狈情况,还历历在目呢。"①

### 三、任教益阳县立初级职业学校

1945 年 9 月底,重庆中央大学复员委员会成立。12 000 多名师生分 8 批返回南京,1946 年 5 月,第一批师生返回南京中央大学复学,最后一批师生 7 月底回到南京。文伏波却回到家乡,与雇工们一起劳动。大学虽未毕业,但在当时的农村,他已是大大的知识分子,于是,通过母亲一个远方侄儿丁傅一的关系,很轻松地在益阳县立初级职业学校谋到了教员的职位,主教数理化兼地理,这是文伏波二度担任临时教师,却是首次正式较长期地做事赚钱,因此,备课和教书都相当认真,备受学生青睐,课余时间,则将时间和精力花在诗词上。在该校任教的 9 个月后,1946 年 10 月,文伏波筹齐了去南京中央大学的路费,请一个文姓同乡代理其教书之职,自己复学南京中央大学去了。在这 9 个月中,22 岁的文伏波经历了一次短暂的初恋。他回忆道:

> 我爱上了一位女学生,但有另外的女学生爱上了我。我是教员中年龄最轻[青]的一个,对恋爱没有一点经验,胆子小,害羞,因为有着师生的壁垒,不敢随便有所表示,但彼此心里是可领味得到的。对对方没有什么别的考虑,如:思想性格等,就单是一个一见钟情,完全是小资产阶级的情感,心里整天就挂着这件事,但我的那种畏首畏尾的搞法,并没有获得成功。她与我的一位初中同学订了婚,我感到很难过,借着要复学的机会,我早一个多月就辞职来南京了。这时,另外的一个爱着我的女学生(已毕业回湖北沙市)却写信给我。在通信中,我又与她谈起恋爱来了,后来,她向我提出订婚的要求,我回信没有答应她。从此,她就没有来信了。②

① 冯先开(洪荒)1995 年 1 月 26 日写给文伏波的信,扫描件和原件已提交馆藏基地。
② 文伏波档案,"自传及具有自传性质的材料—设计室 2-15~2-16",已提交馆藏基地。

## 四、复学南京中央大学

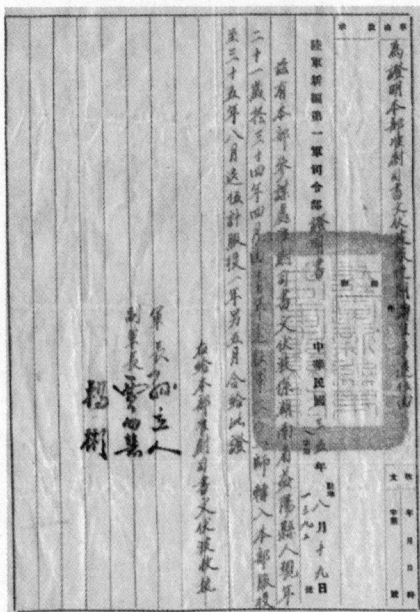

图2-6　文伏波复员军证明

参军同学，无一例外地保留了中央大学的学籍，复员后，只需在各自服役的部队开上一张复员军证，就可以复学。文伏波、冯先开、彭映煌等均是从军队开小差逃出来的，无法开到复员军证。大学同班同学陈家珏和袁君范，帮文伏波弄了张假复员军证，1946 年 10 月，文伏波得以复学南京中央大学。

复学之初，文伏波写了份申请，要求免修以前在重庆中央大学已修习过的"工程地质"、"机动学"、"热工学"、"经济学纲要"、"国文实业计划"等五科课程，得到水利系的认可和支持，水利系为此还专门于 1946 年 12 月 13 日向教务处出具了一份证明。

## 五、积极参加学生运动

在南京中央大学，能够读到当时进步的报纸杂志，如：《群众周刊》、《文萃报》、《文汇报》等，还有机会听进步同学介绍"一·二五"运动、革命新形势、周恩来同志讲话等。文伏波眼界顿开，思想开始发生转变，积极参加了进步学生组织的各项政治运动，曾被当选为水利系 1947 级常务委员，组织进步学生开展学生运动。南京抗暴运动、"五二〇"运动、支持进步学生王世德竞选团当选校学生自治会(1947 年春)、"赶沙皇、争自治"运动、争取中学学生助学金运动、争取新同学入学的迎新运动、"五二〇"周年纪念活动、包围青年部运动、反美抗日运动、营救进步同学运动等。

在 1947 年 1—3 月的南京抗暴运动中,文伏波参加贴抗暴书、签名、出壁报,两次参加南京的学生示威游行等活动。在南京"五二〇"运动过程中,文伏波是最早张贴反饥饿壁报的同学之一。5 月 18 日包围行政院和"五二〇"示威大游行时,文伏波都担任纠察工作,当国民党宪警打来时,他带着队伍冲过去,但当警察追逐学生最后一批队伍时,他心里开始紧张。当游行队伍遭到军警六七道包围时,有些同学偷偷地离开队伍,文伏波却坚守纠察工作岗位,到处巡查。中午席地休息时,与同寝室的袁君范一起,去附近一个小面馆吃面,听到外面喧闹,以为军警又打学生,心里有些害怕,很想撕掉臂膀上的纠察条,夹杂在队伍中跑掉,或躲藏在面馆里。不过,当他慢慢走出面馆后,发现是场虚惊。

## 六、参加江苏农村秘密革命工作

1948 年 4 月,经夏良哲介绍,文伏波参加了中国共产党地下外围组织——新民主主义青年社。文伏波当初以为"社"即党,不过是用"社"作掩护罢了,误以为入了"社",就得牺牲一切,要到连队去当政治指导员,带头打冲锋,多少有些害怕,还想到了家。直到夏良哲第二次找来时,文伏波才决定参加。新中国成立后,该青年社所有社员皆转为中国共产主义青年团团员。

淮海战役(1948 年 11 月 6 日—1949 年 1 月 10 日)刚打响时,国民党大举逮捕进步人士,新民主主义青年社的小组联络人被捕。当时,南京中央大学整日风声鹤唳,许多同志撤退了。文伏波的关系一时接不上,不知该如何行动,留在中央大学有危险。11 月 30 日,组织通知平时作公开活动暴露较多的同志,由鲁平同志领导,撤退至江苏句容县农村进行秘密工作,文伏波欣然接受。

1948 年 12 月,经陈家珏介绍,文伏波向中国共产党提出入党申请。1949 年 1 月 2 日,接鲁平通知,南京党组织正式批准文伏波加入中国共产党。当时,共产党尚处于地下工作状态,故而,党组织并未要求文伏波写自传,只作了一次谈话,并无候补期。南京解放后,南京市委规定,学生入党,候补期一律为半年。于是,1949 年 7 月,文伏波向党组织提出转成正式党员。7 月 2 日,在首次口头协议入党之后整整半年之时,文伏波在南京转成正式党员,仍然口头谈话,未写申请书,但举行了转正仪式。

句容地处国民党统治区的心脏地带,文伏波等不是当地人,容易引起注意,地下工作很难开展,3 个多月里,只作过一些调查工作。时值淮海战役结束,大局初定,上级党组织决定,文伏波等人马上撤退潜伏,等待解放。1949 年 2 月底,文伏波与张克明、彭映煌一起,撤到无锡港区桥张克明同志的姐夫沙士昇医生家躲藏,期间,因无小组生活可过,每天看些理论书籍,三人经常在一起讨论问题,有时争论还十分激烈,各持己见,互不相让。4 月 22 日,中国人民解放军胜利渡江,南京解放,文伏波等立即从无锡返回南京中央大学。

## 七、从事革命工作　心系水利事业

1949 年 5—7 月,南京中央大学安排文伏波到南京军事接管委员会下属的教育委员会大学专科部担任秘书工作,文伏波规划,通过近 3 个月的工作磨炼,积累一些办事经验,学会做事本领,然后,再回到水利岗位上去。

1949 年 7—9 月,南京中央大学调文伏波到中共南京市委会学区党委会组织部任干事,曾是地下党的饶展湘任代理组织部部长。当时,饶展湘十分年轻,文伏波便想当然地以为饶展湘的工作能力不太强,但经过与饶展湘近 3 个月的相处和共事,发现饶展湘工作有条有理,具有忘我精神,甚感佩服!

文伏波和同班同学们,大多不太安心在学区党委组织部工作,一心想从事水利专业方面的工作。当水利部派人到南京接中央大学水利系毕业的学生去东北从事水利工作时,文伏波便提出申请,想调至东北,未被批准。1949 年 9 月,在贯彻精简节约政策时,借着精简员工之机,文伏波被派到南京军事接管委员会水利部扬子江水利委员会下游局实习。

## 八、实习下游工程局

在下游工程局规划组实习期间(1949 年 9 月—1950 年 5 月),由于 1949 年长江发生汉口站流量 52 700 m³/s、水位高 27.12 m 的洪水,堤防多处溃决,文伏波正好赶上组建的人民政权大力组织堵口复堤和生产自救。

> 我参加复堤规划、堤线查勘,目睹灾后惨状,真是哀鸿遍野。一次抵达江西彭泽县,想改善一下伙食,走遍全城,竟没有买到肉。复堤工程是以工代赈方式进行,加上解放军的参加,当地的县长、县委书记都在现场指挥,与民工同吃同劳动,组织得有条不紊,场面十分感人。这次查勘,我体验到长江洪水,真是心腹大患,水利是安邦定国的事业。[①]

自此,文伏波"深感作为一名水利工作者肩上的重任",也深刻体会到,"搞水利工程,必须稳妥进行,正确处理质量和进度的关系,一定要有质量重于泰山的意识。"[②]随着从事水利工作年限的延长及治水经验的积累,他越来越感到水利工程一定要确保质量第一,并在实践中践行着他这一认知。

用文伏波自己的话说,他个人崇拜主义严重。初到下游工程局实习时,发现局长丁福五言语少,支部会上发表意见不多,想当然地认为丁福五对下游工程局的水利事务可能搞不太清楚。私下琢磨,长此下去,下游工程局的工作可就糟了。可当他发现丁福五在一次水利工作总结报告会上的发言有条有理、重点突出、精通水利时,立马对丁福五刮目相看,为其业务水平、领导才华和精明能干所折服。

1950 年 1 月 19 日,文伏波参加过刘种元 10 人勘测组的汇报会。从 1950 年 1 月 19 日他参加会议的记录可以得知,他对荆江及其右岸四口分

① 文伏波:《毕生精力献长江——文伏波院士自述》。载杨敬东:《三湘院士科学人生自述集》,长沙:湖南科学技术出版社,2009 年 11 月,第 38 页。
② 文伏波:《水利工程的创新离不开理论和实践》。载《科技进步与对策》,2001 年第 5 期,第 15 页。

流,尤其是虎渡河分流的状态和水文情况,荆江右岸地势高低、垸田情况、湖泊的分布,荆江右岸干堤、四口分流的支堤和横堤,荆江分洪闸和排水闸的分泄流量及其计算方法等,已有了初步的了解,为他日后参与荆江分洪工程的设计和施工,尤其是北闸的设计和施工,奠定了一定的基础。

实习期间,文伏波已养成记工作笔记的习惯,有会议、重要工作事件、政治学习、自学、日记、心得等内容。我们收集到他百余本工作笔记①,几乎涵盖了他一生从事水利工作的所有内容。

1950 年 5 月,文伏波结束了下游工程局的实习工作,下游工程局对文伏波的实习鉴定是:"直爽坦白;对政治不太关心;对与水利工程关系不大或无关的工作,则无积极性,尤其热爱与水利工程相关的工作,对水利工作,文伏波都做得有计划有条理,责任心强,而且,业余时间自学水利专业知识,注意理论联系实际,尤其留心汲取别人的经验教训。不过,学习贪多,深入钻研略有欠缺。"文伏波对水利事业的热爱窥见一斑。②

---

① 这并非全部,文伏波的秘书刘国利告诉我们,长江水利委员会办公楼搬家时,可能遗失了一部分,原来保存的笔记比我们收集到的还要多。事实的确如此,在整理他的工作笔记过程中,我们发现,还缺乏一些年份的工作笔记,也有一些年份的工作笔记不齐全,缺乏某些月份的工作笔记。

② 参阅文伏波档案"1950 年干部履历表(长江下游局鉴定)",扫描件已提交馆藏基地。

# 第三章
# 参与设计荆江分洪工程北闸

　　荆江是长江中游一段的别称,上起湖北枝城,下至湖南城陵矶,全长 423 km。堤防高悬空中,属典型的蜿蜒型河段,险工丛生。1949 年 7 月 9 日最高水位达 44.49 m,一直持续至 15 日,为 1931—1949 年最高纪录,汉口 7 月 12 日最高水位达 27.12 m,为此前 80 年的第四高水位,长江中下游洪水情势为 1931 年以后所没有,两岸干堤出现大量险情,经大力抢护,侥幸未酿成决口,"解荆江防洪之危,迫在眉睫。"①

　　荆江大堤规模浩大,新中国建立之初,经济困难,欲加高培厚荆江大堤,使其达到防御较大量级的洪水标准,非短期可奏效。于是,长委会主任林一山提出,在加高培厚荆江大堤的同时,修建荆江分洪工程,不失为减轻洪水对荆江大堤威胁的良策,目的是保证在 1949 年同等水位情况下,荆江堤防不发生溃决,争取 1931 年水位不发生溃决。中南局代书记邓子恢大力支持建立荆江分洪区,认为照顾了湖北、湖南两省的防洪利益,同时,也为治理荆江赢得了宝贵的时间,便迅速将长委会编制的《荆江分洪工程初步意见》呈报给水利部和党中央。1950 年 10 月 1 日,毛泽东批准兴建荆江分洪区。

---

① 荆江分洪工程编纂委员会:《荆江分洪工程志》,林一山《序》。北京:水利水电出版社,2000 年 4 月。

荆江分洪工程的主体工程,包括太平口的进洪闸(亦名北闸或太平闸)、黄山头节制闸及分洪区周边的围堤工程等,是 20 世纪 50 年代初,在治淮工程后,紧接着修建的一座大型水利工程。该工程既可分泄荆江上游巨大的超额洪水峰量,降低沙市水位,以确保荆江大堤(江陵县的枣林岗至监利县城南的麻布拐)的防汛安全,同时,又可减少荆南四口(即松滋口、虎渡口、藕池口、调弦口)注入洞庭湖的水沙量。北闸位于荆江右岸(即南岸)湖北省公安县境内,在虎渡河口(即太平口)之东。分洪区位于太平口及虎渡口以东、荆江右堤以西、藕池口及安乡河西北,面积约 920 km² 的袋形地区。

荆江分洪工程分两期施工,一期工程(1952 年 4 月 5 日—6 月 20 日)包括:荆江大堤加固工程、进洪闸工程、节制闸工程(包括拦河坝)、围堤培修工程、建设五个安全区和五个排水涵管、刨毁分洪区横堤及临时堵口工程。二期工程(1952 年 11 月 4 日—1953 年 4 月 5 日)包括:荆右干堤培修工程、虎渡河东西堤培修工程,安全区围堤及涵管工程、进洪闸东引堤延伸及闸前滩地刨毁工程、黄天湖新堤、安乡河北堤及虎东堤护岸和护坡工程、分洪区(包括虎西备蓄区)排水工程、防浪林补植、其他零星工程等。

文伏波参与了北闸的设计,北闸施工期间,他还兼任北闸施工指挥长任士舜的秘书和北闸质量检查组组长,这是文伏波设计水利工程生涯的肇端。北闸是国内第一座大规模的水闸,其设计没有任何经验可资借鉴。北闸的成功,标志着文伏波在水利工程设计事业上迈出了坚实的一步。


# 调入长江水利委员会


1950 年 2 月初,从中原临时人民政府农林水利部分调出部分人员,组成长委会,下设上游工程局、中游工程局、下游工程局、洞庭湖工程处和荆江工程处。主要工作是负责与上级主管单位和有关省市之间的联系,基本上属于水利行政性质的一个管理机构。业务方面,堵口和救灾工作,主要是地方政府及其水利部门具体办理。一方面是因为当时新政权刚建立,各类事情尚未理顺;另一方面,因为长委会尚无专业的队伍可以调用,不可能为长江水利事业提出可借鉴的意见或建议。为更好地为长江水利的建设出谋划策,长委会开始向社会广泛吸纳人才。

20世纪50年代初,长委会有2600多员工,可缺乏专业技术人才,林一山广泛招收青年学生,文伏波因为毕业于南京中央大学水利工程系,还有近9个月(1949年9月—1950年5月)的水利工作实习经验,1950年5月,从实习的长委会二级机构——下游工程局,调入汉口的长委会总部工作。6月,文伏波被分配到规划处设计科当技术员。

为增强技术力量,林一山决定,从社会上广泛招收专业技术人员。上海、南京、南昌、武汉、长沙、重庆、广州等地的水利、财会、技工、医务方面的专业人员和社会青年,新中国成立前夕离职返乡的高级技术人员,都被招收进入长委会,长委会的员工骤然间接近4700人。其中,有相当一部分的专业构成和技术水平,是不能适应长江建设需要的。于是,长委会决定对这些职工进行短期职业技术培训,然后再将他们分配到急需的岗位上。文伏波因受过系统的水利专业教育,于1951年3月至8月,被选调到干部培训班担任负责人,专门负责员工的职业技术培训工作,主办了两期职工短训班,为早期的长委会培养了一大批水利专业技术人员,以至于很快便成立了一批查勘、测量、钻探、回声测队和水文研究方面的机构,其他的技术力量也随之大大加强。1951年9月,由于荆江分洪工程设计的需要,文伏波重新被调入规划处设计科工作。

# 参与北闸设计

为拟定荆江分洪工程计划,1950年12月1日—1952年1月2日,长委会组织查勘了荆江临时分洪工程分洪区的查勘工作,查勘范围为:虎渡河以东、荆江南岸大堤以西、藕池口以北的分洪区。1951年8月,长委会提出《荆江分洪工程计划》,即初步设计报告。此后,荆江分洪工程进入技术设计阶段。1951年9月,文伏波调回规划处设计科,正式加入到荆江分洪工程的技术设计队伍之中。

## 一、参与编制《荆江分洪工程技术设计草案(1952年度)》

1951年9月,文伏波从培训科调入设计科工作,开始在曹乐安科长的领导下,参与荆江分洪工程北闸的设计工作。设计科由20多名刚毕业的大学生组成,即集中了当时长委会的主要技术力量和顶尖的设计人员。当时,我国尚无设计大型分洪闸的经验,更无规范可依,在曹乐安的带领下,设计人员仅有少量国内外资料和书本知识可以参考,于是,设计人员组建土壤钻探队进行取样钻探,在从武汉大学租来的试验室中反复进行水工模型试验和材料试验,同时,经常开诸葛亮会,交流经验。经过"上下一心,团结奋战,夜以继日地开展勘测、设计和科研工作,并请水利界的专家学者参与研讨咨询",终于"克服了资料不全、经验不足的困难"[①],在不到一年的时间里,即1952年1月,完成了《荆江分洪工程技术设计草案(1952年度)》。据该设计草案要求,荆江分洪工程最大分洪流量12 800 m³/s,沙市测站荆江流量不超过41 000 m³/s,最大泄量6 360 m³/s,分洪区南部最高蓄洪水位39.75 m,蓄洪41.25亿m³,沙市水位不超过44.00 m。

建成后的荆江分洪工程,进洪闸规模宏大,54孔,每孔净宽18 m,位于太平口下金城垸内,东接荆江右岸干堤,西接虎渡河东岸干堤,钢筋混凝土开敞式。全闸总长1 054.375 m,采用钢筋混凝土底板、空心垛墙、坝式岸墩、弧形闸门、人力绞车启闭。闸底板高程41.0 m、宽19.5 m,两端宽0.75 m、高5.5 m的空腹闸墩,上置绞车和便桥。底板上每3 m置一门墩,共7个,为闸门支座。中门墩下游加置一桥墩,设有木质便桥。钢质弧形闸门,高3.78 m,启闭机为人力绞盘式绞车,共55台,每台启闭能力10 t。闸底板上游接以15 m长的阻滑板和30 m长的斜面混凝土护坦(即防渗板),

---

① 文伏波、沈克昌:《长江中下游防洪措施的重要一环——荆江分洪工程建设回顾》。载长委会宣传新闻中心:《治江辉煌五十年》,武汉:武汉出版社,2000年1月,第350页。

坦前端高程 38.5 m,再上游为块石槽,用以掩护坦板前端的土基。下游接以 20 m 长混凝土护坦,最下为抛填大块石的防冲槽,即"布可夫槽",各板纵横间隔以伸缩缝。闸顶高程 46.5 m,设计最大分洪流量 8 000 m³/s。

## 二、北闸的设计难点

北闸"设计分洪流量达 7 000 到 10 000 立方米每秒,当时国内连几百流量分洪闸的完整概念都不具备。"[①]北闸不仅是文伏波,而且也是长委会乃至全国水利界的同行们,首次遇到的第一项较大的水利工程的设计工作。当时,新中国刚刚建立,经济和科学技术均不够发达,水利工程处于起步阶段,没有任何经验可以借鉴。因此,北闸的设计工作,对所有的设计人员来讲,都是一次巨大的挑战。文伏波总结了如下五大设计难点:

第一,资料缺乏,试验手段简陋。设计北闸时,曹乐安带领设计人员,"尽可能多地收集国内外资料,集思广益,多做试验,经常召开技术攻关会、讨论会,终于克服了困难。"[②]曹乐安"找了一些德国的科技资料,研究消能问题",带领设计人员做试验,刚开始时失败过,较多的人对曹乐安做试验"有意见","林一山对此却大加鼓励,说模型上失败了没关系,没有失败,不可能有成功,我们要的是工程上的成功。这对曹乐安大胆工作是极大的鼓舞,使他更有信心去思考问题,最终,他的试验在荆江分洪工程中获得成功。"[③]北闸设计过程中做试验的方法,开了长委会设计工作者借助试验开展设计工作的先河,此后,几乎长委会设计的所有水利工程,包括杜家台分洪工程、丹江口水利枢纽工程、葛洲坝水利枢纽工程等,都是在反复做了无数次试验之后,才获得成功的。

第二,"面临地基软弱和沉降不匀问题。"[④]按常规,在软地基上做建筑

---

① 文伏波:《水利工程的创新离不开理论和实践》。载《科技进步与对策》,2001 年第 5 期,第 15 页。
② 文伏波:《水利工程的创新离不开理论和实践》。载《科技进步与对策》,2001 年第 5 期,第 15 页。
③ 毕苏谊、贺良铸:《合理用人是治江事业成功的关键》。载长江流域自然辩证法研究会:《长江自然辩证法文集(1996~2003 年)》,武汉:内部资料,2003 年,第 239 页。
④ 文伏波:《水利工程的创新离不开理论和实践》。载《科技进步与对策》,2001 年第 5 期,第 15 页。

物,必须做基础处理,否则,进洪闸建成后,地基的不均匀沉陷会造成工程的破坏。可荆江分洪工程的北闸却没进行基础处理,不打桩基,只是在冲积层的沙土基础上修建钢筋混凝土闸底板。这种设计方法,当时的苏联都没有过,是设计原理上的一个重大突破。

第三,巧妙地解决了闸墩的承受力问题。闸墩的设计,是文伏波和另外两个技术人员共同完成的。整个北闸的闸门又多又大,每个闸门两端的两个大闸墩的承重能力有限,于是,在每两个大闸墩之间,每隔 3 m 置一个小门墩,即每两个大闸墩之间必须置 7 个小门墩,即 7 个闸门支座,2 大 7 小共9 个闸墩,共同承受闸门的重量,闸墩承重问题得以顺利解决。

第四,北闸最东端和最西端的两个闸墩,与土堤衔接,技术处理困难。文伏波等专门负责闸墩设计的人员,将闸墩与土堤设计成斜坡式交叉状,成功地解决了这一技术难题。

第五,"在软基上面做消能池是相当麻烦的"[1],闸门上下游的水位差有5~6 m,一旦开闸泄洪,水流集中,对闸门及闸门下游河槽的冲刷力极强。为了减轻水力冲刷,起到消能作用,在苏联专家的帮助下,在闸门下游设计了两级消力池,还挖了一个防冲槽,即"布可夫槽",较好地解决了进洪闸下游的消能问题。

鉴于上述因素,荆江分洪工程北闸"设计充分"[2]。

## 三、曹乐安——文伏波的良师益友

曹乐安,湖南籍人,1941 年毕业于清华大学土木工程系,曾留学英国,第六届和第七届全国政协委员,第一届中国水力发电学会理事。新中国成立前,已开始从事水利工作,深受林一山器重。在 20 世纪 50 年代初期的土地改革期间,湖南派人到武汉,要求押解曹乐安回湖南,林一山愣是留下曹乐安,没让湖南人带走他。曹乐安终生感谢林一山的知遇之恩,不负林一山重

---

① 2011 年 11 月 20 日王红采访文伏波的视频录音,已提交馆藏基地。

② 文伏波:《水利工程的创新离不开理论和实践》,载《科技进步与对策》,2001 年第 5 期,第 15 页。

托,成为荆江分洪工程和杜家台分洪工程的规划、设计和施工的负责人;丹江口水利枢纽工程和葛洲坝水利枢纽工程规划、设计与现场施工的主要负责人之一;1955—1959年的第一次长江流域规划工作——《长江流域综合利用规划要点报告》的主要负责人之一;参与1983—1990年修订补充长江流域规划工作——《长江流域综合利用规划要点报告(1990年修订)》的编制;在葛洲坝工程规划设计中获得特等光荣证书;主编过《平原地区水闸设计建设手册》《葛洲坝水利枢纽建筑物及其基础安全检测》《葛洲坝水利枢纽基础设计及处理》等专业书籍;发表过《筑坝技术在几个方面的进展》《施工期中让部分洪水漫溢或透过土坝和堆石坝坝体的实例》《十年来长江水利建设事业中设计工作的成就》等多篇论文;1985年赴瑞士参加第15届国际大坝会议;在1986—1988年的三峡论证过程中,作出过重大贡献;1990年8月25日,在建设部(90)建设字第433号文"关于公布全国勘察设计大师名单的通知"中,荣获"设计大师"的称号(全国共100名设计大师)。

作为文伏波的老领导,一直以来,从荆江分洪工程和杜家台分洪工程,到丹江口水利枢纽工程和葛洲坝水利枢纽工程,从20世纪50年代的首次长江流域规划,到20世纪80年代长江流域规划的修订补充工作,曹乐安都是文伏波的良师益友和同事。文伏波尊称他的湖南籍老乡曹乐安为"我最初的科长、国家设计大师"。[①] 在参与荆江分洪工程设计过程中,文伏波跟着曹乐安学会了开阔思路、理论联系实际、通过试验和查找资料解决问题的工作方法。二人的工作作风极其相似,认真、负责、追求真理、执著地追求水利工程的质量。

## 参与北闸施工　监督施工质量

1952年3月26日,在中央和周恩来总理的催促下,北闸工程正式开工。

---

① 文伏波:《水利工程的创新离不开理论和实践》。载《科技进步与对策》,2001年第5期,第16页。

4月5日,一期工程全面开工,为了指导施工和监督施工质量,"全体设计人员都开赴现场,分头担任施工技术工作",文伏波还另外担任北闸指挥长任士舜的秘书,兼北闸质量检查组组长,"就住在拌和机房的竹棚内,整天泡在现场。"①

工程必须赶在汛前完工,施工搞竞赛机制,容易影响工程施工质量。"指挥部门的工作作风,并不尽如人意。有些领导同志不懂技术,又很主观,常常坚持己见。"②为此,林一山多有叮嘱,坚持施工服从设计,一定要坚定不移地按照施工图纸和设计要求施工。因此,作为北闸质量检查组组长的文伏波,整日奔跑在北闸工地的施工现场,没有周末,没有节假日,没有娱乐活动,日夜加班,指导并监督施工,钢筋是否按设计放置,严格控制混凝土中添加石头的数量和间距,密切关注混凝土浇筑时的温度控制,等等。③

北闸因其质量精良,国内外的参观者无不叹为奇迹。2012年冬,我们采集小组采访文伏波时,从其言谈举止和面部表情看,对于他能在施工过程中贯彻执行林一山的施工质量要求,至今仍感到无比自豪。他说:

> 1954年,长江发生全江性大洪水,汉口站流量为76 000 $m^3/s$,水位高达29.73 m,荆江分洪工程三次开闸分洪,分洪总量122.6亿 $m^3$,降低荆江大堤沙市水位约1.0 m。荆江分洪工程经受了严峻的考验,证明我们的设计施工是成功的,工程是高质量的、安全可靠的。我打心眼里佩服老一辈水利专家的领导才干和工作方法,同时,也感激对工程质量高度负责的解放军施工队。我更深刻地体会到,水利工程是与水打交道,关系到广大人民的生命财产安全,工程质量是生命线,一点也马虎不得。④

---

① 文伏波:《毕生精力献长江——文伏波院士自述》。载杨敬东:《三湘院士科学人生自述集》,长沙:湖南科学技术出版社,2009年11月,第39页。

② 林一山:《林一山回忆录》,北京:方志出版社,2004年7月,第144页。

③ 参阅2012年11月20日王红采访文伏波的视频录音。

④ 文伏波:《求真、创新,以辩证思维综合治理长江》。载卢嘉锡:《院士思维——中国工程院院士(卷四)》,合肥:安徽教育出版社,2001年4月,第1361页。

30万军民施工,其中,"10万人民解放军组成的工程部队,是战无不胜的主力军,哪里有困难,哪里就有解放军,他们既是战斗队又是工程队,在施工中,他们把政治和技术结合起来,在思想上更把经济建设与国防建设统一起来,充分发挥了解放军组织纪律严明和英勇顽强的战斗作风。"[1]"解放军战士是主力军,他们一丝不苟,完全按照图纸施工,基础开挖得方方正正,尺寸不差,钢筋除锈、骨料冲洗,都十分干净。这种对人民事业高度负责的精神,对工程质量精益求精的执著追求,使我终生难忘。说实在话,在以后的工程建设中,我很难再看到有如此重视质量的施工队伍了。""这种军民一心,意气风发,斗志昂扬的场面",令文伏波"毕生难忘"。[2]

　　1952年6月20日,荆江分洪工程第一期工程全部竣工。其中,北闸工程于1952年3月26日正式开工,6月18日竣工,历时85天。荆江分洪工程的主体工程,仅75天就完工,比预计竣工时间提前了15天,创造了新中国的第一个高速度工程。尽管施工现场居住条件差,饮食简单,又苦又累,日夜赶工期,但现场施工人员建设祖国的热情却有增无减。2012年11月20日,我们采集小组采访文伏波时,他情不自禁地久久沉浸在过去的回忆中,感叹不已,告诉我们,共产党就是能集中力量办大事。林一山也有类似的感慨:

　　　　荆江分洪工程……主体工程只用了75天时间便完成了。这个速度,人们都说在世界水利史上是空前的。我想,至少在中国还没有过如此快的速度。事后想来,如果没有新中国初建那种亟待建设的大环境,国家政令的高度统一,军民的齐心合力,国家机关的办事效率,以及都以大局为重,而如果像后来日益蔓延的地方本位主义和官僚主义、文牍风气盛行,这个工程是不可能在两个半月里完成的。那时候,只要是为了荆江分洪工程,不管是天南海北,要人有人,要物有物,真是一呼百

---

① 文伏波、沈克昌:《长江中下游防洪措施的重要一环——荆江分洪工程建设回顾》。载长委会宣传新闻中心:《治江辉煌五十年》,武汉:武汉出版社,2000年1月,第351页。

② 文伏波:《求真、创新,以辩证思维综合治理长江》。载卢嘉锡:《院士思维(卷四)》,合肥:安徽教育出版社,2001年4月,第1361页;另载文伏波:《毕生精力献长江——文伏波院士自述》。载杨敬东:《三湘院士科学人生自述集》,长沙:湖南科学技术出版社,2009年11月,第39页。

应,尽管人的技术水平和设备的功能都比较低,远不能和今天相比。①

1954 年 2 月 17 日—3 月初,文伏波参加了荆江分洪工程检查组,对荆江分洪工程进行了一次全面复查,其中,北闸的情况如下:

> 北闸沉陷是关键,水准点不准,无法测。
>
> 裂缝:底板有 9 孔,有顺水裂缝,在垫木前。
>
> 阻滑板有 46 孔有裂纹。
>
> 下游消力坡有 40 孔裂纹,均是顺水流方向;
>
> 岸墩:西岸有 2 道,导渗板有 15 孔顺水裂纹。②

从上述检查结果看,北闸的设计是成功的,施工质量是有保证的,上述的这些小小瑕疵,属于混凝土浇筑后的正常现象。

图 3-1　文伏波参与设计和施工的荆江分洪工程北闸

1954 年 3 月 12 日,文伏波参与编写并完成了《荆江分洪工程检查报告》,对包括北闸在内的整个荆江分洪工程出现的一些问题,提出了处理意

① 林一山:《林一山回忆录》,北京:方志出版社,2004 年 7 月,第 143~144 页。
② 文伏波手稿,1954 年 3 月 29 日工作笔记,扫描件和原件已提交馆藏基地。

见,泄洪口地点确定在无量庵和郑家河之间,而且,当年汛前就进行了维修。所有这些,为 1954 年汛期分洪,做好了充分准备。

1954 年夏,长江流域发生百年一遇的大洪水,川江先后出现较大洪峰 5 次,荆江河段于 7 月下旬—8 月中旬出现了 3 次较高洪峰。当时,荆江大堤存在大量隐患,先后发生险情 2 000 多处。为确保荆江大堤安全,中央批准,7 月 22 日—8 月 22 日,荆江分洪工程三次开闸分洪,降低荆江水位 0.96 m,分洪总量 122.6 亿 m³,解除了洪水对荆江大堤的威胁,也减轻了洞庭湖区的洪水负担,对保卫荆北平原,延缓武汉洪峰,减轻洞庭湖灾情,发挥了重要作用。分洪时,北闸的最大泄量为 7 700 m³/s,经受住了洪水考验。3 次成功分洪的事实,表明"设计施工是成功的,安全可靠,也大大增加了我们的信心。"[1]

对荆江分洪工程的防洪效益,文伏波情有独钟。三峡工程开工之后,文伏波提醒说:"必须清醒地估计到,三峡的防洪库容有限,如遇全流域型特大洪水,荆江分洪工程还是要发挥作用的。为此,对荆江分洪区及其他分蓄洪区的安全设施建设和使用管理办法,必须增加投入、逐步完善、逐步落实,并通过立法程序予以保证。"[2]

因工作之便,文伏波曾故地重游,忆起昔日设计和修建荆江分洪工程时的点点滴滴,憧憬金沙江梯级开发的未来,不禁感慨万千,赋诗一首以抒怀:

忆分洪[3]

太平口外卧长虹,气象吞江降尊龙。

待到金沙群库出,游人指点说分洪。

---

[1] 文伏波:《毕生精力献长江——文伏波院士自述》。载杨敬东:《三湘院士科学人生自述集》,长沙:湖南科学技术出版社,2009 年 11 月,第 39 页。

[2] 文伏波、沈克昌:《长江中下游防洪措施的重要一环——荆江分洪工程建设回顾》。载长委会宣传新闻中心:《治江辉煌五十年》,武汉:武汉出版社,2000 年 1 月,第 353 页。

[3] 该诗是文伏波 1998 年重返荆江分洪工程北闸时有感而作,初无题名,2012 年 11 月 20 日,笔者王红采访文伏波时,建议取名为《忆分洪》,文伏波欣然应允。载李飞、王步高:《东南大学百年校庆纪念——中大校友百年诗词选》,东南大学,内部资料,2002 年,第 455 页。

《忆分洪》对荆江分洪工程在荆江防洪中的巨大历史作用给予了高度评价，同时，对未来金沙江梯级开发后的防洪效益寄予了厚望。

# 总结北闸设计和施工经验

荆江分洪工程一期工程竣工了，1952 年 7 月 31 日，文伏波等全体设计人员，重新回到长委会设计室工作。荆江分洪工程对包括文伏波在内的所有设计人员来说，震撼巨大，触动至深，裨益不小。林一山主任亲自领导设计人员总结荆江分洪工程设计和施工经验，"结合学习两论——《实践论》、《矛盾论》，从规划到设计，进行再认识，提高了对长江洪水、软基上作水工建筑物的规律性认识。"[1]12 月，文伏波参与编写的《荆江分洪工程进洪闸工程初步总结》完成，该总结报告较详细地阐述了北闸的施工条件、过程、布置、步骤与方法，对设计特点及施工中的修改也作了说明，并针对如何战胜时间、争取优良质量等问题进行了讨论。

文伏波"特别看重定期或一件工作完了以后的总结工作"[2]，对荆江分洪工程的成功，文伏波总结道：

> 一是广泛收集有关资料，了解国际工程的先进经验。二是多做试验、多画图纸，多在工地上调查研究，掌握第一手资料。我们很长一段时间就吃住在工棚里，与广大军民同吃同住同劳动，深入了解工程建设的具体情况。三是开技术讨论会、攻关会，各抒己见，找出解决问题最有效的办法。这三点归纳到一点，就是：水利工程没有理论不行，没有实践和创新更不行，只有理论与实践并举，学习与创新并举，才能少走

---

① 文伏波：《毕生精力献长江——文伏波院士自述》。载杨敬东：《三湘院士科学人生自述集》，长沙：湖南科学技术出版社，2009 年 11 月，第 39 页。
② 文伏波档案，扫描件"干部履历表 1 - 25"，已提交馆藏基地。

弯路。①

水利属半经验半科学的一门学科,尚是"小萝卜头儿"(文伏波对自己在荆江分洪工程中身份地位的戏称)的文伏波总结的上述经验教训,十分吻合水利的这一学科特征。

荆江分洪工程建成后,因南闸底板高程过高②而出现一些问题。1953 年 5 月 23 日,相关设计人员组织业务学习时,讨论南闸底板高程错误是否可以避免。文伏波虽然没参与南闸的设计工作,但他对此也有所思考:

> 就当时情况说,如果高级技术能发扬民主,交与群众讨论一下,则对落淤、回水影响而引起的堤防培高、打乱分洪及虎西区排水原有系统,及虎渡河水由中河口灌入松滋,引起松滋河系的混乱等一系列的严重情况,是可以免除或部分减轻的。技术民主,贯彻层层负责制,组织群众性的审查,在设计规划中加强整体观念,密切地配合群众目前利益与长远利益,是今后水利设计中应切实加以头等的注意(的事情)。在具体设计过程中,应对一切决定设计全貌的关键性基本资料,加以反复再三地思考,而且,一定要使设计者充分明了这个意图,才可以免于返工,或减少返工。③

后来,文伏波在领导岗位上,每每遇到设计和施工困难时,就十分注重发扬民主,发动群众,集思广益。

文伏波还时刻关注水利部和其他兄弟单位的水利工作经验总结,并从

---

① 文伏波:《水利工程的创新离不开理论和实践》。载《科技进步与对策》,2001 年第 5 期,第 15 页。

② 南闸(即泄洪闸),横跨黄山东麓的虎渡河上,位于分洪区南段,主要作用是控制虎渡河进入荆江分洪区后泄入洞庭湖的流量。设计闸上游水位 42.00 m,下游水位 38.50 m,流量 3 800 m³/s。1952 年 4 月 2 日开工,施工人数 45 000 人,1952 年 6 月 15 日竣工,历时 75 天。全闸总长 336.8 m,为钢筋混凝土开敞式,共 32 孔,每孔净宽 9 m,伸缩缝 0.025 m。底板高程 35.00 m,闸深高 8.5 m。

③ 文伏波手稿,1953 年 5 月 22 日日记,扫描件和原件已提交馆藏基地。

中汲取经验教训,其工作笔记和日记中,留下了这方面的大量信息。1953 年春,文伏波在学习水利部 1952 年全国水利工作总结时的笔记写道:

> 阅中水部总结报告,1952 年水利工作方面存在缺点。首先是思想作风上存在着主观主义与贪多性急的毛病,对中国水灾根源的严重性和根绝水灾的长期性与困难性认识不足,因之,立即提出了由消极的除害转向积极的兴利,这是不够恰当的。因可能会降低对水灾的警惕性,荆江分洪工程是贪多性急的典型例子,工程任务超过主观力量,工作极为被动吃力,缺点很多,浪费也很严重。
>
> 在规划设计方面也还有相当严重的盲目性,主要表现在不少的工程没有全盘打算,缺乏流域规划,具体设计,大部是不完整的。在编制计划时,没有抓紧实行经济核算制,没有找出各种技术定额,花钱多少,摸不到底。
>
> 在施工方面,未深入下去,没有总结经验,没有学会一套工作方法,对工地缺乏具体指导,有计划有系统地组织群众学习苏联和推广苏联先进经验做得不够,学习苏联,学习群众的方向,还未能在广大的基干[基层干部]的思想中巩固起来。
>
> 今后要加强检查工作,一切水利工程在制定任务书以前,必须首先做出流域规划,配合长期水利建设,本年集中力量研究黄河与汉江治本问题及淮河流域的内涝问题。[①]

1953 年 6 月 29 日下午,文伏波阅读了鞍山钢铁公司设计处向苏联专家学习设计经验的文章,他总结道:

> 设计是完成国家经济建设中的一项重要政治任务,全面地调查研究,多做比较设计,建立层层负责制,采用先进技术,为国家节约与增产,把设计的基础建筑在设计上,组织科学的设计程序,组织自下而上

---

① 文伏波手稿,1953 年 5 月 29 日日记,扫描件和原件已提交馆藏基地。

的讨论计划,这样,才能使设计进度符合实际,可使施工进度正确地配合,以免停工待图。①

总之,经历了荆江分洪工程的设计和施工之后,文伏波"初步学会了组织大型工程设计的工作程序和工作方法,已能注意处理好专业与综合的协调、制约关系,达到整体优化。深切体会到设计人员必须深入现场,熟悉施工、制造、运行,才能做出符合实际的优秀设计。同时也认识到物理模型试验在水利工程研究方法上的重要性"。② 为日后参与杜家台分洪工程,奠定了良好的技术和管理基础。

# 机遇　学习　进步

对于一个刚刚走出大学校门一年多的青年来讲,能够参与新中国的第一个大型水利工程的设计和施工,是莫大的荣幸,可谓天赐良机。然而,机遇与压力是对孪生兄弟。文伏波的成功在于,他不仅能抓住机遇,而且能在压力中迅速成长,转压力为动力。历经荆江分洪工程的设计和4个月现场施工的洗礼,文伏波有了查阅资料、现场查勘、做模型试验等亲身经历,也有了向领导、同行和苏联专家学习的机会。当时苏联的水利设计和施工技术水平,堪与美国媲美。荆江分洪的设计和施工,是在苏联专家指导下进行的,整个设计借鉴了苏联的一些经验,曹乐安、文伏波等设计人员,乃至长委会,都积累了在平原软弱地基上建闸的设计和施工经验,为日后设计兴建更多的水利工程奠定了良好的基础。

在1954年1月5日的一份干部履历表的"熟识何种业务或技术、志愿作

---

① 文伏波手稿,1953 年 6 月 29 日日记,扫描件和原件已提交馆藏基地。
② 文伏波:《毕生精力献长江——文伏波院士自述》。载杨敬东:《三湘院士科学人生自述集》,长沙:湖南科学技术出版社,2009 年 11 月,第 39 页。

何工作"一栏中,文伏波写道:"水利工程,愿作水利设计工作。"①在 1956 年 3 月 24 日的一份干部履历表"熟识何种业务或技术、志愿作何工作"一栏中,文伏波填写道:"懂得水闸设计,熟悉水工设计的计划管理,志愿作(做)设计工作。"②水利工程设计工作,是文伏波的最爱,他为此不懈努力了一生。

1952 年底,荆江分洪工程荣获三等奖,因参与了北闸的设计和施工,文伏波获得 1952 年"丙等劳动模范"的称号。二十七八岁就参与了当时中国规模最大的水利工程的设计和施工,而且还获得全国"丙等劳动模范"称号,已属不易,文伏波并未因此而骄傲,对担任北闸指挥长秘书的工作进行总结时,他谦虚地说:"不能从许多平常事务的处理中,找出重要的关键,对指挥长在这方面的帮助不多。"③严格要求,不骄不躁,积极上进,是文伏波一生的信条。我们项目小组采访他时,他仍然谦虚地说,"年纪大了,得向年轻人多学习。"谈到在水利方面的贡献,他总结道:"荆江分洪,这是我第一次接触这个工作,之后这一二十年,荆江以后,做杜家台,又做丹江口、葛洲坝、三峡工程,我是生逢盛世啊!"④

1952 年 7 月 31 日,文伏波在中国共产党的纪念大会上保证,争取在技术岗位上做得出色。2 个月后,即 9 月,文伏波升任设计科副科长。当月,因患肺结核,治疗休养 10 个月,尽管如此,文伏波"对科内情况仍经常关心了解"。⑤

1953 年 6 月正式恢复工作时,一向重视学习和业务水平的文伏波,十分担心自己专业技术水平落后,很是焦急。恨不得"不顾一切地把工作学习拼命搞起来","多腾出时间来看书",近乎疯狂地补习专业知识,补习的科目有《水力学》、《土壤力学》、《结构力学》等,他说:"赶紧学一点,免得在五年计划的大工程中插不上手。"另外,还坚持自学俄文,希望能够通过学习,较顺利地看懂俄文版的水利专业书籍。然而,由于他当时担任着设计科科长一职,

---

① 文伏波档案,扫描件"干部履历表 1-13",已提交馆藏基地。
② 文伏波档案,扫描件"干部履历表 1-30",已提交馆藏基地。
③ 文伏波档案,扫描件"干部鉴定表 3-32",已提交馆藏基地。
④ 2011 年 11 月 20 日王红采访文伏波视频录音,已提交馆藏基地。
⑤ 文伏波档案"可供参考的有保存价值的材料——自我反省,扫描件 10-69",已提交馆藏基地。

"许多无关重要的公文、杂事、会议,都要抓一把,真正抓重点、挤时间学习的机会就不多了。"①加之大病初愈,精力时有不济,为此,文伏波感到十分苦恼。他在日记中写道:

> 昨晚思潮起伏,直至十一点以后才入眠。大半年来的休息,在各方面都没有进步。国家五年计划正在开始,自己不能尽一分力量,科内工作也不能协助,徒具虚名。自己没有业务知识,也领导不起来,精力不济,力不从心,想在办公大楼设计告一段落后,即开始上班,慢慢跟上队伍。这一周赶紧看完《材料力学》,以便以后专心钻研《水力学》……上下午都摘录《材料力学》笔记,很用心,进度也快,主要收获倒是锻炼了我病后看书的耐性与恒心,打下了以后看技术书籍不会不耐繁[烦]的基础。
>
> 科内工作繁重,一定要好好组织力量,加强专业化,注意工作进度,保证技术标准,加强审查制。②

> 下午阅读《材料力学》,除最后一章与水利工程关系不大,不需阅读外,算是看完了,人也像丢了一个包袱似的,感到愉快。早想全力转到水力学、水文学方面去,从明天起就可以开始了。但新问题来了,看什么书比较合适呢? 以后要多请教别人。到下周止,至少要看完《苏联水利科学技术译丛》第二辑内的关于"水位—流量关系曲线"篇,并摘录完吴持恭的《明渠水电力学》笔记,要争取计划如期实现。
>
> 《材料力学》内关于电焊部分讲得很新颖,比过去学的内容丰富得多,其发展前途,一定很大。
>
> 阅"水位—流量曲线关系"篇,内容真是丰富,过去学校内的《水文学》根本就没有读到过,由著作内可看到,苏联科学是多么注意实际与原始资料的分析。③

---

① 文伏波档案,"干部履历表——扫描件 1-27",已提交馆藏基地。
② 文伏波手稿,1953 年 6 月 10 日日记,扫描件和原件已提交馆藏基地。
③ 文伏波手稿,1953 年 6 月 12 日日记,扫描件和原件已提交馆藏基地。

1953 年 10 月，文伏波的肺结核病痊愈，他开始如饥似渴地补习专业知识，不仅关注水利工程的设计，而且还关注其他行业建筑工程的设计。在阅读众多设计资料的同时，还将一些重要的设计方案和设计理念作了笔记摘录。如：广州设计公司负责设计的南方日报大楼，1951 年 7 月开始设计，11 月做到 1 楼时，基础下沉，停工补救。文伏波记下这个案例，以告诫自己，引起重视。

为了提高业务水平，他广泛听取与设计有关的各类专家讲座和报告，水利常识讲座之长江流域概况、房屋地基的天然承载力、学习水利部有关设计会议的报告、施工组织设计报告、安徽佛子岭水库施工报告、内荆河流域查勘报告、荆江未了工程查勘报告、排水系统问题、洞庭湖工程计划、武汉防汛经验，等等。期间，把地基的承载力、塑性理论、设计标准化、三线测绘法等设计的理论问题和施工组织设计作为重点学习内容。

文伏波还组织设计科的员工向苏联专家学习。1954 年 3 月 6 日，文伏波召集设计科员工开会，讨论他所拟定的向苏联专家请教的目录：

1. R. C 结构裂缝的处理与防止的问题，设计及施工的原因，水闸的哪些部位应进行防止裂纹的计算？底板厚度决定于什么因素？浮托力、弯矩、裂纹？

2. 底板为如何计算？

　　a. 如何切条？

　　b. 相邻结构？

　　c. 形变模数？

3. 挡土墙底板

4. 底板上的消力槛的震动、动作用如何考虑？

5. 两侧防渗

6. 相邻结构的允许沉陷差如何规定？①

① 文伏波手稿，1954 年 3 月 6 日工作笔记，扫描件和原件已提交馆藏基地。

文伏波还制定了设计科的月计划、周计划,并具体落实执行,慢慢地逐渐领悟到管理工作的诀窍所在,为日后走上更重要的领导岗位奠定了基础。他总结说,"开始计划管理工作以后,是我工作学习中的一个转折点,工作慢慢熟悉,通过计划管理,也摸到了方向。""开始能够发现生产过程中关键所在,能够主动发现些问题,提出改进办法,创造了室领导能够分工的条件。"①由于工作出色,1955 年 1 月,文伏波升任设计科科长。

---

① 文伏波档案,扫描件 1954 年 5 月 22 日的"干部履历表 1 - 23",已提交馆藏基地。

# 第四章
# 参与设计杜家台分洪工程

　　1950年,长委会筹建汉江遥堤、小江湖蓄洪垦殖区,对遥堤区、临江废堤进行堵口复堤施工,但解决不了汉江洪灾的根本问题。于是,长委会通过扩大汉江下游安全泄量的办法,即兴建杜家台分洪工程,有效地调节汉江洪水,但这也只是国家当时尚无经济实力和技术实力时的权宜之计。

　　杜家台分洪工程,是我国第一个五年计划中水利建设重点工程之一。文伏波参与并部分领导了实地查勘、初步设计、技术设计、施工详图设计、施工、经验总结、工程复查的全过程后,业务水平大大提高,具备了独当一面的综合能力。

　　1955年10月16日,汉江下游杜家台分洪工程开工。1956年4月26日,提前一个月竣工。6月4日—12日,水利部、湖北省水利厅、长委会及有关部门组成的验收委员会,对汉江下游分洪工程进行竣工验收。同月13日,鉴定组认为,杜家台分洪工程基本符合设计要求,准予验收。

　　杜家台分洪工程建成之后,1956年7月和8月,1957年7月,1958年8月(8月两次分洪),1960年9月,1964年7月、9月(9月三次分洪)、10月,1974年10月,1975年8月、10月,1983年10月,1984年9月,2005年10月,先后分洪17次之多,对汉江下游干流的防洪起到了不可忽视的作用。

# 参与汉江下游分洪工程的实地踏勘与选址

汉江是长江最大的支流,发源于秦岭南麓,有北、中、南三个源头,其中以陕西的北源最长,为汉江正源。干流横贯陕南,经白河进入湖北,跨过江汉平原,至武汉市注入长江,全长1542 km,总落差1850 m,蕴藏丰富的动能资源。汉江流域面积174 000 km²,流域内雨量丰沛,径流丰富,气候适宜。丹江口以下两岸平原,地势平坦,湖泊星罗棋布,土地肥沃,农产富饶,盛产水稻、棉花、小麦等农作物,素有"鱼米之乡"的美誉。

然而,汉江中上游洪水峰高量大,来势迅猛,径流分配很不均匀,下游河道曲折、狭窄,越向下游,安全泄量越小。仙桃市以下河段,还受长江洪水的顶托影响,汛期洪水宣泄不畅,决溢频仍,灾难深重。1935年,汉江溃口14处,光华县(今老河口市)以下,悉成泽国,淹没耕地670万亩,受灾人口370万,淹死8万余人。新中国成立前,汉江已形成了"三年两溃口"的糟糕局面,汉江治理刻不容缓。

1950年1月,长委会成立之初,就把长江中下游平原的防洪作为首要任务。其中,汉江流域的规划和治理,是长江各支流中最早进行的,长委会一度把治理汉江作为中心工作,曾考虑在汉江上兴建综合性的水利枢纽工程调控汉江洪水,但由于国家当时尚不具备经济能力和技术能力,于是,普遍加高培厚了汉江两岸的堤防,使之能防御6年一遇的洪水。

荆江分洪主体工程于1952年6月21日竣工之后,长委会立马将工作重心转移到汉江治理上。研究表明,即便将来在汉江丹江口和唐白河上兴建一两座大型水利枢纽控制工程调控汉江洪水,汉江下游洪峰泄量仍达10 000 m³/s左右,因此,增加汉江下游泄量的分洪工程措施仍十分必要。后来的事实是,丹江口水利枢纽工程建成之后,杜家台仍然多次分洪。因此,增加汉江下游泄洪能力,配合上游水库联合运用,是解决下游防洪问题的合理办法。

## 一、参与提出《汉江下游分洪工程意见书（草案）》

在汉江下游修建分洪工程的设想,是否合适? 是否有其他的替代方案? 如果建分洪工程,具体位置选在哪儿? 为解决这些问题,1953 年 6 月 1 日—8 月 14 日,长委会派苏楚珩率领汉江下游分洪工程临时勘测队,邀请湖北沔阳县(今仙桃市)人民政府派员参加,对鸡鸣场和鄢家湾两个分洪道比较线进行实地查勘,撰写了《汉江下游分洪道测量及查勘工作总结报告》。该报告提出了两线的长度比较、拆迁情况、修复沿线被打乱的排水系统的工程情况、沿线地形地质情况等,为分洪工程的规划设计工作提供了必要的资料。同时,勘测队还调查了蓄洪区和出洪口的情况。文伏波因患结核病刚出院,尚未痊愈,未能参加此次踏勘。

1954 年 4 月初,在踏勘的基础上,曹乐安、文伏波等提出《汉江下游分洪工程意见书(草案)》,拟出如下可供选择的 4 个治理方案:

**整治汉江干流河道方案**　若普遍展宽堤距扩大泄量,则占耕地过多,土方工程量过大,不易实现;若普遍加高堤防,则工程量大,更加重了河槽的防洪负担和潜在的洪水威胁;如对蔡甸附近的鸡头湾进行河道裁弯取直,必受长江回水影响,裁弯作用不大。汉川县城附近的索子垸、江西垸两个弯道,在马鞍山控制点旁边,受地势和土质限制,裁弯困难,而且裁弯后,河道将发生一系列变化,比较复杂,需进行大量试验研究工作,不宜作当时解决汉江下游水灾的紧急措施。

**泽口以下分洪道方案**　曾有人建议通过汉江北岸牛蹄支河分洪,但这里水系复杂,田垸较多,分洪道将较多地打乱原有的排灌系统,而且牛蹄支河河床淤积,高于两岸,用作分洪道显然不合适。南岸分洪影响水系少,移民少,可将分洪流量直接导入东荆河下游泛区,工程简单。分洪口的位置,从河道形势分析,宜在分水咀—仙桃的汉江南岸选择。

**整治东荆河方案**　泽口以下,因受长江水位顶托的影响,东荆河的分流量只有在加大口门、普遍扩宽堤距时,才能增加。按汉口长江水位

27.12 m 计算,汉江干流加东荆河的总安全泄量以 11 000 m³/s 为标准,这是仙桃以下的分洪方案可以达到的标准,此时,东荆河需扩大泄量 1 倍。如此,当汉口水位较低而来水量较大时,东荆河分流量将超过汉江干流流量,不合理。该方案还需整理水系、兴办蓄洪垦殖区等配套工程。

**整理遥堤分洪区方案** 碾盘山流量在 15 000 m³/s 以下时,遥堤区滞洪作用不大;在 15 000 m³/s 以上时,遥堤区滞洪可削减 1 700 m³/s 的洪峰量;当碾盘山下来的为单一洪峰时,遥堤区的滞洪作用则较大,若为间隔较小的连续洪峰,则无滞洪作用,对平衡汉江下游河槽的泄洪作用不大,暂不考虑兴建。

经过比较后,长委会决定以开辟汉南分洪道为主,以加强干流堤防和局部整理东荆河为主的分洪方案。

关于分洪口位置和分洪道线路,根据河道形势及城镇村庄分布情况,选定鄂家湾、脉旺咀、鸡鸣场三条分洪道线路和相应进洪闸闸址,进行查勘。

## 二、参加进洪闸闸址和分洪道组的实地查勘 提出放弃鸡鸣场分洪线

1954 年 4 月 8 日—5 月 3 日,长委会组织了 3 个查勘组进行实地查勘,即进洪闸闸址和分洪道查勘组、干流查勘组、东荆河查勘组。4 月 9 日—5 月 1 日,干流查勘组会同孝感、荆州地区汉江修防处,对汉口至沙洋河段进行查勘,收集干流下游河段的泄洪情况,分别对阜成、金牛港、韩家祠、索子垸、江西麻布垸、分水咀、华严寺、脉旺咀、鄂家湾、仙桃、黄新场、多祥河、彭市河、岳口、泽口等重要河段,进行了查勘;4 月 8 日—5 月 3 日,东荆河组查勘了东荆河河道堤身状况,着重查勘中革岭以下河道,以便结合荆河水系整理,研究中革岭至董家垱河段的整理办法,结合分洪道下游敞洲蓄洪垦殖工程,查勘引导东荆河自响水港至窑头沟附近入江的路线。文伏波参加了 4 月 9 日—5 月 3 日进洪闸闸址和分洪道查勘组,对鄂家墩、脉旺咀、鸡鸣场三条线路和相应进洪闸闸址进行了查勘,属汉江下游分洪工程的主体工程。

1954 年 4 月 11 日,文伏波所在的查勘组,向汉川县委马政委、刘县长等了解当地经济发展情况。马政委认为,分洪工程如"走黄新场,经通顺河,则对沔阳损害太大。如走大新垸,则工程太大,移民约 10 万,非一年可成;鄢家湾线,人烟太密,田地好,产棉区,每人分 8 分田,要搬七个乡,起码四五千户;鸡鸣场与鄢家湾差不多;脉旺咀属沔阳者有三四个乡,田地较坏"。因此,汉川县委建议,"希望(从)少移民出发,考虑以脉旺咀线较恰当。"刘县长介绍说:"鄢家湾地势高,台基高,淹不到水,所以房子多,田地好,油砂土,产棉区,一个乡至少有 1 200 户;脉旺咀属于湖区地带,田广人稀,田坏。"①

1954 年 4 月 11 日下午,进洪闸闸址和分洪道查勘组"分组去黄新场看溃口情况及以上干流堤防冲刷情况",文伏波在溃口组。晚上,干流组、溃口组分别汇报白天的查勘情况。经过反复讨论,大家意见基本达成一致,黄新场线基本被放弃。4 月 12 日,文伏波等"由仙桃顺流而下,看松公河险工及鄢家湾闸址形势及鸡鸣场闸址形势,晚宿脉旺咀"。13 日,文伏波等"看脉旺咀闸址形势及土钻",下午,开会讨论分组查勘结果。

1954 年 5 月 3 日,进洪闸闸址和分洪道查勘组、干流查勘组、东荆河查勘组的查勘工作全部结束。当月,文伏波等提出《汉江下游分洪工程分洪道查勘报告》,比较了鄢家墩、脉旺咀、鸡鸣场三条分洪道沿线的地形、地质、村庄(人口密度)、土地分布情况、农业经济状况等认为,鸡鸣场一线,在分洪口上游 3—4 km 的魏家垸险工,水势较差,移民和占用农田不少于另外两线,可以放弃。

## 三、参与编制《汉江下游分洪工程计划任务书(草案)》

掌握了查勘资料后,1954 年 5 月,文伏波等编制出《汉江下游分洪工程计划任务书(草案)》。该草案认为:

---

① 文伏波手稿,1954 年 4 月 9—13 日工作笔记,扫描件已提交馆藏基地。下面有关此次考察的内容,未注明出处的,皆源于此手稿。

如果不设法增加汉江下游的安全泄量,上游水库规划就必须考虑持续期最长的洪水,所需蓄洪库容十分巨大;如增加下游泄量,即兴建汉江下游分洪工程,与上游水库配合运用,十分必要,应将兴建汉江下游分洪工程作为汉江治本工程的一个组成部分。

分析了泽口以上分洪的可能性。当汉口水位较高时,泽口以上河段的泄洪能力,是泽口以下河段的 2 倍,只有当钟祥下泄洪水量超过泽口段安全泄量时,分洪才有必要,不超过就分洪,则不能平衡发挥泽口上下河段泄洪能力的作用。同时,分洪道过长,移民多,工程量大,短期内不宜考虑。

仙桃以下汉江南岸分洪方案,简便易行,较能充分发挥当时现有堤防的作用。分洪线路对鄢家湾(仙桃以下 8 km)、鸡鸣场(仙桃以下 14 km)、脉旺咀(仙桃以下 26 km)三条线路,进行技术经济分析比较后,选择了鄢家湾线路。

至于分洪闸的具体位置,待水工试验完成后,在鄢家村和杜家台两个地方选择。分洪闸的规模,初步拟定 14 孔,闸底高程 28.0 m,引水渠高程 26.0 m。

分洪流量。根据汉江下游安全泄量和 1949 年汉口最高水位 27.12 m 的相应水位,汉江下游的安全泄量为 5 000—6 000 $m^3/s$,仙桃以上可泄 7 000 $m^3/s$ 或更多,泽口可泄 8 000 $m^3/s$,故拟定分洪流量标准为 3 000 $m^3/s$,相应东荆河分泄 3 200 $m^3/s$,新城可通过 12 000 $m^3/s$,碾盘山一般可通过 13 500 $m^3/s$。

分洪工程效益。可解除长江的顶托影响,增加岳口以下汉江干流的安全泄量,泽口以下各段堤防防洪能力得到平衡和充分利用,减免水灾损失;将来中上游干流水库部分完成后,下游的分洪作用仍然存在,一是减小碾盘山以上水库群的洪水负担,减少水库蓄洪容量,增加兴利库容;二是在汉江第一期治本工程——丹江口工程修建后,下游和南河、唐白河支流洪峰汇总后,仍超过下游安全泄量,唐白河修建少数水库,只能解决唐白河的灾害。如分洪工程建成,除 1935 年型洪水外,均可安全下泄。即下游分洪工程对汉江治本计划,也有较大的经济效益。

### 四、查勘杜家台闸址

经过模型试验和反复研究,放弃了鄢家村,将进洪闸确定在杜家台。为进一步了解闸基的地质情况,确定进洪闸的具体位置,也为了了解分洪线路从鄢家湾改到杜家台后分洪道发生相应变动后,闸前的水流态势、地形情况、分洪道沿线的地形、地质、损失情况、排水问题等,所有这些,都需要补充查勘。为此,1954 年 6 月 20 日—7 月初,文伏波再次加入地质勘测队,对杜家台进洪闸闸基进行地基勘探。同时,邀请沔阳县人民政府派员参加查勘。

1954 年 9 月 7 日,查勘队提出了《汉江下游分洪工程杜家台线查勘报告》。该报告阐述了分洪口附近,汉江河道的历史变化、水流趋势、河道土质和分洪闸的具体位置;调查了分洪口上游汉江河道险工和护岸的历史情况、泛区的围堤现状和险工情况、分洪道的地形地质和搬迁人口,分洪道对交通和排水系统的影响,并提出了解决办法,为杜家台分洪工程的设计和施工提供了第一手资料。

### 五、脉旺咀扒口分洪与杜家台分洪闸分流比的确定

正在规划设计杜家台分洪工程之时,一些水利刊物登载了苏联灌溉渠无落差分流、分流比很难超过 30% 的经验,而杜家台闸将分洪 3 000 m³/s,分洪比近 40%,一部分人对此有疑虑。

恰逢 1954 年 7 月,长江发生百年一遇的大洪水,武汉水位接近历史最高水位 28.88 m,武汉堤防吃紧。同时,汉江又来洪水,武汉堤防防洪压力大增。长委会建议,经湖北省防汛指挥部同意,汉江在脉旺咀扒口分洪。脉旺咀分洪比达到 70%,落差近 1 m,达到了预期效果,为武汉堤防加高赢得了时间。脉旺咀分洪的实践表明,落差分洪和无落差分洪不同,落差分洪的分流比可以比无落差分洪的分流比大,直至达到 100% 的分洪比。脉旺咀分洪时,文伏波等设计技术人员,到现场观察了分洪口上下左右四角的水流形态。

有了脉旺咀分洪经验,杜家台分洪工程分流比的设计难题迎刃而解,文伏波等提出了对付汉江下游更大洪水(新城流量 18 000 m³/s)的分洪方案,以解决新城 18 000～19 000 m³/s 洪水的行洪安全。该分流比与丹江口水库配合,可较好地解决汉口大洪水。因此,设计科长曹乐安和副科长文伏波,率领设计科全体设计人员共同决定,提出泽口分洪方案,与杜家台分洪设计一并上报。

# 杜家台分洪工程的设计

杜家台分洪工程的设计,先后经历了初步设计、技术设计和施工设计三个阶段。如何处理杜家台分洪闸的平原软弱地基,是设计的主要技术难题。在水利部专家和苏联专家的帮助下,文伏波等采用了预压技术,成功地解决了这一难题。

## 一、参与汉江下游分洪工程初步设计

根据地质查勘、模型试验资料和脉旺咀分流的实践,在曹乐安的领导下,文伏波等立马着手汉江下游分洪工程的初步设计工作。经过数月努力,1954 年 9 月 24 日,文伏波等编制完成《汉江下游分洪工程初步设计报告》,并报送水利部。

分洪工程包括进洪闸、分洪道、自泽口至汉口汉江干堤局部加培工程、因分洪而被打乱的排水系统的恢复工程、泛区围堤培修工程等。选定在汉江右岸沔阳县鄢家村上湾实施控制性分洪,分洪闸(即进洪闸)的具体位置在仙桃镇下游约 7 km 处的鄢家村上湾南端杜家台。分洪闸共 20 孔,每孔净宽 12.1 m,堰顶高程 29.0 m,弧型闸门,设计分洪流量为 3 000 m³/s。预计将来干堤培修防洪能力提高后,可能争取做到,分洪后泽口以下通过 10 000 m³/s 流量,这时需要分洪流量 4 000 m³/s。因闸基土层软弱,压缩性大,可能产生较大的不均匀沉陷,须设法加固处理。分洪道长约 20 km,净宽 700 m,穿越蒿芭湖,抵小朱家台,进泛区,在沌口泄入长江。不包括汉江干堤培修费,工程概算共 1 985.6 万元,其中,分洪闸 704 万元,移民费约 237 万元。

为获得更详细的第一手资料,1954 年 10—12 月,文伏波等设计人员参加地质勘测队,在杜家台已拟定的闸轴线建闸范围内,进行了深入的地质勘探,并且完全按照技术设计要求进行勘探。在勘探的基础上,文伏波等重新编制了《汉江下游分洪工程计划任务书》,12 月 31 日,长委会将该设计报告报送水利部,请求审批。该任务书提出泽口分洪道结合杜家台分洪道两处分洪方案:

泽口分洪道,最大分洪流量 8 000 m³/s,分洪口下游干流安全泄量 8 000 m³/s,东荆河分泄 3 000 m³/s,使新城至泽口河段水面线降低,并加培泽口以上堤防,使新城能安全通过 19 000 m³/s 的流量。如此,除 1954 年型洪水外,汉江下游防洪都不成问题。分洪道沿通顺河与汉江之间通过,利用通顺河右堤作为分洪道南堤,分洪道长 81 km,宽 4 km。

根据脉旺咀 1954 年的分洪经验,将杜家台设计洪量从原设计的 3 000 m³/s 提高到 4 000 m³/s,为使仙桃上下游安全泄量趋于平衡,在适当加培汉江干流堤防后,使杜家台—汉口河段的安全泄量,当汉口水位 27.12 m 时,达 6 000 m³/s;汉口水位 28.28 m 时,达到 5 000 m³/s。争取泽口—杜家台河段通过 9 000 m³/s,减少泽口分洪道的使用机会。杜家台分洪道长 21 km,宽 700 m。两分洪道进入东荆河下游泛区最大流量达 12 000 m³/s,泛区围堤需培高。

1954 年 12 月,水利部部长傅作义主持,在北京召开汉江下游分洪工程汇报会,决定杜家台和泽口分洪两项工程都要干。1955 年 2 月 3 日,水利部批准了文伏波等编制的《汉江下游分洪工程计划任务书》,指出杜家台分洪工程可以进行技术设计,水利部的专家和苏联专家还提出了一些修改设计的意见和建议。技术设计拟好后,经水利部审核批准后,即可施工。争取在

1955 年汛期内起作用,按泽口以下汉江干流洪水来量 8 000～9 000 m³/s,当汉口水位 28.28 m 时,以杜家台分洪 4 000 m³/s 为设计标准。分洪闸应参照国定全苏标准二级建筑物设计。

由于杜家台分洪工程规模巨大,投资较多,拟分期实施。计划 1955 年 6 月底,完成两闸及部分土方工程,1956 年汛前全部完工。后来,由于泽口分洪工程投资过大,暂不修建,如遇较大洪水,可采取扒口措施。

## 二、负责编制杜家台分洪工程技术设计报告

由于水利部要求杜家台分洪工程和泽口分洪工程都上,为获得泽口分洪工程设计所需的第一手资料,文伏波带领设计人员,加入到查勘队,对泽口分洪工程进行实地踏勘,同行的还有湘鄂赣蓄洪垦殖委员会的派出人员。1954 年 12 月 16 日—1955 年 1 月 10 日,查勘了通顺河线;1955 年 2 月 5 日—3 月 28 日,查勘了排湖线、东荆河线、泽口—杜家台干流河段展宽堤距。

1955 年 1 月,文伏波已升为设计科科长,成为杜家台分洪工程的主要设计负责人之一。2 月 20 日,即在水利部批准兴建杜家台工程后的 17 日内,根据水利部 1955 年 2 月 3 日的审核意见和苏联专家提的意见和建议,文伏波带领设计科的技术人员,重新对杜家台分洪工程进行修改补充,负责编制出《杜家台分洪工程技术设计指示书》,主要内容如下:

分洪标准按泽口以下汉江干流洪水来量 8 000～9 000 m³/s,当汉口水位 28.28 m 时,杜家台以下汉江干流安全泄量 5 000 m³/s,保证分洪 4 000 m³/s。

由于分洪量增加,闸室从原设计方案的 20 孔增加为 30 孔,分洪道宽度也从 700 m 相应地拓宽为 800 m。

消能设计标准,按单孔开启,控制单宽流量为 11 m³/s,以部分孔开启作校核。

设计水位拟定为:关门情况,闸前水位 34.86 m(相应汉口水位 23.00 m,下游下泄 7 000 m³/s),闸下水位为 27.00 m;开门情况,闸前

水位 33.59 m（相应汉口水位 28.28 m，下游下泄 5 000 m³/s），闸下水位为 33.16 m。校核水位拟定为：关门情况，闸前 35.45 m（1954 年实际发生历年最高水位），闸下水位 26.50 m。

闸室地基承载力控制不大于 6 t/m²，两岸墩为 6～12 t/m²。

此外，该设计报告对设计所依据的规范、设计有关参数及对设计、施工、管理的要求，都分别作了较为详细的阐述。

1955 年 3 月 1 日，国家计划委员会批准兴建杜家台工程，至此，杜家台分洪工程，从规划阶段和初步设计阶段，正式转入到技术设计阶段。

3 月 26 日，长委会组织相关专业技术人员对于上述设计方案进行讨论。苏联专家建议，设计要加强闸室部分的结构强度和稳定性，将闸墩厚度加厚，使闸墩与底板的刚度比由 1/8.6 增加为 1/2.8；在地板下加 3 道齿墙，以提高闸室的稳定性（闸室为 U 型结构、墩中分缝型式）；取消底板上的门墩，将闸门支撑在闸墩上，以改善水流条件。如此修改后，基础荷载由原来的 6 t/m² 增大为 6.6 t/m²。讨论会决定，将审查意见和技术设计初稿，一并向水利部和苏联专家汇报审核，然后，再进一步补充完善正式技术设计文件。

1955 年 5 月 3—8 日，水利部副部长冯仲云和钱正英，水利部设计局副局长高镜莹，苏联专家沃洛宁和马林诺夫斯基等，到长委会审查杜家台分洪闸修正技术设计初稿，提出了下列较为具体的设计修改意见和建议：

河道无控制的情况下，选定的闸址是合适的，但应注意上游引渠右部易淤、左部易冲的问题。运用中，可操作右边各孔冲刷右部，加强左部的护岸护底工程。

闸孔孔数，由于模型试验很难正确确定流量系数，同时，使用中常有增加分洪量的可能，因此，需要留有余地，闸孔数应是 30 孔。

要极端重视下游消能防冲问题，原技术设计全部闸孔共 20 孔，按全部同时开启而控制开度，下游消能护坦很短。在修正技术设计中，全部闸孔共 30 孔，按一孔开启则消能部分为三级消力池，长 70 m。这是两个极端情况。建议设计考虑，如先开 10 孔、次开 15 孔、再开 5 孔等组合方式。在上游水位最高、下游水位最低的情况下,开门孔数不宜少于 5 孔进行组合,并控制开度,使过闸单宽流量不超过允许值。

根据水利部和苏联专家的建议,1955 年 7 月 30 日,文伏波负责对杜家台分洪闸修正技术设计初稿进行修改,重新编制完成《汉江下游杜家台分洪工程技术设计书》及有关附件,附件包括:《汉江下游杜家台分洪工程技术设计计算书(上、中、下)》、《施工组织总设计》、《概算增减比较表》、《管理规范》等。

在设计分洪量不变的情况下,增加了一个条件,即当汉口水位 28. 28 m 时,如预报泽口洪峰流量超过设计流量 9 000 m³/s 时,为减少扒口损失,在一定条件下,可争取泽口—杜家台河段洪水位接近齐平培修后的右干堤而不溃决,杜家台需相应满足在此情况下可能最大的分洪要求。在此极端情况下,泽口最大来水量为 10 400 m³/s,杜家台闸需分洪 5 300 m³/s,分洪口以下干流下泄 5 100 m³/s。

由于分洪量增加,闸孔增为 30 孔。每孔净宽仍为 12. 10 m,总宽 411. 93 m。上游引渠长 350 m,底宽 406. 4 m,底高程 26. 0 m。分洪道长 21 km,平均宽 800 m,系在原地面修堤约束而成。

分洪工程由泽口以下汉江干堤加培及护岸工程、分洪闸工程、分洪道工程、排水工程和泛区利用工程等五部分组成。除汉江干堤培修和泛区利用工程外,其余全部预算费用为 3 627. 5 万元。

修改后的技术设计报告,1955 年 9 月 10 日获水利部批准,拟核定预算经费为 3 134 万元,同意杜家台分洪闸最大进洪流量为 5 300 m³/s。9 月 24 日,该设计报告获得国家基本建设委员会的批准。

## 三、杜家台进洪闸软弱地基的预压设计和施工

杜家台分洪闸,像荆江分洪工程的北闸一样,建在平原地区软弱地基上,压缩性大,建闸之前必须进行特殊的技术处理,避免产生较大的不均匀沉陷,直接威胁到分洪闸的质量与安全。1955 年 1—2 月编成的《汉江下游

分洪工程杜家台闸基础设计》，对基础承载力和沉陷变形进行分析，通过对换砂、桩基和预压三种方案进行比较，决定采用简单易行的填土预压方案，于是，参考武昌造船厂厂房基础预压情况和长委会已建各闸的实践经验，进行杜家台分洪闸基础处理预压工程的初步设计，拟定闸基允许承载力 6 t/m²。因分洪闸系跨汉江干堤建闸，堤内原地面较低，基础土层受原压较小，为减小右岸与闸室间的沉陷差，拟对右岸墩进行预压处理，预压台高 7 m，台顶高程 34.5 m，预压荷载 12.6 t/m²。

1955 年 3 月，苏联专家提议，为减少沉陷差，干堤以内的 16～30 孔，与右岸墩一并进行预压处理。1955 年 5 月 3 日～8 日，水利部和苏联专家审核杜家台进洪闸设计时，再次提出关于软弱地处预压设计的建议。基础承载能力可以提高到 6.6 t/m²，唯沉陷量过大，除同意对右岸墩进行预压处理外，苏联专家建议，对干堤以内闸室及堤外滩地上的闸室基和左岸墩以及主要结构建筑物的基础等，全部进行预压处理。此后，平原建闸中，还会遇到和杜家台闸基本类似的地基基础，预压处理办法是可行的。预压时，应注意加强排水工作，以加速预压效果，建议在预压台四周挖排水沟抽水。

1955 年 3 月，根据水利部和苏联专家的建议，文伏波等对杜家台分洪闸进行修正技术设计，提出了《杜家台分洪闸地基预压处理计划》，即第一期预压工程计划。计划对预压方法、预压设计计算及观测布置、预压效益及预算、进度计划和施工要求等，分别进行了分析阐述。预压范围扩大为对两岸岸墩及干堤内外闸室基础全部进行预压，争取时间，决定预压台高度，拟定两岸墩预压台顶高程 38.0 m，堤内闸室台顶高程 32.5 m，堤外滩地闸室与台顶高程与老干堤齐平，高程 36.225 m，并加强预压台四周排水措施。

1955 年 5 月 28 日，第一期预压工程开工。6 月 4 日，开始填筑堤内闸室预压台。7 日，填筑右岸墩预压台。施工时，汛期临近，来不及组织大量劳动力，报请水利部同意对堤外滩地的基础预压工作缓至汛后进行。为利于防汛，未在预压台四周挖沟排水，也未安装井点排水系统。右岸墩预压台由于填土含水量过高，填筑速度过快，7 月 12 日，填至高程 36.3 m 时，坡脚局部发生轻微隆起现象，并在坡脚低洼处出现冒水砂泡现象。为预压台的稳定安全，停止加高至设计高程 38.0 m。停止加高后，上述现象随之消失。15

日,第一期预压工程全部结束施工,共完成土方 6.6 万 m³。

第一期预压工程停工后,截至 10 月底,右岸墩最大预压沉陷量 80 cm,堤内闸室底板中心沉陷量 28~33 cm,底板上下游边缘沉陷量 9~15 cm。10 月 6 日,长委会通知杜家台分洪工程指挥部,杜家台分洪工程可以开工。为了确保进洪闸软弱地基处理质量过关,长委会要求,在进洪闸工程正式动工前,邀请专家对地基处理作出鉴定,并决定闸工的具体开工日期。10 月底,水利部组织苏联专家沃洛宁等前往杜家台进行现场鉴定。沃洛宁等调阅资料后,与长委会的设计、施工、勘测、科研等人员一起,共同研究认为,第一期预压工程是有效的,并提出如下意见和建议:

第一期预压工程,未了解到地下水位的变化,时值汛前,又未进行挖沟排水,延缓了预压效果的完成时间。又据调查,最枯地下水位,可与汉江一般枯水位齐平,故必须加强排水,以期提前完成由于地下水位降低所引起的沉陷,因这一附加沉陷在建闸后发生,是很不利的。

按结构物的设计荷重,所计划的预压填土重量,相应的最终沉陷量,据沉陷历时曲线判断,尚未全部完成,需设法提前完成这一剩余沉陷量。同时,闸室底板中心与边缘,产生不均匀沉陷,因此,预压台应加高加宽。

土壤回弹与再压缩的沉陷。挖基减荷产生回弹是无法避免的,但冲水而引起的回涨却可在施工中加强排水来尽量减小。

堤外滩地虽淤积已多年,但是否在其本身自重作用下完全固结,尚不能肯定,应从分析滩地淤积过程和地下水位变化着手,来研究是否已完成其预压作用。因此,位于滩地的闸室和左岸墩,仍应立即进行预压处理。①

根据以上鉴定意见,依照水利部 10 月 29 日设审付字第 1211 号文指示,文伏波带领设计科拟定了第二期预压工程布置:

———————————

① 参见长江流域规划办公室档案馆档案:43C66－24。

　　堤内外闸室预压台顶高程 35.5 m,顶宽 20 m,与底板同宽。右岸墩加高至高程 38.0 m,顶宽 50×52 m。上游导水墙预压台顶高程 34.5 m,下游导水墙台顶高程 32.0~34.0 m。左岸墩台顶高程 38.0 m,顶宽 50×37.4 m。上游导水墙不填台,维持原地面高程 33.0 m。下导水墙部分预压台顶高程 34.0 m,另有部分不填台,维持原地面高程。

　　迅速降低地下水位,是第二期预压工程在短期内达到最大效果的关键。设计人员采用两种排水方式,高程 24.0 m 以上土层的水,利用上下游防冲槽的开挖而形成的明沟排出;20 m 高程附近的通江薄砂层的水,由围绕闸四周的井点系统抽出。

　　为了解预压效果及全过程,布置了测定沉陷、地下水位变化和土层中孔隙水压变化的三种观测设备。[1]

1955 年 10 月 31 日,第二期预压工程开工,在预压过程中,12 月 22 日晚,第 6~10 闸孔的预压台上游坡有坍坡现象,在上游阻滑板防冲槽处有浅层土层隆起现象。鉴于此,12 月 24 日,苏联专家沃洛宁提出如下三条建议:

　　第二期预压工程已取得应有效果,同意按照长江水利委员会的计划开挖预压台。

　　同意不再继续做井点系统以降低地下水位。

　　浅层滑动迹象是很普遍的现象,不是弧形滑动;上游阻滑板处的隆起现象,不是深层隆起,其性质并不严重,没影响基础。隆起处的设计荷载也不大,不需另作特殊处理。同意将预压台先挖去 3.0 m,甚至全部挖去。土层隆起部位,可挖至设计高程即可。[2]

1955 年 12 月 28 日,水利部以设管冯字第 4822 号函复长委会,同意上述苏联专家意见,文伏波负责设计的二期预压方案得到苏联和水利部专家

---

[1] 参见长江流域规划办公室档案馆档案:43C66-24。下面第二期预压方案也源于此。
[2] 参见长江流域规划办公室档案馆档案:1955 勘设院-114。

图 4-1  2005 年 10 月 6 日,文伏波参与设计和施工的汉江下游杜家台分
洪闸在分洪

的认可。

为使分洪闸在 1956 年汛前建成,文伏波等拟定,1956 年 1 月 1 日,同时挖开堤内外闸室及右岸墩的预压台,2 月 1 日开挖左岸墩预压台。水利部组织苏联专家沃洛宁等,到杜家台工地鉴定第二期预压效果,并确定预压台拆除时间。

# 在设计中成长

在荆江分洪工程的设计和施工过程中,文伏波只是个参与者,而且只是参加了北闸闸墩的设计和北闸施工,并非核心或主要设计人物。可在杜家台分洪工程的设计和施工过程中,文伏波从设计科副科长成长为科长(1955年 1 月)、水工建筑物室副主任(1956 年 3 月—1957 年 3 月)、专业设计室副主任(1957 年 3 月—1958 年 3 月)、施工设计室副处长(1958 年 3 月—1963年 12 月),不仅参与了杜家台工程勘察、设计、施工和经验总结的全过程,而且还是杜家台技术设计、施工和经验总结的主要领导人之一,积累了全方位把握设计工作的经验。历经杜家台分洪工程的洗礼之后,文伏波的业务水平和领导能力已大大提高。

## 一、总结设计和施工经验

文伏波首先总结了杜家台分洪工程设计过程中曾经出现的错误和不足。由于过闸单宽流量和消能处理不好，"使设计返工，延期一年开工。"后因基地预压的拖延，"造成施工紧张的局面。""这些错误的形成，除技术水平不够外，就我的角度来检查，设计返工主要是没有组织好。""没有将最初步的布置送部请专家审查，直到专家指出后，才大吃一惊，我们许多基本原则问题还没有掌握住。""拖延预压的责任是没有认真贯彻专家的建议，对堤外预压闸进排水、加速固结等措施，未予坚决贯穿执行。待 55 年汛后，沃洛宁专家第二次检查时，仍指出必须堤外要进行预压及闸门进排水，拖延了开工日期。造成错误的原因是，没有组织大家讨论消化专家建议，停留在一知半解上面。"①

文伏波总结的杜家台施工的成功经验是："在组织生产过程中，抓紧了计划管理与技术管理两个基本环节，开展了劳动竞赛，除原则问题的大返工外，所有计划是基本如期完成的。再三强调了保证质量，这些措施是正确的，保证了杜家台的施工，基本按照设计图纸和设计文件进行，比较完整，错误较少。"②

在水闸设计经验总结过程中，文伏波曾拟出一份总结提纲，组织设计人员一起共同分析讨论：

### 汉江下游分洪工程杜家台闸设计总结提纲

一、目的

通过杜闸设计的实践，结合苏联专家所提意见及过去作闸经验，系统地总结低水头作闸的经验，为今后江汉平原防洪排渍工程水工设计，

---

① 文伏波档案，扫描件 1956 年 11 月的"职工评级鉴定表 9 - 5"，已提交馆藏基地。
② 文伏波档案，扫描件 1956 年 11 月的"职工评级鉴定表 9 - 5"，已提交馆藏基地。

找出一般性的通则。

二、内容

从下面几个作闸的主要关键问题,进行全面地认识,写出应予掌握的原则与注意事项:

1. 闸址位置的决定

    a. 水力条件

    b. 基础条件

    c. 施工条件

    d. 就地取材

2. 闸型决定条件

    a. 地形条件:地面高程、河槽宽度、引渠开挖、泥沙输进程度、闸上下游冲刷情况

    b. 基础:结构物的稳定、承载力与沉陷、地下水的高度、抵抗震动的能力

    c. 防冲、防渗安全的保证

    单位宽度流量的限制

    各种消能工的适应范围

    洪水出口后,允许流速的限制

    如何考虑各种运用条件及其组合

    d. 各种型式在经济上与施工上的比较

3. 分部结构

    a. 基础

    如何进行了解? 钻孔布置的程序与最经济的孔距、孔深,初步设计与技术设计布孔的不同要求。

    各种不同土壤的承载力与沉陷差的计算方法

    对软土地基的处理方法

    b. 闸室闸门

    口门宽高的决定

    弧形门的适应范围、超重能力、门普通布置

底板应力分析

两岸结构布置原则

满足防渗

防止引起与闸室的过大沉陷差

已作各种两岸结构的评价

c. 各种防渗布置与阻滑布置的方法与其适用范围

平面　R.C　粘土　阻滑板

立面　板桩　齿墙　齿墙

d. 水利计算

Q＝？　下游尾水高程　各种系数

芦坦板的水力计算

扩散问题

4. 水闸级别的确定原则

5. 不同级别的水闸、各种安全系数的决定（设计及校核）

a. 阻滑安全系数

b. 倾覆

c. 水跃淹没系数

d. 各种材料应力的安全系数

6. 施工设计应注意事项

冬季、夏季、雨季、夜间作业采用的方法和设备

三、方法及步骤

以水工结构为主，利用办公实践，分成小组······①

　　尽管上述手稿并未记下讨论的全部内容，但仍不难看出，杜家台分洪工程的经验总结主要是针对分洪闸而言，而且全面地涉及分洪闸设计的各个技术层面。正如文伏波总结的那样，总的来说，"安排总结计划分成三步，比较进行，组织内外资料的收集分析等措施上，现在看来方法是正确的，保证

---

① 文伏波手稿，1956 年工作笔记，扫描件已提交馆藏基地。

了总结的正确进行。"①

## 二、参加编写《平原地区水闸设计参考手册》

经过荆江分洪工程和杜家台分洪工程的洗礼之后,曹乐安、文伏波等设计人员的业务水平大大提高,并逐渐走向成熟。1956年春,杜家台分洪工程接近尾声,曹乐安带领文伏波等参与过设计和施工的主要设计人员,在总结设计和施工经验的同时,已开始集体编写《平原地区水闸设计参考手册》。从文伏波的工作笔记中我们得知,文伏波做的部分工作有:"(1956年)3月30日,写《平原地区水闸设计参考手册》之'通则'部分";"(1956年)4月8—9日,写《平原地区水闸设计参考手册》之'水闸总结'";"(1956年)4月16—17日,写《平原地区水闸设计参考手册》之'水闸总结'。"②1958年,《平原地区水闸设计参考手册》由水利电力出版社正式出版,至此,荆江分洪工程和杜家台分洪工程建闸的设计和施工经验,正式上升为理论,在相当长的时期内,该手册都是平原地区建闸的重要参考资料。

## 三、复查杜家台分洪工程

1956年4月,杜家台分洪闸建成。当年7月和8月两次分洪,据6—9月的实测成果,对闸基渗压进行了分析。实测渗压与电拟试验大致相符,试验是按均质土进行的,分5层,靠近底层的是渗透性较大的砂质垆姆,第二层为弱透水粉砂质粘土层,第三层为薄砂层,第四层为弱透水粉土质粘土层,第五层为大面积细砂层,两砂层均与汉江连通。通过闸前反滤层的集中排渗后,渗压急促减小,使闸底板的渗压力趋近于零。这表明,当对闸底板起渗压作用的主要渗流集中在浅层的时候,闸前排水是一种很有效的措施。

1956年12月,文伏波等再次对杜家台分洪闸的沉陷进行了分析研究。

---

① 文伏波手稿,扫描件1956年11月的"职工评级鉴定表9-5",已提交馆藏基地。
② 文伏波手稿,1956年工作笔记,扫描件已提交馆藏基地。

经过预压后的地基,自 1956 年 4 月闸门建成至当年年底,闸室沉陷量,干堤以内一般为 5~6 cm,干堤以外 4~5 cm。最大沉陷部位发生在靠右岸墩的闸孔为 6.2~7.1 cm,最大沉陷差发生在干堤与堤内交界处的 15~16 闸孔,为 1.8 cm。闸室上游端较下游端沉陷量稍大,即向上游倾斜,实测沉陷量与计算结果很接近。闸室沉陷基本是均匀的,闸身未发现任何裂缝。

左岸墩最大沉陷量为 12.8 cm,沉陷差 3.6 cm;右岸墩最大沉陷量 11.5 cm,沉陷差 1.6 cm。与计算结果也很接近。沉陷缝有开张现象,最大部位在岸墩与闸室衔接处,左岸达 3.1 cm,右岸达 2.4 cm。

沉陷变形分三个阶段:第一阶段是施工期间至竣工后一个月内,是沉陷变形的主要阶段,沉陷量随着荷载的增加而加大,竣工后一个月左右,沉陷基本稳定,沉陷历时曲线平缓;第二阶段是闸前挡水和第一次分洪,由于增加水荷载,有少量下沉,洪水退后,部分水重卸荷,沉陷立即停止,产生回弹;第二阶段是第二次挡御洪水和分洪期,地基刚产生回弹,又承受第二次洪水荷载,由回弹又转向沉陷。当洪水退落后,再产生回弹。两次挡御洪水产生的沉陷量,扣除回弹后,干堤以内闸室为 1.3~1.8 cm,干堤以外闸室为 0.3~0.4 cm,两岸接近 1.0 cm。这表明,竣工后一个月左右,沉陷变形已基本稳定,此后仍须加强观测,在运用中尽量防止闸前引渠淤积。

## 四、总结设计经验教训

工程刚一竣工,文伏波等设计人员便开始对杜家台工程的设计进行了经验总结。最大教训,就是杜家台闸基地地下水资料搜集太少。由于对成层土壤地下水的特点没有经验,模糊地认为地下水位各层相同,不知道如何观测各层地下水位与如何掌握地下水运动规律,而是简单地把表土层砂质垆墒的水位当作各层统一的地下水位;而在粘土层又只用了一些无膜式观测管,使观测的水位偏低(有时偏高)。造成地下水位资料太少,且不正确,给设计工作带来了许多困难,并造成了如下一些错误:

未掌握透水层与粘土层相间时地下水位的特点,认为地下水位以下粘土开挖一定是稀泥,地下水位不易降低,很担心基坑开挖问题,对消力池及防冲槽不敢挖深。但在汛期及汛后,开挖至 25 m 以下粘土层也并未饱和,表明挖深是可能的。

没有地下水位变化范围的资料,对最低地下水位不能肯定,这与建筑物的沉陷有关。汉江最低水位曾到 23 m 高程左右,如果地下水位也有可能降至 23 m,与平均地下水位相比,将产生附加荷重,会使建筑物产生 10 多公分的沉陷。如 23 m 高程的地下水位过去发生过多次,那么,它对地基已经起了预压作用,不需再考虑该因素。当时连一个准确的冬季地下水位资料都没有,只好假定过去未起作用。

堤外滩地地面高约 32.5 m,较堤内高 5 m,外滩地下水位与江水位的关系如何?各层地下水位经常接近地面还是跟着江水变化?外滩在 26 m 高程以下,粘土层在原压下固结是多少?这些问题都没有资料,因此对外滩的预压作用无法判断。如果原压固结度很小,那就必须进行预压;如果固结接近 80%～90%,就不必预压,当时无地下水位资料,就不能作出正确判断。以后根据堤内外回弹量及预压后建筑物沉陷量的比较,才可以判断堤外滩地在原压下固结达 80%～90%。

闸下 21 m 高程砂层在汛期的水位问题,最初是机械地搬用别处经验而不设法进行调查研究,假定砂量水位等于汉江水位,设计了板桩,价值约 14 万元,经专家建议,取消了板桩。事后观测表明,汛期砂层水位只有 27 m,主观假定与实际情况相差甚远。

上述四个问题,表明地下水位与建筑物的沉陷和稳定,以及对施工的复杂程度,都是有影响的。在未掌握地下水位资料时,任何土力学的计算结果都是片面的,不切实际的。因此,以后必须对建筑物地区的水文地质资料进行长期的系统的搜集,进行观测并做一些工地试验,以满足设计要求。

总结中还将该次预压的经验进行推广,提出了预压方法使用的范围:河流冲积土层、海滩沉积、城市废土堆积、土层松软、沉陷量大,或者地基强度不够,不论砂土和粘性土壤,均可进行预压处理;提出预压荷重方法虽多,最普通的是填土,在房屋建筑中小面积预压也可用砖石材料,用降低地下水位的办法,也可增加预压荷重。至于预压荷重大小,则提出了一般的原则;还提出了预压设计和施工应注意的问题;预压结束时必须进行鉴定,最后决定允许承载力。[1]

1958 年,水工建筑物室专业设计室的设计人员,撰写出《汉江杜家台分洪闸地基预压处理工程的设计与施工》报告,提交给在北京召开的科学技术交流第二次会议(水工建筑物)。该文对地基预压处理工程的设计与施工作了重点介绍,对预压荷重的拟定、预压布置、预压沉陷量与沉陷时间的推算、加速地基预压固结的措施、预压地基土层物理力学的改变情况,在预压后的基础上建筑物沉陷量的推算、观测设备及试验研究工作等主要问题,进行了分析介绍。

有了荆江分洪工程和杜家台分洪工程的实践经验,文伏波的业务水平已上了一个新台阶,并逐渐走向成熟。1957 年 1 月 29 日,上司曹乐安和魏廷铮等,给文伏波的鉴定是:"理论水平较高,对周围事物感觉敏锐,组织能力强,能抓住工作中主要关键,发动与依靠群众,克服与改进工作的缺点","能正确掌握原则,保持冷静头脑,从整体出发,考虑与处理有关问题。"[2]

---

[1] 总结经验教训的内容,参阅长江水利委员会水工建筑物室:《汉江下游杜家台分洪闸地基预压处理工程初步总结》。载《人民长江》,1956 年第 7 期,第 1～14 页。另见长江水利委员会水工建筑物室:《杜家台分洪闸地基预压处理工程的初步总结》。载《中国水利》,1956 年第 8 期,第 22～51 页。

[2] 文伏波档案——职工评级鉴定表,扫描件 9-9,已提交馆藏基地。

# 第五章
# 现场设计丹江口工程

杜家台分洪工程，只是国家当时尚无经济实力和技术实力时的权宜之计，欲在更大程度上控制汉江洪水，必须在汉江上兴建大型水利枢纽控制工程。

丹江口水利枢纽工程，是综合治理开发汉江的关键工程，是南水北调中线工程的水源工程，是汉江治理史上由平原建闸向高坝大库建设的首次实践，是当时中国最大、世界一流的水电站。其建设成果，对长江流域综合规划和三峡工程建设，乃至全国的高坝建设，都有十分重要的意义。

文伏波自 1957 年 3 月开始参与丹江口工程的设计工作。1958 年 8 月 21 日，长办正式指派时任施工设计室副主任的文伏波，进驻丹江口工地现场，担任丹江口设计小组组长，兼丹江口工地施工处副处长，即丹江口水利枢纽工程的设计工作转移到工地现场进行。当日，文伏波便进驻丹江口工地，专门负责丹江口水利枢纽的现场设计、技术指导和监督施工质量等工作。1969 年底，被"造反派"押解回汉口。他在丹江口工地现场工作 12 年，先后担任设计代表组组长，兼任施工处副处长、丹江口工程指挥部副总参谋长、设计核心小组组长、技术处副处长等职务。由于设计量大，人手紧张，1958 年 11 月设计小组人员增至 33 名，高峰时设计科研人员有 150 人。

文伏波说，丹江口工程是他一生最难忘怀的一座水利工程，"经历了十万大军土法施工的热潮；三年困难时期艰苦卓绝的坚持；经历了停工整顿，处理质量事故，做好机械化施工的准备；到 1964 年复工，进入有计划、重质量、按客观规律办事的新阶段。"①

# 参与开工前的设计工作

丹江口水利枢纽工程的设计工作，由长办负责，有关单位配合。在 1958 年 4 月 5 日中央政治局会议批准之前，长办已着手进行。

为适应丹江口水利枢纽工程设计需要，1956 年春，长委会将原来的设计处进行拆分，成立了汉江规划设计室和水工建筑物室。其中，魏廷铮为汉江规划设计室主任，曹乐安为水工建筑物室主任，文伏波、吴松声和吴康宁为水工建筑物室的副主任。按原来的分工，枢纽的水工设计应由水工建筑物室的坝工组继续负责，当时，魏廷铮提出由汉江室承担，为此，汉江室和水工建筑物室曾有过争夺。任士舜召开数次会议，协调汉江室和水工建筑物室之间的矛盾，最终，长委会决定交给汉江室负责设计，文伏波所在的水工建筑物室只能配合其他室搞一些流域规划中的水工规划工作。

由于机构设置不适应工作需要，很快，水工建筑物室中搞水工设计的各组分别并入到了汉江室及以后的三峡室工作，剩下其他专业的人员合并成立为专业设计室。1957 年 3 月，文伏波被分派到专业设计室担任副主任。丹江口的规划、水工设计，由汉江规划设计室（后来的丹江口水利枢纽设计室）负责，专业设计室只负责机电、金属结构、施工组织设计的工作。

## 一、参与初步设计

初步设计的主要内容包括水库、挡水建筑物、电站及通航建筑物等，分

---

① 文伏波：《难忘岁月》。载汉江集团报社：《我与丹江口水利枢纽》，内部资料，1999 年 6 月，第 37 页。

两个阶段进行:第一步为初步设计要点报告,包括正常高水位及坝轴线选择,建筑物型式及枢纽布置和施工方案等;第二步为扩大初步设计,在要点报告基础上,提出相当于技术设计深度的施工第一期所需图纸。

1958年5月下旬,长办汉江规划设计室和水工建筑物室共同提出《丹江口水利枢纽初步设计要点报告》,共分五卷,即总论、正常高水位选择、坝轴线选择、建筑物型式及枢纽布置、施工基本方案。其中,第五篇施工、第六篇造价,由曹乐安、文伏波所在的专业设计室负责完成。该报告选定正常高水位170 m,死水位150 m,并建议遇特别枯水年,死水位可降低至145 m。采用中坝段第Ⅱ坝轴线作为选定坝轴线,拟定下阶段进一步确定对下列两个枢纽布置方案:

> 方案一:河床为宽缝重力坝型,两岸为塑性斜墙堆石坝,两者衔接采用插入式联接段,泄洪布置采用坝顶溢流、大孔口或深孔泄型式,以鼻坎挑流消能型式与下游尾水衔接,电站位于河床左岸,坝后式厂房,施工导流采用分期导流方式。
>
> 方案二:河床为双墩大头坝型,其他同方案一。

施工总工期为4年3个月,计划1958年10月开工,1962年完成。枢纽总投资,方案一为63 136万元,方案二为61 490万元。

1958年6月4—6日,根据周恩来的指示,中央有关部委和中共湖北、河南省委等有关部门,在武汉洪山宾馆召开了鉴定会,审查《丹江口水利枢纽初步设计要点报告》,会议由湖北省省委书记王任重、水电部副部长冯仲云、湖北省省长兼丹江口水利枢纽工程委员会主任张体学主持,参加会议的有计划委员会、经济委员会、水电部、铁道部、地质部的相关领导,河南省副省长彭笑千,水电部勘测设计总局局长李化一、总工程师须恺,水电部水工建设总局总工程师汪胡桢,清华大学教授张光斗,湖北省水利厅厅长陶述曾,即将成立的丹江口工程局局长任士舜,长办主任林一山、总工程师李镇南、枢纽设计室主任魏廷铮,包括苏联专家在内的各相关专家和工程技术人员等。会上,魏廷铮代表长办汇报丹江口水利枢纽初步设计的情况,然后,分专业进行审查。文伏波参加了施工组的审查会议,并代表施工组介绍了施工设计。

会议鉴定结论是:丹江口正常高水位定为 170 m;坝轴线定为二坝轴线;采用混凝土双墩大头坝;枢纽布置为河床混凝土溢流坝和坝后式电站,两岸土石坝,河床混凝土坝与两岸土石坝之间采用插入式联接,溢流坝布置在河床右部和中部,包括大孔口溢流坝段及开敞式溢洪坝段,总长 464 m;电站布置于河床左部,坝式引水,坝后式厂房,装机 5 台,总容量 73.5 万 kW;通航建筑物在右岸预留位置,暂不兴建;施工采用分期导流,第一期先围右部河床。施工期限,对内称二年建成、第三年扫尾。对外称三年建成、第四年扫尾;1958 年汛后开工。

## 二、参与扩大初步设计

洪山会议刚结束,由于全国出现了工业大跃进的新形势,张体学便召集林一山等开小会,林一山携文伏波前往,会议讨论筹备丹江口工程开工事宜,要求长办迅速制定出施工设备和器材的计划。1958 年 6 月 12 日,汉江丹江口工程委员会和汉江丹江口工程局在武汉成立,湖北省省长张体学任主任,长办主任林一山、河南省副省长彭笑千任副主任,武汉水利电力学院党委书记任士舜主动请缨,担任丹江口工程局局长。

1958 年 6 月 23 日,任士舜提出《关于争取丹江口工程马上动工的报告》上报水电部,7 月 28 日,水电部水工建设总局局长黄宇齐、副局长朱国华批复,可不必等中央对丹江口鉴定会报告的批复,同意马上动工。8 月 8 日,湖北省委发出《关于支援丹江口水利枢纽工程的指示》,决定于 1958 年 9 月 1 日正式开工。

1958 年 7 月 20 日,根据丹江口工程鉴定会对初步设计要点报告的审查意见,汉江规划设计室和水工建筑物室合作编制完成《汉江丹江口水利枢纽扩大初步设计报告》,于 1959 年 1 月 24 日上报水电部。该报告对枢纽布置、建筑物型式及结构设计、施工方案及附属企业等做了进一步的深化设计,以满足施工所需的文件和图纸。文伏波所在的建筑物室仍然负责施工和造价的设计工作。

### 三、参与施工详图设计

丹江口水利枢纽工程提前开工,必须在不到 3 个月的时间内拿出一期工程的施工详图,以满足开工要求,任务相当艰巨。经过夜以继日的工作,1958 年 9 月,《汉江丹江口水利枢纽施工详图纲要》编制完成。报告共分五篇:水利经济;枢纽布置及建筑物型式;水利机械、电器及金属结构;施工组织总设计;工程概算、总造价(总概算 5.24 亿元,总造价 4.59 亿元)。其中,施工组织总设计、工程概算和总造价两个部分,由曹乐安和文伏波等负责完成。施工详图设计如期编制完成,为工程如期开工提供了条件。然而,当时长办的工作重点已转移到三峡工程,由于缺乏新材料,丹江口工程的施工详图设计,只是做得比初步设计报告和扩大初步设计更详细一些,尚不能满足施工需求。

### 四、施工前设计工作的经验总结

文伏波擅长总结工作中的经验教训,对上述初步设计、扩大初步设计和施工详图设计工作,他总结了如下的经验教训:[①]

#### 明确各设计阶段的任务及关键问题　力求避免拖延或返工

初步设计工作进行了 2 年(自 1956 年 3 月始),却未选中坝轴线。一是地质情况不清,二是水工、施工设计方面过早将精力集中到第二坝轴线上,对其他坝轴线研究过少,以至于 1958 年春不得不再次补作第四、六、七坝轴线的水工和施工比较[②]。文伏波认为,应按照 1958 年春

---

① 下述经验参阅文伏波:《解放设计思想　实现跃进计划》。载《人民长江》,1958 年第 5 期,第 6 - 7 页。

② 据长办枢纽设计室丹江口设计代表组《丹江口水利枢纽设计工作初步小结》(载《人民长江》1959 年第 7 期 28 页)记载:1952～1957 年丹江口坝址区的地质勘探工作,没有充分从水文、地形、地质、水工、施工及造价等综合条件论证坝区坝段,就大体确定了坝址,集中布置了相当数 (转下页)

专家组查勘时提出的意见和建议，首先就丹江口坝址地区地形、地质条件，分为可以筑坝的几个坝段，并从每个坝段中选出坝轴线。就枢纽布置、地质条件、工程量、工程造价、运输条件、施工条件等进行比较，淘汰不利的坝段，然后，再在选定的坝段中进行坝轴线比较，既可保证不犯错误或少犯错误，又可保证设计工作有条不紊地进行，加快整个设计工作的进度。

## 设计比较方案不宜太多　每个方案必须有明显的目的性

设计之初，缺乏经验，特别是结合自然条件的经验判断十分不足，平行罗列了 14 种坝型，近百种的枢纽布置组合方案。开工数月才发现，其中有许多结构复杂，根本不适于大流量高水头的要求，有些坝型基本相同，只是局部结构的差别，方案过多，比较工作繁杂，设计工作因此而延缓。

导流方案前后提出 57 个，有些方案缺乏深思熟虑，目的性不明确。如：研究隧洞导流方案，仅坝型比较阶段就花了 660 个工作日。实际上，就丹江口的地形、地质条件（两岸地形破碎、高程不够）及水文条件（流量很大）分析，隧洞导流有明显的缺点，造价过高（一个 12 m 直径的导流洞合 40 万方折算混凝土），粗略地比较，就可以考虑放弃，不应花那么多时间作过多的比较。

堆石坝的分期导流方案，技术上存在困难（接头，导流底管的封闭堆石体在施工期间即需挡水等），工期不易满足 1962 年发电要求，造价不比其他坝型便宜，粗略研究便可放弃，不应长期作平行方案进行比较分析。主张此后的设计工作，应经各专业讨论协商，选择几个在工程量、工期、造价等主要技术经济指标有竞争价值的方案进行比较，便于减少设计工作的盲目性，又节约工作量。

---

（接上页）量的勘探工作。至 1958 年初，长办的苏联专家组提出，要有比较坝区坝段的充分论证，才能正确确定坝段和坝线。此时，才在 3 km 长的河段上补充地质勘探工作。尽管比较的结果仍然是先前确定的坝址地质条件较好，但操作方法仍然有问题。

### 及时改正脱离实际的设计

长办的设计人员，主要在苏联专家指导下成长起来。国内已设计施工的大型水利枢纽极少，主要搬用苏联的资料与规范进行设计，其中有不少脱离中国实际的情况。如：施工机械设备的选择方面，采用了两艘 500-60 型的挖泥船来修筑二期横向围堰，用 300 辆以上的 25 t 重型自卸卡车出渣运料等，这种大量靠国外供应的设备很难到位。根据造价核算，丹江口工程的施工机械设备购置费达 8 000 多万元，超过按折算混凝土规程计算的机械购置费 30%。这表明丹江口工程技术化程度太高，应根据中国劳动力充足的特点，尽量组织一部分人力施工（尤其是土石方工程）。

### 检查设计中的保守思想　修改过大的安全系数

导流组反复核算了汉江水文条件及施工进度安排，把原定的截留流量标准 1 510 m³/s（12 月 1 日—3 月 31 日 5% 最大日平均）降为 830 m³/s（12 月 16 日—2 月 28 日 5% 最大日平均），减少了截留底孔断面尺寸，基本克服了底孔封闭的困难。该案例提醒我们，以前的设计标准都必须重新审查，便于在确保工程质量和安全的前提下，降低工程造价，缩短工期。

上述设计经验的总结比较准确，不仅体现了文伏波在设计方面较高的专业素养，而且也体现了他纵观全局的领导才能。

# 修改施工场地布置设计方案

开工前，丹江口水利枢纽工程的设计工作，主要是在汉口的长办总部进行。开工后，必须深入现场配合施工。1958 年 7 月 3 日下午，林一山率魏廷琤、文伏波到王任重家开小会，与会的还有张体学和任士舜。经研究决定，长办作为设计单位,派 25 名工作人员进驻丹江口工地现场,其中,水工专业 10 名,由李贻祖负责;施工专业 15 名,由文伏波负责。水工专业和施工专业的所有人员,共同组成"丹江口设计小组",后改称为"丹江口设计代表组"、"丹江口设计代表处"等,文伏波担任组长,专门负责与施工单位紧密配合,进行随施工条件变更所需要的设计修改工作,同时,监督施工是否符合设计要求,以确保工程质量。看似文伏波是被委以重任,可实际上是"临危受命",因为他将面临重重困难。

对担任丹江口工程现场设计代表组组长,文伏波事先没有任何思想准备,突然接到调令,顿感压力巨大。他非常明白,以前的设计只是确定了一些大原则,由于各类资料缺乏、地质情况不明等原因,施工详图设计量还相当巨大。设计组人数少,设计力量薄弱。任士舜和文伏波曾要求林一山和魏廷铮给设计组增加人手,但由于当时长办的工作重心已向三峡工程转移,未获批准。这是文伏波面临的第一大困难。

施工详图设计是以机械化或半机械化施工为前提,然而,由于开工仓促,机械化设备基本没有,张体学下令把全湖北省十大水利工程的指挥长、有经验的老工人和工程技术人员召集到工地现场,发动民主,集思广益,对设计和施工方案,进行了两次大规模的讨论,这就是轰动全国的"土洋之争"。争论的结果,面对现实,土法上马。1958 年 10 月 31 日,汉江丹江口工程局党委提出,将汉江丹江口工程局改为汉江丹江口工程总指挥部。11 月 20 日,中共湖北省委和湖北省人民代表大会常务委员会批准,指挥部正式成立,王任重任政治委员,张体学任总指挥,指挥部按军事建制设置和管理。1958 年 11 月 4 日,汉江丹江口工程总指挥部政治部召开首次政工会议,布置贯彻湖北省委制定的"政治挂帅、加强领导、依靠群众、自力更生、土洋结合、以土为主、先土后洋"的 28 字施工方针。决定放弃原来的机械化和半机械化施工的设计方案,搞人海战术,大兵团作战,10 万民工云集现场,基本凭着一条扁担一双手,土法上马,进行立体施工。文伏波迅速将工程局决定土法上马一事向林一山汇报,林一山表示同意,认为想要一下引起全国的重视和支援是不容易的,先土法开工,下了河,干起来了,就会引起重视,支援就多了。还打了个比喻,"先开工干起来,像要猴戏一样,敲起锣,猴子爬上杆了,观众就会来了。"①此乃国家财力不足和物资极度匮乏之时不得已而为之。放弃机械化半机械化施工,实行大兵团作战,土法上马,意味着原施工详图的设计方案必须大部分推翻,重新来过,设计任务之重、设计难度之大,不言而喻,这是文伏波的设计代小表组遇到的第二大困难。

开工之初,全国掀起"大跃进"高潮,为实现丹江口工程建设速度大跃进、创奇迹、放卫星,施工方提出了"速度第一,质量第一,勤俭第一"的施工方针。实际上,"口号虽然是速度第一,质量第一,勤俭第一,但实际上这三个第一,变成了速度第一。只强调了'破除迷信,解放思想',忽视了尊重科学,尊重客观规律。"②林一山对此也有同样的描述:"'速度第一,质量第一,勤俭第一'的要求是全面的,照着办就可以多快好省,实则领导上更注重速度,群众在限期完成和竞赛中更不管质量,只求速度。"③丹江口施工现场的管理体制,是设计听命于施工,施工方为了便于施工、缩短工期,实现高速度,要求修改设计。文伏波作为设计方的现场负责人,必须确保工程质量。因此,文伏波等既要满足施工方进度的要求,又要确保设计方对工程质量的要求,左右为难、进退维谷。他说:"我审时度势,在确保质量前提下,我主动修改部分设计,方便施工;组织设计人员,轮班深入现场,协助深入现场,监督工程质

图5-1　20世纪60年代,文伏波与同事进驻"荒凉"的丹江口工地

---

① 文伏波手稿,《关于丹江口水利枢纽规划、设计、施工中一些重大方案决定变动的经过及魏廷铮的活动》第9页,原件已提交馆藏基地。
② 文伏波:《前事不忘　后事之师——纪念丹江口水利枢纽开工三十周年》。载《人民长江》,1988年第9期,第12页。
③ 林一山:《林一山回忆录》,北京:方志出版社,2004年7月,第266~267页。

量。无法纠正的,认真做好记录。"①这是设计代表小组遇到的第三大困难。

"大跃进"要求多快好省地建设社会主义,开工数月,国家进入"三年困难时期",物资极度匮乏。为了节省材料、减少开支、降低造价,施工设计必须尽可能地减少工程量及施工难度,重新制定施工程序,考虑平行交叉作业,设法减少辅助工程量,甚至为节约一方混凝土、一方土石工程量而绞尽脑汁,这是文伏波的设计代表组遇到的第四大困难。

原设计方案中,开工之初,总体布置以左岸为主,以右岸为辅。然而,1958 年 9 月 1 日开工至 1959 年 12 月截流时止,实际工程主要集中在右岸,即先修筑右岸一期围堰,必须重新设计围堰方案。这是设计代表小组遇到的第五大困难。

开工不久,遇到中苏关系恶化,1960 年苏联专家全部撤离,这意味着文伏波等失去苏联专家的指导,面临着更大的设计压力,甚至承受着能否胜任设计工作的怀疑,这是文伏波及其设计代表小组所面临的第六大困难。

在如此艰难的情况下,鉴于一期工程没有多少爬高与高空作业,而且丹江口场地开阔、两岸坡度较缓,具备大规模兵团作战或人海战术的土法施工条件,但必须消除相互干扰。文伏波带领设计代表小组的技术人员,利用人力施工的灵活性和机动性特点,正确地选择砂石料场,科学地布局施工场地,精心地组织安排,基本消除了混乱和干扰,并取得了不少修改设计的成果。

## 一、重新选择料场

一期工程除修建围堰和清基外,必须采运足够的砂石骨料,满足一期混凝土浇筑的需要,在没有机械、现代交通工具和动力配备的情况下,任务十分艰巨。1956 年冬至 1958 年夏的设计方案,在调查坝区建筑材料情况时,未能按照由近及远、由下游到上游的常规程序选择料场,忽视了坝区附近的

---

① 文伏波:《毕生精力献长江——文伏波院士自述》。载杨敬东:《三湘院士科学人生自述集》,长沙:
　湖南科学技术出版社,2009 年 11 月,第 39～40 页。

建筑材料,未能对其进行足够的分析论证。相反,舍近求远,在汉江干流,在汉江支流南阳、邓县、枣阳等地均进行了普查工作。距离遥远,增加了工程造价,造成了运输困难。

在扩大初步设计阶段,根据材料产区情况,制定了料场选择的三个基本原则:一是考虑砂石质量良好,符合混凝土对骨料的质量要求;二是考虑料场必须有较好的运输条件,运距要近,最好能利用现成的交通路线或是容易开辟的新路线,并考虑运输工具的现实性。开采条件良好,有足够的储量,剥离系数小,受洪水影响小,适合人工开采,有筛分加工堆放的必要场地。截流后对上游料场的可能淹没情况;三是要求所选择的料场总造价最省,经济合理。应尽可能地利用砂和卵石,因为开采碎石一般比卵石的价格高,产区在内卵石的天然级配与混凝土所必须满足的级配相适应,以达到经济的目的。据这三个基本原则,初步设计拟定了三个料场方案,并选择了第二方案。第一方案,辽河粗砂掺羊皮滩细砂加羊山碎石方案;第二方案,王家营砂及卵石加羊山碎石以补充 4 cm 以上卵石之不足方案;第三方案,包括第一期和第二期两个方案。

水下开采的机械设备难以获得,第二方案不能满足现实施工的需要。开工后,经苏联专家提醒,根据 28 字施工方针,采取就近原则,对坝址附近的砂石料产区进行了充分勘探和复核工作。结果发现,原有砂石料产区,经过 1957—1958 年两个汛期,表层有不同程度的变化。如:王家营原调查资料表面有粗砂,但经过 1958 年汛期后,粗砂被冲走;羊皮滩边缘区则出现前所未有的约 10 万 $m^3$ 的细度模数在 20 以上的粗砂,陈家港和青山港也有粗砂可供开采。通过工程施工的实践,认识到右岸火成岩多系球状或沿节理面风化,覆盖层、风化层较深。证实右岸安乐河、凤凰山等火成岩区开采条件差,不宜开采,故予以放弃。同时,进一步肯定了作为碎石或块石的来源地,只能选择左岸的羊山。为此,开工初期,通过地质勘探和复核,对上述扩大初步设计阶段的三个方案进行了重新比较:

*第一方案优点有二:辽河砂质量较好,与羊皮滩就地细砂掺和,可解决细骨料的来源和质量问题;碎石混凝土强度较卵石混凝土高。缺*

点有三:辽河运距 135 km,需建专用铁路或公路;全部利用碎石造价高,不经济;碎石骨料在开采加工技术上比较复杂。鉴于此,该方案被放弃。

第二方案优点有三:运距最近,4 cm 以下可全用卵石,同时也可利用一部分 4 cm 以上的卵石,造价最经济;砂的质量和数量均能满足要求;有较好的施工场地和堆放场地。缺点有二:需进行水下开采;需利用大部分碎石。鉴于此,设计代表组认为,该方案不适合一期工程,仅适合二期工程。

第三方案优点有二:一期工程以土法为主,人工进行水上开采,同时,利用汉江水道重下轻上的运输,无需修建交通道路,准备时间短,为过渡到机械化施工赢得时间;具有第二方案中的优点。缺点有二:二期工程仍需要进行水下开采;需要利用一部分碎石。但总的来说,能综合利用,可以赢得大型机械化施工的准备时间,是现实可行的方案。鉴于此,设计代表组选择了第三方案。

鉴于上述比较,设计代表组决定,截流前充分运用水文和地形的有利特点,选择坝址上游 15~30 km 以内的青山港、黄家垸、陈家港、渔郎滩等沿江滩地,作为主料场,并利用枯水季节开采坝址下游 3~5 km 以内的羊皮滩、饶家营作为辅料场。

## 二、修改砂石料开采和运输设计

料场确定了,现场砂石料的开采和运输问题就提上议事日程。砂石料的现场开采,分为开采、筛分、转运、清洗和装船五道工序,其中,开采、筛分、清洗和装船,遵守常规程序施工,砂石料转运的设计难度则较大。为缩短装船时间,筛出的各级骨料成品,事先转运到河边临时堆料场上集中分级堆放。船只一到,突击装船,一般在距水边 50 m 以内不再转运,50~100 m 内由人工担运,超过 100 m 用胶车转运。为防止砂窝内行车困难,每个工段都修有 1~2 条黄土道路,作为转运线路,每辆车能载运 250~270 kg,只需一人拉车,在 200 m 运距时,每小时拉运 10 次,混凝土道路的修筑,在沙滩上利用废石料铺填路基,上铺 1 dm 厚的黄粘土,面上再撒铺一层小石子及粗砂,再夯踩平实,路面宽 4 m,能使行车来往畅通无阻,其长度由临时堆料场直通至开挖线外,并随着开采进展而延伸。

砂石料的场内转运及堆放,与机械化施工相比,人力施工灵活性较大。初期,由于永久性料场尚未开出,各采区运来的石料大部分堆放在右岸河边沙滩上的临时料场,只一部分送到围堰内,供现场混凝土拌和之用。由于临时堆场地势较低,1959 年 4 月春汛期间,部分骨料曾遭受洪水三次淹没,造成部分返工浪费及骨料质量恶化等现象。之后,在坝址上游右岸 500 m 左右处的黄土岭上,辟设一个永久性露天堆料场(地面标高高出施工洪水位以上),骨料堆放问题得以解决。

码头到堆料场有 200 m 多的距离,并有 10 m 多的陡坡爬高,加上地方狭窄,工作场面较小,骨料转运全靠人力担运有困难。1959 年第四季节,采用皮带输送机及卷扬机等机械转运。同时,为使船只运输加速周转,卸船时,先将骨料从船上卸下,堆在河沿沙滩临时堆料场上,然后配合机械转送到料堆上去。取料工作,仍人工担任,胶车为主,担挑为辅,一般运距 30 m。

骨料堆放,由于堆放场面积狭小,各级成品都堆放在一起,为防止混淆,利用大块石堆筑了几道隔离墙,将其分开。堆放高度,一般控制在 5 m 以下,个别料堆高 6～7 m。因此,在使用过程中,往往出现分离现象,须重新处理。

1959 年 12 月截流之前,还积极为截流后采运砂石骨料准备条件,即大力进行左岸羊山采石场(距坝址 6 km)的铁路修建和场地整理,并积极采购河床下开采砂石的施工机械与筛分系统。

料场发生改变,场外运输必须重新设计。第一期骨料产地主要分布在坝址上游渔郎滩(右岸 30 km)、陈家港(左岸 25 km)、黄家垸(右岸 18 km)、青山港(左岸 15 km)几个沙滩上。其中,以最远的渔郎滩贮量最多,质量最优。因两岸系陡山,要修筑运输线路,不仅工程量大,而且短期内无法竣工。由于该河段水流湍急,多浅滩暗礁,坝址到渔郎滩的水面落差 6 m 之多。枯水季节,通航水深均不到 1 m。机动船只无法使用,一般用吃水浅(小于

1 m)、吨位小(10～40 t)的木帆船装运。为保证骨料运输不受阻碍,在这30 km航道内重新开辟了纤道,设置了航标、航灯,疏通了浅滩,炸除了暗礁,确保船只日夜通航,风雨无阻。

水上运输系统和陆上装卸系统分属两个不同的单位,在运输上必须紧密配合。所有船只都先编号、丈量,确定航行吨位,再在船舷两侧打上满载水线,以每方石料重1.89 t,砂为1.45 t装载放量。为便于装卸及保护船只不受损坏,骨料一般都不能直接入仓,所有船只都另钉有垫仓板,骨料的起卸用人工挑运。

船上劳动力配备,视船只吨位大小而定,原则上规定每只船除掌舵的人外,每3～4 t配备一个劳力。上水拉纤,下水摇橹(无风时),另外在急流险滩处,组织20～30人的拉纤队伍,协助逆水船只。骨料生产任务能否完成,关键在于运输,而装运卸又是由三个不同的生产单位分别负责,为了使运输船只不造成积压,装料单位不窝工浪费,三者必须紧密配合,加强合作。经装、运、卸三个单位协商研究,建立了三角合同制度,相互促进,共同遵守,大大加速了船只的周转率,达到了日运输强度7 000 ㎥和月运输强度14.5万㎥的运输能力。

## 三、围堰施工场地布置设计

为加快施工进度和节省开支,右岸一期围堰就近开采上游黄土岭和下游老虎沟一带的土砂石料,大部分基坑清理出的覆盖层及开挖的风化石渣被用作围堰材料。一期基坑开挖的废渣,绝大部分未运出围堰范围外,运距最短,符合人力挑运的特点(虽然以后转运次数较多)。运输方法,绝大部分为肩挑人抬,辅以班车和部分610 mm和762 mm的窄轨人推斗车。因此,在基坑出渣及运输围堰土、砂、石等材料的运输道路布置上,是纵横交错,高低参差,一切以提高工效,减少干扰为准,随时调整。这种多种工序在同一地区平行流水交叉作用,是土法施工必然出现的情况。如此,大大地提前了工期。

二期围堰填筑的土石料,同样就近取材。截流前,右岸一期围堰拆除及导流底孔上、下游清理出的土石料,就近直接填筑一期低水围堰内的上、下游围堰右端部分,多余的土石料则分别堆存于右岸九龙沟口、左岸下游砂滩上,及上游纵向围堰右侧,以便截流后继续填筑上、下游横向围堰。左岸大坝基开挖出的砂石料,则填下游横向围堰及上游横向围堰的底部。这两项土、石料源,计有 116 万 m³,约占上、下游横向围堰总填方的 55%。上游横向围堰上升至 112 m 高程以上时,近料低料已基本用完。原设计曾拟用下游王家营输粘土以填筑心墙,人工运输不能满足施工进度要求,因此,在上游横向围堰左端附近东沟梁子和胡家岭开辟料场,这里蕴藏大量的强风化第三纪泥岩、千枚岩和页岩,经过开采装卸,多次跌落,均可自行粉碎。经物理力学性质试验,可用作堰壳填料。这样,运距短,居高临下,更便于人工手推车运输。用量约 25 万 m³。反滤层原设计要求采用王家营料场开采筛分后的砾石料,后来,根据施工需要,改用大坝开挖的 $D_5$—$D_{50}$ 占 50% 的砂砾石混合料约 1 万 m³。事实表明,废料近料的利用,低料低用、高料高用的方法,大大加速了围堰施工,降低了工程成本,符合人力施工的特点。

纵向混凝土围堰的混凝土浇筑场地布置,也根据人力施工的特点进行布置。浇筑混凝土的砂石料,来源于上游和下游两部分。1959 年大汛前,绝大部分来源于上游 15~30 km 的青山港、渔浪滩一带,用木船运到工地,人工转运。混凝土拌制,开始是人工拌和及 0.4 m³ 拌和机,基本上布置在围堰内坡浇筑仓附近,即尽量将拌和机布置在浇筑坝体的四周,拌制出来的砼就近上坝。不久即用数量较多的 0.8 m³ 拌和机组成"小洋群",分别布置在右岸下游的柳树林和上游的黄土岭。骨料分别用皮带和 762 mm 窄轨机车和斗车运送。混凝土用汽车和 610 mm 轨距斗车运到仓面,再用胶轮车转运入仓。1959 年 9 月共浇筑混凝土 60 081 m³。

总的来说,1959 年 12 月截流前的施工场地布置,采取了"以土为主,以临时设施为主,土洋结合"的方法,适应了大兵团作战的需要。在短短 1 年内,完成了砂石骨料 120 万 m³ 的开采和运输任务,保证了截流前 41.5 万 m³ 的混凝土浇筑,如期地完成了一期工程,迈出了丹江口工程创业史上最艰难的第一步。

## 四、土洋并举的施工场地布置设计

1959 年 12 月截流后，至 1962 年 2 月止，施工方法从土向洋过渡，即土洋并举阶段。工程重点从右岸移向左岸，人员分批退场，减至 3 万余人。场地布置采取"两条腿走路"的方针，原有布置能用的尽量继续使用，新部署则充分照顾到土洋结合，新旧衔接，并尽量为将来机械化生产的布置创造条件。

场内运输布置方面，右岸整修了从黄土岭沿江边经基坑至下游的 101 m 路，兼作货物过坝的运输；从柳树林绕独棵树至土石坝的干线，酌留几条支线。左岸则就原有公路基础，增辟 10 m 宽的干线，5～7 m 宽的支线和板车及人行道，以连结各附属企业、土场和土石坝，仓库基地等。在坝体混凝土上升后，除顶留 25 坝段未完建坝面 87 m 高程，作为左岸基坑上下游主要交通路线外，同时开辟从左岸巴茅沟绕道左联至上游围堰的道路，作为连通上下游的辅助路线。总之，土洋结合阶段，通过调整、扩建、新建 75 m 宽以上的公路约 20 km，各种轨距铁路约 18 km，为场内运输提供了便利。

混凝土浇筑布置设计也考虑到土洋结合及从土向洋过渡的因素。砂石料产区，以下游的羊皮滩为主，初期机械开采，人工筛分。1960 年 7 月以后，逐步过渡到机械化筛分。净料运输，先是窄轨(762 mm 轨距)，柴油机车拖 3.5 m³ 矿车。人工开采的大桥头左岸河滩上的砂石料，临时架设机械筛分，皮带机转料。拌和设备，左岸是下游 96 m 高程、基坑内 92 m 高程的 0.8 m³ 拌和机"小洋群"，以及巴茅沟下游 102 m 高程的 0.8 m³ 拌和机半自动化临时系统。混凝土运输用汽车、皮带机结合斜坡滑槽以及汽车栈桥和人推胶轮车直接入仓等多种方式。1960 年 10 月以后，曾在坝体上游面修建高程 88 m 和未完建坝面 107 m 及 117 m 高程的门机线，安装东德门机，用汽车运送混凝土，卧式吊罐直接入仓。如此布置，在 1960 年 8 月曾创造月浇筑 6.81 万 m³ 的纪录。

# 摸索出混凝土纵向围堰设计方案

丹江口工程施工导流方案,曾研究过分期导流、隧洞导流、明渠导流、隧洞配合明渠、明渠配合分期等多种方案。经反复研究,文伏波带领设计代表组摸索出一期围堰和二期围堰共用的混凝土纵向围堰方案。

混凝土纵向围堰的修建,必须在低水围堰的保护下,在一个枯水期内完工,确保基础开挖处理等安全可靠,确保洪水期来临时纵向混凝土围堰可抵挡较高速的流水冲刷。实践证明,一期围堰和二期围堰的共同混凝土纵向围堰方案,是一种适宜于大流量河流上施工导流的一种围堰方案,此后的葛洲坝和三峡水利枢纽工程,都采用这种施工导流方法。

## 一、一期和二期围堰的平面布置

一期围堰位于汉江右岸,包括低水围堰和高水围堰。其中,一期低水围堰全长 1 320 m;一期高水围堰包括上游横向土石围堰、下游横向土石围堰、上游纵向混凝土高水围堰、下游纵向混凝土高水围堰和 18 跨(即 18 坝段,混凝土大坝坝身的一部分,见图 5 - 2)。低水围堰低于 1958 年 11 月—1959 年 5 月间的洪水,在这个阶段里,浇筑 18 坝段坝体、上游混凝土纵向围堰、下游混凝土纵向围堰,修筑上游土石高水围堰和下游土石高水围堰。低水围堰堰顶高程 97 m,顶宽 3 m,最大堰高 13 m,一般为 10 m。一期高水围堰,必须抵御 1959 年大汛期的洪水。在一期高水位围堰的保护下,修筑丹江口混凝土大坝坝身的 8~18 坝段。

二期围堰包括,上游横向土石围堰、下游横向土石围堰、上游纵向混凝土围堰、下游纵向混凝土围堰和 18 跨(即 18 坝段,混凝土大坝坝身的一部分)。在二期围堰的保护下,形成二期基坑,修筑丹江口混凝土大坝坝身的 19~31 坝段(见图 5 - 3)。

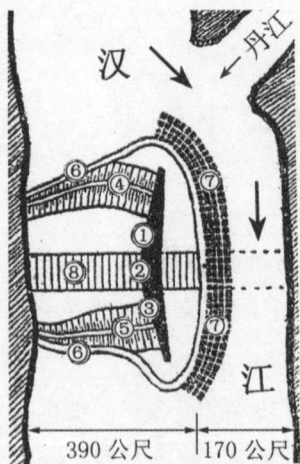

① 上游纵向混凝土高水围堰,长 210 m
② 18 跨(即坝身总长的一个施工坝段),长 88.5 m
③ 下游纵向混凝土高水围堰,长 140 m
④ 上游横向土石高水围堰,长 275 m
⑤ 下游横向土石高水围堰,长 250 m
⑥ 低水围堰,全长 1 320 m
⑦ 低水围堰外脚河床护堤,计沉放长 25 m、宽 20 m
　 的柴排 34 块
⑧ 在高水围堰保护下进行施工的部分坝段图

图 5-2　一期围堰平面布置示意图①

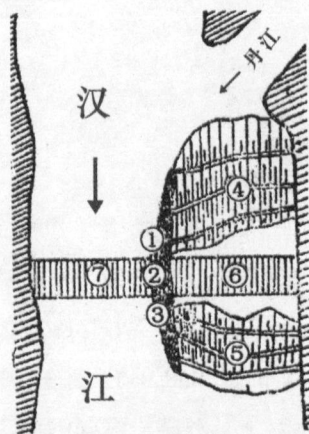

① 上游纵向混凝土围堰,长 210 m
② 18 跨(即坝身总长的一个施工坝段),长 88.5 m
③ 下游纵向混凝土围堰,长 160 m
④ 上游横向土石围堰,长 336 m
⑤ 下游横向土石围堰,长 386.5 m
⑥ 在二期围堰保护下,进行施工的部分坝段
⑦ 右岸坝段及导流底孔

图 5-3　二期围堰平面布置示意图②

　　从一、二期围堰图可看出,一、二期围堰以纵向混凝土上游围堰、纵向混凝土下游围堰和 18 跨为共同的纵向围堰。该方案工期快、造价省、工程较简单。但共同纵向围堰的位置确定、长度以及与上下游横向段的联接型式,都非常关键。

---

① 施流、陶扬:《丹江口水利枢纽围堰设计中的几点体会》。载《人民长江》,1960 年第 3 期,第 23 页。
② 施流:《丹江口水城枢纽第二期围堰型式选择》。载《人民长江》,1960 年第 3 期,第 6 页。

## 二、确定纵向混凝土围堰的位置

混凝土纵向围堰的位置,关系到束狭河床的水力条件,一、二期基坑工程量的平衡,二期围堰的高程、数量等一系列的问题,需要作详细的论证。唯一的问题是沿第一期纵向围堰高速流水冲刷的防护问题。

据全年5‰频率最大瞬时洪峰流量34 500 m³/s、平均流速5 m/s以上的实际情况,一期纵向围堰的过水面及其基础,在束狭后的情况下,须能抵挡远大于5 m/s的流速。另外,为尽量减少右岸山坡的开挖量,不使二期导流水利条件过于恶化和二期围堰过高,二期导流的过水宽度不应少于216～240 m,为此,二期混凝土纵向围堰,需要布置在混凝土大坝第18～19跨的位置。根据该处覆盖开挖边坡及纵向围堰断面要求,一期纵向围堰轴线需布置24～25跨的位置,才能束狭过水面积50%和过水宽度的58%。以全年5‰频率34 500 m³/s洪峰流量作为设计标准,则纵向围堰需抵抗的平均流速可10 m/s以上。综合考虑,纵向混凝土围堰布置在18跨的位置。

## 三、纵向混凝土围堰的长度

混凝土纵向围堰的长度,取决于混凝土大坝的轮廓尺寸、护坦长度、基础开挖的范围、二期横向围堰底宽、二期导流水力条件及施工期间排水和施工措施的要求。经研究,设计代表组认为,纵向混凝土围堰的长度458.5 m(包括混凝土坝第18跨在内),基本能满足上述要求。后来实践表明,该长度不够。根据实际情况,适当加高了二期上下游横向围堰顶高,进而围堰底宽也有所加宽。忽视了二期导流时汛期洪水在上下游纵向围堰端部的水力条件,即1960年底江水从右岸过水时,水流从600 m宽的汉江骤然束窄至290 m左右,经导流渠下泄,流出下游混凝土纵向围堰后,又骤然放宽流入700 m宽的汉江,水流紊乱,二期上下游横向围堰靠近混凝土纵向围堰处迎水面围堰基础,必然会被冲空,并引起围堰迎水边坡的崩挫,危及围堰安全。

鉴于此,文伏波等将下游纵向围堰向下游加长 20 m,上游混凝土纵向围堰向上游开挖了长 25 m、厚 4 m、深达基岩的块石防冲槽,弥补了长度不足的缺点。

# 重要设计修改

由于施工条件、开工前设计资料的缺乏等因素制约,原施工设计方案基本需要修改,其中,不乏一些重大的设计修改:在施工方的强烈要求下,坝型从混凝土双墩大头坝改为宽缝重力坝;改变左右岸围堰的先后顺序,重新设计左岸围堰和右岸围堰;随着左岸和右岸围堰设计的改变,截流设计必将随之变化;在专家的提醒下,将原来不便拆除的围堰设计改为便于拆除的围堰设计方案。

## 一、改混凝土双墩大头坝为宽缝重力坝

丹江口坝址河床部分,为坚硬不透水的前震旦纪辉绿岩和闪长玢岩,两岸为片岩、千枚岩和红色岩系,且地形切割,冲沟发育,考虑枢纽任务的要求,河床部分布置混凝土坝,泄洪和发电厂房布置在混凝土坝段。为经济起见,将两岸副坝设计成用当地土石材料做成的土石坝。

河床部分的混凝土坝型,因布置大容量的溢流建筑物以及大型水电站厂房的需要,轻型坝不合适。各类混凝土坝坝型中,基础条件都可以满足,比较实体重力坝、空心坝和双墩坝,只是个经济问题。实体重力坝与空心重力坝相比,需要多用 10% 混凝土工程量;空心重力坝与支墩重力坝相比,混凝土工程量再增加 10%。因此,洪山会议初步审查设计报告时,王仁重宣布采用支墩坝,即混凝土双墩大头坝。然而,1958 年 10 月,开工仅月余,张体学主持召开湖北省委会议时指出,混凝土双墩大头坝,施工技术较为复杂,而丹江口工地上的技术员少,民工多;更重要的是,缺乏大头坝所需的大量

木材,运输条件差,施工设备严重不足。为便利施工,也为便于掌握施工质量和施工进度,代表施工方提出,将混凝土双墩大头坝改为结构简单、木模板用量较少的空心重力坝(即宽缝重力坝)。

迫于施工条件的限制,11 月初,林一山同意了张体学等人修改坝型的要求,认为重力坝是靠本身重量稳定,是一个三角形,倒过来还是一个三角形,推不跑。曹乐安不同意修改设计,理由是,重力坝方量较大,需要混凝土方量多,不经济。魏廷琤当时正在苏联参观,回国后,对更换坝型这样的重大设计改变也不赞成,坚持认为混凝土双墩大头坝能节省混凝土①。文伏波曾劝说魏廷琤,改成宽缝重力坝,基础容易处理些。后来,在地基开挖过程中,发现了 9～11 坝段、14～16 坝段、20～21 坝段等破碎带,如用原设计方案的混凝土双墩大头坝,对地基的地质条件要求较高,破碎带很难处理。

## 二、修改右岸一期低水围堰设计

一期纵向围堰的型式,最初考虑了多种方案,混凝土重力坝修在基岩上作为纵向围堰,抵抗 10 m/s 以上的流速不成问题。问题在于,如何在水下清除沿纵向段的覆盖层(最深达 25 m 左右);如何使临时作为混凝土纵向围堰用的混凝土大坝第 18 跨的基础开挖及基础处理的质量达到要求。研究表明,混凝土围堰作为一期纵向围堰,或采用明山水库连锁管柱围堰型式及木笼围堰型式等,都不是最好的方案,予以放弃。施工前,根据围堰开工前的勘探资料,基础覆盖层在上下游横向段为中细砂,厚 4～8 m,围堰纵向段一般厚 5～8 m,距混凝土坝轴线下游约 110 m 处有一深槽,厚达 21 m,表层为中细砂,下层为砂砾石层;中细砂层的渗透系数为 61～94 m/昼夜。为防止围堰基础渗水,将一期纵向围堰设计为格形钢板桩围堰,同时,为了避免格

---

① 文伏波手稿,《关于丹江口水利枢纽规划、设计、施工中一些重大方案决定、变动的经过及魏廷琤的活动》,第 10 页,原稿已提交馆藏基地。魏廷琤还说,要总结经验,如果丹江口工程工作准备得充分,搞好机械化施工准备,即令晚开工一段时期,可能工期还要快些,浪费也要少些。他曾多次要求造价组计算出丹江口土法施工的几年浪费了多少,可造价组一直也未计算出来,尽管他催说多次。

型钢板桩前的砂砾石覆盖层被冲走后,引起板桩与岩石接触面大量漏水,采用井点系统降低浸润线以利覆盖层开挖及砂坡稳定,在纵向段适当的地点修建丁坝,降低纵向段的流速。可此方案"需要钢板桩 2 100 吨,因为钢板桩自己不能入地,还需要打桩机、高压抽水机等机械设备"。① 然而,当时国内无能力生产这些机械设备,从国外订货不能保证如期到货,必然会错过 1958 年的枯水期,整个工程就得往后推迟一年。

为了不延误工期,张体学召开了二次工程技术人员及湖北省内各施工单位负责人会议,发动群众,集思广益。1958 年 10 月 12 日晚,有人建议用木板桩代表钢板桩防渗。设计代表组认为右岸低水围堰区河床中存在一些碎小石块组成的覆盖层,渗透系数不明,如果不用钢板桩防渗,基坑渗水可能一时难以抽干,故坚持用钢板桩防渗。迫于当时物资匮乏的现实,会议决定,用木板桩代替钢板桩。

木板桩需粗大的杉木 3 000 m³,丹江口附近不产这种杉木,张体学曾通知襄河沿岸登记,"结果只搞到 1 200 立方米"②。即便弄到足够的木材,"全部运到工地也要很长时间"③,不现实。况且,经过试验,木板桩难以打进卵石层。此时,3 万多人焦急地等待着设计组能拿出一个多快好省的施工设计方案。

张体学再次召开工程技术人员及湖北省内各施工单位负责人会议,讨论如何革除木板桩。设计代表组的文伏波、承嘉谋、罗承管、陈尚德、孔晓春等,担心渗水太大,一期右岸基坑因抽不干水而延误工期,感到革除木板桩没把握。于是,文伏波便将施工单位决定革除木板桩一事,电话请示林一山。林一山面对现实,选择同意取消木板桩,同时,叮嘱文伏波,如取消板桩

---

① 赵开五:《建设汉江丹江口水利枢纽工程的序幕》。载汉江集团报社:《我与丹江口水利枢纽》,内部资料,1999 年 6 月,第 63 页。

② 湖北省省长张体学同志在丹江口工程总指挥部四级干部会议上的讲话:《为了 1959 年更大、更好、更全面地跃进——集中力量确保右岸 积极做好左岸的准备工作》。载《人民长江》,1959 年第 5 期,第 36 页。

③ 赵开五:《建设汉江丹江口水利枢纽工程的序幕》。载汉江集团报社:《我与丹江口水利枢纽》,内部资料,1999 年 6 月,第 64 页。

后,基坑抽不干水,可以重新再做,并无甚危险。

取消了钢板桩和木板桩,决定采用"以土赶水"法,进行右岸低水围堰施工,即用土石从岸边向河床进占,把整个围堰范围内的河床部分全面用土石造滩,填出水面,造成一块陆地,然后,再把土挖掉,形成右岸一期低水围堰,同时,利用 20～30 t 的木船及其组成的帮子船,在预定的堆石戗堤轴线上抛块石及竹笼块石。该方法施工简单方便,用 50 只船(20～30 t),运距约1 000 m,每天可以抛 4 000 方,质量基本满足要求,实测水下抛石体的边坡为 1︰1.2～1︰1.5,如此,可省去基坑抽水时间。文伏波等认为,以土赶水施工法虽然对材料要求不高,可就地取材,但方法较笨,工程量太大,难以保证防渗效果。实际情况是,开工数日,由于劳动力不能按时按量到达,又遇到 5‰频率的洪水,以土赶水施工法实施 10 天左右,被迫放弃。

文伏波等另辟蹊径,将钻机调到现场,对覆盖层认真采样,结果表明,覆盖层并不像想象中那样厚。同时,积极布置丹江口地质队重作河床、砂砾石覆盖层的抽水试验,补充砂卵石覆盖层的渗透系数测定,11 月下旬,测定出渗透系数 K = 16～29 m/昼夜,这与开工前长办地质队原试验覆盖层渗透系数 K = 20～150 m/昼夜要小得多。新试验数据表明,一期围堰施工,可以取消板桩和井点系统。

经过考证,坝址处历年各月最大瞬时流量(11—5 月),未出现过此前设计防洪标准 10 000 m³/s 以上的流量,如能先做一道防御 11—5 月中低水位的围堰(即低水围堰),使作为纵向围堰使用的混凝土大坝第 18 跨及上下游混凝土纵向围堰(上游最大高度为 43 m,下游最大高度为 25 m),在低水围堰保护下,清理基础,开挖覆盖层和岩石,问题就迎刃而解。只要混凝土纵向围堰工期得到保证,采用 11—5 月 5‰频率流量 8 060 m³/s,作为低水围堰防御标准,则平均流速可降至 4.5 m/s 左右,那么,一期低水围堰纵向段的型式及其基础的防冲措施就会大大简化,可以放弃规模较大的垂直防渗法,采取土砂石混合法修筑右岸一期低水围堰,迎水面用块石护坡,迎水坡基础用柴排块石保护。5 月以后,汉江出现较大流量时,一、二期合用的混凝土纵向高水围堰及一期上下游横向高水围堰已在低水围堰保护下修好。即便发生设计流量 34 500 m³/s 的瞬时洪峰、束狭河床的平均流速为 11 m/s 时,纵向围堰的防冲问题已不存在了。

右岸一期低水围堰取消钢板桩,而被设计成土砂石混合围堰,引起了广大水利技术界的关注,许多业内人士担心,土砂石混合围堰工程量太大,很难在一个枯水季节内完成;围堰基础覆盖层渗透系数太大,只有抽槽或打板桩,才能有效地解决渗水问题;有人担心,截流时裸头保护困难,怀疑葡萄串块石及竹笼块石能否抵挡 6 m 左右的流速冲刷;也有人担心,土砂石围堰不可靠,不可能修建起来,提出要做混凝土围堰与汛期过水围堰,裸头要采用木笼结构。

为消除上述疑虑,长办组织了大量技术人员,包括长办专家组和水电部专家组,收集了大量资料,多次召集有经验的工程技术人员讨论。通过反复计算、试验、研究和论证,结果表明,混凝土围堰和过水围堰比起土砂石围堰,木笼裸头比起块石裸头,技术更复杂,工期更难保证,尤其是不能就地取材。而土砂石混合围堰,充分利用了一、二期基坑开挖废料,完全做到了就地就近取材,出渣和填围堰一举两得;采用抽槽、清基、回填、粘土截水墙与粘土铺盖、粘土心墙相结合的防渗形式,充分利用了围堰基础的地形地质条件,围堰的防渗与稳定,既可靠又简单易行;尤其土砂石围堰,非常有利于采用土洋并举的施工方法,万一机械设备供应不上,工地上拥有大量具有修堤防汛经验的民工,完全可以保质保量地修起来。因此,土砂石混合围堰的设计方案获得了专家和施工单位的一致赞成,获得水电部的批准。

为基坑能抽干水,文伏波等在设计右岸一期低水围堰时,扩大了围堰粘土断面,加了一截水平铺盖,原设计用 19 坝段作纵向围堰,内移到 18 坝段作纵向围堰,增加抽水设备。在基坑抽水过程中,设计代表组的相关人员,轮流值班,严密注视围堰边坡的变化情况,抽水开始 2 小时后,围堰合龙即开始出现裂缝,宽度约 3 cm,此后裂缝区域逐渐向两头伸展至 60 m 多,上下游纵向段均出现局部裂缝,塌坡最严重的地方裂缝宽度约 13 cm,垂直高差达30 cm。在裂缝的发展过程中,抽水仍继续进行,并用砾石土及碎石渣压坡脚,增加内坡的稳定。这是因为,土围堰在抽水过程中饱和水不易排出,难免发生裂缝,即使降低抽水速度,也一样出现裂缝,只要在抽水过程中严密注视情况的变化,采取适当的措施,抽水速度就不需减缓。所有这些都表明,取消板桩,将右岸一期低水围堰设计成土沙石混合围堰,在理论上、技术上和实践上,都是成功的。

### 三、修改二期围堰设计

汲取右岸一期围堰的经验教训,设计左岸二期围堰时,首先集中力量补充了围堰的地质勘探,弄清了两个关键问题,即河床覆盖层的分布及其性质,特别是渗透系数值及截流轴线的基岩地形。抽水试验表明,上游围堰基础覆盖层渗透系数值极不均匀,河槽当中为一深槽,表面细砂层渗透值不大,下层砂砾石渗透值则达 280～300 m/昼夜左右。根据一般经验,必须打板槽,或作截水槽截断大量的渗水。但由于板桩材料缺乏,施工较复杂,全部抽截水槽,不但施工困难,且由于二期围堰方量巨大,难于在一个枯水期内完成。设计代表组根据二期围堰不能使用板桩,又必须做到拦蓄 20 多亿方洪水、安全可靠、如期完工的情况,摸清了围堰基岩形状及覆盖层的分布情况后,决定在两侧基岩高的地方抽截水槽,基岩低的深槽部分用粘土铺盖的办法防渗。部分地段抽槽后,经过计算,渗水主要集中在铺盖防渗的深槽地段,在百年一遇的洪水下,渗水量仅 1 000 m³/h,出逸坡降与出逸留宿均在允许范围以内,电拟模型试验证明,与计算值极为接近,这样,既保证了渗水不致太大,危及围堰稳定,又取消了板桩,节约了材料,降低了造价,保证了工期。

二期围堰的上游横向围堰型式,是关系截流成功的重要因素之一,因为,丹江口二期上下游围堰均为土砂石组合断面,用直接修筑在覆盖层上的粘土铺盖和心墙防渗。所以,截流时应力求表面的中细砂不被冲刷,有利于防渗和避免增加围堰工程量。为此,设计代表组从事先拟设了 7 种围堰型式以供选择,同时,制定了四个基本选择要求:第一,安全可靠;第二,充分利用当地建筑材料,尽量就近开采较易的材料,充分使用第一、二期基坑开挖中的废料及第一期围堰拆除的材料;第三,施工应简便,宜于土洋结合;第四,在保证围堰安全可靠的原则下,尽量减少工程量,以降低施工强度。

根据上述四个原则,设计代表组最后选定了适于"大打人民战争"的方案,即用背水堆石体截流,截流后作迎水砂体及粘土心墙,抽水工作尽可能地抽至基岩,不能抽至基岩的地段,在抽水后也要干填粘土铺盖,上接粘土墙。该围堰型式具备六大优点:截流体在背水坡,河床基岩高,覆盖层浅,截流龙口裹头(亦名裸头)容易保护,稳妥可靠,龙口不需沉排保护;主体围堰与左岸山头连接,以及与第一期低水围堰堆石通道处理有保证;不需钢板桩;可最大限度利用基坑材料;干土填筑,结构稳定可靠;背水堆石体截流,围堰基础覆盖层不致冲刷,工程小,施工强度小。缺点是:基础覆盖层未隔断,渗水量较大。

## 四、围堰设计考虑到拆除的便利

围堰仅是施工期的临时水工建筑物,随着枢纽工程施工程度的加深,是要逐步拆除的,除混凝土纵向围堰不拆除外。这就要求设计者既要考虑到施工安全,又要考虑到拆除便利。然而,由于缺乏经验,设计代表组在设计一、二期围堰时,仅考虑到安全的需要,忽略了拆除的便利。经过苏联专家的提醒,将上下游围堰的迎水堆石体部分改为堆砂体,减少石方数量,便于日后水下拆除,大大减少了施工干扰,充分利用了引河开挖的砂砾料,一举多得。在设计电厂尾水河段二期下游围堰时,原设计方案是在水中抛块石作迎水石堤,在苏联专家提醒下,后改为水下部分抛砂砾石,以减少将来电厂运转时拆除围堰的困难。

## 五、修改截流设计并成功截流

如前所述,经过导流组的反复核算,原定的截流流量标准 1 510 $m^3/s$(12月1日—次年3月31日5%最大日平均),降为830 $m^3/s$(自12月16日—次年2月28日5%最大日平均)。经过时段流量作频率分析后,选定12月下半个月5%的瞬时流量 640 $m^3/s$,作为截流设计流量,截流工程量和截流底孔断面尺寸随之大大减少,基本克服了底孔封闭的困难,加快了截流进程。截流流量发生了巨大变化,截流位置的选择、截流方式、截流方案、合龙进占方式和抛投材料等一系列施工方案,不得不重新设计。

首先,必须确定截流的位置。文伏波等拟定了三种截流方案:下游围堰截流;上下游围堰同时截流;上游围堰截流。最终选择了上游围堰截流方案。如在下游围堰截流,下游围堰覆盖层厚达 21～33 m,截流体基础保护困难,任其冲刷,则工程量过大;如上下游围堰同时截流,则下游覆盖层厚,保护困难,截流时施工组织复杂,指挥不易。

具体在上游围堰的什么位置截流,设计代表组作了精心比较。如在上游围堰迎水堆石体及背水堆石体同时截流,可以均匀负担水头,减少合龙困难,或可减少右岸上下游清理及围堰拆除工程量,但上游龙口处覆盖层厚达 10 m,裸头下面需沉排或抛大量的大块石保护,要作两个裸头和两个龙口。同时,施工组织复杂,指挥不易;如在上游围堰迎水堆石体处截流,合龙后即可闭气抽水作围堰,但龙口部分需沉排或抛大块石保护,形成龙口后,束狭水流将大量冲刷覆盖层,增加围堰工程数量,并冲去表面中细砂层,对围堰的铺盖防渗不利,且截流公路最长,截流堆石体本身工程量较大。因此,这两种方案皆被放弃。在上游围堰背水堆石体处截流,唯一的缺点是合龙后需得上游迎水砂堤合龙闭气,才能抽水,却有如下 5 个显著的优点:

首先,下游堆石体处覆盖层最薄,特别是左岸龙口处基岩较高,覆盖层厚仅 0.5～3 m,可以免去沉排保护,裹头可直接做到岩石上,对稳定更为有利;第二,截流体以上覆盖层不致冲刷,减少了二期围堰工程量,保存了表层中细砂,利于围堰防渗;第三,可以取消上游堆石体,代以砂砾堤(因下游合龙后上游流速显著减小),节省块石用量 60 000 m³;第四,可减少 80 m 长的截流公路开挖,并利用小老虎沟的有利地形,作为回填场地;第五,可以避免截流合龙时块石、混凝土四面体、立方体等带进围堰基础防渗铺盖范围,增加清理工作量。据此,设计代表组最后选定了在上游围堰下游堆石体处截流的方案。

其次,是选择截流的方式。截流一般有平堵和立堵两种方式。如全线平堵,流速较小,抛投块体较轻,工程量较立堵方案小,但架设浮桥需要大型铁驳船 10 多艘,型钢 200 吨,钢丝绳数千米,当时这些材料不具备。立堵一般适合于岩石河床基础,如在左岸河床 200 m 宽内全部立堵,也不适宜。因此,设计代表组根据截流体轴线处左岸基岩高、覆盖层薄的特点,结合考虑截流路线布置,进占方式等因素,研究了最适合当地条件的平立堵相结合的方案,即先平堵右岸河床,形成左岸龙口,以立堵为主,辅以平抛,最后合龙。

该截流方案,右侧非龙口部分的堆石堤,可采用木船散抛,结合人工从右向左端进占。龙口处则端进立堵为主。立堵如从右向左端进占合龙,优点是左岸岸坡即为岩石,可不构筑裹头。但是右侧混凝土纵向围堰与一期低水围堰之间场地太小,合龙所需的石料、混凝土块体等材料,无地堆放,车辆无法回转;同时,非龙口部分的堤顶要加宽,必将增加截流堤工程量,不宜采用。由左岸坡端进立堵,虽龙口右端要做裹头保护,但左岸下游有宽广的施工场地,交通也方便。因此,以左岸为主端进立堵合龙较为适宜。最后,设计代表组将截流方式确定为:龙口留在左岸,龙口右部以平截为主,龙口形成后,再自左岸端进,立堵合龙。

最后,为确保截流万无一失,设计代表组与施工方共同组织了截流演习。1959 年 11 月 1 日,正式开始截流,此时截流轴线处水面宽约 150 m,汉江流量 5 903 $m^3/s$,最大水深 11 m。在右岸导流渠不泄水的情况下,12 月 22 日 14 点 30 分—21 点、24 日 12 点—25 日 1 点,分别组织了两次进占演习,证明截流设计是合理的,施工的各项组织工作良好,参加施工的工作人员素质也有了很大提高。12 月 26 日正式合龙施工,仅用了 190 分钟。在合龙施工期间,水情组随时发布流量预报,水工模型随时进行试验,以便根据相应的水情拟定演习及进占措施计划。

1958 年 11 月 5 日正式下河,修筑土砂石组合围堰,至 1959 年 12 月 26 日,仅 1 年 4 个月便成功截流,在我国大型水利建设史上是空前的。截流的成功,验证了设计代表组设计的截流设计方案的正确性。第一,截流轴线的选定具有重大意义;第二,在截流方式上又巧妙地选择了平堵和立堵相结合的方案,截流采用平堵和立堵相结合、汽车端进、自卸双拼木船平抛护堤的土洋并举施工方法,龙口部分用木船抛大量竹笼块护底,先填平龙口的较深部分,既少了龙口的工程量,又大大利于截流戗堤进占时的稳定性,不致发生塌坡;第三,正确地选择了龙口位置,克服了基础覆盖层不利于立堵法合龙的缺点;第四,在施工程序上,利用非龙口部分戗堤束狭水流,加大流速的条件冲掉了裸头下的覆盖层,使裸头置于基岩上;第五,截流过程中,进一步发展了自动抛石法,利用岸上设置的电动卷扬机的牵引,木船可以在 5 m 以上的急流中停泊、抛投、上驶,用时短。一对 30 t 的双拼木船,一次可抛投 3 t 重的竹笼 6 个。这为以后平堵省去复杂的浮桥设备,开辟了新方向。在自卸卡车端进抛投方面,依靠高度的组织性、纪律性,集中统一指挥,利用突击队的高速行动,在端进时并不因道路的平整工作而影响速度,省去平时截流需要推土机平路的工序,始终维持了最高的抛投速度。正是这种土洋并举、多路进攻的创造性施工设计方法,在 280 m³/s 的流量下,克服了龙口宽 22 m、最大流速 6.88 m/s、水位差 2.84 m 洪水的冲击,并且,一再修改截流合龙的时间,由最初规定的 60 个小时减少到 24 小时,最后正式合龙时仅用了 3 小时 10 分钟,合拢速度达到空前,等等。截流的成功表明,在一定条件下,软基上用立堵法截流是可能的,也是可行的。

在这 1 年 4 个月的时间里,为配合工程施工的高速度,文伏波带领他的设计代表组,巧妙地利用了丹江口的自然条件,恰当地改善了自然条件,充分考虑施工条件,简化施工,缩短工期,减少了岩石开挖量 60 000 多方,节约钢材 3 000 吨。这在当时属一大奇迹。有感于丹江口截流"确实是得来不易的辉煌成就"[1],再瞭望丹江口工地热火朝天的施工场景,一年多的辛劳,顿时化为激动和憧憬,于是,文伏波填词一首以抒怀。


### 浪淘沙·丹江口有感[2]

一九三五年,洪水滔天。汉江两岸漫无边,八万生灵随逝水,含恨九泉。

人民掌政权,干劲冲天。丹江口外筑石堤,防洪发电兼灌溉,福满人间。

---

① 文伏波:《前事不忘　后事之师——纪念丹江口水利枢纽开工三十周年》。载《人民长江》,1988 年第 9 期,第 12 页。

② 文伏波:《浪淘沙——丹江口有感》。载韩存志,王克美:《院士诗词》,上海:上海科技教育出版社,2001 年 9 月,第 29 页;另载文伏波:《难忘岁月》。载汉江集团报社:《我与丹江口水利枢纽》,内部资料,1999 年 6 月,第 38~39 页。

丹江口工程截流，与葛洲坝、三峡工程截流相比，微不足道，但在当年却是件国家大事。对整个水利界的设计人员来说，是首次面临如此大规模的截流设计，此前不久长江支流陆水河水库的截流设计流量，只是丹江口的1/6，其实际截流量更小，比丹江口少20～30倍。丹江口的成功截流，为日后葛洲坝和三峡工程截流设计，夯实了基础。

# 基础开挖与破碎带的基础处理

丹江口工程坝址区的基础开挖，按实际施工顺序分为三期：一期河床基础开挖；二期河床段基础开挖；1964年主体工程复工后的防渗板基础开挖和左、右岸联接坝段的基础开挖。按施工方法划分，可概括为以土为主的初期基础开挖，包括右岸一期基坑开挖和左岸二期基坑开挖，一期基坑为18坝段以右的河床部分，二期基坑为19坝段及其以左的部分；以技术化为主的后期基础开挖，包括防渗板基础和左、右岸联结坝段的基础开挖。其中，一、二期基坑开挖阶段，从1958年12月至1961年初，共开挖土石方89.78万 $m^3$ ，占基坑开挖总量的83.1%。由于开工急促，前准备工作不到位，地质情况不明，技术薄弱(施工人员绝大部分是民工)等原因，其设计任务相当艰巨，设计方与施工方的矛盾也最为尖锐。

对丹江口坝区地质条件的研究，从1952年开始至开工前，已进行7年。实际上，对丹江口坝区地质勘测工作的复杂性尚缺乏认知。7年的钻探工作量虽大，但对坝区构造破碎带、节理、裂隙的规律了解不深不透，变质火成岩系的生成原因也还没摸清，新构造的影响也还没有作出肯定的结论；要从局部地区的勘测工作来了解全区，还有相当困难。1956年夏，开始较为有计划地组织坝区地质勘测测绘工作时，完全轻视了已经发现的坝区基岩的挤压破碎带节理发育等构造现象的勘探研究工作。

1956年秋，长办专家组审查时，指出工作重点应该是河床部分。直到1957年5月，水利部专家组提出必须仔细划分河床火成岩系基岩岩性产状、深入分析研究破碎带节理裂隙规律时,坝址地质勘探才着重研究坝区的构造问题。由于从事地质工作的人员缺乏现场经验,在研究基岩破碎裂隙时,没有对勘探成果与测绘资料进行全面系统的分析,从而了解构造现象的规律,只强调破碎带数量的估测。对左岸深槽形状生成原因也未能探明。因此,当第一期基坑开挖过程中,发现几条相当大的破碎带与破碎带交汇影响区和一条岩壁陡立的深槽时,"地质人员不可能及时提出对基坑开挖和破碎带处理范围的意见。"[1]所有这些,都置文伏波等设计人员于被动境地。

## 一、制定基础开挖标准和爆破标准

大坝基础开挖的质量高低,关乎大坝修筑的成败,为满足建筑物对基础的要求,使建筑物和基础均处于安全状态运行,文伏波等制定了建基面利用岩石标准、开挖轮廓和基坑形态标准、岩石开挖爆破技术措施、基岩整修和一般地质缺陷处理等设计和施工标准。最主要的是制定了如下三条基本要求:

> 基础经处理后,应具有足够的强度,满足上部结构所要求的基础承载能力;尽可能地改善和提高岩体的整体性和均匀性,以满足坝体抗滑稳定要求和防止产生危害建筑物的不均匀沉陷;最大限度地提高岩基抗渗性,以减少坝基渗流量、降低基底扬压力,并提高软弱和输送岩体的渗透稳定性。[2]

由于施工现场的管理体制是设计服从施工,施工方从施工进度和便于施工的角度考虑,往往会对文伏波等制定的开挖和爆破标准提出异议,或置

---

① 长办枢纽设计室丹江口设计代表组:《丹江口水利枢纽设计工作初步小结》。载《人民长江》,1959年第 7 期,第 28 页。

② 水利部长江水利委员会:《汉江丹江口水利枢纽初期工程设计总结》(下册),内部资料,1993年6 月,第 5~10 页。

开挖和爆破标准于不顾,我行我素。由于地基开挖直接关乎大坝的质量和安全,所以,文伏波牢牢记住,他从长办临出发到丹江口工地时,林一山有叮嘱:"第一,凡关系到大坝主体安危的,要坚持标准不能让步;第二,凡改变设计后出现问题,但可以采取补救措施的,如施工方面坚持,说服无效,可以修改;第三,属于施工方法,可以提出意见,不能统一的,不要坚持,按施工意见办。"①为此,曹乐安和文伏波每天都带领设计代表组的成员们亲临现场,日夜轮流值班,亲自协助或监督施工方,按设计代表组制定的开挖标准进行施工。设计代表组越是坚守岗位,越是坚持质量第一,与施工方的矛盾就越尖锐。这些矛盾冲突,大部分直接由文伏波出面,与施工方反复协商,得以解决。文伏波无法解决时,便由现场总工程师李镇南或李镇南与文伏波一起出面,与施工方反复协商解决。当李镇南出面仍然无法协调解决时,就由林一山出面,向张体学省长兼指挥长解释。再解决不了,则由长办向中央反映,由中央或周恩来亲自出面协调解决。

对施工方无碍大局的建议,文伏波有时可能会妥协求全。如:按设计要求,建基面利用岩石标准,必须开挖至新鲜岩石为止。施工方却认为,弱风化岩石也属于新鲜岩石范畴,与新鲜岩层在强度上的差异不大,为减少开挖量,加快施工进度,要求利用弱风化岩石作建基面。经反复协商,文伏波最终妥协,以施工方提出的以新鲜岩石(含弱风化岩石)作为建基面的利用标准。对于施工方提出的不符合质量要求的意见和建议中,文伏波将其视之为原则问题,坚决驳回,不予采纳。如:文伏波坚决反对施工方在施工过程中提出的取消右岸导流底孔下游护坦的建议,最后,双方协商,护坦长度从80 m缩短至40 m。至于对可能影响到大坝质量和安全的"关键的基础地质,尤其是大坝基坑开挖方面",文伏波和设计代表小组则坚持"寸步不让"②。一次,文伏波和曹乐安得知施工方正准备在右岸河床用机钻钻深孔

---

① 文伏波:《丹江口工程 50 年——工程设计的伟大实践》。载《人民长江报》,2008 年 8 月 30 日,第 007 版。

② 文伏波:《丹江口工程 50 年——工程设计的伟大实践》。载《人民长江报》,2008 年 8 月 30 日,第 007 版。

爆破坝址区地基时,文伏波等阻止无效后,便迅速电告林一山。林一山及时向周恩来汇报,随即水电部便作出了禁止放大炮的规定。

文伏波不只是自己坚持开挖标准和爆破标准,还要求设计组的所有员工都如此坚守。丹江口坝址区的火成岩区,节理较发育,爆破产生的裂隙深0.5~1.0 m,为此,设计代表组要求施工方在开挖一、二期基础时,"不宜用一钎子到底的爆破方式,尤其在接近设计高程时,更应该控制孔深和装药量,当接近设计高程1公尺范围内,孔深不能大于0.5公尺,而装药量应为25%~30%。"[1]"严格控制一次起爆装药量,严格禁止大爆破,要采用台阶爆破开挖,严格控制岩石起伏差,松动岩石需清除干净,特殊部位要采用预裂爆破,或布置防震孔,采用延发雷管等。"[2]然而,施工方却"大闹技术革新中,对历史上一些成功的宝贵经验予以否定,把保证质量的规程规范,一律看为妨碍施工速度束缚施工手脚而扬弃。"[3]

挖除左岸一山体时,为抢进度,施工方要放"坛子炮",即在地上挖洞装炸药爆炸。坛子炮必将损坏基岩,设计员丁琦立马出面阻止。省长张体学主持工地现场调度会时,施工方和设计方便为此争执起来。施工方说要挖三个坛子,每个坛子装3吨炸药。设计员丁琦立马反对,"一吨炸药的破坏力就相当于3度地震,基岩受不了。"可湖北省地质队的一个工程师却说:"一吨炸药只等于0.3度地震,三吨炸药没有问题。"张体学可能没听清楚双方的争论,当场便说:"丁琦,你怎么把小数点移了位?"丁琦从会场出来,正好碰上到工地视察的林一山等人,便立马向林一山等人诉说此事。林一山安慰她说:"别怕,不能让他们放。不管是几级地震,集中放炮就是破坏基岩。"[4]丁琦回到会上,坚决重申不能放坛子炮。结果,炮还是放了,只是把雷管改成延发的,多次点火,减少一次大药量爆炸的集中冲击。这样,既尊重了设计

---

① 丁琦:《丹江口水利枢纽基础的开挖和处理》。载《人民长江》,1959年第7期,第56页。

② 魏廷琤:《丹江口水利枢纽规划设计中的若干重大问题》。载长委会宣传新闻中心:《治江辉煌五十年》,武汉:武汉出版社,2000年1月,第365页。

③ 文伏波:《丹江口工程50年——工程设计的伟大实践》。载《人民长江报》,2008年8月30日,第007版。

④ 林一山:《林一山回忆录》。北京:方志出版社,2004年7月,第267~268页。

方的意见,又考虑了施工方的开挖进度。

丁琦还有一个坚持,每天拿个地质锤,敲打浇筑面,遇到不合格的就要求返工,否则决不验收,因此得了个"小钉锤"的外号。张体学常开玩笑说,他一看到丁琦拿着地质锤到处敲打,就心惊胆战,说不准什么时候就要返工,耽误几天工期。文伏波回忆说,张体学从不阻止丁琦这样做。

每当文伏波及其设计人员坚持开挖标准寸步不让时,张体学急于求成,有时不免出现急躁情绪,曾几次对文伏波说:"你能吃苦,也非常勤奋,就是什么事都听林一山的。"文伏波回答说:"长办是设计的代表,设计与施工在工程建设中是相互制约的,我虽是工程局党委的委员,但必须听从设计意见,林一山对工程的意见,我会原原本本地讲给省长听。省长对工程的看法,我也会原原本本地传达给林主任。"[1]文伏波的这种做法,在张体学眼里,虽然有碍于工程进度,但仍然得到了张体学的赏识。1959 年"反右倾"斗争中,文伏波被扣上"保守"、"右倾"等政治帽子[2],批评文伏波的大字报在工地铺天盖地,张体学主动向大家解释设计的重要性,压下了这股气势。文伏波对张体学怀有感恩之心,他一生七次见到周恩来,前几次都是张体学带他去的。

## 二、借鉴三门峡水利枢纽工程经验　制定基础验收制度

为了确保大坝地基质量,在林一山、李镇南、曹乐安、文伏波等人的建议和坚持下,在 1959 年初水电部的一次总结会上,决定借鉴黄河三门峡水利枢纽工程的施工经验,成立丹江口基础工程验收委员会,下设基础验收小组。该验收小组的成员,由设计、施工和地质三方面人员组成,基本上日夜坚守在基坑内,验收合格后,签发验收合格证,然后才准许在地基上浇筑混凝土。

---

① 文伏波手稿,《关于丹江口水利枢纽规划、设计、施工中一些重大方案决定变动的经过及魏廷琤的活动》,第 9 页,原件已提交馆藏基地。
② 文伏波:《丹江口工程 50 年——工程设计的伟大实践》。载《人民长江报》,2008 年 8 月 30 日,第 007 版。

没有设计、施工和地质三方的共同签字,即便只有一方不签字确认,下步工作便不能进行。在丹江口基础开挖处理上,基本上有完整的验收签字记录。同时,相关领导也深入到现场进行基础开挖质量检查,如在浇筑18坝段第一仓混凝土前,张体学带领有关领导前往现场,亲自用白手套揩试基面岩石等。

这种基础验收制度,原本属于施工部门质量控制的职责。但由于现场情况变化多端,原有的地质资料受到勘测精度的限制,验收小组不可能一次性列出所有的地质缺陷,只有在开挖过程中逐步发现并予以解决。因此,设计部门参与到混凝土坝身浇筑前的基础验收工作中,可使地基处理的设计意图得以贯彻,保证坝基处理质量。文伏波等设计人员在进行基础验收时,一旦发现问题,便及时进行处理。如:右岸联接段3～7坝段存在的 $F_{1270}$ 缓倾角断裂构造带,原本认为该地区发育有缓倾角裂隙,且无软弱充填物,是呈不连续状分布的。可在右联验收基础时,发现该部位地表始终存在一条连续的"潮湿带",且随着开挖的下降而随之移动,这引起了文伏波等人的重视。在地质队补充勘探,证实这是一条连续分布的缓倾角断裂带后,文伏波等迅速对该部位的基础进行了设计处理。

1959年1月中旬,右部河床坝基开挖处理完成了一部分,是大坝混凝土即将浇筑的前夕,一旦混凝土浇筑之后,地基质量不好,就难以补救。为此,林一山(长办主任)、王英先(水电部副部长)、朱国华(水电部国家水电总局副局长)等,带领中国和苏联专家组成的国务院质量检查组,到丹江口工程检查基础开挖质量,表示基本满意,指出必须继续坚持和完善验收制度。

丹江口基础验收制度的建立和贯彻执行,对保证基础处理质量起到了很大的作用,把握住了大坝安全最重要的一环,"处理质量,总的来说是比较好的,设计要求得到贯彻实现"。[①] 文伏波对此感到欣慰,他说:"尽管以后在混凝土浇筑上出现了大问题,但大坝基础尚好,使补强工作成为可能。丹江

① 水利部长江水利委员会:《汉江丹江口水利枢纽初期工程设计总结》(下册),内部资料,1993年6月,第9～10页。

口工程在极为不利的情况下没有下马，狠抓基础工程是有功劳的。"[1]

### 三、混凝土坝基础特殊地质问题处理

天然基础岩石，长期受到内外营力的破坏，存在不同程度的缺陷，如：风化、破碎、断裂构造、软弱夹层等等。这些缺陷，在一定程度上对坝基产生不利影响。必须根据地基的水文、工程地质条件，以及建筑物对基础的要求，结合施工条件，认真进行基础处理，消除或改善天然地基缺陷，确保建筑物稳固可靠。

丹江口大坝坝址区的地质条件，总的来说是很好的，比新安江大坝坝基地质条件要好得多，绝大部分是坚硬完整的岩石，有些地方虽然节理较多，却是闭合的，很少能看到张开节理。但在基础开挖过程中，却发现了四个地质条件复杂、影响范围广、处理难度高的破碎带，即：右岸联接段3～7坝段基础的 $F_{1270}$ 缓倾角断裂构造带、9～11坝段基础的 $F_{16}$ 和 $F_{204}$ 断裂构造带交汇带、26～28坝段基础的 $F_{185}$ 集中渗流断裂构造带、33～35坝段位于左岸岸坡部位 $F_{697}$ 断裂构造带和剥离裂隙密集带；斜穿14～16坝段地基的 $F_{241}$ 断裂构造带、20～21坝段地基断裂带交汇区及坝基倾斜地形、$F_{609}$ 断裂构造带及其交汇区、28～32坝段平缓裂隙及缓倾角裂隙。这些特殊地质问题如得不到妥善处理，直接威胁到大坝的安全。文伏波等做出不懈努力，成功地解决了这些难题。其中，尤以右岸9～11坝段基础的 $F_{16}$ 和 $F_{204}$ 断裂构造带交汇带发现最早，其地基的技术处理也最为艰难。

#### 右岸9～11坝段基础的 $F_{16}$ 和 $F_{204}$ 断裂构造带交汇带的处理

右岸河床9～11跨（即9～11坝段）的基岩，为变质闪长岩与变质辉长辉绿岩，新鲜完整的岩石结构致密、坚硬、强度高，但该处断裂构造特别发育，大小断裂共88条。其中，主要有 $F_{16}$ 与 $F_{204}$ 两条破碎带。$F_{16}$ 构造岩有块状破碎岩、块状岩夹糜棱岩、坚硬糜棱岩、软弱糜棱岩和构造粘土岩；$F_{204}$ 构造岩

---

① 文伏波：《丹江口工程50年——工程设计的伟大实践》。载《人民长江报》，2008年8月30日，第007版。

有块状破碎岩、角砾岩和糜棱岩。两个破碎带在大坝范围内呈"八"字形分布,在坝上游面至坝轴线下游30 m附近形成一交汇带,交汇带岩石破碎,交汇带区破碎面积达1 764 m²,交汇带上游破碎范围宽15 m,往下游逐渐增宽,在坝轴线边界线截止于北东方向的破碎带南缘,因而在坝体的下游部分两个破碎带之间,出现了较完整的岩石,而$F_{16}$与$F_{204}$两个破碎带,分别在较完整岩体的两侧往下游延伸。

由于$F_{16}$与构造岩$F_{204}$断裂交汇带规模大,岩石破碎,构造岩强度较低,其饱和极限抗压强度仅为新鲜完整岩石的1/12,软化系数较小,且构造岩与两侧完整岩石的弹性模量比值相差悬殊,基础会产生不均匀沉陷。$F_{16}$与$F_{204}$断裂贯穿坝基上、下游,构造岩的透水性虽较小,易溶盐含量亦不高,但在高水头长期作用下,透水性有逐渐增大的趋势。同时,软弱构造岩在无侧压条件下,浸水后均具有不同程度的软化和崩解特性。水库蓄水后,在高压水头长期作用下,软弱构造岩有可能产生机械管涌。

9~11坝段基础存在的断裂带交汇区,是丹江口工程坝基中规模最大、形状最差的地质缺陷区。文伏波说,整个丹江口工程设计的最大技术难点即在于此。施工质量事故的出现,更增加了其设计处理的难度和复杂性。

面对如此复杂的地质情况,以文伏波为首的设计代表组并未惊慌失措,也没草率从事或简单处理,而是迅速组织力量,边开挖边收集地质资料,进行了大量的深孔钻探,以判明破碎带的走向和影响深度;进行野外静载试验及室内和地震法(物理探测)试验,概括地求出破碎带范围内不同性质岩石的弹性模数;在破碎带的开挖过程中,采集了不同岩层、不同岩性的大量试件,求出其抗压强度等物理力学性质。勘测和试验得出的大量数据,为破碎带地基处理设计提供了科学的依据。同时,文伏波以最快的速度向长办领导作了汇报,寻求支援。

地质勘探队、长江水利科学研究院、北京水利科学研究院、苏联专家组,都对破碎带地质条件和岩石情况进行详细研究和勘察后发现,如果将破碎带内部分风化和破坏的岩石挖掉,就出现比较坚硬的岩石,但在某种程度上受到了地质构造作用的扰动。破碎带内的岩石,除了特别软弱的糜棱岩外,都可以承受一定荷载。相当大部分岩石,即第二带的岩石是坚硬的,但节理比较发育。只要经过适当处理,完全能承受大坝荷载。其中,长江水利科学研究院作了关于破碎带回填结构的科学研究成果汇报,提出了两种破碎带回填结构,即楔形梁及拱梁的处理方案,并作了模型试验。后来,国家鉴定委员会在现场组织了中外专家讨论会,大家一致认为,对宽度在 5 m 以上,且表层岩石风化较为严重的破碎带,首除将风化部分挖掉,然后用楔形梁的办法进行地基处理。因为楔形梁不仅能确保大坝安全,而且结构简单、施工方便、开挖量小、节约投资。事实证明,破碎带的开挖深度仅为其顶部宽度的 1/3,大大节约了挖方,也没有因破碎带的处理而影响工期。其具体方法如下:

先将基础挖至新鲜、紧密岩石,槽挖深度满足混凝土梁回填厚度要求后,沿 $F_{14}$、$F_{204}$ 的断裂带再下挖 1 m。两侧边坡是混凝土梁承受荷载的主要地区,开挖时必须保证边破形状和岩石完整性。同时,为了便于施工,拟定开挖边坡为 1：0.5。开挖后,东侧边坡形状较好,岩石也较完整。西侧边坡由于受北东向构造断裂和节理密集带的影响,岩石较破碎,个别处由于陡倾角顺坡裂隙发育,边坡较陡,约为 1：0.3。软弱构造岩还具有失水后再浸水,即软化现象,故在开挖完毕后,必须进行严格的整修,对受爆破、浸水影响的岩石进行清除,确保混凝土与新鲜岩石结合良好。开挖处理之后,再一次做好基础灌浆和接触缝灌浆处理、防渗排水处理等。楔厚 10 m,梁的两端支持在较完整的岩石上,根据弹性模数的试验资料,考虑梁底部的破碎基岩承受一部分荷载。为验证梁的工作条件,还埋设了大量的观测仪器设备,获得了一套十分可贵的科学研究资料。

对宽度在 5 m 以下的破碎带,一般来说,其充填物胶结较好,象块状和片状的角砾岩处理起来相对容易些。设计代表组采取的处理办法是:破碎带挖深等于宽度的一倍;其中胶结的块体要挖到新鲜岩为止;回填混凝土;在影响带内进行固结灌浆。

斜穿 14～16 坝段的 $F_{241}$ 断裂构造带、20～21 坝段地基断裂带交汇区、$F_{185}$ 集中渗流断裂构造带、33～35 坝段的 $F_{697}$ 断裂构造带和剥离裂隙密集带的地基处理,基本上采取了上述方法。至于斜穿 30～28 坝段的 $F_{609}$ 断裂构造带及其交汇区、28～32 坝段平缓裂隙及缓倾角裂隙的处理,则更为简单,不需要作混凝土梁的结构处理,仅需作开挖、灌浆加固和渗控处理即可。

**右岸联接段 3～7 坝段基础的 $F_{1270}$ 缓倾角断裂构造带的处理**

右联 $F_{1270}$ 缓倾角断裂带,在右联 3～7 坝段范围内,长约 100 m,从 7 坝段下游至 3 右坝段中心线附近出坝外。断裂带倾向上游,倾角 30～40°,宽 2～50 cm,由糜棱岩化块状构造岩、糜棱岩和构造粘土岩、局部为角砾岩等组成。缓倾角断裂贯穿几个坝段,构造岩强度低,浸水后有不同程度的崩解,且上覆新鲜基岩,又多为陡倾角裂隙或断裂切割,建筑物建成后,可能使基础产生不均匀沉陷;缓倾角断裂带及其上盘,裂隙发育,透水性良好,在开挖过程中普遍有渗水现象,且构造岩的软化系数低,特别是风化构造岩结构松散,在高水头作用下,可能产生渗透变形。

该断裂带发现时间较晚,经补充勘探后方予证实,而相邻的 8 坝段已部分浇筑混凝土,工程进度安排也十分紧迫。如果采取彻底的处理方案,即将 $F_{1270}$ 缓倾角断裂带上盘岩石予以挖出,现实情况已不允许。文伏波等根据当时的具体条件,经过反复讨论研究,决定采用综合处理方案,即抽槽深挖,具体方法如下:

沿缓倾角断裂带走向开挖,形成一个深槽,尽可能将上盘岩石存在的强、弱风化部位及断裂带的软弱构造岩挖出,直至下盘达到新鲜岩石为止,以便与混凝土具有良好胶结,同时堵绝沿缓倾角断裂带通往下游的渗水通道,一般挖深 3～7 m。槽底出露的断裂带尽量向内掏挖,清除松软构造物质。从开挖竣工后的情况看,3、6、7 等坝段抽槽深挖后,发现断裂带形状较好,基本上为新鲜块状构造岩或呈裂隙状出露,但 4、5 坝段的断裂带出露处仍以强、弱风化构造岩为主,尤以 5 坝段较为严重,风化岩的分布面积达 240 m²,开挖处理不够彻底。如补充开挖,会影响施工进度,决定加强固结灌浆处理。

总之,右部河床坝段施工时,地质勘测工作仅达到初步设计阶段,基础处理设计方案存在着局限性。当开挖中发现 9～11 坝段 $F_{16}$、$F_{204}$ 断裂交汇带时,由于没有处理设计方案,造成施工中断的被动局面,影响了施工进度。为此,文伏波深刻地认识到,正确地掌握地质条件,是合理进行基础处理设计的重要依据。地质勘察的精确程度,将直接影响到设计工作的正确性、施工的进度、建筑物的施工质量。在施工前摸清基础的工程地质情况,是非常必要的,对大型水利枢纽工程来说,尤显重要。当工程进入施工技术设计阶段,地质勘察工作的精度也应该达到与之相应的勘测阶段,使基础处理设计建立在稳妥可靠的基础之上。如此的处理方案和措施,才能正确地指导施工,否则,轻则贻误工期,重则造成建筑物基础缺陷。左部河床开挖,文伏波及时地进行了施工技术设计阶段的补充勘察,摸清左部河床 19～23 坝段深槽地形及 26～28 坝段深槽和 $F_{185}$ 断裂形成的集中渗流带,为基础处理提供了充分的设计依据,使设计方案更加完善和合理。

文伏波遇难不惊、沉着冷静的处事方式,致使破碎带的基础处理"取得了一定的处理效果,满足了坝体运行要求,因此,是适宜的。"[1]丹江口破碎带的处理方法,为日后大型水利枢纽破碎带处理提供了简单易行的范例,是水工技术上的一个新突破。

# 停工与复工

丹江口工程出现了严重质量事故。1962 年 1 月,文伏波整理好向周恩来汇报丹江口质量事故的材料。1962 年 1 月 18 日大坝混凝土停止浇筑。2 月 8 日,周恩来召集丹江口工程质量会议,决定丹江口工程暂时停工,进行整顿,要求施工单位精简队伍,并对保留下来的队伍进行培训,确保施工队伍的专业素养;要求设计单位做好补强设计和补强施工,做好大型机械化施工的准备。3 月,丹江口工程正式停止混凝土浇筑。经过近 3 年的努力,文伏波等完成了周恩来布置给设计单位的两项任务。1964 年 12 月 16 日,大坝混凝土恢复浇筑,并逐步进入全面施工阶段。此后,虽然进入"文化大革命"的十年动乱期,但是,确保大坝质量的观念已经深入人心,广大施工人员基本能按照设计方案施工,丹江口水利枢纽工程得以建成并投入运行,真正

---

[1] 水电部第十工程局:《丹江口水利枢纽施工技术总结》(1),内部资料,1975 年,第 264 页。

实现了周恩来所说的,防洪、灌溉、发电、航运、水产养殖"五利俱全"的目标。

## 一、混凝土大坝出现严重质量事故　设计方和施工方意见不能统一

1960—1961年,大坝混凝土浇筑开始出现大量事故,混凝土大坝坝身出现了大量的裂缝、冷缝、蜂窝洞、狗洞,甚至架空。其中,以18坝段质量事故最为严重,曾边浇混凝土坝身,边补强灌浆处理质量事故。对此,文伏波感到"十分痛心,多次在各种会议上、工地报纸上写文章,强调质量是工程的生命,不可因贪多求快而贻误大局。"[①]1959年11月,设计代表组提出《汉江丹江口水利枢纽第一期工程大坝已浇坝体混凝土裂缝初步分析报告》。这是文伏波等对丹江口大坝混凝土裂缝分析及处理进行的第一次较全面的分析,同时,还提出了处理意见,包括第一期工程右部河床大坝已浇坝体混凝土裂缝情况及初步分析、裂缝形成的原因、裂缝的处理意见三个方面的内容。1960年9月,趁与张体学到工地视察之机,"也写了一个报告给张省长"[②]。但在"大跃进"的大背景下,文伏波的呼吁显然是"不合时宜的","得罪了不少人"。[③]

林一山了解情况后,便以1959年2月国家在杭州召开的质量现场会议为依据,1959年6—7月,亲任组长,对丹江口混凝土浇筑质量进行了一次检查;继而湖北省政府副秘书长刘天明担任组长,又进行了一次质量检查。两次检查认为,已浇筑混凝土的强度,有很多达不到设计要求,而且均匀性差,初凝冷缝、蜂窝较多,没有温度控制措施,混凝土入仓温度,超过允许值较多,担心以后要发生裂缝。指出产生质量问题的原因是,施工抢进度、机械设备少、技术工人少、主观上没有加强管理,重视质量的宣传教育工作做得不够、重速度轻质量。然而,这些意见和建议,都并未引起施工方的重视。

---

① 文伏波:《水利工程的创新离不开理论和实践》。载《科技进步与对策》,2001年第5期,第15页。

② 文伏波手稿,《关于丹江口水利枢纽规划、设计、施工中一些重大方案决定变动的经过及魏廷玲的活动》,第12页,原件已提交馆藏基地。

③ 文伏波:《水利工程的创新离不开理论和实践》。载《科技进步与对策》,2001年第5期,第15页。

1959年7月,水电部派出44人的质量检查组到丹江口工地检查大坝混凝土浇筑的质量。水电总局副局长朱国华为组长,成员包括全国一些大型水电工程设计施工单位负责人和有关院校的专家及3名苏联专家,还有长办主任林一山及其秘书长孔晓春、总工程师李镇南、设计核心组组长曹乐安和设计代表组组长文伏波。此时,丹江口右部河床已浇筑大坝混凝土约17万 m³。检查组提出的书面报告认为,混凝土方面因取样较少,不宜作出确切评价,但就少数钻孔的混凝土芯来看,其容量和强度不会很好,骨料分离,超粒径范围较大,混凝土浇筑仓面存在泌水、分离、漏振现象,出现初凝和冷风较多,冷却设备缺乏,是混凝土浇筑中存在的一个大问题。报告还指出,已有的一些规程制度,不够齐全完整,过于简单,要求偏低,施工过程中还未严格执行。最后,提出了几点要求:希望根据水电部指示,开展一次深入细致的质量检查运动,根据设计会议的原则精神,设计和施工单位的组织形式,在职责分工上应明确,根据设计要求,设计代表组应更好地发挥对工程质量的监督检查作用,希望建立健全质量检查的专门机构。

这次质量检查之后,工地试验室和质检机构逐步扩大,设计代表组更进一步加强了对质量的监督,定期写出质量简报,送丹江口工程指挥部和长办,重大问题转报水电部。从后来大坝补强结果看,一期工程浇筑的31.5万 m³混凝土,除裂缝事故外,其强度和密实性方面,事故质量比二期工程浇筑的左部河床下部混凝土为少,说明水电部的质量检查起到了一定的督促作用。

1959年冬至1960年初,右部河床大坝混凝土受寒潮及降温影响,出现不少裂缝,最严重的是9～11坝段面基础处理基础破碎带所采用的混凝土楔形梁出现裂缝及18坝段混凝土浇出现的贯穿裂缝。文伏波等曾多次向施工方提出裂缝检查分析报告及处理裂缝补强方案,申述裂缝等事故性质的严重性。同时,由于补强技术复杂,希望施工方严格控制混凝土浇筑时的温度,搞好散热措施,防止再发生危害性的贯穿裂缝,都未能引起施工方重视。文伏波向林一山反映了实际情况,林一山反映到水电部。1960年初,水电部迅速派出检查科研组到丹江口工地现场,与设计方和施工方共同分析研究裂缝产生的原因及应对措施。温度应力学专家朱伯芳等,在现场工作了较长时间。但是,施工方、设计方和专家方,三方意见不能一致,共同到北京汇报。在北京,经过中苏专家会议研究,争论激烈,最后由水电总局局长黄宇齐向冯仲云副部长请示,水电部于 3 月 2 日,以(60)水电水设冯字第 30 号文,基本上确定了 9～11 坝段楔形梁裂缝的补强方案,按照苏联专家的建议进行处理,但对混凝土温控标准、浇薄层浇高块的利弊、裂缝危害性等重大技术问题的认识,仍未取得一致意见。

1961 年,"三年困难时期"的最后一年,全国范围内基本建设的规模皆大大压缩。5 月,文伏波与指挥部党委副书记廉荣禄一起,去北京报送 1961 年年度施工计划,不料"水电总局根本不审查计划,却提出要重新考虑丹江口的初期建设规模问题",提出研究分期开发,先实现防洪、发电,后发展灌溉、航运、引水,不能一次作到 170 m 正常高水位,否则投资太大,工期长。与此相反,此前不久,林一山与湖北省省长张体学、河南省省长刘建勋商量,将丹江口正常高水位提高到 175 m。6 月,水电部党组指示,根据国家"调整、巩固、充实、提高"的八字方针精神,要求结合考虑丹江口枢纽,能以最小工程量,提前发挥水库效益,按满足防洪、照顾发电、暂不考虑灌溉引水的原则进行研究。该指示给施工方敲响了警钟,质量事故处理得好,丹江口水利枢纽工程会压缩建设规模,弄不好,丹江口水利枢纽工程很可能会面临下马的危险,大大震撼了施工方和设计方,因为双方都希望工程早日建成并发挥效益。

为了从科学上弄清裂缝机理及防止措施,长办等不少部门进行了大量的科研工作。1961 年 9 月,水电部与中国水利学会共同主持,在武昌召开了全国专家参加的混凝土裂缝学术会议。林一山代表长办即设计方在会上讲话,指出丹江口混凝土大坝"引起砼裂缝,主要是温度没控制好的原因"。[①]会上,施工方和设计方争论十分激烈,虽未作出结论,但比此前有进步,认为只要从施工质量、温度控制、原材料、结构等方面重视,是可以做到不裂缝的。同时,该次会议还推动了全国重视混凝土裂缝的研究。

根据这次会议的分析认识,水电部于 10 月致电湖北省委,建议由水电部

---

① 文伏波手稿,《关于丹江口水利枢纽规划、设计、施工中一些重大方案决定变动的经过及魏廷琤的活动》,第 16 页,原件已提交馆藏基地。

与湖北省委共同派出工作组,认真检查丹江口工程的质量问题。11 月 1 日,魏廷铮与文伏波等人,陪同水电部副部长冯仲云、检查组组长朱国华、副组长湖北人民委员会的刘天明,到达丹江口工地。11 月 3 日,冯仲云召集工地四级干部开大会,讲明了大坝的重要性,已发生的事故一定要处理好,坚决防止再发生质量事故。强调要尊重科学,加强技术管理,不能蛮干。冯仲云尚未离开,文伏波又接到通知,水电部要派质量检查团来丹江口工地检查工程质量,此时的文伏波因患肝炎,于 7 月中旬已在东湖疗养院疗养。

1961 年 11—12 月,水电部和湖北省委共同组成 70 多人的丹江口工程质量检查组,朱国华任组长,刘天明任副组长,冯仲云参加,长办也有 20 多人参加。检查团组织了一个领导小组,分别负责检查质量、施工管理、政治工作、财务工作。其中,质量小组分为基础处理、混凝土温度控制和裂缝、混凝土工艺、施工机械设备四个工作小组,先由各小组分开检查,然后大组汇报,最后写成 4 个检查报告。其中,正在住院的文伏波身体尚未痊愈,参加了混凝土温度控制和裂缝小组检查工作。检查组认真查阅资料,组织技术人员和工人座谈,日夜加班,工作了 20 天。检查期间,设计代表组写了一个混凝土质量情况的报告,由代组长陈济生执笔。

检查组通过认真查阅资料、组织座谈、充分讨论,提出了《关于丹江口工程大坝质量的检查报告》和两个附件:附件一包括《丹江口大坝河床段基础处理中存在的问题》、《关于坝体裂缝的检查及对裂缝处理和防止措施的意见》、《关于坝体混凝土质量事故的检查》;附件二是《关于丹江口工程大坝混凝土质量控制工作的改进意见》。质量检查报告认为,丹江口大坝的质量不够好,质量问题的性质严重,由于坝体存在大量的裂缝、冷风、架空、与基岩结合不良等弱点与强度不足等问题,破坏了大坝的整体性,降低了大坝的抗渗抗滑能力,影响坝体稳定。由于发生质量问题的已浇混凝土在大坝河床部分的基础部位,是承受水压力最大的地方,使问题的性质更为复杂和严重,必须进行妥善处理才能保证大坝的安全。这次检查组的主要收获是,对丹江口大坝存在的严重质量事故,必须认真加以处理,基本上取得了一致意见。

根据已有资料的检查结果,质量补强处理的工作量很大,下一步的工作安排出现了不同意见。设计方担心继续浇筑会影响大坝工程质量，不同意继续上升。1961 年 12 月初，魏廷琤、陈济生、邵长城和文伏波四人商量，达成一致意见，要求停止浇筑混凝土，集中力量处理好事故，整顿队伍，搞好机械化施工准备工作，汛期依靠围堰挡水度汛。施工方坚持：或继续浇筑大坝混凝土到高出围堰顶高程，再停浇处理事故，汛期不依靠围堰挡水；或边浇边处理，混凝土浇筑不能停。自此，设计方和施工方的矛盾已达到白热化程度，双方各级官员之间都产生了对抗。设计方的魏廷琤与施工方的副书记李枫，"在一次会议上吵了起来了，是为了质量责任问题吵起来的，李说设计不好，魏说是施工原因"。[①]

　　1962 年元月初，设计方的林一山、李镇南、魏廷琤、张行彬、文伏波，施工方的张体学及其秘书贺某、任士舜、周发田、雷洪基、岳荣寿等，乘坐同一列火车，到北京汇报丹江口大坝质量问题。"在车上，张体学同志先派徐处长请林一山到他车厢去，林不去。张体学同志又亲自来请，林还是不去，两人坐了一下，谈了一阵，张体学同志就回到自己车厢上去了。"1962 年 2 月 8 日，周恩来在中南海办公室召集丹江口工程质量会议时，"李先念副总理要林一山多去工地，与张体学同志合作，搞好丹江口工程。林一山说，他们两个人在原则问题上很好合作，在具体问题上合作不好。好比三足竞走一样，走不好。遭到李先念副总理批评"。[②] 设计方和施工方主要领导之间因工程质量问题尚且如此水火不容，可想而知，数年来，作为设计代表组组长的文伏波，为维护工程质量，其日常工作是何等艰难！

　　会后，经过多次讨论，施工方和设计方的意见仍不能达成一致。于是，水电部便报周恩来。林一山于 1963 年 1 月 11 日提出，由文伏波等人负责整理成《关于丹江口工程混凝土质量事故的报告》，送水电部党组并报周恩来。该报告呈述了进行事故处理必须确保质量，绝对避免处理后再裂缝现象出

---

① 文伏波手稿，《关于丹江口水利枢纽规划、设计、施工中一些重大方案决定变动的经过及魏廷琤的活动》，第 16 页，原件已提交馆藏基地。

② 文伏波手稿，《关于丹江口水利枢纽规划、设计、施工中一些重大方案决定变动的经过及魏廷琤的活动》，第 17 页、第 19 页，原件已提交馆藏基地。

现。因此,在工作安排上,首先要大力冷却已浇筑混凝土,使之达到稳定温度,使将来可能开裂的裂缝提前出现,便于钻孔检查;要采取各种检查方法,进一步查明质量事故的情况;要根据检查资料,进行补强设计,邀请全国有关专家进行讨论;在处理顺序上,应注意避免干扰,保证施工质量。如采取边浇筑边处理的施工办法,事故处理将受到严重干扰,进而影响工程质量;根据丹江口大坝3年来的施工情况,要改善混凝土质量,尚须作出很大努力;如放松事故处理,勉强要求坝体挡水,是不可取的方案。

## 二、文伏波分析出现严重质量事故的原因

混凝土大坝出现严重质量事故的原因是多方面的。除上述提到1959年冬至1960年初受寒潮及降温影响右部河床大坝混凝土出现不少裂缝外,总的来说,不外乎在丹江口工程开工30周年之际,文伏波总结的如下五条:

第一,在全国掀起了"大跃进"高潮的大环境影响下,丹江口工程一味儿地追求高速度。1958年9月1日开工后数日,便有人提出一年基本建成的设想,即一年内把左、右河床的两期围堰内的混凝土工程都做出水面,达到全线上升的条件。张体学为此召集了几次会议,经过讨论研究,认为有可能。同时,要求文伏波召集设计组进行讨论。经过讨论后,文伏波大致排了一下计划,认为只要在一切条件都迅速具备的情况下,是有可能的。但一年基本建成与原设计方案相比,有重大改变,文伏波感到忐忑,便向张体学请假,要求回到武汉,向长办党委汇报,并听取其反馈意见。张体学批准了文伏波的请求,同时叮嘱文伏波说:"你回去看林主任有何看法,并说设备、器材、物资、交通运输、劳力等,不要设计方面考虑,设计方面要研究这样高速的施工,在技术上、质量上有什么问题。"[1]

当晚,文伏波和林一山的秘书孔晓春便回到长办,向林一山作汇报。林一山迅速召集党委扩大会议,与会的有长办的总工程师和各处负责人。会

---

[1] 文伏波手稿,《关于丹江口水利枢纽规划、设计、施工中一些重大方案决定变动的经过及魏廷铮的活动》,第9页,原件已提交馆藏基地。

上讨论了两个问题：一是坝体上升速度，浇筑场面是否可同时容纳大量混凝土；二是混凝土的散热问题如何解决。会上，林一山和总工程师李镇南决定，成立两个组专门研究。散热组负责解决混凝土浇筑过程中的散热问题，浇筑组负责计算出混凝土浇筑上升速度及允许的最大日浇筑量。二三日后，两个专门组汇报，散热组提出了一些散热的原则措施；浇筑组根据古田水库大坝一次上升 45 m、22 m 的经验，证明浇筑场面可控。结果，大家一致认为，加速浇筑速度，一年建成有可能实现。

张体学也回到湖北省委，召开了湖北省委会议，林一山出席了这次会议。会上王任重曾问林一山，如果一年内无法建成，会有什么危险，林一山认为没有什么危险，王任重便同意了一年内基本建成的方案。会后数日，即1958 年 10 月的一天，张体学携文伏波等，去北京向周恩来汇报丹江口枢组工程的施工情况。首先向水电部刘澜波、钱正英谈了土法施工、一年工期的方案。然后，将同一内容向李先念副总理进行汇报。最后，周恩来亲自主持召开了有关中央各部的会议。会上，周恩来要求各部支持、支援丹江口的器材、物资和设备。这次会议解决了丹江口工程的不少问题，尤其是水泥、汽车等一类的物资设备供应问题等。这正好应验了林一山"先打锣让猴子上树、再引起注意获得支援"的想法。这是文伏波一生中首次见到周恩来总理并向他汇报工作。

按照一年基本建成的目标，工地充满热情，工程进展十分迅速。照原设想，1959 年 3 月或 4 月左右，左岸要下河截流。但当时右岸河床还在挖地基，混凝土浇筑才刚刚开始，左岸再下河已不可能。当王任重和林一山到工地视察时，工地党委常委召开数次会议，讨论是否维持一年基本建成方案。王任重提出"确保右岸，力争左岸"[①]的口号，并以此口号向全工地作了报告。林一山认为，一年方案实现不了，左岸不能下河，必须赶快撤退，确保右岸。他还打了个比喻，说好比一个人爬岩壁，上得不高，掉下来不要紧，现在左岸不下河，保右岸，等于掉在棉花包上，没有一点损失。自王任重发布口号后，

---

① 文伏波手稿，《关于丹江口水利枢组规划、设计、施工中一些重大方案决定变动的经过及魏廷铮的活动》，第 9 页，原件已提交馆藏基地。

就再也没有按照一年基本建成方案进行施工了。不久，左翼兵团撤销，施工进度仍然按照原来两年基本建成、第三年扫尾的规划进行施工。实际上，这个速度仍然是很快的。

1960—1961 年，丹江口工程进入第二期施工，工地党委提出"大反右倾，大鼓干劲，大挖潜力，掀起一个以大坝为中心的施工高潮"的口号，将全年混凝土浇筑指标定为 160 万 $m^3$。工地全部精力都集中到完成这一高指标上，放松了质量要求，该时期浇筑的混凝土坝身质量事故最多也最严重。

第二，"三年困难时期"，物资极度匮乏，过度追求节省而忽视了工程质量。1959—1961 年"三年困难时期"，物资极端匮乏，浇筑大坝混凝土所需的水泥和钢筋，都不能按时按质按量地供给。因此，丹江口工程施工初期，大力提倡节约。

工地指挥长、湖北省省长张体学，经常到工地视察。一天上午，他与右翼兵团副司令廉荣禄一起，在走向混凝土拌和施工现场途中，见一个民工扛着一袋水泥，突然被路上石头绊了一下，猛一个踉跄，人没摔倒，肩上的水泥袋掉在地上，水泥撒了一地。民工呆呆地站在那里愣了半天，摸摸自己的腿和脚，没伤，又看看四周没人，就离开了。

恰在这时，张体学和廉荣禄路过此地看见了。他们叫住了那位民工，指了指地下的一滩水泥。张体学和蔼地说："这袋水泥的袋子虽然摔破了，只要把水泥弄起来，还是能用的，多一袋水泥就能多浇一方混凝土。"他一边说着，一边蹲下身，用手把散开的水泥扒拢成一堆，随后要那个民工去找个箩筐来，把散在地上的水泥装起来。不一会儿，那个民工找了一只箩筐，张体学用手一捧一捧地把地上的水泥捧进箩筐里，廉荣禄也弯下腰帮起忙来，那个民工感动地流出了热泪。张体学站起来深情地说："我们国家现在还不富裕，搞建设不能大手大脚，要注意勤俭节约，发扬艰苦奋斗的精神。"那个民工擦了擦眼泪，鼓起勇气对张体学说："我把水泥弄撒了，你们不惩罚我，还亲自捧水泥，我还是第一次见到这样好的干部。"说完，他扛起箩筐就走了。

张体学和廉荣禄走到人工拌和混凝土现场，见地上拌和混凝土用的大铁皮四周撒的都是水泥和砂石料。张体学并没有批评正在用铁锹拌和混凝土的民工，而是顺手拿过一把铁铲，一铲一铲地把撒在铁皮周围的水泥和砂石铲到铁皮上。正在拌和混凝土的民工,也纷纷用铁锹把铁皮四周的水泥、砂石铲起来。当撒在地上的水泥、砂石铲干净后,张体学亲切地对大家说:"古时候有句话,'一粥一饭,当思来之不易。半丝半缕,恒念物力维艰。'古人都知道勤俭节约,像这样大手大脚的浪费,能行吗?一定要克服人多工程大,浪费点没啥的思想。"[①]

今天,我们无论如何也不可能把一个省长,新中国的封疆大吏,与拌和水泥时撒在地上的少许水泥和砂石联系在一起。可在那个困难的年代,从中央到地方,从领导到群众,从国家大型工程到群众日常生活,都异常艰难和节约。为此,"从1958年8月起至1961年底,为节约水泥,降低混凝土的入仓温度和改善混凝土的泌水性,在混凝土中曾掺烧粘土。"1961年,为进一步节约水泥,加大了烧粘土掺量,并将混凝土已属偏低的设计标号由90天改为180天后期强度,以致于"出现不少问题,未得到适当解决"。文伏波称其为不适当地减少混凝土的水泥用量。直至1964年12月16日坝体恢复施工后,"未再加烧粘土,又将龄期改为28天",[②]大坝混凝土浇筑质量才得以保证。

向混凝土中投放块石,既可节省水泥、降低成本,又可削减混凝土内部的最高温度,增强建筑缝的抗剪强度,是一项重要的节约措施和行之有效的技术措施,荆江分洪工程北闸的施工中就采用过。每个仓位埋石的多少,应根据不同仓位的具体情况来决定,如:仓位的高低、运输路线的情况、入仓方法、仓面大小、仓内有无钢筋、混凝土级配及和易性的好坏、间歇时间的长短等,这些都是影响埋石数量的主要因素,决不能一律按照埋石率的计算方法来布置任务。整体来讲,可以按照平均埋石率的计算方法来安排生产计划,但在具体仓位安排上,决不能生搬硬套。然而,初期,施工方在埋石过程中,在安排日计划时,不分仓的情况,一律按规定埋石率要求埋入。丹江口左岸

① 袁汉学、胡晶:《丹江口水利枢纽工程建设中的张体学》。载《湖北档案》,2008年第4期,第41页;另载《勤俭节约的带头人》,载丹史文:《张体学情洒丹江口》,武汉:长江文艺出版社,2004年7月,第70~71页。

② 水电部第十工程局:《丹江口水利枢纽施工技术总结》(1),内部资料,1975年,第276~277页。

坝体施工过程中,在混凝土中埋入一些块石,取得了一定成绩。为多埋石节约工程成本,施工方曾用先振捣后埋石的施工方法,虽然提高了一定的埋石率,但块石底部不易与混凝土严密结合,尤其当块石底部有凹塘时,更是不易填实,形成架空现象。同时,由于上层振捣时,看不到块石埋放的位置,常常使振捣器头碰击块石不易插入,不能按照正常的操作规程进行振捣,不仅增加了振捣的困难,降低了浇筑速度,而且还容易漏振,形成架空。后来,施工方改进了埋石方法,按照平仓—埋石—振捣的施工工序进行作业,取得了良好的效果。

浇筑混凝土时的振捣工具也不符合振捣要求,施工方事后总结说:"1961 年以前,大部分使用软轴式电动振捣器,由于振动能力低,不适用于水工混凝土的大骨料振捣,这是造成左岸坝体在 1960 年施工期间混凝土振捣不密实的原因之一。""振捣是保证混凝土密实性的重要工序之一,因此,必须认真对待,严格掌握。"①

第三,施工方错误地认为,"不要大规模的机械化施工手段,可以继续完成大坝的上升、安装等任务,放松了机械化施工的准备工作。"②1958—1961年,丹江口大坝混凝土入仓方法,以胶轮车漏斗入仓为主,均采用人工平仓。少数仓位使用汽车,通过栈桥,直接入仓。人工入仓法不仅需要劳动力多,速度慢,还必须掌握好平仓和振捣两个工序,否则,还很难确保混凝土浇筑的质量。而且,随着大坝浇筑高程的增加,人工入仓施工法会越来越困难。丹江口工程初期的土石方开挖、填筑,大部分是在广阔的平坡地或浅水中施工,沙石骨料是在露出水面的河滩地上采集,基础混凝土在平地或下坡的条件下运送,而且大多为素混凝,用简易机械和大量人力可以完成。这些现象直接给施工方造成一种错觉,没有大规模的机械化施工手段,仍然可以完成大坝的上升、安装等工作,因此,施工方放松了机械化施工的准备工作。截流后,混凝土浇筑缺乏必要的运输和升高手段,砂石供应不上,混凝土拌和

---

① 水电部第十工程局:《丹江口水利枢纽施工技术总结》(1),内部资料,1975 年,第 311 页。

② 文伏波:《前事不忘　后事之师——纪念丹江口水利枢纽开工三十周年》。载《人民长江》,1988 年第 9 期,第 13 页。

能力不足,尤其缺乏温控措施。

1961年,指挥部党委制定了年内完成混凝土浇筑160万 m³ 的指标,继续放松机械化施工的砂石、拌和、制冷系统等施工设施的建设,仍然使用手推车、皮带机等浇筑手段,直接导致浇筑的大坝混凝土发生裂缝、冷缝、蜂窝洞、狗洞、架空等重大质量事故。

第四,缺乏温控措施。防止裂缝产生是进行大体积混凝土坝设计和施工的重要课题,产生裂缝的原因虽然是多方面的,即与混凝土原材料的性能、施工质量、温控措施、结构形式、气温变化等多种因素相关,其中,温控不当,是引起裂缝产生的主要原因。然而,施工"经历了一个曲折的过程,1959年2月,右岸混凝土坝开始浇筑时,由于对稳定控制认识不足和条件限制,基本上未采取措施,在坝体上发生了一些裂缝。后来证实,其中几条还是基础贯穿裂缝,尤其是9～11坝段楔形梁裂缝,18坝段Ⅱ、Ⅲ坝块裂缝,危害最大"。[1] 1960—1961年底混凝土浇筑,"没有散热措施,没有预埋冷却水管"。[2] 后来,"采取了一些简易的温度控制,但效果有限,裂缝依然发生。"[3]

1961年5月26日,水电部要求长办在丹江口成立混凝土温度控制及防止裂缝科研工作组。6月,水电部水利科学研究院、水电部工程总局施工研究所、长办、长江科学研究院、武汉水利电力学院、丹江口工程局共同组成丹江口混凝土温度控制及防止裂缝科研工作组,文伏波担任该组副组长。该组针对丹江口大坝混凝土浇筑的严重质量事故,进行了大量调查研究,拟定具体措施。1964年冬,丹江口工地的制冷系统已建成投产;1965年,骨料预冷车间建成。1964年12月16日,主体工程恢复浇筑后,采取了各种温控措施,大坝混凝土浇筑质量得以保证。

第五,工地的管理体制不科学,设计代表组隶属于丹江口工程指挥部,即施工领导设计,设计服从施工。包括文伏波在内的设计代表组职工,人事

---

[1] 水电部第十工程局:《丹江口水利枢纽施工技术总结》(1),内部资料,1975年,第493页。

[2] 文伏波手稿,《关于丹江口水利枢纽规划、设计、施工中一些重大方案决定变动的经过及魏廷琤的活动》,第11页,原件已提交馆藏基地。

[3] 水电部第十工程局:《丹江口水利枢纽施工技术总结》(1),内部资料,1975年,第493页。

关系在长办,设计代表组属长办下设机构,可在丹江口工地现场,却皆隶属于丹江口工程指挥部的施工处管理。这种管理模式,显然不利于确保工程质量。

### 三、向周恩来总理汇报严重质量事故　总理指示丹江口工程暂时停工

由于设计方和施工方对工程质量事故的处理意见达不成一致,1962年元月初,林一山带着李镇南、魏廷铮、文伏波、张行彬(林一山的秘书),去北京向周恩来汇报丹江口工程质量事故情况,恰逢周恩来正忙于召开七千人大会。

临近春节,李镇南和魏廷铮回汉口过春节。春节前一天,长办要召开大办农业会议,林一山与秘书张行彬飞回汉口,留下文伏波一人在北京等消息。1962年2月4日除夕,春节刚过,林一山便赶到北京。2月8日,即正月初四,中央七千人大会闭幕的次日,周恩来便通知召开丹江口工程质量事故处理会议。参加这次会议的有,副总理李先念、邓子恢、谭震林,计划委员会的副主任王光伟、李岩、顾旺,水电部的部长刘澜波、副部长钱正英和冯仲云,水电总局的局长朱国华,湖北省省长张体学,丹江口工程局党委的任士舜和夏克,长办的林一山和文伏波。文伏波随身带了设计代表组统计的质量事故数据和报告。

2月8日9:30—13:30时,林一山向周恩来汇报工作,谈到三个问题:设计方案和施工中的工程质量事故问题;改善施工队伍的作风,教育职工重视质量,尽最大可能做好机械化施工的配套和人员的训练工作;拟定事故处理设计方案和对质量事故处理的设想方案。

会上,周恩来说,黄河三门峡水利枢纽工程出了问题后,他才接手。现在丹江口工程质量也出了事故,"初生的婴儿,毛手毛脚不好看,长大了就好了。"①

---

① 文伏波手稿,《关于丹江口水利枢纽规划、设计、施工中一些重大方案决定变动的经过及魏廷铮的活动》,第18～19页。

"1960年2月就发现了贯穿性裂缝,为什么当时不作结论?"[1]"把丹江口工程质量搞好,这是一件大事,现在工程质量很不好,应停下来,认真研究,进行处理。""是否原班人马可以搞好,可以看一看,一看二帮,相信现有人马及班子可以搞好。""长办负责设计,施工要服从设计,长办可以邀请全国有关单位和工程技术人员进行研究讨论,设计要监督施工,施工一定要按照设计进行,处理质量事故的设计弄好了,要水电部批准,那时,我也到工地去看看,并且讲一讲。""水电部在物力上要大力支持,施工队伍要精简。""防汛要加强,二期围堰要确保安全挡御洪水。"[2]"搞好机械化施工准备工作。"[3]"林一山多到现场去看,我要去看一次,这时看有意义,总结经验。"周恩来也出面调解施工方和设计方之间的矛盾,指出双方"不合作不对",设计方要经常检查和监督施工质量,施工方则必须诚恳地接受设计方的质量监督和检查,双方必须"密切配合,共同努力"[4],以确保丹江口工程的质量。

根据周恩来的指示,1962年2月12—15日,长办党委召开扩大会议,传达贯彻周总理对丹江口工程质量处理的指示,讨论了改进设计工作、加强设计方与施工方的团结,通力合作搞好丹江口工程建设等问题;2月16日,水电部党组向中央呈报《关于丹江口工程大坝质量处理与施工安排的报告》,总结了质量事故的原因,提出大坝质量处理与施工安排的意见:基本同意长办提出的意见,混凝土浇筑立即全部停下来,集中力量处理质量事故;停工处理质量事故期间,精简整训施工人员;长办提出的补强处理方案,经水电部审查后,报请党中央决定;丹江口工程严格按设计规定施工,不允许再采用边浇筑边处理的施工方法;做好施工组织设计,解决所必需的设备供应。3月6日,中央以中发(62)90号文批示,同意水电部的请求。至此,丹江口工

---

① 文伏波手稿,1962年1月8日上午向周总理汇报的工作日记,电子件已提交馆藏基地。

② 长江水利委员会档案馆:《长江水利委员会大事记》(1949—1983年)生产砸类第三册第109页,内部资料,1993年6月。

③ 文伏波手稿,《关于丹江口水利枢纽规划、设计、施工中一些重大方案决定变动的经过及魏廷琤的活动》,第18~19页,原件已提交馆藏基地。

④ 文伏波手稿,1962年1月8日上午文伏波向周恩来汇报的工作日记,扫描件和原件已提交馆藏基地。

程大坝正式停止浇筑混凝土,进入小施工、大准备、质量事故调查研究补强处理阶段。是边浇筑边处理质量事故,还是停工处理质量事故,历时数月的争论,在周恩来召开这次质量处理会议之后,有了定论,丹江口工程停工,处理质量事故。施工方的丹江口工程局则抓紧时间精简队伍,民工由近 10 万人逐步减少到 3.5 万人、1.5 万人、1.3 万人(1962 年 12 月底)。经过精挑细选并进行了专门培训的民工,较为熟练地掌握了各种技能,成为丹江口工程局的重要技术力量,后来,他们中有些人转战到葛洲坝等水利枢纽工程工地。

## 四、围堰检查鉴定

停工导致围堰使用时间延长,周总理指示要注意围堰安全,长办与丹江口工程局共同成立了一个围堰检查鉴定小组,文伏波为组长。围堰检查鉴定小组对 1961 年返修加固后的围堰,进行了一次较全面的检查和设计校核,结果表明,迎水坡和背水坡的整体稳定可满足设计要求,仅在迎水坡高程 110 m 以上当水位骤降时和背水坡高程 122 m 以上的局部稳定安全系数偏低,因此,需要将 1961 年加固设计少量未完成部分继续完成,局部堰坡因作用水头低,可加强观测,采取临时措施,不再加固。

为进一步判断围堰的质量情况,长办与丹江口工程局一道,邀请水电总局副总工程师李惟悌、北京水电科学研究院工程师汪闻韶、武汉水利水电学院教授郭暄和冯国栋,1962 年 5 月 25—29 日,在丹江口工地进行了现场鉴定。其鉴定意见与文伏波的校核结果不谋而合。

1962 年 6 月 27 日,文伏波等编制完成《关于丹江口水利枢纽第二期上游横向围堰安全度汛问题的报告》,附带上述鉴定意见,报送水电部和水电总局。7 月 24 日,水电部以(62)水电水工字第 92 号文批复,同意长办关于上横围堰安全度汛的报告和围堰鉴定会议的意见。同时提出,如果今后围堰使用期继续加长,对其防洪标准和基础防渗稳定问题,要进一步研究。此后直至围堰拆除之前,围堰的安全问题,都是文伏波关注的重要问题之一,没有安全的围堰,就不可能有后来丹江口水利枢纽工程的顺利竣工。

## 五、主持提出混凝土大坝质量事故补强方案

1962 年 1 月 18 日,大坝混凝土停止浇筑。1964 年 12 月 16 日,大坝恢复混凝土浇筑。期间近 3 年时间里,文伏波"组织设计人员,在现场进一步整理检查各类大坝混凝土质量事故,开展多种灌浆材料、新老混凝土接合材料及施工方法的试验,据此编制了系统的大坝混凝土质量事故处理设计文件。"①换句话说,设计代表组的工作重点,就是大坝的补强轮廓设计。之所以叫"轮廓"设计,文伏波解释说,因为质量事故太多,那些裂缝、蜂窝洞、狗洞、架空等,都在混凝土大坝内部,外面看不见,钻孔灌浆不一定能找到所有的质量事故处,故而补强方案只能称为"轮廓"设计方案。补强轮廓方案包括三个主要部分:《汉江丹江口水利枢纽大坝补强轮廓方案报告》、《丹江口水利枢纽大坝混凝土裂缝事故灌浆处理试验说明书》和《丹江口水利枢纽左部河床混凝土坝 19 至 23 坝段厚防渗板技术设计报告》等。

**主持编制《汉江丹江口水利枢纽大坝补强轮廓方案报告》** 1962 年 2 月 12—15 日长办党委扩大会议之后,为了拟好补强工作计划,长办派魏廷铮、洪庆余、邵长城、魏璇到新安江大坝参观补强经验,回来后决定把原定的机钻孔补强改为风钻补强。枢纽处处长魏廷铮担心,由于施工方过于强势,设计代表组继续留在丹江口工地设计补强方案,会受到施工方的影响,迁就施工方的意见,从而降低质量标准,提议设计代表组全体人员,尽量撤回汉口长办总部设计补强方案,于是,1962 年 3 月—1964 年 7 月,文伏波带领他的设计代表组回到长办总部。

1962 年 3—7 月,文伏波主持完成大坝补强方案初稿,并请丹江口工程局到长办来讨论一次。关于 19~33 坝段迎水面的防渗板设计,根据 1961 年 12 月水电总局讨论会和 1962 年 2 月 8 日向周恩来汇报的报告,设计成薄板。10 月,根据双方的讨论结果,文伏波等对初稿进行了修改,提出《汉江丹

---

① 文伏波:《毕生精力献长江——文伏波院士自述》。载杨敬东:《三湘院士科学人生自述集》,长沙:湖南科学技术出版社,2009 年 11 月,第 40 页。

江口水利枢纽大坝补强轮廓方案报告(讨论稿)》,即第二稿,准备向水电部报送审批时,林一山要求,先邀请全国同行业专家讨论并提出审查意见后,再报水电部审批。在请示水电部同意后,于 10 月 29 日—11 月 3 日,长办邀请国内有关水工、施工及地质专家 37 人,在武昌饭店召开会议,讨论丹江口补强设计方案。会上,专家提了一些补充方案,厚防渗板就是该次会议提出来的。11 月 27 日,长办将文伏波等编制的第二稿补强设计方案与该次讨论会的讨论意见,一并报送水电部。1963 年 4 月 17 日,根据水电部的意见和建议,文伏波等提出《丹江口水利枢纽混凝土大坝补强轮廓方案报告》(即第三稿)。魏廷铮带队,吴康宁、文伏波随同,到北京向水电部和水电总局报批。4 月 24 日—5 月 4 日,水电部在北京进行审查,着重讨论了坝上游面的防渗方案、第 18 坝段贯穿裂缝的处理和地震设防烈度问题,基本同意该报告,审批方案推荐厚防渗板补强方案。1964 年 1 月 27 日,水电部以(64)水电水设字第 28 号文批复了补强方案报告第三稿,并将 1963 年 4 月 24 日—5 月 4日讨论会的审查意见告知长办:

地震设防烈度,考虑到枢纽具有高坝、大库、下游又有重要城市等特点,可先采用 8 度;左部河床坝段防渗处理,同意采用上游坝面加浇厚防渗板方案,起到防渗、稳定、结构强度三个作用的要求;右部河床坝段,详细检查,分坝段提出处理意见;同意对裂缝、架空采用以机钻孔为主的灌浆处理,对严重部位作专门处理设计;同意对第 18 坝段的事故处理,采用加宽压重混凝土,但对裂缝的处理,采用灌浆和抽槽浇筑夹板等综合处理措施,作进一步研究;事故处理按最终正常高水位 170 m,同时不放弃 175 m 的可能性。

至此,丹江口大坝混凝土浇筑质量事故补强轮廓设计告一段落。

**主持编制《丹江口水利枢纽大坝混凝土裂缝事故灌浆处理试验说明书》**

混凝土质量事故对坝体的危害程度如何,能否用灌浆的方法达到处理目的,当时,这方面的参考资料不多,全国专家会议上也一致认为这是一项新课题。对于不密实的混凝土灌浆处理,参考国内某些工程的处理资料和丹江口工程的钻灌经验,一般均沿用基岩灌浆中的技术规定。设计代表组没有拘泥于这种处理方法,而是通过大量地反复试验,找到了解决问题的新途径,发明了一套与丹江口工程质量事故相适应的钻灌技术,提高了处理质量,节省了投资,加速了施工进度。

1963 年 1 月 7 日,长办和丹江口工程局派员共同组成丹江口大坝处理科研组,在现场工作。长江科学院副院长的杨贤溢任组长,科研组核心领导成员有孔祥千、文伏波、李子明、郝国恩、陈济生、曹宏勋、乔作成、杨贤溢、朱志新。下设 5 个分组,各分组分别设立组长。科研组对已浇筑的 89 万 m³ 混凝土进行了全面的裂缝检查,基本弄清了重要裂缝的深度和贯穿裂缝的分布。文伏波等所提出的大坝补强方案,就是建立在丹江口大坝处理科研组研究成果的基础之上。

1964 年 4 月,长办与丹江口工程局联合组成的大坝质量处理科研组,提出《丹江口水利枢纽大坝混凝土裂缝事故灌浆处理试验说明书》。该说明书的统计数据截止 1964 年 3 月底,初步统计各类裂缝 2 273 条,1962 年 5 月—1963 年 12 月,对混凝土裂缝试件进行了灌浆试验;1963 年 11 月—1964 年 3 月,在坝上又进行了裂缝灌浆试验,研究不同类型裂缝的灌浆条件和灌注效果的检查。4 月 25 日,该说明书被上报水电部和水电总局。

基岩灌浆中,一般采用机钻钻孔,然后压水检查裂隙漏水率,再用水泥浆由稀逐渐变浓地进行压力灌注,为了验证该套钻灌工艺是否适合丹江口质量事故的处理,设计代表组分析了基岩与不密实混凝土两种钻灌对象的不同性质及不同的吸浆条件。基岩裂隙一般都是有外漏通道的,而不密实混凝土却往往是无外漏的封闭性的。因此,采用压水检查,就可以得到完全不同的结果,基岩可以获得较稳定流量,而比较真实地反映裂隙情况,无外漏的不密实混凝土,压水流量最终接近于零,显然不能反映事物的真相。这就要求,对不密实混凝土的检查鉴定指标,除一般习惯使用的单位漏水率 $(\omega)$ 外,还应有一个相应的总进水量指标及压水过程线的辅助资料,才可以比较正确和全面地判断混凝土不密实事故的性质及处理后的质量。

封闭性事故进水后不能排出,必然影响进浆量并冲淡浆体浓度,这无疑会降低处理的质量。因此,设计代表组进一步提出打水平孔进行排水的措施。打水平孔定位上有困难,无法从外部确切判定事故位置,一时不能完全解决这个矛盾。补强灌浆的目的在于提高混凝土的强度,而灌水会影响混凝土的强度,设计代表组大胆提出,起始浆体采用浓浆,定量注水,压水及压风代替习常的压水检查,尽可能采用风钻和干钻,代替机钻和水钻。经过一系列的技术革新后,在不密实混凝土的灌浆补强工艺上前进了一步,编制了适合丹江口工程具体条件的灌浆技术要求。实践证明,该设计方案是切实可行的。在已处理的部位,经过钻孔取样和力学试验,事故混凝土内浆体充填良好,强度都超过了坝体混凝土的设计标号 100#,以往按基岩灌浆方法进行处理的部位,经钻孔取样,浆体结石不够坚实。

由于灌浆补强处理是一项隐蔽工程,不密实的混凝土分布又极为不均,不同于结构处理在施工控制上那么明确,因此,大坝不密实的部位,通过灌浆补强后,是否能达到大坝在设计条件下安全运行,需要一个科学的质量鉴定标准。设计代表小组认为,第一次钻孔灌浆,进浆量较大;第二次在已灌钻孔间再补孔加密,进浆量大大减少。检查孔的压水指标 ω 及 Q,也都符合设计规定,钻孔取样的力学强度都超过 100 kg/cm²,这是逐步加密逐级检查以及力学强度等一系列指标数据,是科学地全面地表达了处理质量的。但专业组的领导,从取得的芯样上发现,有尚未填实的空洞,在不同坝块上三个芯样的力学指标最高最低值相差 40%,认为灌浆补强工作尚未做好,检查孔和取样孔的数量较少,而不密实混凝土分布极为不均,因此,认为这些指标有局限性,说服力不强,必须再有一个充填度指标,即不密实的孔洞中有百分之几的充填了浆体,才算全面。然而,在当时技术条件下,浆体的充填度是找不到的,造成试验工作的核心——质量鉴定评定,迟迟作不出结论,拖延了工期。

**主持编制《丹江口水利枢纽左部河床混凝土坝 19～23 坝段厚防渗板技术设计报告》**　为进一步完善和明细《汉江丹江口水利枢纽大坝补强轮廓方案报告》,为施工提供方便,1964 年 6 月,文伏波等编制完成《丹江口水利枢纽左部河床混凝土坝 19 至 23 坝段厚防渗板技术设计报告》。6 月 29 日,长办将该报告报送水电部审批。8 月,水电部组织审查,9 月 25 日,下达审批意见,同意厚防渗板轮廓尺寸和总体布置;慎重研究新老混凝土的结合;分坝段分期开挖防渗板基础;做好与右部河床混凝土坝段的防渗衔接。

19～23 坝段迎水面厚防渗板的设计,经历了一个曲折的过程。设计代表组曾研究了厚板和薄板两个设计方案,最后才采用了厚板方案。在选择过程中,有人认为厚板与老坝体的结合以及稳定控制都较困难,难免不产生裂缝;再者,基础开挖方量大,影响工期,不如薄板有利。表面上看,该意见较为合理,因此,文伏波等开始放松了厚、薄板的全面考虑,而在薄板方案上做了过多的工作,过早地绘出了钢筋图。左岸坝段混凝土质量事故较严重,坝基向下游倾斜影响稳定,厂房段坝在加重布置上较困难,当综合考虑了这些因素后,采用厚板既经济又安全,还能保证工期。

厚防渗板和混凝土大坝之间的结合方式,关系到如何控制温度的问题,保证质量以及满足提前发电的施工进度等关键问题。经反复研究,设计代表组采用了"先自由,后嵌固"的技术措施。即初期板和大坝间预留 1 m 宽槽,厚板可以自由活动,待新老混凝土均匀冷却至稳定温度后,再回填宽槽联成整体。这样,厚板混凝土的浇筑在脱离了基础约束区后,便可放宽温度控制,有利于施工安排;同时,厚板可自由活动,利于防止发生裂缝。问题在于,厚板与大坝自由滑动的支座设计困难。设计代表组在对待减低支座面的摩擦力的问题上,单纯从书本资料出发,未深入调查研究,采用了钢板接触方案。与施工方商量时,施工方有不同意见。然后通过做现场试验,用两层油纸中涂黄油的方案代替了钢板接触方案。对于板背支座混凝土墩内是否放钢筋的问题,设计代表组认为,支座受力条件复杂,无法算清,便决定配放钢筋。后来经过深入分析研究,认识到强度不是支座设计的关键问题,没有必要配放钢筋,关键问题在于,一旦发生裂缝,裂缝向上游板面发展,就会破坏板的防渗性能。为控制裂缝发展的方向,就必须采取一系列的有效措施,使裂缝发展方向趋向于支座之外。支墩设计由于采取了调查试验、分析研究,才使得设计的结构安全可靠,还节约了约百吨钢材和很多劳力,是个多快好省的设计方案。

**混凝土的温控设计**　防渗板的质量好坏,是确保左部坝体防渗措施的关键技术问题,而温度控制又是保证混凝土质量的重要手段。为制定正确的温度控制设计方案,设计代表组除广泛收集了相关参考资料,特别是总结国内各工程的实践经验外,还对丹江口大坝过去产生裂隙的原因进行了分析研究,经过反复讨论,制定出了四项基本正确并行之有效的防止裂缝的温差标准:基础温差不大于 18℃,抗拉强度 18 kg/cm²;内外温差不大于 20℃;

上下层温差不大于 15℃；拆膜温差 11℃～14℃。一般来说，上述标准是偏严的。但对于防渗板这样重要的工程，提出较高的要求是合理的。总的来说，温度控制设计是成功的。

1965 年 4 月上旬，由于两次寒潮侵袭，在 5 个浇筑层的顶面，发生了 8 条表面细缝，尽管这些细缝并不影响厚板的防渗作用，但却暴露了设计中的缺点。设计代表组立马组织力量，对 8 条表面细缝进行调查研究，钻研了防止寒潮的措施，认为上述设计对防止裂缝的各个方面未能统筹兼顾。如：在拟定温度标准时，只注意了防止后期为害严重的贯穿性裂缝，放松了表面性裂缝的研究；在内外温度控制中，只注意了一般的内外温差，忽视了寒潮冲击下两种温度应力的叠加影响；在研究混凝土抗裂能力中，只提强度，没有联系弹模与线膨胀系数；对待温差标准，只提一切从严，不提分别对待，才会出现某些部位上下温差严于基础温差的不够合理的现象。某些方面也给施工增加了一些不必要的工作量。设计代表组立马全面细致地分析了裂缝坝块的各个特征，产生裂缝时混凝土的龄期 5～8 天，内部降温总量 3℃～9.5℃，拟定寒潮稳定控制标准，即日平均气温下降第一天大于 4℃，2～3 天内稳定下降总量大于 6℃，便需要表面保温。执行这一标准后，4 月下旬再遇寒潮，就再未发生裂缝。尽管这一标准还有待日后继续积累资料，提高理论认识，加以补充完善，但当时在厚防渗板的浇筑中已发挥了作用。

总之，补强设计方案获得成功，并取得一定经验。防渗板与大坝之间的结合，采用先自由后嵌固的方式，保证了质量，争取了工期；混凝土温度控制设计中，正确地制定了各项温度控制标准，并总结出适合具体情况的寒潮控制措施，对杜绝危害严重的贯彻裂缝和防止表面裂缝有了较可靠的保证；在不密实混凝土的灌浆技术上，突破出了国内外许多工程沿用基岩灌浆的框框，针对不密实混凝土不均匀性和封闭性等特点，研究了不进水、少进水、再排水的检查措施。针对补强的目的，采用灌注浓浆，初始即用浓浆的技术措施，从而提高了处理质量；在裂缝检查方法上，设计制造了深孔照相机；在裂缝的结构处理上，通过试验摸索出一套能保证质量的爆破抽槽方法和混凝土的回填技术措施，澄清了过去长期存在的，对爆破破坏影响和回填能否结成整体的疑虑。这些技术革新，为丹江口大坝混凝土补强提供了可靠的保证。经过补强处理后的丹江口大坝混凝土,达到了补强设计的要求。这是设计单位和施工单位通力合作的结果,是施工服从设计的结果,是文伏波带领的设计代表组全体员工努力工作的结果。

## 六、为机械化施工做好准备

如前所述,丹江口工程出现质量事故,土法施工是其中一个很重要的因素之一。为确保工程质量,必须实现机械化施工,于是,设计方与施工方密切配合,"在现场开展了砂石骨料筛分、冷却和混凝土运输、入仓、振捣等试验,研究裂缝产生的原因,制定温度控制,防裂措施,据此编制了完整的机械化施工方案,建成了一系列施工企业系统。"[①]

丹江口工地虽陆续进行了不少的施工临时建筑工程,截至1962年底,这些临时建筑工程已投资 8 000~9 000 万元,大多在施工要求急迫的情况下土法上马的,结构标准低,多属简易木结构,施工质量也不够好,一些工艺设备还存在制造缺陷,不能保证工程质量的要求,需要进行改建、扩建和增建。为确保工程质量,1962 年 4 月 5 日上午,林一山到丹江口工地,要求大力抓机械化。但是,截至停止浇筑混凝土时止,丹江口大坝已浇筑 93 万 $m^3$,还有300 万 $m^3$ 混凝土和西岸土坝 700 万 $m^3$ 的填筑量没有施工,临时建筑工程的完善,由于缺乏必要的支持,仍然无大的进展,估计月需数千万元,需要周密的规划和设计,分期分批地实施。为此,遵照周恩来指示,1962 年 12 月,文伏波等写成《急需在质量事故处理的同时,补做准备工作,首先是附属企业的调整改造,充实提高的意见》一文,提交长办。长办随即以(62)字第 079 号文提出,报送水电部。

1963 年 1 月 5 日,水电部以同意长办的首先进行附属企业的调整改造。但要先结合施工组织设计,提出附属企业的新建、改建、扩建的整体规划,包括工程项目和地点,工程的主要内容和规划,分期施工意见和投资概数等,

---

① 文伏波:《毕生精力献长江——文伏波院士自述》。载杨敬东:《三湘院士科学人生自述集》,长沙:湖南科学技术出版社,2009 年 11 月,第 40 页。

然后再提出各单项工程的具体设计，报送水电部审查。要求至迟在1963年3月底，长办必须做好附属企业的整体规划。各单项工程的具体设计，则以长办为主，同时，组织丹江口工程局相关方面参加。各单项工程的设计进度安排，长办与丹江口工程局商讨确定，然后，将商讨结果告知水电部水电建设总局。

实际上，文伏波等人对附属企业的整体规划工作，已先于水电部下文之前的1962年12月已经开始。该整体规划包括三大系统，即砂石骨料筛分系统、混凝土浇筑系统、混凝土温度控制冷却系统的建设。1963年3月，文伏波等向水电部提交了三大系统整体规划设计初稿。为确保三大系统设计科学合理、安全可靠，"弄出图纸后，无把握的要到外地请教。"[①]文伏波还经常与附属企业组的设计人员相互沟通，协调解决人力、物力、财力等各方面的具体问题，时常夜晚加班阅读并修改附属企业设计。1963年7月，文伏波等提出《丹江口水利枢纽施工附属企业整体规划报告》，并报送水电部审批。

附属企业整体规划报告的完成，只是三大系统工作的开始，文伏波等必须尽快绘制三大系统的施工详图并制定施工报告，因此，在等待水电部批复的过程中，各相关人员加快了工作步伐。文伏波由于是设计负责人，必须与长办、水电部、水电建设总局的相关领导沟通，解决具体负责设计的技术人员的工作甚至生活问题。文伏波的工作笔记是这样描述的：

> 1963年8月6日，召开支援附属企业干部会，研究下阶段支援工作意见。14日晚，审阅复丹江制冷厂的20条改进意见一文。17日，附属企业组汇报修改设计工作。18日，看附属企业整体规划报告。19日，附属企业继续汇报，102水泥系统布置——袋装，陈希亮谈预冷方案，晚上阅设计任务书附属企业水工部分。20日，附属企业汇报散装水泥方案，附属企业恢复王家营砂石系统。21—22日，与附属企业一道，向总工程师汇报附属企业设计，并协助总工程师室审查附属企业设计。23

---

① 文伏波手稿，1963年工作笔记，扫描件已提交馆藏基地。

日,审阅对附属企业审查意见的书面文件。24日下午,出席附属企业就总工程师室所提意见解释会。9月3日下午,附属企业汇报电气自动化控制方案。9月14日,上午,了解1968年发电方案工期安排变动情况;研究123 m栈桥爬坡方案。下午,签发1964年主要设备机械需要量表,供订货用;研究附属企业三大系统技术设计文件提纲。16日,研究附属企业三大设计图纸情况,复电北京水电总局,安排在国庆节以后审查;与魏廷琤通电话,谈送审附属企业设计的问题。10月9日晚,看砂石系统技术设计文件。10日上午,与惠培基通电话,告其去北京汇报附属企业技术设计;庄西良谈制冷系统备用资金不够问题。11—12日,修改制冷系统图纸及报告文字,审阅砂石系统设计图纸,审阅右岸制冷厂设计图纸5张,修改制冷厂技术设计文字报告,修改砂石系统技术设计文字报告;16日,看砂石系统技术设计图纸10张,看混凝土系统供风管道图1张,看混凝土系统技术设计文字报告、土建及电气章,看砂石系统生产能力核算及产量改进章。17日审查砂石系统的图章。18日下午,看预冷设计。19日,审查预冷设备设计图纸。20日,审阅骨料预冷设计文件。21日,检查附属企业设计文件打印进度,拟向党委汇报附属企业技术设计提纲。22日,向党委汇报附属企业技术设计。29日,(施工处)处内研究丹江口123栈桥爬坡方案。31日,研究101低栈桥使用条件……①

　　1963年12月,水电部在审查通过了文伏波等提出《丹江口水利枢纽施工附属企业整体规划报告》。于是,文伏波等与丹江口工程局协商,10月,完成了施工附属企业砂石、混凝土、制冷三大系统的施工详图设计,11月8日,该设计报告被水电部审查通过。1965年1月13日,大坝混凝土浇筑一条龙系统全部建成投产,包括自王家营骨料筛分系统接至汤家沟的皮带运输系统,再接拌和系统至低栈桥;7月,预冷骨料系统建成投产;1966年1月18日,施工期货运过坝的左岸上游驳运码头建成投入使用。1966年1月1日,

---

① 参见文伏波手稿,1963年工作笔记,扫描件已提交馆藏基地。

武汉至丹江口的汉丹铁路全线建成通车,解决了大施工期间材料和大型设备的进场问题。三大系统建成,为丹江口工程复工后的机械化施工,做好了充分的准备。

# 设计经验总结

经过近3年的准备,国务院规定的精简队伍、补强设计、机械化施工准备的三大任务均已完成。1964年10月底,文伏波回到丹江口工地,丹江口工程开始大开工。12月16日,恢复大坝混凝土浇筑,标志着丹江口工程全面恢复施工。此后,"从物质条件到人的观念,发生了根本转变",尽管"文化大革命"中,工地的许多领导和工程技术人员被打倒,出现了怀疑一切、打倒一切的风气,但1964年制订的规章制度,如:较为完备的机械化施工方案,较合理的每一部分、每一阶段工程的施工进度表等,都能得到具体实施。尊重科学、质量第一的观念,在工地已深入人心,没有任何人敢破除和否定,违背科学、打乱仗的情况,基本没再出现,大坝浇筑的质量和秩序没有受到"文革"的干扰,始终平衡地进行。正是由于"文化大革命时期,广大工人、技术人员也基本上尊重科学规律,照图施工",才会有"工程较顺利地按初期规模建成"①的结果。1973年10月1日,第六台机组并网发电,电站全部建成。至此,丹江口水利枢纽工程,真正实现了周恩来所期望的防洪、灌溉、发电、航运、水产养殖"五利俱全"的开发目标。

丹江口工程施工50周年(2008年)之际,文伏波忆及他在丹江口工地12年的经历,感慨万千。在那条件艰苦、政治动荡的年代,尽管母亲在"文化大革命"初期因批斗中暑而去世,岳母被赶回乡下,夫人经常被批斗,子女被下放到农村,文伏波被降格为绘图员,甚至被"贬"到厨房做饭,1969年底,干脆被造反派押解回汉口,等待处理。"文革"十年中,他家被从上滑坡的专家楼

---

① 文伏波:《难忘岁月》。载汉江集团报社:《我与丹江口水利枢纽》,内部资料,1999年6月,第40页。

赶到罗家庄的集体宿舍,厕所和厨房公用,子女因为家里住不下经常到别人家借住。1976年落实政策,一家人才重新搬回上滑坡的专家楼。但是,他自始至终饱含着报国热情,执著地坚守着他的水利事业,从不言弃。在亲历丹江口工程的设计和施工之后,文伏波颇有些体会,归纳起来,主要表现在以下四个方面:

限于当时的条件,我们在丹江口工程的建设过程中,为适应施工方的需要,想了很多办法,搞了一些科学创新,也取得了较好效果,一些成果还在此后的治江实践中得到应用。但多年的治水经验告诉我,水利工程,尤其是大型水利工程,不仅工期长、投资大,而且直接与广大人民群众的生命财产息息相关,因此一般只能采取成熟的经验。在工程建设中设计居于先行与主导的地位,是整个工程的灵魂,必须事先综合考虑各方因素,而且必须留有余地。丹江口工程的诸多创新,是屈从于时代的产物,多少有些冒险、激进,不值得提倡。如果可能,我宁可老老实实地,按照既定的机械化施工方案,把工程平平安安地做下来[1]。

我在参加丹江口工程建设的全过程中,深深感到大型水利工程技术复杂,牵涉面广,综合性强,建设周期长,必须发挥集体智慧,设计主要是集体创造,设计人员一定要深入现场,既熟悉设计,又熟悉施工,及时解决施工过程中不断出现的技术问题,才能保证工程实现设计意图。这种理论联系实际,深入现场搞"三结合"的做法,已形成了长江水利委员会的一种风气,在新的工程建设中,接力传下去[2]。

工程技术人员必须具备实事求是的作风,不能看风讲违心话,不实事求是看风办事。丹江口大坝质量事故处理成功了,使我深切体会到,

---

[1] 文伏波:《设计是水利工程的灵魂——回忆丹江口工程的几次重大设计改变》。载长委会:《文伏波治江文集》,内部资料,2012年7月,第227页。

[2] 文伏波:《毕生精力献长江——文伏波院士自述》。载杨敬东:《三湘院士科学人生自述集》,长沙:湖南科学技术出版社,2009年11月,第40页。

"世界上怕就怕认真二字,共产党就最讲认真。"的重要性。经过精心设计,精心施工,硬是一丝不苟地把大坝事故补好了,经过多年运行和高洪水位的考验,消除了有人怀疑补不好,不能达到最终设计规模的顾虑①。

更深刻地体会到,水利工程是与水打交道,关系到广大人民的生命财产安全,工程质量是生命线,一点也马虎不得,尤其是大型水利工程,技术上必须成熟可靠,不能在大坝上作试验②。

这就是一个为水利事业奋斗一生的老院士的肺腑之言,不是为土法施工阶段的技术创新而感到骄傲,而是切身感受到"设计是水利工程的灵魂,质量是水利工程的生命";③不是埋怨将青春年华消耗在工地现场,而是强调要做好水利工程设计,必须深入现场,理论联系实际;不是怨恨政治动荡年代自己和家人所遭受的不公正待遇,而是强调实事求是的工作作风和认真的工作态度,才是水利工程设计者们必须努力的方向。

1998年,长江发生大洪水,就在长江第6次洪峰即将过武汉时,汉江在8月15日发生18 300 m³/s的洪峰流量。此时,丹江口水利枢纽工程适时拦蓄洪水,在最关键时刻下泄发电流量1 000 m³/s的流量,最大限度地发挥了防洪作用,避免了汉江下游民垸分洪(包括杜家台分洪区的启用),如果没有丹江口水库拦蓄洪水,汉口水位将会超过1954年的最高洪水位。

1998年国庆节期间,文伏波重回丹江口水库,故地重游,见到当年曾经多年共同战斗在工地现场的程国梁总工程师及正当英年的贺平总经理,"询及故旧,半数凋零","泛舟在一碧万顷的水库内,徘徊于土坝、混凝土坝顶面,泊舟于坝下游河道,静听水轮机下泄的隆隆涛声。回首往事,遥望两岸青山,蔽空电线,无限欣慰,也有一丝惆怅之情。"夜宿龙山宾馆,久不能寐,

---

① 文伏波:《毕生精力献长江——文伏波院士自述》。载杨敬东:《三湘院士科学人生自述集》,长沙:湖南科学技术出版社,2009年11月,第40页。
② 文伏波:《毕生精力献长江——文伏波院士自述》。载杨敬东:《三湘院士科学人生自述集》,长沙:湖南科学技术出版社,2009年11月,第40页。
③ 文伏波:《丹江口工程50年——工程设计的伟大实践》。《人民长江报》,2008年8月30日,第007版。

忆及 1959 年丹江口截流时的词作《浪淘沙·丹江口有感》,《故地重游二首》①从笔尖流淌而出:

十万大军战汉江,赢来五利美名扬。

清泉北调京津日,人寿年丰国力强。

劫后洪灾遍野连,锁江大坝换新颜。

白发重来寻故地,涛声化电灿尧天。

从上述两首诗作中,不难看出,文伏波作为丹江口水利枢纽工程的建设者之一,他对丹江口水利枢纽工程有太多太多割舍不下的情感。在各种场合,文伏波反复表示,他最难忘的是丹江口水利枢纽工程,因为,"它是我和长委会设计人员们做的第一个高坝",为长委会"培养了一支理论联系实际的强大设计队伍。"上述诗作还表明,文伏波始终都没能忘记毛泽东的期望,丹江口水利枢纽工程还有一个重要职能,就是南水北调中线工程的水源地。晚年,他以长委会技术委员会顾问的身份,为南水北调中线工程提供一些咨询服务,觉得"也是我人生一大幸事。"②他还憧憬着丹江口水库之水北调之后的效益,"老骥思边睡眼开,江山如画待剪裁。南水北调西输日,塞外江南接地来。"③

经过丹江口水利枢纽工程的洗礼,标志着文伏波的业务水平已成熟,日

---

① 文伏波:《浪淘沙——丹江口有感》。载韩存志、王克美:《院士诗词》,上海:上海科技教育出版社,2001 年 9 月,第 30 页。另载文伏波:《难忘岁月》,汉江集团报社编印:《我与丹江口水利枢纽》,1999 年 6 月,第 39 页。第二首诗另载李飞、王步高:《东南大学百年校庆纪念——中大校友百年诗词选》,东南大学内部资料,2002 年,第 455 页。两首皆另载文伏波:《毕生精力献长江——文伏波院士自述》。载杨敬东:《三湘院士科学人生自述集》,长沙:湖南科学技术出版社,2009 年 11月,第 42 页。

② 孙军胜、徐冰等:《勿图激扬 但求行实——访中国工程院院士 长江技术委员会主任文伏波》。载《中国水利报》,2005 年 10 月 15 日,第 005 版;另载长委会:《文伏波治江文集》,内部资料,2012年 7 月,第 316、319 页。

③ 孙军胜、徐冰等:《降洪伏波安邦国——记中国工程院院士文伏波》。载长委会:《文伏波治江文集》,内部资料,2012 年 7 月,第 315 页。

图 5-4　2007 年 9 月 27—30 日,文伏波到丹江口大坝加高工程现场调研

后葛洲坝水利枢纽工程的设计和施工的现场设计负责人,已是非他莫属。

南水北调工开工后,文伏波多次和长江委的老专家去丹江口大坝加高工程现场调查研究或进行技术指导,继续关注南水北调工程的水源工程。

半个多世纪过去了,2014 年 7 月下旬,在南水北调中线工程即将通水之际,社会和同行,都没有忘记文伏波为南水北调水源工程——丹江口工程所做的贡献,文伏波再次成为新闻媒体采访的对象,长江委的郑守仁和钮新强两院士,也到文伏波家,提前庆贺他 90 寿辰。

# 第六章
# 现场设计葛洲坝水利枢纽工程

　　葛洲坝水利枢纽工程,位于长江三峡出口南津关下游 2.3 km、宜昌市上游约 6 km 处,是万里长江第一坝,三峡水利枢纽工程的组成部分,即葛洲坝水库作为三峡工程的反调节水库,目的是调节不稳定流对下游航道及宜昌港所造成的不利影响;抬高水位,降低汛期水流流速;利用这段峡道河谷的落差发电;改善三峡坝址至南津关之间 37 km 的天然航道。三峡工程建成前,葛洲坝电站是我国最大的水电站,葛洲坝工程在世界上属于一流的水电工程。

　　葛洲坝工程设计和施工的技术环境,"较丹江口更为困难。"首先,按国际惯例和长办 1959 年 7 月编制的《要点报告》,葛洲坝工程作为三峡工程的反调节水库,或与三峡工程同时兴建,或在三峡工程竣工以后兴建。由于当时鄂西、豫西、湘西、川东严重缺电,武汉市经常拉闸停电,为了支援"三线"建设,中央决定先兴建葛洲坝工程,必然会产生一系列设计技术难题;其次,工程是在边勘测、边设计、边施工的"三边"情况下匆匆上马,未遵守建设程序,施工过程中发现许多尚未搞清的重大技术问题,10 万施工人员等待设计图纸,造成被动局面;再次,工程开工于"文革"时期,"必定要在左倾路线干扰下走一段弯路";最后,葛洲坝工程"是一个集发电、航运等多种效益于一体的综合水利枢纽工程,涉及面广,影响范围大,各部门对它有不同的要求,葛洲坝工程必须协调各方关系,达到诸多矛盾的统一。"①因此,"修葛洲坝低坝,比修三峡高坝困难得多。"②所有的技术难题,都被包括文伏波在内的广大设计和科研技术工作者一一克服。然而,在葛洲坝工程现场工作近 13 年(1970 年 3 月—1982 年)的文伏波总结说,他主要做了三件事,即挖出葛洲坝小岛、取消过鱼设施、取消大江五孔冲砂闸。

## 主持编制完成规划设计报告

1969 年 10 月 1 日,长办在向水电部副部长钱正英、湖北省省长张体学汇报三峡水利枢纽工程的勘测设计工作时,钱正英转达了毛泽东不宜在战备时期兴建三峡工程的指示。于是,长办参加汇报的几个年轻人建议,先修葛洲坝水利枢纽工程。为缓解当时严重缺电的局势,钱正英和张体学同意了该建议。12 月 6 日,水电部军事管制委员会生产组提出,希望长办于 1970 年 4 月底前提出初步设计要点报告。1969 年 12 月 20 日,长办提出力争在 1970 年 3 月提出葛洲坝初步设计要点报告,便于向上级主管部门申报立项。

葛洲坝水利枢纽工程设计初步要点报告迫在眉睫,设计人员奇缺,1970 年 3 月,尚在汉口等待审查的文伏波被平反,迅速地被张体学调到葛洲坝工程指挥部勘测设计参谋团担任团长,专门负责葛洲坝水利枢纽工程的初步设计工作。1970 年 4 月,文伏波主持完成了《葛洲坝水利枢纽初步设计要点报告》。

1970 年 12 月 25 日,中共中央批复,同意兴建葛洲坝水利枢纽工程。次日,毛泽东批示,同意兴建葛洲坝水利枢纽工程。12 月,中央尚未批复兴建葛洲坝水利枢纽工程之前,工程已经开始。工程仓促上马,违反了基本建设程序,许多重大技术问题很快暴露出来,10 万施工人员等待设计图纸,工程

---

① 文伏波:《水利工程的创新离不开理论和实践》。载《科技进步与对策》,2001 年第 5 期,第 15 页。
② 林一山:《河流辩证法与葛洲坝工程》,武汉:湖北科学技术出版社,1984 年 12 月,第 14 页。

质量出了问题。1972年11月,周恩来召开葛洲坝工程质量会议,下令停止施工,重新设计。

## 一、主持完成《葛洲坝水利枢纽初步设计要点报告》

1970年1月23日,鄂西水电工程指挥部在茅坪成立,下设工程指挥部勘测设计参谋团,1970年3月,长办派文伏波、曹乐安、陈炎炉等,到三三〇工程指挥部勘测设计参谋团,文伏波担任设计参谋团团长,曹乐安担任参谋团副团长,开始了葛洲坝水利枢纽工程的初步设计工作。4月,文伏波主持完成了《葛洲坝水利枢纽初步设计要点报告》。1970年5月22日,鄂西水电工程指挥部将该设计报告向水电部汇报,水电部立即向国务院业务组李德生汇报,未正式审批。5月30日,水电部军事管制委员会将《关于停建鄂西清江水电站、兴建长江葛洲坝水利枢纽的报告》上报国务院业务组,并于29日和31日,分别向国务院业务组作了葛洲坝枢纽初步设计要点报告的口头汇报,李先念、纪登奎、李德生、余秋里、粟裕、苏静等听取汇报后,均同意兴建葛洲坝工程。李先念指示,要继续做工作,向周恩来汇报。

## 二、主持编制完成《长江葛洲坝水利枢纽初步设计报告》

1970年6月22日,鄂西水电工程指挥部成立葛洲坝工程筹建领导小组。此后,分别在长办武汉九万方试验场和葛洲坝工地修建水工、泥沙模型,研究葛洲坝与三峡兴建的关系,三峡垮坝对下游的影响,水库泥沙淤积以及工程规模和枢纽布置等问题。同月,水电部和湖北省革命委员会在宜昌召开会议,对葛洲坝初步设计要点报告进行审查,决定由鄂西水电工程指挥部,统一领导初步设计工作,长办在宜昌的设计人员,包括文伏波在内,都受其领导。

在九万方试验场、葛洲坝工地水工和泥沙模型试验研究的基础上,1970年9月,文伏波主持提出《长江葛洲坝水利枢纽初步设计报告》,设计方案有所调整和修改,武汉军区和湖北省认为切实可行。10月24日,张体学代表湖北省革命委员会宣布,筹建长江葛洲坝水利枢纽工程临时领导小组,张体学任组长。在该组领导下,研究了建设队伍组建问题,部署了施工准备工作。

### 三、主持编制《长江葛洲坝水利枢纽补充简要报告》

1970 年 9 月,武汉军区司令员曾思玉在访问朝鲜途径北京时,向周恩来提出先兴建葛洲坝水利枢纽工程的建议。10 月 30 日,武汉军区、湖北省革命委员会联名提出《关于兴建长江葛洲坝水利枢纽工程给毛主席党中央、国务院的请示报告》,报请将三峡工程列为"四五"计划。该报告在中央阅办效率奇速,11 月初,中央政治局会议经讨论后原则批准。12 月 25 日,中共中央(1970)78 号文批复,同意兴建长江葛洲坝水利枢纽工程,指出:"为争取时间,你们可即组织力量,进行施工准备。为了集中力量打歼灭战,清江隔河岩工程停建,其所列今年投资,转由葛洲坝使用。"[1]次日(26 日),毛泽东批示:"赞成兴建此坝。现在文件设想是一回事,兴建过程中将要遇到一些现在想不到的困难问题,那又要是一回事。那时,要准备修改设计。"[2]

1970 年 12 月,中央还在讨论尚未批复之前,1.1 万职工已进场。由长办、交通部水运规划设计院、湖北省水利厅、水电部中南勘测设计院、武汉水利电力学院等单位,抽调人员,共同组成 1 200 人的勘测设计团,文伏波担任团长,搭盖临时房屋,开展设计工作。同月,文伏波 1970 年 9 月份的初步设计报告继续做了修改补充,并主持编制完成《长江葛洲坝水利枢纽补充简要报告》。

### 四、工程匆匆上马　重大技术问题暴露

1970 年 12 月 28 日,即中共中央批复的第 3 日,毛泽东批示后的第 2

---

① 1970 年 12 月 25 日《中共中央关于兴建长江葛洲坝水利枢纽工程的批复》,载中国长江三峡工程开发总公司:《工程文献》,北京:中国水利水电出版社,1998 年 9 月,第 7 页。

② 毛泽东:《关于兴建长江葛洲坝水利枢纽工程的批示》。载中国长江三峡工程开发总公司:《工程文献》,北京:中国水利水电出版社,1998 年 9 月,扉页。

日,张体学在实际已经开工的工地上传达了最高指示,30 日,在葛洲坝工地现场举行了隆重的开工典礼。为纪念毛泽东 1958 年 3 月 30 日乘"江峡"轮视察三峡坝址,葛洲坝工程被命名为"三三〇工程"。1971 年 2 月 5 日,张体学在葛洲坝工地宣布,三三〇工程指挥部成立,武汉军区司令员、湖北省革命委员会主任曾思玉任第一指挥长兼政委,张体学任指挥长,武汉军区副司令员张震任政委。提出"三年半发电、五年建成"的口号。

施工人员按军队建制,编为 35 个团 430 个连,最多时近 10 万人,主要靠人力施工。人们热情高,加上初期施工有滩地的有利条件,1971 年 4 月 10 日,10 万民工迅速完成一期土石围堰,便闲等设计图纸。葛洲坝工程就在这种边勘测、边设计、边施工的"三边"情况下开工了。

葛洲坝工程分两期完成:一期工程先修建布置在左岸二江和三江上的泄水闸、电站厂房、冲沙闸和通航建筑物;二期工程,是在一期工程建成之后,二江泄水闸可以独立担任长江泄洪任务时,再修建右岸的大江泄水闸(后来被取消,改建成 4 台发电机组)、冲沙闸和通航建筑物(包括 3# 船闸)等。

前述设计还只是规划设计阶段的成果,尚未充分研究落实并经过审定,因此,一期围堰施工时,工程的复杂技术问题很快暴露,工程建设随即陷入困境。最突出的是三江航道的泥沙淤积与三江建筑物的布置方案问题,即葛洲坝工程的通航问题,进而牵涉到二江泄水闸和电站厂房的设计布局问题,即一期工程所有的建筑物布局,都引起了激烈的争论,甚至还牵涉到大江截流的安全问题。

1971 年初,交通部就向中央报告了葛洲坝工程通航存在的问题,一期围堰完成后,枢纽建筑物布置的矛盾仍未解决。当时争论的焦点,是船闸和航道布置如何保证安全通航的问题。模型试验表明,居枢纽中部的二江泄水闸泄流时,其上游两侧出现两个大回流。因此,三江船闸上游不但水流条件不好,而且产生严重的泥沙淤积,妨碍船只的进出。对此,文伏波等主张长流水不淤积,在三江船闸左侧布设 4 台大机组,利用其终年发电的长流水,以确保航道泥沙不淤积,电站进厂铁路的敷设和运行又较便利,出线布置可不受干扰,基础岩石也较好,既利于航运,又利于多发电。但有人担心,长流水可能引起缓流淤积,特别是船闸附近,长流水的流线与航线不一致的部位,会有累积性淤积,而且电站进水,导致船闸上游横向流速过大,有碍通航。纵向流速虽仅超过 1 m/s,但实船试航表明,船只无法顺水停靠船码头,下水船只无法在闸前等待过闸。4 台机组发电尾水的纵向流速超过 2 m/s,下游航道中,空船也无力上驶。因此,主张三江不设电厂,或者只在船闸右侧布设一台机组。研究讨论期间,赞成三江设 4 台机组的居绝对多数,然而,航运部门的设计人员在设计报告中建议,电厂移出三江。

1971 年 6 月初,武汉军区、湖北省革命委员会、水电部、交通部、第一机械工业部,将三江设防淤堤和泄水闸(后改为冲沙闸)、二江水设泄水闸和电站的方案上报国务院。6 月 16 日、23 日,周恩来在北京主持召开了葛洲坝工程汇报会,参加会议的有:李先念、李德生、纪登奎、余秋里、粟裕,基本建设委员会的李良汉、宋养初,湖北省革命委员会张体学,长办副主任林一山、军代表麦汝强、文伏波,三三〇勘测设计团军代表、工人、技术人员等。周恩来听完钱正英汇报的通航、截流和泥沙等三个问题的研究情况后,责备林一山没有事先提醒他,兴建葛洲坝工程有可能阻断长江航运,提出"救船、救木、救鱼"[①]的要求。关于大江一次截流的问题,按当时设计方案,二江过不了那么多水,要研究解决;关于淤积问题,不能一下子排除不同意见,要听取各方面意见加以研究;关于三江航道的问题,原则上同意修改方案,再进一步具体化。

根据周恩来的意见,1972 年 6—7 月,文伏波等提出《长江葛洲坝水利枢纽初步设计报告(讨论稿)》。8 月,水电部、交通部、地质部、第一机械工业部、农林部等,对该初步设计报告讨论稿进行了现场审查;10 月中旬,基本建设委员会再次组织有关部委进行审查。12 月,根据审查意见,对讨论稿进行修改后,文伏波等提出《长江葛洲坝水利枢纽初步设计报告》,此前的设计作了重大修改,然而,该设计方案仍存在如下问题:

---

① 长江委档案馆:《长委会大事记——生产技术类(1949—1983)》(1),内部资料,1993 年 6 月,第 48 页。

航道泥沙问题。电厂移出三江,水流条件得到改善,但门口有回流淤积和缓流淤积,引航道内有异重流淤积,提出的动水冲沙、辅以机械清淤措施,没有得到正式试验验证。航运部门仍不放心。

泄洪问题。由于利用葛洲坝作纵向围堰,二江挡水前缘只布置 16 孔泄水闸,泄洪能力有限,正常运转,须大江 15 孔泄水闸参加,才能满足泄洪要求。二期导流,则须二江电厂参加导流,而电厂过流的技术问题复杂,电厂过不过流? 如何能解决二期导流? 引起另一场争论。

泄水闸的消能问题。对泄水闸的消能防冲方案也出现不同看法。

基础问题。二江基岩中软弱夹层的性状,随着地质勘测队工作的深入,发现比原来预料的要严重①。

针对上述问题,水电部在 1972 年 5 月召开消能防冲会议,8 月召开地质会议②,分别讨论解决了一些问题,但关键性的技术问题仍未达成一致意见。10 月,基本建设委员会、计划委员会、水电部、交通部、第一机械工业部、农业部,组成联合工作组,对工程的设计和施工情况进行了全面检查。水电部在审查设计时指示,由于地质勘探发现二江软弱夹层性状比预计的严重,建筑物沿深层滑动的稳定安全系数,应由原设计中采用的 1.1 增加到 1.3～1.4,厂房“两机一缝”的布置应改为“一机一缝”;二江电站 2 台机组参加导流,存在问题较多,技术上没有把握,故二江电站仍只装 4 台机组;二江水闸恢复 19 孔。设计上的上述改动,使工程数量和投资均大幅度增加,投资从 15 亿元增加到 25.9 亿元。在泥沙淤积方面,根据武汉 1∶250 的泥沙变态模型试验表明,三江的技术方案还需修改,以适应基础情况。在未定案之前,联合工作组决定暂停三江施工。

1972 年 6 月,联合工作组发现,已浇筑的混凝土存在严重的质量事故,

① 董士铺:《工程概况》,北京:中国水利水电出版社,1996 年 1 月,第 12～13 页。
② 1972 年 8 月 24 日—9 月 14 日,三三〇工程指挥部邀请勘测、设计、科研等有关单位和人员,在宜昌召开三三〇工程地质会议,根据地质勘探和基坑开挖的实际情况,二江基岩中软弱夹层的性状比原来预计的严重,加以基坑开挖中未遵开挖爆破要求,致使基岩中爆破裂缝较多。会议认为,必须降低二江、三江泥化软弱夹层的力学指标,并加强地质勘探研究工作,做好基础处理。

初步检查发现裂缝 96 条,架空、蜂窝、麻面,共 29 处。其中,三江冲沙闸已浇 5 孔底板,均产生贯穿性裂缝。联合工作组撰写了《关于葛洲坝工程的汇报提纲(草案)》,并于 1972 年 10 月报告国务院。该提纲将设计和施工中存在的问题:设计、试验赶不上施工需要;忽视了施工组织设计工作;工程质量不好;科学管理没跟上等悉数写入提纲中。6 月,周恩来在北京召集基本建设委员会、水电部、交通部、第一机械工业部负责人开会,讨论修改方案,李先念、纪登奎、李德生、余秋里等也参加了这次会议,林一山携带长办首席军代表、文伏波等几位技术人员、几位工人,出席了这次会议。会议争论激烈,对设计方案有所改动,但在"文化大革命"的背景下,并未从根本上扭转不利局面。

## 五、周恩来下令主体工程暂时停工　成立葛洲坝工程技术委员会

由于葛洲坝工程是毛泽东亲自批准兴建的工程,没人敢轻易宣布停工,周恩来便就葛洲坝工程的施工质量提出警告,提醒设计方和施工方都要齐心合力,搞好工程。但是,工程的重大技术问题尚无解决方案,混凝土浇筑又出现严重质量事故。1972 年 11 月 8 日、9 日、13 日、21 日(每日晚),周恩来病中连续四次听取葛洲坝工程汇报。8 日,周恩来、李先念、纪登奎、李德生、王洪文、余秋里、刘西尧、王观澜、陈华堂 9 人,在北京听取了三三○工程指挥部(副指挥长廉荣禄)、水电部(部长钱正英、副部长杜星垣和王英先)、湖北省(省长张体学)、国家计划委员会(副主任袁宝华)、基本建设委员会(副主任谢北一)、交通部(副部长马耀骥)、第一机械工业部(副部长沈鸿)、农林部(副部长郝中士)、长办(主任林一山、军代表麦汝强、设计负责人文伏波)的工作汇报。这是文伏波最后一次见到周恩来,此后,由于健康欠佳,周恩来便将葛洲坝工程重大问题的决策权,转交给葛洲坝工程技术委员会及其负责人林一山。

周恩来发现三三○工程指挥部中主要领导人都是军人时,很不满意,对设计和施工人员按军队编制分成团和连,更是反对。得知设计图纸上各级设计人员都不签字的原因是:设计人员管理混乱,来自几个不同的单位;匆

忙赶出来的设计图纸,谁也不敢负责。会上,各部门负责人认识到,"边勘测、边设计、边施工"带来的恶果是,"质量差、进度慢、浪费大",应该修改设计。9日午夜,周恩来说,既然大家意见不一致,就得停下来。现在,请林一山就修改设计问题主持讨论会,钱正英、张体学、王英先、马耀骥、沈鸿、谢北一、袁宝华8人参加讨论,讨论3天,不够,就5天。李先念建议,周恩来许可,廉荣禄代表施工方也参与了讨论。周恩来表示担心通航和泄洪问题,泄洪出了问题,发电不成,航运更谈不上。显然,在施工与设计方的关系上,周恩来欲物色一个可靠的设计单位,而不是由施工方领导设计方。

林一山等9人在和平宾馆讨论4天,13日,写成《关于修改葛洲坝工程设计问题的报告(送审稿)》,上报周恩来和国务院。报告认为,工程主要是没有按基本建设程序办事,只凭着一个规划性设计文件就开工,造成被动局面。经过对原设计方案进行反复研究,认为在葛洲坝建坝是可行的,防止航道淤塞,保证通航是可能的。但初步设计的任务仍很艰巨,要解决合理的枢纽布置,确定主要建筑物型式及其施工方案,特别是对于一些关键技术问题,如:泥沙淤积、消能防冲、大江截流、大型机电设备和闸门启闭机、基础粘土岩及其夹层规律的研究与处理措施,以及混凝土质量的控制办法等,都要进行专门的试验研究和论证,以求合理解决。该报告建议,初步设计阶段,主体工程暂停施工,并建议中央指定有关人员成立葛洲坝工程技术委员会,领导科研和设计工作,并直接对中央负责。

1972年11月21日,周恩来等听取了林一山汇报9人讨论的情况后,决定葛洲坝主体工程暂停施工,由长办负责修改设计,并成立葛洲坝工程技术委员会,由林一山任技术委员会主任,有关方面参加,林一山、钱正英、谢北一负责研究提出葛洲坝工程技术委员会成员名单。会后,林、钱、谢决定11月9日参与讨论的9人作为委员会委员名单,23日上报给周恩来。为集思广益,技术委员会聘请了张瑞谨、严恺、张光斗3位教授为技术顾问。后来,湖北省委鹗鼎等,也先后参加技术委员会。

葛洲坝工程技术委员会的成立,改变了施工领导设计、军政人员领导技术人员的局面,葛洲坝工程的一切技术问题,都由技术委员会讨论定夺。从

1972 年 11 月成立,至 1982 年 1 月的 10 年间,葛洲坝工程技术委员会共开 13 次会议,每次开会的议题和林一山的讲话内容,都事先由文伏波负责拟好,而且,每次会议,林一山都带上文伏波一起出席,由文伏波负责回答各方提出的设计中的一些技术问题。13 次会议形成的文件,所有技术委员会的成员都要签字,承担责任,签字的文件共约 8.5 万字。林一山制定的这种签字负责制,源于周恩来于 1972 年 11 月在葛洲坝工程汇报会的一次讲话,周恩来说,黄河三门峡工程,设计和技术指导都是苏联人负责,出了问题,可以推卸责任给苏联专家,可葛洲坝工程是中国人自己干的,责无旁贷。葛洲坝工程技术委员会的成立,标志着葛洲坝工程的设计和施工基本走上正轨,避免了设计方和施工方相互推诿的不利局面,是日后能顺利完成设计和施工的基本前提。

## 六、确立设计方的主导地位

葛洲坝工程技术委员会成立之后,随即着手改组三三〇工程指挥部,划分设计方和施工方的职责范围,确定工作人员的归属问题。1972 年 12 月下旬,长办和三三〇工程指挥部就加强对工地勘测、设计和科研工作的领导问题,在宜昌进行会商。文伏波作为三三〇工程指挥部下属的设计局局长和长办的副总工程师[①],出席了这次协商会。双方协议如下:

　　一、工程勘测由长办五〇五基地负责,工程局的勘测队伍在今年全力以赴承担部分勘测任务,共同搞好勘测工作。

　　二、原三三〇指挥部设计局的设计人员,进行调整;工程局抽回参加设计的人员,以充实施工技术管理单位;长办从参加葛洲坝工程建设的施工总队中,抽回 50 人,以补充设计力量。其余参加葛洲坝工程建设的人员建制,划归工程局。

---

① 1972 年 12 月 8 日,文伏波被长办临时委员会任命为副总工程师。1973 年 3 月 10 日,湖北省委组织部批准该任命。

三、原设计局的试验连,人员各属原单位,其中土工、化学、材料班,归工程局领导,以筹建施工试验室;水工和泥沙班,在设计阶段,归长办管理。

四、长办在工地的设计机构,建议改称"长办葛洲坝工程设计代表处",撤销原"三三〇指挥部设计局"。有关过去的勘测设计和科研的档案资料,全部移交长办统一归口存档①。

显然,会议确立了长办作为设计单位在葛洲坝工程技术上的领导地位,从根本上扭转了过去设计听命于军政人员和施工方的被动局面,是确保葛洲坝工程日后能复工并最终建成的关键所在,文伏波从以前三三〇工程指挥部的设计局局长,转而成为长办常驻葛洲坝工程局的设计代表处处长,对长办和葛洲坝工程技术委员会负责,无需再向三三〇指挥部负责,于是,文伏波等设计人员有了展现身手的机会和空间。

1972年12月下旬,葛洲坝工程工地将1.1万多名民工全部撤回农村,基建工程兵610部队也于1973年陆续撤离工地现场,留下3.5万施工力量,主要负责修场内交通道路与房屋。同时,修改初步设计和研究工作也积极开展。

## 七、文伏波做了三件事

葛洲坝工程在设计上有相当多的技术困难,主要表现在:水库库区、船闸上下游引航道和电站进出口的泥沙淤积;大流量泄水闸消能防冲;基岩软弱夹层的加固处理;大型船闸闸门启闭机的设计与制造;大型低水头水轮机组的研制与安装及超高电压技术的应用;施工导流和大江截流的设计施工;混凝土高强度施工的组织和管理;混凝土的温控措施;大型水利枢纽的运行

---

① 长江葛洲坝水利枢纽修改初步设计报告工作计划(送审讨论稿)附件二《关于葛洲坝工程设计的组织和协作问题》,转引自长委会档案馆:《长委会大事记——生产技术类(1949—1983)》(1),内部资料,1993年6月,第51页。

管理;以及在安全检测系统中建立微机资料处理、解积及安全评价系统等。各部门之间争论焦点主要有:通航问题,泄洪与通航的矛盾问题;救鱼问题,即大坝是否兴建过鱼设施问题;泥沙淤积问题,即泥沙淤积与多发电之间的矛盾问题,等等。主体工程暂时停工之后,为了尽可能利用停工前投入的2.7亿元兴建的工程,做到不浪费或少浪费,在一定程度上也增加了设计的难度①。所有技术困难,经过广大科技工作者的共同努力,尽管过程艰辛,但都一一克服。文伏波作为主要设计负责人之一,即现场设计代表处处长、副总工程师,付出的艰辛和努力以及所做的贡献,不言而喻。然而,他却如是说:

> 在葛洲坝工程中,我主要做了3件事:
>
> ① 提出挖除葛洲坝小岛,将二江泄水闸由 19 孔增加到 27 孔,有利于泄洪。
>
> ② 认真贯穿林一山主任提出的取消过鱼建筑物,改为人工放流鲟鱼,节约投资,并为三峡工程建设中救鱼措施做了准备。
>
> ③ 与广大科技工作者一道,研究了取消原设计的大江五孔冲砂闸,利用节省下来的空间,增加 4 台 12.5 万千瓦的机组,增加了 50 万千瓦的装机容量,每年多发电数量以亿计。②

文伏波在葛洲坝工程工地现场待了近 13 年(1970 年 3 月—1982 年 12 月),亲历了每个技术难题,却总结说只做了三件事,除他为人一向谦虚、从不自夸自满之外,还有一个重要的原因,那就是,葛洲坝工程的技术困难,主要与这三件事密切相关。首先,是否挖除葛洲坝小岛的争论,涉及二江和三江即一期工程枢纽建筑物布局设计上两个方面的问题:一是航运与多发电

---

① 自 1970 年 12 月 30 日正式开工,至 1972 年 11 月 21 日决定暂时停工,葛洲坝主体工程已完成土方开挖 314.13 万 m³,石方开挖 166.64 万 m³,混凝土浇筑 10.52 万 m³。为了避免造成大的损失,后来的设计尽力将已投资的 2.7 亿元工程利用起来,已浇筑的混凝土中,只因质量事故及修改设计,炸除 1.62 万 m³ 混凝土,保留 8.9 万 m³ 的混凝土。

② 文伏波:《水利工程的创新离不开理论和实践》。载《科技进步与对策》,2001 年第 5 期,第 15 页。

图 6-1  20 世纪 70 年代,文伏波(中)在葛洲坝工地

的矛盾问题,即交通部在长江干流上的航运利益与水电部要求多安装机组多发电的经济效益之间的利益冲突问题。二是大坝泄洪安全与多安装机组多发电的矛盾问题。其次,是否兴建过鱼设施的争论,即如何救鱼的问题,实际上就是长江流域鱼类资源应该如何保护的问题,主要涉及到农业部水产总局的渔业利益与水电部要求多发电的经济效益之间的利益冲突问题;最后,是否取消大江 5 孔泄水闸的争论,实际上也是交通部在长江干流上的航运效益与水电部多安装机组多发电的经济效益之间的利益冲突问题。一言蔽之,就是各部门之间的利益争夺与葛洲坝水利枢纽工程的建筑物整体布局问题。

## 提出挖除葛洲坝小岛  解决泄洪航运与发电的矛盾

在对建坝前和建坝后水流运动和泥沙演变规律,进行多方位多层次考察研究后,葛洲坝水利枢纽工程的枢纽建筑物布局,自左至右为:左岸土石坝、3#船闸、三江冲沙闸、2#船闸、黄草坝混凝土心墙坝、二江电厂、长闸导墙、二江水闸、混凝土纵向围堰、大江电厂、1#船闸、大江冲砂闸、右岸混凝土重力坝(见图6-2)。这些枢纽建筑物,是在挖除葛洲坝小岛之后,按照"一体两翼"方式进行布局的。

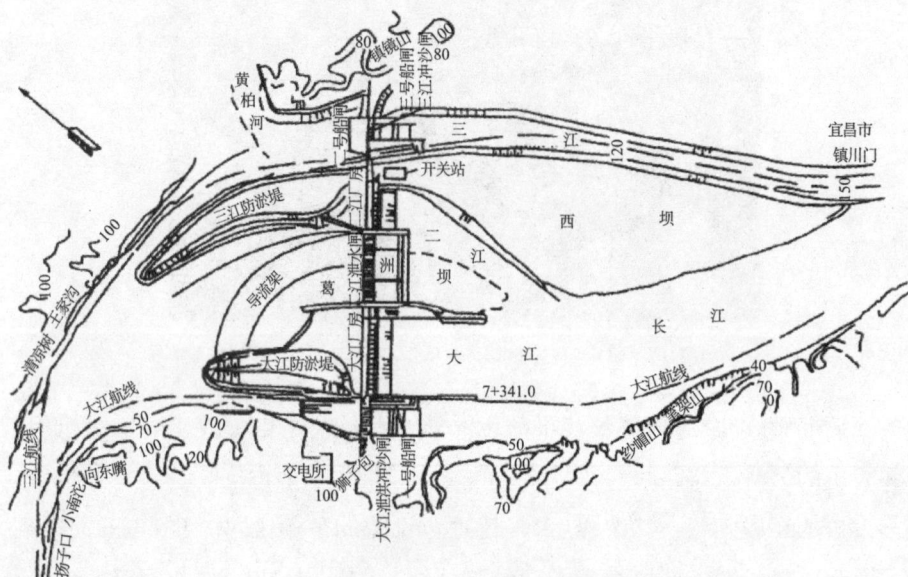

图6-2　葛洲坝水利枢纽工程枢纽布置示意图①

"一体"指南津关以下到泄洪闸的长江主泓;第一个"两翼",是指在这个主泓两侧,从引航道口门(也称运河口门)开始,通向下游的航道;第二个"两翼",是指在第一个两翼即两个航道主泓的下端,接近泄洪闸的部位,即泄洪闸两侧各自布置的一个侧向进水的电站引水渠(见图6-3)。

"一体两翼"的布局方案,把河道及所有过水建筑物连成一个整体,这是根据枢纽工程所在地的自然条件,通过河势规划,并结合现实需求,在挖除葛洲坝小岛后形成的。挖除葛洲坝小岛,正对主流布置二江泄水闸,并增加闸孔数量,以利泄洪、排沙和减少大江截流难度,还兼顾了多装机多发电的利益;在枢纽两侧的大江、三江两条航道,与主流用防淤堤隔开,形成独立的人工航道,每条航道均布置了冲沙闸,采用"静水过船、动水冲沙",并辅以机械清淤措施,妥善解决了上下游航道及其口门的淤积问题;在航道和泄水闸

---

① 文伏波:《葛洲坝枢纽工程简介》。载《人民长江》,1984年第6期,第19页。

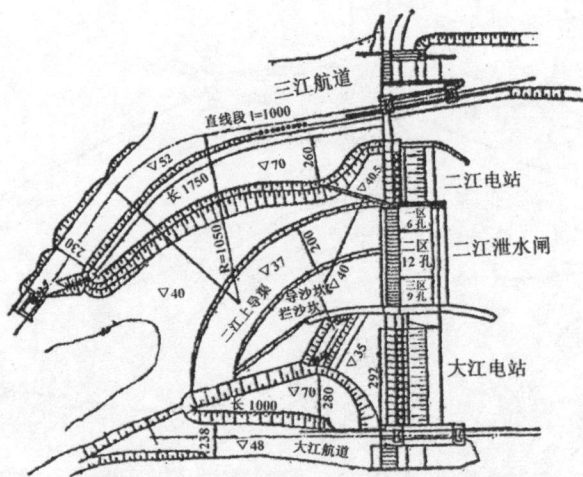

图 6-3　葛洲坝水利枢纽建筑物"一体两翼"布置①

之间,分别布置大江和二江电厂,可使通航与发电互不干扰。这种设计方案,使工程得以顺利进行,并提前发挥了效益。经过工程建成的运行考验,证明这些决策是正确的,一些重大技术已达到国内外先进水平。

## 一、提出挖除葛洲坝小岛

葛洲坝工程位于从峡谷河流过渡到丘陵地区河流的急剧过渡段,在约2 000 m的一段距离内,发生了如下一些变化:河宽由 300 m 扩宽到 2 300 m。在江中形成了葛洲坝小岛和西坝,自右至左把长江分成大江、二江、三江三条江汊(见图6-4);河底高程从－40 m 上升到 35 m;长江在这里形成一个近 90°的急弯,左岸有支流黄柏河汇入。在如此复杂的河段上修建水利枢纽工程,过去没有遇到过。根据多年观测,这一河段是稳定的。一旦建坝,水流和泥沙运动的边界条件发生很大变化,枢纽建筑物的设计布局必须适应水流和泥沙运动规律的变化。

---

① 林一山:《河流辩证法与葛洲坝工程》。载《人民长江》,1982 年第 5 期,第 37 页。

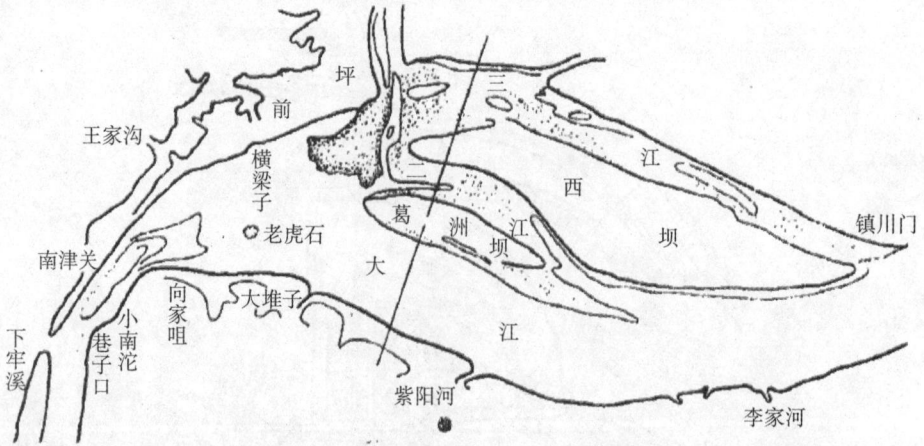

图 6-4　葛洲坝水利枢纽工程建坝前的河势①

可葛洲坝工程匆匆上马,1972 年前,在研究枢纽布置时,只是根据枢纽的任务,按地形特点,把各种建筑物组成不同方案进行比较,并没有从水流、泥沙与枢纽的关系上揭露出问题的实质。如航道设计布置,曾比较过布置在大江与二江之间、布置在三江两个方案。经过模型试验,发现航道布置在大江和二江之间,其两侧是水流湍急的泄洪闸和电站尾水,两股水流压缩航道的静水区,造成水流集中,无法通航,该设计方案被否定。航道布置在三江,能静水通航,比较合理。进一步泥沙模型试验,发现三江布置航道,上游存在被淤塞断航的危险,进一步引起了交通部与水电部之间的激烈争辨。交通部坚持,必须研究水流和泥沙的全部问题,否则,不只是航道,电站和泄洪闸能否正常运行,都没把握。

坝址处,大江宽约 800 m,是长江的主河床,二江、三江枯水季节断流。规划设计阶段认为,葛洲坝小岛是一个天赐的可以利用的纵向围堰。小岛顺河长度约有 1 km,其高程也高于最高洪水位,鉴于此,在三峡大坝的规划设计过程中,确定要在葛洲坝小岛及其附近修建一座低坝作为其反调节水库,葛洲坝工程也因这里有个葛洲坝小岛而得名。葛洲坝工程的初期设计

---

① 柴挺生:《长江葛洲坝水利枢纽坝区河势问题的试验研究》。载《水利水运科学研究》,1985 年第
　　12 期,第 44 页。

方案为:三江布置两个船闸、6 孔冲沙闸;二江设 4 台机组、19 孔泄水闸;葛洲坝小岛作为纵向围堰;大江布置尚未研究确定。然而,1970 年 12 月开工时,初期的水工模型试验发现,该布局不能适应河势变化规律,存在如下问题:

首先,航道上游处于大范围的回流区,三江上游航道还存在严重淤积区——前坪。如三江上设置 6 孔冲沙闸,水由二江侧向进流,在未设置防淤堤的情况下,难以冲刷航道淤积。三江下游口门,地处镇川门凸岸,1971 年5 月第一次小洪峰后,该处即淤高 7 m,1972 年又继续淤高。如三江航道无有效的防淤冲淤措施,则有可能出现上下游引航道的严重淤积现象。

其次,二江电厂上下游存在大片回流,电厂前后有可能出现淤积现象。电厂下游尾水出流流速小,又受到二江闸下急流影响及西坝顶托,电厂后出现强烈回流,二江闸下冲刷坑的砂石被回流卷入堆积成丘,枯水期有可能壅高电厂下游水位,减少发电水头。

再次,二期导流泄流流量难以畅泄,19 孔泄水闸宣泄流量 71 000 m³/s,护坦单宽流量超过 170 m³/s;宣泄 86 000 m³/s,护坦单宽流量则大于216 m³/s,二江闸下将会发生严重冲刷。

最后,难以满足大江截流落差的需求。19 孔泄水闸导渠高程 39 m,截流落差 4.6 m,如以四面体抛投,需要单块重量 40 t 以上,远远超过当时机械设备条件。若控制截流落差在 3 m 以内,需要在大江右岸先修草土围堰,建7 孔截流闸。其中,草土围堰要能渡过两个汛期,安全难以保证,且又妨碍通航。如先在左岸修截流闸或栈桥墩,也有许多困难,并且上述临时工程需要工期长。

上述四个问题,当时统称为泥沙淤积、消能防冲和导流截流等技术问题。在宜昌 1∶100 和 1∶200 两个水工整体模型上,用天然沙进行定性探索,尽管这些试验在当时还很粗糙,却反映了一些重要信息,从而促使相关人员进行深入的研究和探索。为此,科技人员进行了大量的国内调查,广泛地搜集了国内外资料,先后建造了宜昌、武汉、宜宾、南京、三门峡等 10 个水工或泥沙模型,应用各种测量技术,进行大量的模型试验研究,基本掌握了建坝后河势变化的基本规律:

首先,从史测资料分析,主流线的位置与断面形状有关,与水位高低也有关。长江的主流线在峡谷内居中,出峡后才随急弯偏离凹岸,到葛洲坝前受坝头的挑流作用,主流线在大江居中通过。高水位时,水流流速大,其惯性力、离心力以降低水位时为大,而且,水位高,左部河床基岩对水流的控制作用减小,主流线遂向左偏移。主流线这种随流量大小、水位高低而左右偏摆的特点,符合本河段历史演变规律。建坝后水位壅高更多,主流线将更向左偏摆,在坝轴线附近将正对葛洲坝头,这是建坝后河势变化的第一种趋势。

其次,从模型试验看,不同的枢纽布置对河势有不同的影响,但其范围局限在坝上 17 断面至坝下三江出口处,上下约 5 km 的河段内。在此范围以外,主流线的位置和断面流速分布与建坝前基本一致;在此范围内,主流线位置与断面流速分布,随枢纽布置及调度运用而异,如布置运用不当,将出现折冲水流和成片的泥沙淤积,这是建坝后河势变化的第二种趋势。

再次,弯道环流的作用,导致水位左高右低,游沙左细右粗,且右侧自向家咀以下形成一个大边滩,这是建坝后河势变化的第三种趋势。

最后,建坝后,上游水位壅高,过水断面增大,流速降低,将导致坝区泥沙大量淤积,两侧边滩尤甚,这是建坝后河势变化的第四种趋势。

根据建坝后河势变化的四种趋势,得出如下结论:

第一,从建坝后水流变化的第一、第二种趋势可知,为了平顺主流线,避免出现折冲水流导致不利后果,应该挖去葛洲坝小岛,并在挖除葛洲坝小岛部分建成泄水闸,以迎主流。

第二,保留葛洲坝小岛,二江最多只能布置 19 孔泄洪闸;大江电站只能装机 8～10 台,比挖掉葛洲坝小岛要少装 4～6 台;大江截流的水头将高达 6～7 m。根据国内外最高截流水头计算,在长江这样的大流量河流上,要完成这样高水头的截流任务,无论是技术上还是设备上,都不具备条件。如把二江泄洪闸挖深,并相应地挖深其上游引水渠道,那么在工程量和工程难度方面,也不会比挖出葛洲坝少。尤其是二江泄洪闸下泄水流迎头顶冲葛洲坝,使河势不顺,给大坝下游水流流态带来难以克服的困难。

为克服这种超高水头截流的困难,文伏波等又研究了一个方案。要求在右岸增建个一期围堰,修建一个临时建筑物,即钢筋混凝土截流闸,以便截流水头达到一定高度时,利用这个建筑物达到截流目的。该方案需要大量增加投资,施工条件和施工技术也不能解决。因为,一旦修建第二个一期围堰,势必将第一期工程施工所必需的导流过洪水断面缩小。从而大大增加导流过洪河槽的水流流速,右岸纵向围堰的抗冲问题便难以解决。根据国内外已有经验,包括运河与长江结合部修建草坝的埽工经验,都解决不了抗冲问题,该方案只好作罢。但因截流方案没有落实,当时工程施工也无法进行下去。

第三,保留葛洲坝小岛,一期施工先围左岸二江和三江,二期施工围右岸大江。为了满足二期导流通过设计流量 6.68 万 $m^3/s$、校核流量 7.11 万 $m^3/s$、保围堰流量 8.6 万 $m^3/s$ 的要求,同时,又为了降低截流水头到 3 m 以下,以及消能防冲的要求,泄水闸宽度需要 500 m 左右。然而,二江宽度仅 300 m,还需挖西坝 200 m,导致二江电站只能布置 2 台机组,年发电量减少 45 亿 kW/h,而且,泄水闸布置太偏左,水流顶冲西坝,下游折冲水流角度很大,于河势不利。改善这种不利河势,西坝需挖去数百万方土石,工程量甚大,且拆迁困难。或者减少泄水闸,改装机组,利用厂房导流,则因厂房过流能力很小,又不安全,亦不可取。在地质上,葛洲坝小岛属冲积层,系沙土和部分胶结砾石组成,远比西坝主要为基岩容易挖出,综合考虑,还是挖去葛洲坝小岛,比较有利。

第四,挖除葛洲坝小岛,将挖除的地方建成泄水闸,如果将主流线摆顺直,泄水闸正迎来水,则布置上须以葛洲坝泄水闸为中心,两侧再布设一定数量的泄水闸,如此,左部可以腾出位置,多装机组多发电,但右部泄水闸将占用大江河床,施工困难,而且江面缩窄,流速增加,一期施工通航也会发生困难,克服这些困难,代价很大。因此,综合考虑,将泄水闸建在葛洲坝小岛及其以左位置,建议削去西坝突嘴,并在调度上尽可能多地开启右岸 9 孔闸,使下游主流线较顺直。

第五,长江流量很大,校核量达 11 万 $m^3/s$。如全靠二江泄水闸宣泄,则左部须设置较多闸孔,大流量时下游折冲水流仍将很大,且使二江电站难以布置。因此,将部分泄水闸分散布设在大江和三江,一般洪水时不使用,遇大洪水,其来量超过最高通航流量,航道停航时才使用。如此,在大流量时洪水分散宣泄,可减弱二江折冲水流,还可在二江留出较多位置布设机组,二期施工期间可以多发电,而且大江、三江布置泄水闸,在平时不但不碍通航,还可为航道冲沙。

第六,考虑河势发展的第三种趋势,为了消除弯道环流可能产生的不利因素,保证枢纽正常运行,既为二江闸枯季检修增加检修时间,需要加强大江闸的泄洪排沙能力。因此大江闸设 9 孔,最大过水能力为 2 万 m³/s,长江来量超过 3.5 万 m³/s 时即须过流。三江闸只设 6 孔,最大过水能力为 1.1 万 m³/s,只在长江来量大于 6 万 m³/s 才过流。两相对比,大江闸孔多,过水能力大,使用时间长。

第七,按照河势发展第四种趋势,坝上游设置两道导流堤,使外侧形成独立航道,内侧用以控制过水断面,制导水流,控制边滩淤积。

第八,两条航道,布设在枢纽的两侧,独立于过流急转弯的外侧,这样布置可以避免船闸口门前有碍横流通过,对通航比较有利。

第九,至于发电机组的布置,从进流平顺的角度考虑,应迎流布置,因此,布设在二江泄水闸两侧。二江侧受地形限制,只能安装 7 台机组,即 2 台单机容量 17 万 kW 和 5 台 12.5 万 kW 的机组,形成二江电站。大江侧在大江船闸以左,可安装 14 台单机容量 12.5 万 kW 的机组,形成大江电站。大江、二江电站总装机容量为 271.5 万 kW。

鉴于上述建坝后水流和泥沙运动变化规律(即河势演变规律),必须挖出葛洲坝小岛。1971 年春,在设计枢纽建筑物之初,尚未作河工模型试验之前,文伏波便建议挖除葛洲坝小岛,便于布局枢纽建筑物。当时,反对挖除葛洲坝小岛的意见占了上风,有人甚至说,不能修建一个没有葛洲坝的葛洲坝工程,挖除葛洲坝小岛的提议未获三三〇工程指挥部批准。对此,林一山评价说,拒绝挖除葛洲坝小岛,是三三〇工程总指挥部"在技术领导上所犯错误的关键。"[1]

1972 年 11 月下旬,葛洲坝主体工程暂时停工后,进入修改初步设计阶

---

① 林一山:《林一山回忆录》,北京:方志出版社,2004 年 7 月,第 293 页。

段。根据上述河工模型试验的结论,文伏波等再次提出全部或部分挖除葛洲坝小岛。如前所述,葛洲坝小岛在规划设计阶段,被作为天然的纵向围堰,同时,还可以作为大江截流前的良好基地。一旦挖去,难下决心。为此,是否挖除葛洲坝小岛,便成为葛洲坝水利枢纽工程各种技术争论中最先争议的一个问题,而且争论长达近 4 年(1971 年春至 1974 年 12 月 20 日)之久。

## 二、挖除葛洲坝小岛之争

文伏波等编制的《长江葛洲坝水利枢纽修改初步设计进度表(略)及说明》,对枢纽建筑物的布局,着重进行两个主要方案的比较:"第一方案是在原坝线上挖掉葛洲坝大部或一部,扩宽二江泄洪闸,补全大江泄洪闸、船闸和厂房设计。第二方案,对原方案进行始定改进,例如:修改二江泄洪闸的消能防冲形式等,同时补全大江建筑物设计。"[1]

在 1973 年 1 月 14—25 日的葛洲坝工程技术委员会第二次会议上,专门讨论上述两个方案。林一山认为:"挖掉葛洲坝的一部或全部,有利于降低单宽流量,改善河流水势,挖深二江泄洪闸引渠,再采用一些加固消能防冲措施,这都是改善消能防冲条件,改善大江船闸布置,降低截流水头的有效措施。"[2]因此,1 月 25 日,形成的报国务院和周恩来《葛洲坝工程技术委员会第二次会议报告》称:"考虑挖掉葛洲坝全部或一部。"[3]据此,1973 年 3 月 12 日,文伏波等编制成的《葛洲坝水利枢纽初步设计坝轴线比较初步报告(讨论稿)》指出,为了避免大江截流时出现 4.6 m 的高水头,也为了避免二江泄

---

① 长办:《长江葛洲坝水利枢纽修改初步设计进度表(略)及说明》。载杨世华:《林一山治水文选》,北京:新华出版社,1992 年 4 月,第 403~404 页。另载中国长江三峡工程开发总公司:《工程文献》,北京:中国水利水电出版社,1998 年 9 月,第 55~56 页。

② 《葛洲坝工程技术委员会第二次会议简报》第一期,1973 年 1 月 15 日,载杨世华:《林一山治水文选》,北京:新华出版社,1992 年 4 月,第 407 页。

③ 长办:《长江葛洲坝水利枢纽修改初步设计进度表(略)及说明》。载杨世华:《林一山治水文选》,北京:新华出版社,1992 年 4 月,第 401 页。另载中国长江三峡工程开发总公司:《工程文献》,北京:中国水利水电出版社,1998 年 9 月,第 54 页。

水闸下游单宽流量达 170 m³/s、平均流速达 7.7 m/s 的情况下建大围堰,否定了在右岸做截流闸或截流明渠的方案,因为该方案虽可解决截流问题,但二期导流时,不能解决二江泄水闸的消能防冲问题,截流闸的技术问题也未落实。建议向右扩宽二江,将大江泄水闸尽量移入二江,以增加二期导流时可以利用的泄水闸孔数。二江布置 28 孔泄水闸,可使截流水头降到 3 m 以下;上游围堰高度降低 4 m,填方减少约 55 万 m³,月施工强度从 74 万 m³ 减为 60 万 m³;二期导流时二江泄水闸下游单宽流量减为 120 万 m³/s,平均流速减为 5.8 m³/s,这就较易解决截流和导流的问题。向右扩宽二江的办法,就必须挖掉葛洲坝小岛左侧,填宽其右侧,使葛洲坝小岛的中心线向右移。这样就保持了葛洲坝小岛的优点,既可作为纵向围堰和施工基地,也可作为大江、二江的岸边,利于排沙与河势规划等。

由于意见未能统一,1973 年 3 月 29 日—4 月 9 日召开的葛洲坝工程技术委员会第三次会议,继续讨论是否挖除葛洲坝小岛的问题。与会代表水电部副部长王英先、葛洲坝工程局局长廉荣禄、基本建设委员会的副主任王京、农林部副部长赵修、水电部部长钱正英等,各抒己见:会议最后决定,仍维持原定坝线不变。据此,文伏波等编成的《葛洲坝水利枢纽修改初步设计基本方案的报告》提出:

第一期工程,三江布置 1 座大型船闸和 6 孔冲沙闸,位置按原布置不变,并预留一条船闸的位置,防淤堤长 1 600 米到 1 800 米,上游引航道左侧设导流堤以增加冲沙效果,三江下游航道底宽 120 m,枯水时设计最小水深 4 m。二江左侧布置六台机组的厂房,厂前设导沙坝和排沙廊道,右侧布置 20 孔泄水闸,葛洲坝大部挖去,或全部挖去,加建混凝土纵向围堰。第二期工程,大江中间布置 7 台机组的厂房,并设排沙底孔,厂前设人字形导沙坎,10 孔泄水闸分列在厂房两侧。大江右部预留一条大型船闸的位置。船闸闸室尺寸为 34 米宽,240 米长,闸槛水深 5 米。试验性过鱼措施另作研究。

二江泄水闸向右扩宽,正对河道主流,有利于排泄推移质泥沙;调整河势,减弱折冲水流,可以改善最大单宽流量 134 立方米每秒,平均流速 6 米每秒左右。完建后，大、二江泄水闸共 35 孔，加上三江 6 孔冲沙闸在校核洪水时护坦末端单宽流量能控制在 140 立方米每秒左右，有利于解决消能防冲问题。截流时以泄水闸过水为主，辅之以两台机组的尾水管过水或者上下游围堰同时截流。均可将截流水头降低到 3 米以下，保证胜利截流。关于正确处理葛洲坝问题，将结合二江建筑物布置和截流导流以及大江围堰施工，进行专题研究落实[①]。

上述设计方案，经过 1973 年 9 月 26 日—10 月 25 日葛洲坝工程技术委员会第四次会议和 1974 年 2 月 27 日—4 月 27 日的葛洲坝工程技术委员会第五次会议的两次大讨论，是否挖除葛洲坝小岛的问题，未能取得一致意见。但多数人认为，"一体两翼"的枢纽建筑物设计方案，是建立在大量的试验和科研基础之上的，能满足初步设计的技术要求，是可行的，"泄水闸下游消能防冲和导流截流问题，通过设计和实验研究，采取挖掉葛洲坝，扩宽二江泄水闸的办法，能妥善解决泄洪、导流和截流的安全可靠问题。"交通部虽对枢纽布置方案基本同意，但对"一体两翼"的布局方案所引起的水流条件和泥沙淤积变化的程度及变化对通航影响的大小，尚无把握，"要求继续做试验，取得必要的试验数据后，才能最后肯定上述方案。"然而，按交通部提出的试验要求，有经验的同志估计，至少要 2 年才能完成，工程的建设等不起。

### 三、决定挖出葛洲坝小岛

　　1974 年 6 月下旬，基本建设委员会主任谷牧到葛洲坝工程工地检查工作，了解是否具备复工条件。9 月 2 日—15 日，文伏波陪同林一山，出席了国务院副总理谷牧主持、基本建设委员会承办，在北京召开的葛洲坝工程座谈

---

① 长办(提交葛洲坝工程技术委员会审核)：《关于葛洲坝水利枢纽工程修改初步设计基本方案的报告》。载杨世华：《林一山治水文选》，北京：新华出版社，1992 年 4 月，第 427 页。另载中国长江三峡工程开发总公司：《工程文献》，北京：中国水利水电出版社，1998 年 9 月，第 64 页。

会,讨论葛洲坝工程是否能复工的问题。会议认为,有关初步设计的重大问题,如建坝后的泥沙淤积能否解决、通航能否保证、大江截流和施工导流有无把握、坝轴线和枢纽布置能否确定等问题,已基本解决,一致认为,已具备复工的条件,1974年第四季度可以复工。9月,国务院批准了该座谈会讨论决定的各项问题,确定主体工程复工,决定挖除葛洲坝小岛,枢纽建筑物按照"一体两翼"的方案布局。

1974年10月,葛洲坝主体工程复工,不久,葛洲坝小岛即被挖除,挖除土石方约800万 $m^3$。"挖掉了葛洲坝,许多原来在枢纽布置上一些最棘手的问题,一一迎刃而解,还增加了几十万千瓦的装机。"[1]1981年1月2—4日截流,这年夏季,长江上游发生特大洪水,7万 $m^3/s$ 的洪水流量安全通过了葛洲坝枢纽工程二江泄洪闸。不少人说,如果不挖掉葛洲坝,这次大洪峰就很难顺利宣泄。

# 取消过鱼建筑物　人工放流中华鲟

长江鱼类资源丰富,自古以来就是我国淡水鱼集中产区,共有鱼类370多种,约占全国淡水鱼种类的一半。鱼类的捕捞产量,多年平均占全国淡水鱼总量的2/3左右,长江两岸有60多万人以渔业为生。

葛洲坝工程建成后,水库库容小,水库水面约8.7万亩,与天然河道相比,改变很少,库区的水文状况基本保持原状,库区鱼类的生存环境并未受到破坏。然而,大坝腰斩长江,给长江回游性和半回游性鱼类资源、溯河性产卵回游和降河性产卵回游鱼类资源,带来怎样的影响,是否采取补救措施,普遍受到关注,以水产总局为主的农林部与以长办为主的水电部之间为此争论了12年。

---

[1] 林一山:《林一山回忆录》,北京:方志出版社,2004年7月,第293页。

## 一、枢纽建筑物是否兴建过鱼设施的争论

由于规划设计三峡工程的缘故,自 1955 年起,中国科学院水生生物研究所,就在长江开展了鱼类区系和资源、主要经济鱼类生物学、四大家鱼繁殖生态及产卵场的分布和规模、家鱼胚胎发育等调查研究工作,积累了大量资料。当国家考虑修建葛洲坝水利工程时,水生生物研究所的一些科学工作者,根据以往的科研成果,经过多方调查和分析研究,并参照国外的经验,1970 年 11 月 27 日,提出《关于三三〇工程葛洲坝不必修建过鱼设备的报告》。

农林部水产总局的专业人士,从保护长江渔业资源出发,认为大坝会破坏鱼类的回游,特别是会影响到堪称活化石的中华鲟的回游产卵和生存环境,并获得一个美国水产专家的支持,因此,坚持枢纽建筑物必须兴建过鱼设施。然而,水电部以长办的林一山等人为代表,从节约工程造价出发,也为了能多建机组多发电,主张枢纽建筑物不建过鱼设施,理由如下:

> 葛洲坝的过鱼建筑物是否要建,必须先解决两个问题:一个是今后葛洲坝以上包括三峡大坝直至金沙江,将来都要修一些水坝,如果葛洲坝修了鱼梯,其他大坝就必须也要修鱼梯,而多座鱼梯的工程造价,远远高于通航建筑物的造价,而且国内外都无成功经验。在这种情况下,葛洲坝是否应该修建过鱼建筑物,应该由国家作原则决定。另一个问题是,过去的水产理论是否合乎实际,也必须重新论证。根据我们所知道的当时中国的鱼类著作情况,有许多水产专家所讲的理论大多不是由调查研究而来的,而是从书本到书本因循沿用而来,甚至出于想象,我们不能视为不可侵犯的经典。既然在理论上尚有疑问,我们就不应该盲目决定修建大型过鱼建筑物。因此,技术委员会决定,一方面继续作调查研究,证明中华鲟和长江的"四大家鱼"青、草、鲢、鳙的回游规律和产卵场是否可以改变;另一方面不要在原设计的电厂坝段修建鱼梯,

如果将来修建鱼梯是必须的和可能的,可在鱼类所需鱼梯水流条件等方面予以满足①。

1971年6月16日和23日,周恩来在北京主持葛洲坝工程汇报会时,要求救鱼。因此,开工初期,三三〇工程指挥部决定修建鱼道,葛洲坝工程模型上,明确布置了鱼道。

为弄清长江上建大坝,对长江鱼类资源的影响,长办委托中国科学院水生生物研究所、四川省水产科学研究所、重庆市长寿湖水产研究所等单位,开展了鱼类克服流速能力、集鱼试验船、中华鲟网捕试验和中华鲟人工繁殖试验等与救鱼相关的科学研究;长办情报室还收集和翻译了大量有关救鱼问题的技术资料,了解到当时世界上水利工程救鱼措施的发展趋势是,从修建过鱼设施向人工繁殖转变。同时,长办专门成立了鱼道组,重点研究葛洲坝工程过鱼设施的设计,提出了二江鱼道、大江升船机和集运鱼船等救鱼项目设计方案。

1974年10月,葛洲坝主体工程复工,12月,是否兴建过鱼设施仍无定论,文伏波等在当时长江鱼类资源研究成果的基础上,提出《关于葛洲坝水利枢纽过鱼设备的意见》,报葛洲坝工程技术委员会审查。主要意见是:过鱼对象主要是中华鲟;建议二江不设过鱼建筑物;集鱼船如获成功,解决施工期过鱼问题;建议充分利用各种水域发展长江鱼类资源和积极进行人工繁殖、移殖和流放工作为主要方向②。显然,文伏波等是在贯彻执行了林一山不建过鱼设施的意图。当时,工程刚复工不久,过鱼设施兴建与否,尚显得不够迫切,争论不够激烈。1977年,一期工程即将竣工,大江截流临近,是否兴建过鱼设施的问题,显得越来越急迫。3月,葛洲坝工程技术委员会第九次会议,特别敦促农林部:"需在总结以往工作基础上,进行补充调查研究和必要的科研工作。搞清葛洲坝工程和三峡工程建后对水产的影响,研究需要过鱼的对象、数量和鱼类习性等问题,并对救鱼措施做出了技术经济论

---

① 林一山:《林一山回忆录》,北京:方志出版社,2004年7月,第288页。
② 长委会档案馆:《长委会大事记(生产技术类,1949—1983)》(1),内部资料,1993年6月,第60页。

证,请农林部提出专门报告,由技术委员会讨论确定。"①1978年4月,葛洲坝工程技术委员会第十次会议继续敦促,"希农林部及早提供上述成果。"②

双方争持不下,国务院将救鱼问题交给葛洲坝工程技术委员会负责,葛洲坝工程技术委员会将该任务交给农林部负责,农林部将此任务交给长办负责。1979年9月20—27日,长办在汉口召开葛洲坝工程救鱼问题讨论会,参加会议的有:规划设计管理局、国家水产总局、长江水产研究所、中国科学院水生生物研究所、华中农学院(今华中农业大学)、厦门水产学院、四川大学、南京大学、三三〇工程局、长江水资源保护局及长办等23个单位的25位代表,文伏波作为设计主要负责人之一,列席了这次会议。大部分与会者认为,主要考虑救中华鲟的问题,因此,大会重要讨论了救中华鲟的多种途径,如:建过鱼设施、鱼闸、升鱼机,人工繁殖放流等。然而,农林部国家水产总局救鱼的范围却相当广泛,除了中华鲟之外,还有四大家鱼等,几乎包括所有的长江鱼类。

水生生物所从中华鲟的生活习性考虑,长办从节省建筑经费考虑,继续主张人工繁殖放流中华鲟,并得到众多与会者的支持,"最终救鱼措施根本,是人工繁殖","可在中下游建立人工繁殖场","人工繁殖,我们有信心,也不怕失败。""过鱼设施,联系到三峡工程,比较难";"幼鱼不能过鱼道";如果建鱼道,中华鲟即便通过鱼道洄游到上游产卵,再也回不到大海生活,"只上不下,没有意义";"鱼道可以一劳永逸",但过鱼效果不好;"网捕是行之有效的,应作为试验项目";"过鱼设备要慎重,人工繁殖要积极研究";"升鱼机会有机械故障";也有人认为,"过鱼与人工繁殖,双管齐下","救鲟鱼应是过鱼与人工繁殖并举";有人认为,"网捕过坝可以作为一个科研课题";少数人提出:"从实效讲,最好缓建,先研究过鱼的主要手段。"农林部水产局则态度坚

---

① 1977年3月30日《葛洲坝工程技术委员会第九次会议报告》,载杨世华:《林一山治水文选》,北京:新华出版社,1992年4月,第460~461页。另载中国长江三峡工程开发总公司:《工程文献》,北京:中国水利水电出版社,1998年9月,第94页。

② 1978年4月11日《葛洲坝工程技术委员会第十次会议报告》,载杨世华:《林一山治水文选》,北京:新华出版社,1992年4月,第465~466页。另载中国长江三峡工程开发总公司:《工程文献》,北京:中国水利水电出版社,1998年9月,第100页。

决地坚持兴建过鱼设施。

农林部把是否兴建过鱼设施的问题交给长办办理,长办拟了设计计划,可农林部又不批准。距离大江截流的日子越来越近,争论还在继续,1980 年 1 月 3 日,葛洲坝工程技术委员会第十一次会议决定,"同意在坝区下游大江部分预留一个适当的位置,以便在水产总局会同长办提出有根据的技术经济论证报告和可靠技术措施后,在技术委员会下次会议上讨论确定。"①

1980 年 3 月,水产总局报告国务院,要求在大江建一座鱼道。于是,长办再次委托四川省农业科学院水产研究所进行调查研究。大江截流(1981 年 1 月 2—4 日)前后,是否修建鱼道的争论达到高潮。1981 年 1 月 6—9 日的葛洲坝工程技术委员会第十二次会议决定,"为了避免过早兴建过鱼工程,浪费资金,建议将工程概算中过鱼工程投资继续保留,主要用于以下 3 个方面:①发展人工繁殖试验研究;②购置网捕设备,在葛洲坝以下相当长河段内进行网捕;③必要时设置一座试验性鲟鱼集鱼运鱼工程。"②

1981 年 1 月 12 日,9 位水产科技工作者上书党中央和国务院,提出《关于拯救长江鱼类的紧急呼吁》,要求修建鱼道,拯救长江鱼类资源,并借以恢复和保持生态平衡等。国家领导人批示,请农业委员会召集专家论证,提出看法。

1981 年 2 月 18—23 日,农业委员会召开了葛洲坝工程过鱼设施第一次论证会。参加会议的有国家计划委员会、基本建设委员会、科学技术委员会、水利部、水产总局、环境保护办公室、长办、湖北省水产局、中国科学院,以及湖北、四川、江苏有关院校、科研单位的 30 多人。会议讨论了要不要救

---

① 1980 年 1 月 3 日《葛洲坝工程技术委员会第十一次会议报告》,载杨世华:《林一山治水文选》,北京:新华出版社,1992 年 4 月,第 469 页。另载中国长江三峡工程开发总公司:《工程文献》,北京:中国水利水电出版社,1998 年 9 月,第 102 页。

② 1981 年 3 月 26 日《葛洲坝工程技术委员会第十二次会议报告》,载杨世华:《林一山治水文选》,北京:新华出版社,1992 年 4 月,第 475 页。中国长江三峡工程开发总公司:《工程文献》,第 108 页记载与此内容不同:"技术委员会至今还没有和水产部门就过鱼问题取得一致意见。水产总局向国务院报告要求在大江建一座鱼道。委员会建议将工程概算中过鱼工程投资继续保留。在工程上预留一个必要时能兴建过鱼设备的位置。建议国家农委召集一次专门会议,讨论葛洲坝工程过鱼问题。"北京:中国水利水电出版社,1998 年 9 月。

鱼、救什么鱼、怎么救鱼等几个主要问题。救鱼是各方人士的共识,可在救什么鱼、怎么救的问题上,产生了严重意见分歧。水利部认为,四大家鱼无需救护,只救中华鲟,参照国外的经验和实地考察和研究的成果,主要应当采用人工繁殖放流和加强保护亲鲟等措施。农林部水产总局一方则坚持四大家鱼也要救护,坚持要建过鱼设施。经过讨论,一致同意救护中华鲟和白鲟;四大家鱼是否要救意见不一,再做调查研究;保留过鱼设施经费,留下建筑位置,继续研究,有结论后再定。

会后,农业委员会组织了各方面代表参加的联合调查组和联合设计研究组,针对救什么鱼和怎么救的问题,分别开展了葛洲坝截流后对家鱼产卵场影响的调查和过鱼工程设计方案的研究。水生生物研究所等单位的调查表明,大江截流、水库蓄水运行后,四大家鱼仍然可以在长江干流上、中游正常繁殖。水产部门组织的调查结果也基本一致,不过在某些问题上双方的看法仍无法统一。

一年后,即1982年2月18—20日,农业委员会举行了第二次葛洲坝救鱼论证会,决定只救中华鲟。救护方法,认为需要采取综合措施,即采取人工繁殖放流,用渔网捕捞一部分亲鱼过坝繁殖,在湖北、四川两省江段实行禁捕,但对是否建过鱼设施、兴建什么样的过鱼设施,仍然存在意见分歧。


## 二、决定取消枢纽建筑物的过鱼设施

为借鉴国外成功经验,决定成立两个考察组,分别到苏联和美国进行考察。苏联鲟鱼资源占全世界的90%左右,水坝过鱼设施最多。1956年,使用了4年的捷列克河上修建卡尔加林鱼道,因效果极差而报废。以后又在其他的6座水坝上修建过鲟鱼的升鱼机或鱼闸,过鲟情况也不甚理想。为克服升鱼机投资高、固定式过鱼建筑物进鱼口不能完全适应下游流态变化的缺点,苏联着手研究活动的过鱼设备——集运渔船,尚处于试验阶段。为弥补过坝鲟鱼数量不足,苏联还采用网捕亲鱼过坝的办法,获得成功,每年网捕达3~4万尾。至于集鱼船,"可以试试,但不是方向";"升鱼机也同样不行。"①美国是兴建过鱼建筑物最早也较多的国家,鲑科鱼类鱼道,由于掌握好了其回游习性,过鱼效果较好,加拿大亦如此。但美国设计建造的鲟科鱼道,鲟鱼从未通过。考察结果表明,鲟科鱼类,国际上当时的救护方向是人工繁殖,修建鱼道过鲟不成功。

同时,水生生物所和华中农学院的专家先后提出的数十篇研究论文和报告认为,据丹江口水利枢纽建成后汉江家鱼产卵场的情况推测,葛洲坝属于径流式低水头电站,不会使库区上下的水体环境条件发生显著变化,除库区本身外,长江干流中普遍分布的产卵场仍将存在。受枢纽阻隔的性腺成熟亲鱼,可以在坝下江段产卵场正常繁殖,没必要将四大家鱼作为救护对象;中华鲟的救护措施,鉴于国外在水坝上修建的过鱼设施通常不成功,中华鲟个体比国外鲟鱼个体大,数量少,在江面宽、江水深、流速高的长江中,建造过鱼设施,很难达到救护目的,预测在坝下江段,中华鲟的性腺有可能发育成熟,同时在枢纽下游存在自然繁殖的基本条件。主张在坝下捕捞成熟亲鲟,进行人工繁殖放流。在人工繁殖放流站建成前,可网捕亲鲟运送过坝到上游繁殖,同时,加强中华鲟资源的保护工作。

1981 年 10—11 月,水生生物研究所、四川农科院水生物研究所等单位在宜昌至石首江段发现性腺发育到Ⅳ期(临产前)的中华鲟亲鱼,验证了上述专家的研究成果和推断。11 月 6 日,长办提出"关于保护长江中华鲟的紧急报告",送水利部转国家农业委员会。该报告提出,葛洲坝工程大江截流,中华鲟在上溯通道遇阻后,在坝下有群集现象,并成功的运送了一尾鲟鱼至坝上游放流,证明网捕过坝措施可行;坝下鲟鱼完全有把握根据四川省已掌握的人工繁殖技术在坝下进行人工繁殖放流。鉴于当时对救护中华鲟的技术措施存在不同意见,长办紧急建议,应先确定一些行之有效的措施,尽快实施。具体意见为:立即建立网捕中华鲟过坝的捕捞队;在坝下游将划定网捕过坝专用捕捞区;在四川段江和金沙江段实施禁捕中华鲟的保护措施;在宜昌地区迅速建立中华鲟繁殖放流站。

---

① 文伏波手稿,1979 年 9 月 20—27 日长办在汉口召开的葛洲坝工程救鱼讨论会笔记,扫描件已提交馆藏基地。下文中有关救鱼的引文皆出于此。

1982 年 3 月和 6—7 月,水生生物研究所又分别在沙市江段和崇明岛附近采集到中华鲟幼鱼 10 尾和 100 余尾。这两批幼鱼都是在大江截流后的 1981 年秋季出生的,证明中华鲟在兴建葛洲坝后能在长江自然繁殖后代。

鉴于上述研究和调查结果,1982 年 3 月 22 日,葛洲坝工程技术委员会第十三次会议宣称:

　　　　根据国内外经验,鲟科鱼类不能有效地通过鱼道;目前尚未找到鲟鱼安全下游过坝的措施;当修建三峡水库及长江上游梯级开发后,中华鲟上溯金沙江天然产卵和回游入海问题,更无解决办法。目前不宜仓促修建过鱼建筑物,可在坝轴线下游适当部位预留位置,扩大各种救鱼措施和设施的研究范围。为保护和开发鲟鱼资源,当前应严禁捕杀,并积极进行人工繁殖科研工作和人工放流试验性生产……湖北省需划定专用捕捞区,以保证人工繁殖所需的亲鱼来源。建议四川、湖北两省采取有力措施,制定保护中华鲟资源的法令……原列工程救鱼经费,主要考虑用于修建过鱼建筑物,为更积极有效解决救鱼问题,可把少量投资用于人工繁殖放流试验性生产的基建费和有关费用。1982 年 125 万元,请列入今年预算,在葛洲坝上下游江段禁捕费用另报①。

1982 年 10—11 月,水生生物研究所首次发现了中华鲟在枢纽下游的宜昌江段新形成的产卵场内自然繁殖,采集到大量鲟鱼卵和刚孵化的鲟鱼苗标本。中国水产科学研究院长江水产研究所沙市分所,11 月 10 日在十里江附近捕到 51 尾专吃中华鲟鱼卵的鲴鱼,经解剖,16 尾肠管中含有中华鲟鱼卵。上述结果,农业委员会、水利部、农民渔业部派联合调查组赴现场作了核实。随后,又召集了相关单位有关专家进行座谈鉴定,进一步确认上述事实。

---

① 1982 年 3 月 22 日《葛洲坝工程技术委员会第十三次会议的报告》,载杨世华:《林一山治水文选》,北京:新华出版社,1992 年 4 月,第 480～481 页。另载中国长江三峡工程开发总公司:《工程文献》,北京:中国水利水电出版社,1998 年 9 月,第 111 页。

　　鉴于上述事实,1982 年 12 月 28 日,国家农业委员会、水电部、农牧渔业部和葛洲坝工程技术委员会领导杜润生、李瑞山、钱正英、何康、林一山等6 位负责人,联名向国务院写书面报告,明确提出,中华鲟的救护措施,可以不考虑修建过鱼建筑物,以免造成经济上的严重损失浪费。同时,建议继续进行中华鲟坝下产卵场的调查、坝下人工繁殖的研究,网捕过坝作补充措施,严格禁捕等。

　　至此,12 年的救鱼之争,终于划上句号。此后,中华鲟人工繁殖试验,由水产部门和葛洲坝工程局水产处组成协作组开展工作,1983 年取得成功,获得了人工孵化的鲟鱼苗。葛洲坝工程局水产处中华鲟人工繁殖放流站,1984 年再次催产、孵化出 4 万尾鱼苗。关于中华鲟的保护工作,因 1983 年各地建立了渔政站而得到加强,获得了较好的效果。

　　多年后,文伏波每忆及此,他为能执行林一山取消中华鲟的回游道的意图感到自豪。

# 取消大江五孔泄水闸　增设四台 12.5 万千瓦机组

　　如前所述,根据弯道环流的原理,位于凸岸的大江,很容易被泥沙(尤以大粒径的泥沙为主)淤积,为确保大江 1# 船闸及其航道不被泥沙淤积,根据文伏波等 1975 年 6 月编成的《葛洲坝水利枢纽修改初步设计报告》(1975 年7 月被葛洲坝技术委员会第七次会议审查通过),大江的设计方案为:大江电站厂房、大江泄水闸和大江航道,电站安装 10 台 12.5 万 kw 机组,泄水闸设5 孔。大江航道暂定布置一条大船闸和 6 孔冲沙闸,其具体方案,待大江航道初步设计确定。右岸边用土石坝,与狮子包相接。其中,5 孔泄水闸是不挖除葛洲坝小岛,二江仅布置 19 孔泄水闸的情况下设计的,其作用是弥补二江泄水量的不足缺憾。

　　后来,因挖除了葛洲坝小岛,二江泄水闸从 19 孔增加到 27 孔,如遇到大洪水年或特大洪水年,大坝已有足够的宣泄能力,因此,从泄洪的角度考虑,大江5孔泄洪闸已无存在的必要,可以考虑取消,修改设计为4台12.5万 kw 的机组,增加50万 kw 的装机容量,获得更大的发电效益,同时,还可以减少工程投资,一举两得。然而,由于5孔泄洪闸同时还肩负冲刷大江泥沙的重任,一旦被取消,交通部担心会造成大江航道的淤积,故而强烈反对。1977年1月25日—2月23日,葛洲坝工程技术委员会第九次会议,就此问题进行了讨论。

## 一、大江设计之争

1978年1月6—9日,中共中央副主席李先念、国务院副总理谷牧视察葛洲坝工程,作出重要指示,葛洲坝工程在不妨碍交通运输、不影响工程质量的前提下,要求多装机多发电,建议研究将原设想装机221万 kw 扩大到271万 kw[①]。

据此指示,1978年3月的河势专业研讨会认为,在大江设置5孔泄水闸,对调整河势作用不大,取消5孔泄水闸,大坝仍可安全宣泄11万 $m^3/s$ 的特大洪水。因此,1978年4月7日,葛洲坝工程技术委员会第十次会议认为:"取消5孔泄水闸和厂闸间的导墙、增设4台机组的方案是可行的。"[②]1979年12月22日,据上述指示和研究成果,文伏波等编制完成《葛洲坝水利枢纽修改初步设计大江部分补充报告》,对枢纽建筑物布局提出了三个设

---

① 二江27孔泄洪闸的左侧,布置有7台机组厂房,其中,1#、2#机组为17万 kw,3~7#机组为12.5万 kw,装机容量为计96.5万 kw。按1975年6月修改初步设计方案,右岸大江安装10台12.5万 kw 机组,装机容量125万 kw。二江和三江总装机容量为221.5万 kw。如果要达到271万 kw,就必须增加4台12.5万 kw 的机组。此时,二江、三江枢纽建筑物已基本成形,不可能修改设计,只有在大江上增加设计机组。增加的4台机组,必须有足够的空间容纳。后来,经过反复试验和研究,在大江上取消了5孔泄洪闸,作为增加4台12.5万 kw 的机组容纳空间。如此,大江电站从10台12.5万 kw 机组上升至14台12.5万 kw 机组,装机容量也从125万 kw 上升到175万 kw,即大江电站净增装机容量50万 kw。葛洲坝电站的总装机容量,也从221.5万 kw 上升到271.5万 kw,平均每年增加发电量约13亿度。
② 1978年4月11日《葛洲坝工程技术委员会第十次会议报告》,载杨世华:《林一山治水文选》,北京:新华出版社,1992年4月,第464页。另载中国长江三峡工程开发总公司:《工程文献》,北京:中国水利水电出版社,1998年9月,第99页。

计方案:大江电站装机 14 台,船闸布置于河床的方案;装机 16 台,船闸轴线右移至桩号 7+399.2 m 方案;装机 14 台(或 16 台)船闸上岸方案①。

葛洲坝工程技术委员会认为,大江工程设计,必须考虑和三峡工程联合运用的问题;大江航道布置,采用河床方案;大江电站在不影响大江航道布置和安全运用的前提下,可以考虑再增加 2 台 12.5 万 kw 的机组,年发电量5.2 亿 kw/h;大江设计必须保持大江部分建筑物有必要的过水能力,便于二江泄水闸检修。

1981 年 1 月 6—9 日,在葛洲坝工地举行的第十二次葛洲坝工程技术委员会会议认为,增加大江泄量最好的办法,是加大大江冲沙闸的泄水能力,既加大了泄量,又不减少发电。建议下阶段设计,要研究考虑降低航道高程,扩大航道宽度,增加 2～3 孔冲沙闸,并降低冲沙闸底高,力争将大江航道的泄流量从 2 万 m³/s 增加到 2.2～3 万 m³/s。还提出:"大江建筑物布局的局部修改,即加大冲沙闸和航道过水断面,使大江航道也成为经常可以泄洪的重要泄洪道之一,即大江航道作为三江航道和二江泄水闸两项工程的备用建筑物。加大大江航道泄量和加长冲刷时间或次数,也有利于上游主泓凸岸边滩和航道口门淤积的冲刷。"大江建筑物的总布局可以不变,包括大江电站(14 台机组)、大江船闸和冲沙闸。"要研究大江船闸适当右移,增加电站安装场长度,在安装间下设大排沙底孔的方案。""大江电站底孔是排沙的重要手段,在大江补充设计时,要进一步研究改进。"②据此,葛洲坝工程技术委员会要求文伏波等,在 1975 年 6 月《葛洲坝水利枢纽修改初步设计报告》的基础上,于 1981 年底提出大江部分补充设计报告,同时进行大江单项工程技术设计。

根据葛洲坝工程技术委员会的要求,1981 年 2 月,文伏波等编成《葛洲坝水利枢纽修改初步设计大江部分补充报告》(第二次送审本),推荐的枢纽

---

① 长江委档案馆:《长委会大事记——生产技术类(1949—1983)》(1),内部资料,1993 年 6 月,第80 页。

② 《葛洲坝工程技术委员会第十二次会议报告》,载杨世华:《林一山治水文选》,北京:新华出版社,1992 年 4 月,第 474 页。另载中国长江三峡工程开发总公司:《工程文献》,北京:中国水利水电出版社,1998 年 9 月,第 102 页。

布置是:大江坝轴线上的主要建筑物,由纵向围堰自左至右为:14台12.5万kw机组厂房、9孔冲沙闸、混凝土挡水坝。如兴建过鱼建筑物,可布置在厂闸导墙末端或冲沙闸右侧混凝土坝上,大江船闸缓建,因2#和3#船闸的通过能力,已可满足长江航运近期发展需要,而大江电站需要大江航道泄洪排沙,与航运有矛盾,此外,大江航道缓建,还可减少资金压力。该设计方案,在1982年1月13—19日召开的葛洲坝工程委员会第十三次会议上得到认可。3月,水电部主持召开了现场审查会议,审议通过了该设计方案。

1982年4月8日,交通部以[82]交基字700号文《关于对〈葛洲坝工程技术委员会第十三次会议报告〉的意见》上报国务院,提出:大江航道与三江航道,同是主要航道,不是备用航道;大江航道最高通航流量应定为3.5万m³/s,不应降低到3万m³/s;在电站与船闸之间设2~3孔泄水闸,大江电站减为12~13台,冲沙闸减为6~7孔①。5月31日,林一山提出《关于交通部对葛洲坝枢纽大江航道建设问题的意见的答复》报告国务院备查,他表示,对交通部提出的上述要求已做了研究,葛洲坝工程技术委员会第十三次会议报告所做的决定,是充分考虑了交通部历次正式要求以及设计、科研成果而确定的,关于大江航道的设计方案,主张维持葛洲坝工程技术委员会第十三次会议决定。

1983年2月24日,经济委员会以经基[1983]154号文《葛洲坝水利枢纽修改初步设计大江部分补充报告的审批意见》,送水电部。审查意见为:基本同意1982年3月水电部现场审查会纪要;同意大江工程总体布置型式;为尽量满足航运需求,并为远景发展留有充分余地,大江航道内船闸建筑物按3.5万m³/s流量设计,关于大江航道最高通航流量标准3万m³/s,待大江工程建成投入运行、通过试航实践之后,再研究确定②。

至此,葛洲坝水利枢纽工程大江设计方案告罄,取消了大江5孔泄水闸,

---

① 长委会档案馆:《长委会大事记——生产技术类(1949—1983)》(3),内部资料,1993年6月,第92页。

② 长委会档案馆:《长委会大事记——生产技术类(1949—1983)》(3),内部资料,1993年6月,第93页。

将其改建为 4 台 12.5 万 kw 的机组。自左至右,大江的建筑物布局为:大江电站左安装场、14 台 12.5 万 kw 机组厂房、电站右安装场、长闸导墙及大江上游防淤堤、大江 1# 船闸、9 孔泄洪冲沙闸、右岸挡水坝。

## 二、找到大江泥沙的解决途径

实际上,交通部与水电部争论的焦点在于,取消大江五孔泄洪闸,大江的冲沙效果必然受到限制,大江泥沙便会淤积大江航道,不利航运。文伏波等只要找到了解决大江航道泥沙淤积的处理办法,交通部也就没有了反对取消大江五孔泄洪闸的理由。如前所述,葛洲坝水利枢纽工程坝轴线所在地,是长江的一个自然弯道,而大江正好位于弯道的凸岸,大粒径的泥沙即推移质,往往在凸岸聚集,极易淤积。尽管枢纽建筑物的“一体两翼”布局方式就是为了“正面引水、侧面排沙”,对大江的推移质泥沙的冲刷效果是较为有益的,但这不能根本解决大江推移质泥沙的排泄问题。为平息交通部的争议,文伏波等尽量在设计上满足大江推移质冲刷的需求。

在大江航道上游建防淤堤,在大江航道下游建导航堤。大江航道位于大江主槽,经水工模型和泥沙模型试验研究,除对南津关附近两岸进行整治,通过扩宽水域以改善流态来满足航行水流条件外,还采纳武汉水利电力学院张瑞瑾教授的建议,采取“静水过船、动水冲沙”的办法,修建防淤堤和冲沙闸,使大江航道成为独立于长江主河槽之外的一条人工静水航道。坝区泥沙模型,对大江航道上游的防淤堤长度和形式,冲沙流量和冲沙时间,大江航道下游泥沙淤积和航行水流条件等,均进行了大量的试验研究。模型试验成果表明:大江航道和上游防淤堤长度和堤头位置,对航道内泥沙淤积量、冲淤效果,及航道口门流速、流态等,均有影响。防淤堤愈长,堤头离岸愈远,航道内泥沙淤积量愈少,冲沙效果愈大,但口门流速、流态较差。从满足航行水流条件和减少泥沙淤积量综合分析,在大江枢纽建筑物的上游,修建了长 1 000 m 的大江航道防淤堤。大江下游航道泥沙淤积量较少,但口门外流态较差。经泥沙模型试验,设计并修建了导航堤以改善船队航行水流条件,解决泥沙淤积问题。

增加大江航道冲沙坎数和泄洪流量,阻止推移质进入航道。人工修筑上游和下游导航堤的方法,对航运的有利条件是:上游引航道顺直,长度和宽度均较三江为小,虽然回淤速度较快,但建6孔冲沙闸①,其冲沙效果比三江好。不利条件是:上引航道口门位于南津关出口处,河床突然放宽,正处于凸岸急弯的下方,属迅速淤积区。模型试验表明,大坝建成后,随着口门外的淤滩增大,口门外出现新泡,如取消5孔泄水闸,大江冲沙能力明显不足,冲不胜冲。因此,取消5孔泄水闸,增设4台12.5万kw发电机组的建议,不仅遭到交通部的强烈反对,而且,长办的一些设计人员,也认为这个问题不能解决。摆在文伏波等设计人员面前的问题是,"只要找到了大江泥沙的出路,这5孔冲砂闸可以取消。"②大江增设4台12.5万kw的目标就能达到。坝区水流流态十分复杂,大江航道和大江航道上游口门,均有大片回流和泡漩水流,对船队过闸十分不利。

文伏波等曾设想在口门右岸多开挖岩石,以改善口门流态。但模型试验证明,挖多少岩石,淤多少泥沙,徒增投资而已。有人建议,在口门右岸高处修建一座高压射水建筑物,辅助冲刷大江口门淤积,大江口门淤积虽稍有改善,但投资较大,不能彻底解决问题,治标不治本。最后,经过反复研究,大江口门的泥沙淤积问题,通过在大江航道增加冲沙坎的坎数和增大泄洪流量的办法彻底解决。

## 三、找到大江电站粗沙过机的解决途径

大江电厂上游进水口门处的大片回流区,经模型试验研究,调整电厂上游大江防淤堤宽度和根部形势,回流可以压缩,但电厂不能正面进流。大江

---

① 据1975年6月长办编制的《葛洲坝水利枢纽修改初步设计报告》,大江冲沙闸为6孔,但在取消具有泄洪和冲沙功能的5孔泄洪闸之后,为了满足大江冲沙流量的要求,同时,也为了特殊洪水年,大江冲沙闸也分担大坝的泄洪任务。经研究,将大江航道原设计的6孔冲沙闸改为9孔冲沙闸,与三江航道的6孔冲沙闸一道,每年汛期和汛后,各冲沙一次,冲后的边角部位剩余淤积量,则辅以机械清淤。

② 文伏波:《水利工程的创新离不开理论和实践》。载《科技进步与对策》,2001年第5期,第15页。

电厂位于南津关弯道凸岸,模型试验结果表明:从南津关进入坝区的泥沙,尤其是卵石推移质泥沙,一部分被右偏底流挟带,翻越拆除后的纵向围堰和横向围堰,进入电厂前缘;过机泥沙含沙量和泥沙粒径,均大于长江来量;电厂下游成淤积心滩,壅高电站尾水位。为解决大江电站的泥沙淤积和粗沙过机的问题,文伏波等采取了如下措施:

大江航道兼作冲沙闸,泥沙模型试验表明:从南津关出峡进入坝区的卵石推移质,当大江航道不泄洪排沙时,约有 1/3 进入大江电厂前缘;当大江航道泄洪排沙时,绝大部分泥沙可通过大江航道下泄,进入大江电厂前缘的泥沙数量,可减少 65% 以上。而且,大江航道泄洪冲沙,还可以减悬移质泥沙过大江电厂的含沙量和泥沙粒径,可以根本性地改变大江电厂过机含沙量和泥沙粒径均大于长江来量的不利情况。因此,文伏波等便利用大江航道位于南津关弯道凸岸的位置,当长江流量大于卵石推移质出峡流量 3 万 $m^3/s$ 时,启用大江航道泄洪冲沙(汛期排沙时暂停通航),使大江的底沙从大江航道排走,既可减少大江航道的泥沙淤积量,又有利于解决大江电厂的泥沙淤积和粗沙过机问题。

改善大江电厂前流速流态,多引面流少引底流。试验研究成果表明,防淤堤的左侧边线采用流线型,根部最大宽度为 210~230 m;纵向围堰和横向围堰拆除高程,采用 47.0~45.0 m,左高右低,改缓拆除后的钢箱围堰内坡,加陡防淤堤根部斜坡,便可改变大江电厂前水流的流速流态,做到多引面流而少引底流,以满足减少粗沙过机的需要。

设置分散的排沙底孔,保持大江电厂门前清。1972 年 11 月停工前,对水电站前沿泥沙淤积问题研究不够,电站进水口几与河床齐平,这势必造成推移质泥沙在机组进水口前淤积,影响机组出力。而且,粗沙过机,必将加速机组磨损。自 1972 年 12 月长办正式承担设计任务后,对电站部位泥沙淤积问题极度重视,才开始研究解决电站的泥沙问题,采取了导排结合的综合措施。

泥沙模型试验表明,底孔排沙效果显著,能使电厂前形成稳定的漏斗,但低于厂前淤积高程,减小过机泥沙的含沙量和泥沙粒径。大江电厂每台机组设 2 个底孔,每孔流量约 250 $m^3/s$,底孔高程为 29.2 m,电厂进水口高程为 40.1 m,高差 10.9 m。由于大江电厂前缘有右偏底流,为了更有效地排泄进入电厂前缘的粗沙卵石,在电厂右侧安装下面设置流量为 600~1 000 m³/s 的大排沙底孔。试验表明,大排沙底孔的排沙效果,较其他底孔更为优越。由于排沙底孔进口高程很低,可将翻越拦沙坎而进入厂前的泥沙排往下游。鉴于弯道环流作用,泥沙数量沿坝线呈右多左少分布,故二江电站 7 台机组仅设排沙底孔 9 个,而大江电站 14 台机组和右安装场段,则共设排沙底孔 30 个。

从电站建成后的运行情况看,排沙底孔的排淤沙作用显著。如:1986 年 7 月,大江电站排沙底孔口门淤沙厚达 9.2 m,口门顶亦被泥沙淤埋,当月中旬放水试运行,并对右侧的 6 个排沙底孔依次放水 2~3 天,不仅将该孔前沿 9.2 m 厚的淤沙全部冲走,还将左侧毗邻的 5 台机组前沿厚约 3.5 m 的淤沙冲净,保证了机组进水口维持门前清的状态。电厂前的淤沙以粗粒径的推移质居多,由于能有效地排沙,可减轻粗沙粒过机所造成对机组的磨损。从机组实际运行的情况来看,各机组部件磨损极其轻微[1]。

在凸岸坝区底部设置较低的泄洪底孔,不仅便于形成较窄深的主河槽,利于排泄底沙,而且可以增大电站引水口和船闸航道与主河槽的高差,减轻泥沙淤积。葛洲坝大江电站这一排沙设计经验,已应用于三峡工程。

改善大江电厂下游水流边界条件,减少心滩淤积量。大江电厂下泄水流右侧,受大江航道导航堤的制约,左侧受二江电厂和泄水闸下泄水流的顶托,泄流不畅,使电厂下游形成右高左低的心滩,心滩淤积量约 300×10⁴ m³/s,抬高电厂下游水位 0.5~0.7 m。模型试验根据大江电厂下游淤积心滩的成因,采用保留下游纵向围堰,并在围堰末端修建长 250 m、高程 50 m、右偏 3° 的导流堤,使大江电厂下泄水流较为顺畅,增大水流挟沙能力,电厂下游心滩的淤积量可减少约 50%,水位可降低 0.30~0.35 m。

通过上述一系列的措施,大江航道和电站的泥沙问题得以解决,文伏波等关于大江枢纽建筑物的设计方案才得以审查通过,并付诸实施。

---

[1] 魏廷铮:《长江葛洲坝工程建设中的几个关键问题》。载《葛洲坝水利枢纽科研论文选编》,长江科学院,1988 年 1 月,第 7 页。

图 6-5　1985 年,作为设计的主要参加者获葛洲坝二、三江工程及其水电机组设计特等奖

葛洲坝工程虽然历经磨难,但终成正果。1985 年,葛洲坝二、三江工程及水电机组的设计,与"两弹一星",被授予国家科学技术特等奖荣誉称号。文伏波因为是葛洲坝二、三江工程及水电机组设计的主要参加者,国家科学技术进步奖评审委员会颁发给他"葛洲坝二、三江工程及其水电机组"特等奖证书。葛洲坝工程设计的成功,标志着文伏波的专业技术水平达到了巅峰。

# 考察铁门电站

20 世纪 70 年代末,葛洲坝水利枢纽工程一期工程(即二江水和三江工程)即将竣工,二期工程(即大江工程)即将截流动工兴建。当时,国内大型船闸设计、兴建和运营管理的经验十分欠缺。于是,中国科学院和罗马尼亚全国科学技术委员会,在北京签署了 1980—1982 年科学合作计划,其中,193-05《考察铁门水电站船闸和通航系统》的工作任务,由文伏波等完成。考察期为 15 天,三个考察内容:船闸和通航系统自动化;船闸和通航系统设计和施工经验;高压输电线跨越船闸的原则方案。

1980 年 5 月 16—31 日，文伏波一行，在罗马尼亚，以铁门水电站通航枢纽(罗马尼亚称"铁门发电公司")为重点，考察了该枢纽船闸和通航系统的管理、运用、检修、自动化调度安全通航的经验。还去铁门电站的南斯拉夫一方，参观了南方船闸的检修情况，及参观了铁门电站以下 80 km 的铁门二号电站施工现场。回布加勒斯特后，访问了水电设计研究院(I·S·P·H)和试验室，还有水利工程研究院(I·C·H)，并询问了罗方水利建设的一般情况。通过这次考察，为葛洲坝水利枢纽 2#、3# 船闸及其航道的投入运营，1# 船闸及其航道的设计、施工和运营管理，奠定了一定基础。

## 一、考察前的准备工作

文伏波接到水利部对外司的通知后，1979 年 10 月开始着手准备到罗马尼亚考察一事。首先，他与水利部对外司联系，建议考察铁门水利枢纽的布置、通航水利学(包括进出口水流条件和充泄水条件等)、闸门和启闭机、自动化控制、土建设计等，目的是为葛洲坝船闸的年通过能力、三峡工程多段船闸收集资料。经过与对外司商议之后，决定考察铁门水利枢纽的通航能力、水力学条件、运行管理组织。接着，文伏波开始收集了罗马尼亚的一些相关信息，包括罗马尼亚国名全称、国土面积、人口、宗教信仰、官方语言、国家元首、新闻媒体、自然地理、气候、罗马尼亚共产党、罗马尼亚货币等，尤其是多瑙河和铁门水利枢纽工程的一些相关资料。重要的是，文伏波就考察内容、考察时间、赠送罗马尼亚的礼物等问题，都做好了充分的准备。

**向对水利部外司提出考察内容**　1980 年 3 月 17 日，文伏波等去罗马尼亚考察一事获得相关部门批准。27 日书信一封，向水利部对外司正式提出考察意见，并得到对外司的首肯。他提出的考察建议如下：

（1）铁门水电、通航枢纽在通航、发电等方面运行经验，包括管理、调度运用的自动化程度。

（2）罗马尼亚水利水电建设中设计、施工的新经验。

（3）多瑙河流域农业灌溉、排涝、防洪建设。初步设想访问下列单

位,供你们与罗方联系安排时参考:

① 水电研究设计院(Institute of hydroelectric studies and designs——in Bucharest)(I. S. P. H.)。

② 水利土壤改良勘测设计院。

③ 铁门水电、航运枢纽(Olm gate Hydroelectric and navigation system)。

④ 正在施工中的一个水利水电工程,例如:铁门Ⅱ号("Olm-gates Ⅱ")。

⑤ 多瑙河大型灌溉系统、多瑙河沿岸防护堤工程各一处。

参观铁门一号、铁门二号时,希望能去南斯拉夫一侧参观,以了解高压线架空跨过船闸对过闸船舶有无影响等有关问题,能否请罗方联系安排。

我们的制装问题已解决(中、西装各一套),4月25日交货。今天与杨孟藩同志联系,他的衣服是4月24日交货。

我想考察组同志在北京停留半个月,以便互相交换情况,进一步搜集有关资料,采购物品,制定具体的考察计划。为此,建议考察组于4月25日在北京集中,5月10日左右出国考察①。

**提出延长考察时间**  考虑到葛洲坝通航问题在国内争论较为激烈,水利部与交通部的意见很难协调,考察内容较多,而水利部对外司安排的时间有些紧迫,1980年4月3日,文伏波再次致信水利部对外司相关负责人,要求延长5日考察时间,争取尽量多了解一些罗马尼亚水电建设的经验。该建议得到水利部对外司批准,并付诸实施。

原定去罗考察的期限为15天,如扣去来回2天路途,加上在大使馆及罗方办些手续,安排计划花去1～2天,则真正考察的时间只有10天左右,似嫌太短。

---

① 文伏波信件,1980年3月27日文伏波写给水利部外事司的信,扫描件和原件已提交馆藏基地。

希望与外经部联系,在办理护照的有效期限和订来回飞机票时,按 21 天安排,则纯工作时间可以有 15 天左右,争取尽量多了解一些罗方水电建设的经验①。

**收集好赠送罗马尼亚的礼物**　去罗马尼亚考察前,文伏波收集了如下礼物,准备赠送给罗马尼亚:

(1) 葛洲坝工程介绍,10 本,葛洲坝工程局提供。

(2) 葛洲坝工程简介(英文),10 本。

(3) 长江航运介绍(英文),1 本(航道局荣天官提供)。

(4) 丹江口画册封面,10 张(丁琦提供)。

(5) 荆江河段、丹江破碎带、荆江深孔、葛洲坝软弱地基的英文材料。

(6) 三峡工程简介(英文)。

(7) 国际泥沙会议(长江流域规划办公室论文)②。

## 二、考察铁门 1 号水利枢纽工程

文伏波一行,在罗马尼亚和南斯拉夫的考察活动,全程由电力部供热供电工业中心礼宾负责人全程陪同,被考察的各单位负责人出面接待,主要技术人员与文伏波等座谈。考察期间,适逢多瑙河涨水,流量达 1 200 m³/s 左右(大于 10 年一遇洪水),12 台机组全部发电外,还开闸泄洪,可以看到这种上下游引航道水流条件比较差的情况下,船队的运转。同时,由于南斯拉夫船闸检修,所有船只均由罗马尼亚船闸通过,因此,全程观察了船队上行下行和各种调度指挥过闸的操作程序。恰逢罗马尼亚 1979 年大检修,南斯拉

---

① 文伏波手稿,1980 年 4 月 3 日工作笔记,原件已提交馆藏基地。

② 文伏波手稿,1980 年工作笔记,拍照件已提交馆藏基地。

夫正在检修,当时船闸已运转 10 年,经过观摩船闸的全面检修,文伏波等对船闸曾发生过的问题和检修情况全部摸清。而且,工作人员还主动将上闸室水放空,让文伏波看到闸室底部的输水系统布置;介绍自动化时,将自动化元件同步装置、水位差计拿来样品,拆开给文伏波等观看;当文伏波等提出想看南斯拉夫一侧的高压线架空穿过船闸和船闸正在检修的情况时,工作人员又主动与南斯拉夫联系,并陪同前往。

**铁门一号水电通航枢纽情况**　罗马尼亚和南斯拉夫两国,于 1964 年 9 月—1972 年 5 月合作建铁门水电通航枢纽,最大水头差 34 m,发电能力 210 万 kw,总投资 3.95 亿美元,罗马尼亚和南斯拉夫两国各投资一半,需要过船的各国一次性支付 5 500 美元,再不收费。该枢纽是一个对称布置:两边各一座二级船闸,各一个 6 台机组的电站,中间是 14 跨宽度为 25 m 的泄水闸。建坝后货运量逐年增加,1979 年达 3 000 万 t,增加一倍。按设计通过能力,可通过 5 300 万 t,运量可达 900~1 200 万 t,其中,最大运量是石油。

**组织管理情况**　铁门枢纽对等布置,水利资源对等分配,因而也要求对等运转。多瑙河有国际航运委员会,铁门电站有罗马尼亚和南斯拉夫双方组成的混合委员会,协商解决有关问题,具体日常工作,由两国的铁门发电公司逐日协商,如:水量、电量的分配,7 天作一次平衡,双方均有各种仪表相互监督,船闸运行调度,一般一个月协调一次,对等运行(因为过船闸一次要花 2 000 美元)。99%的问题,可在两国铁门发电公司解决,只有 1%的问题,要提交混合委员会协商。建成后的 11 年来,两国关系和利益,完全做到了对等平分。

罗马尼亚发电公司共 400 人,其中船闸管理 56 人,电站 80 人,维修 120 人,职员 100 人,地区公司 44 人。船闸管理一天三班,每班 6 人(控制室 2 人,上、中闸首各 1 人,班长 1 人)。规定:每年小修一次,维修期约 1 个月;每 6 年大修一次,维修期约 4 个月。大修时,由施工托拉司来人一同进行。

**船闸情况**　铁门 1 号水利枢纽工程,选用二级船闸,第一级闸室突入水库内。选用二级船闸的原因主要是,如采用一级船闸,下闸首人字门高度超过当时设计时已建船闸的门高,同时在加工设备上,时间安排上,都存在很多困难,且采用二级船闸也有节水之利。根据多瑙河国际航运联合会的建议,船闸尺寸是 32～34 m 宽,310 m 长,槛上水深 4.5～5.0 m。最后,采用 34 m×310 m×5.0 m。设计船队 9×1 200 t。1 200 t 船是 75 m 长、10 m 宽、吃水 2.2 m,或 2×5 000 t 船队,5 000 t 船是 135 m 长、16.75 m 宽、3.5 m吃水深。对于二级船闸的补溢水问题,设计时选用单溢水不补水。由第二级闸室临河侧闸墙上布置多孔溢流堰,溢流堰总长 139 m,溢流堰定高程 51.6 m,溢流堰的进口顶高程为 47.5 m,低于闸室水面(即堰顶高程) 4.1 m,大于最大船只的最大吃水深度。俾使溢水时,由船只底部以下取水,减小对船只的横向力影响。

船闸上下游引航道均长 585 m,宽 100 m,罗马尼亚上游引航道临河一侧采用透空的导墩加浮台(吃水 25 cm)的形式,南斯拉夫为实体导堤式,下游引航道侧导墙,两国均采用直立式混凝土导墙,上闸首布置两座,34× 12.4 m的平板门(工作门与检修门),中闸首一座 34×15.75 m 的平板门。平板门均可下置或上吊检修。工作平板门前后面均有面板,用液压式启闭设备。下闸首二座人字门、工作门 34×22 m,单扇重 400 t,液压式横推拉杆启闭,设计油压力 180～185 个大气压,实际只要 80～90 个大气压,检修门 34×12.15 m,用简单的机械启闭,上、中、下闸首两侧,都布置有输水廊道的阀门,面积为 6×6 m,上下闸首的阀门为平板门,中闸首为弧形阀门,由苏联对反弧形阀门的试验,在门井内装有水平消波格栅的防震设备。

输水系统布置,经过罗马尼亚 1∶40 的模型试验,和南斯拉夫 1∶25 的模型试验,采用闸室底部长廊道二区段横支廊道侧支孔输水的布置。每区段有 9～10 根横支廊道,每根横支廊道有六队 0.56×1.0 m 的侧支孔。罗马尼亚船闸在第一级闸室后端,即中闸首前,高程 63～69 m,设有固定的钢丝网,作为上游进闸船只的防冲装置。船闸上闸首采用侧向多支孔引航道内取水,下闸首采用旁侧泄水。闸室灌水时间 9～13 分钟。上闸室最大水头 17.9 m,下闸室 16.6 m,总水头 34.5 m。闸室水面的平均上升速度为 1.3～ 2.0 m/min。这种输水系统布置,罗马尼亚认为在当时是达到国际水平的,建议葛洲坝船闸采用。

**通航系统调度操作自动化** 铁门水利枢纽通航系统调度操作自动化比较齐全,水平也较高。它在中闸首上空设控制室,高出桥面 37.5 m,统一操作。室内有操作台一个,台上布有船闸(包括上下游引行航道)模拟图、信号灯,及各闸、阀门的启闭、按钮开关,经逻辑系统,实现船队过闸自动化。在台的立面上,有反映上下游水位变化的数字显示仪,有反映上、中、下闸首闸门的开启情况和水位变化情况。在控制台的二侧,装有二部雷达(捷克生产的),一部工作,一部备用。在控制室墙上操作台正面,挂有二台工业电视,一台工作,一台备用。工业电视接收前港及各闸首处 8 个摄像头的摄像,摄像头方台转角,上下 45°,左右 320°,天晴,白天用工业电视观察,雾天和晚上,依靠雷达观察。另外装有无线电电话和调度电话,无线电电话用以对远至 70 km 以内的船只进行调度指挥,调度电话用以和枢纽上各值班室和南斯拉夫进行生产调度,船闸区还设有广播系统,通过对讲机,和现场工作人员对话。

在上、下游锚地、前港、上中下闸首,均设有完善的讯号系统,其中,一套讯号系统工作,一套讯号系统备用。

船只过闸自动化,有全自动、半自动和手动三种操作方式,实际运行中,用半自动操作方式,比较安全可靠,且可按来船情况和水位情况,机动灵活地掌握。

为实现船队过闸自动化,上下游闸门附近装有无线电船只探测器,上、中、下闸首前后装有水位测量装置,在配电室内装有中闸首平板门启闭时的同步装置。按过闸程序,组成逻辑系统,用小型磁继电器,实现自动过闸。

控制室四周均为玻璃,视面宽广清晰,罗马尼亚的控制室面积约 140 m² 左右,南斯拉夫约为 155 m²,并都有逻辑盘和录音设备。

**船闸运转情况**　试验中 1 000 t 船的最大纵向力为 1 200 kg,排水量 3 500 t 的船最大纵向受力 4 100 kg,横向力小于纵向力的一半,船闸运转后,未进行过原体船只的受力测定,考察时,库水位 63.0 m,下游水位 42.0 m,洪水流量 11 200 m³/s。文伏波等看到和了解到的船闸运转情况如下:

下行船只抛锚停在离坝 4 km 处等候,据说洪水流量减小后,可移近,船队得到进闸讯号开始进闸,由于罗马尼亚临河侧为浮式导堤,船队受横向流速的影响(无测量数字),发生两次碰撞闸首的现象,说明进闸较不方便,故罗马尼亚也认为浮式导堤没有南斯拉夫的实体导堤好。

各国的船队编扎不同,苏联、南斯拉夫的船队是硬绑顶推,奥地利、捷克的船队是软绑拖带。硬绑船队进闸后,当时看到的是前后系缆,宽度小的船队是单边系缆。据说系缆方式随水头差而变,水头差大时,是多点系缆。

当时观察闸室灌水时间,闸室内水流情况良好,闸室水位上升至前闸首平台(约 2 m 多宽)时,局部水面略有被动影响,范围和时间均不显著。

中闸首反弧形门门井内,水位波动不大,偶有门框与廊道的碰击声,据说罗马尼亚现在是将反弧形门经 6 分钟开至 2.5 m 停,如果开至 6 m 顶,振动声就很大,南斯拉夫是 5 分钟全开,接着关至 2.5 m 停。两国均避免反弧门停在全开。大修时,罗马尼亚发现临河一侧反弧形门的两个轴销(Φ700 mm)已断裂,幸未拖出,门边止水橡皮的螺丝已切断,反弧形门吊点有磨损。南斯拉夫大修时,未发现轴销有断裂现象。

上下闸首平板输水阀门底部后侧大修时,也发现有剥蚀。中闸首反弧形门后廊道内分流墩头部也有损毁,已填补。后人字门油压启闭横推拉杆运动良好,10 年运转活塞杆毫无损坏,仅伺服马达的密封圈换过两次(1976年、1979 年)。

## 三、考察其他水利枢纽工程

**铁门 2# 水电通航枢纽**　铁门 2# 水利枢纽工程,在铁门 1# 水利枢纽工程下游 80 km,距多瑙河入黑海口 863 km,该处有罗马尼亚的一个长 14 km 的江心岛,将多瑙河水分为两股,罗马尼亚境内是小股水流,建 7 孔溢流坝(每孔 21 m);在江心岛,利用斜向小河开挖,建罗马尼亚船闸(34×310 m),并在大船闸旁加一小船闸(14×140 m),施工时辅助大船闸运转,待南斯拉夫船闸建成后,该小船闸移作船坞,江心岛上建一造船厂,各国通航船只均可在此修理。在罗马尼亚和南斯拉夫交接的主航道上,从罗马尼亚江岸到南斯拉夫江岸,顺序排列两座电站,罗马尼亚、南斯拉夫各 1 座,各装 8 台 2.7 万kw 的发电机,水轮机为灯泡式机组,南斯拉夫的 8 台,均从苏联购买,罗马尼亚从苏联进口 1 台,其余 6 台买苏联专利,自己制造。接着是南斯拉夫的一座七孔溢流堰(与罗马尼亚一样),一段 125 m 的土坝和一座大船闸(34×

310 m），船闸与南斯拉夫江岸之间有 360 m 长的坝。

该枢纽水头差一般 7～8 m，最大 13 m，修建该枢纽的作用有三：每年发电 25 亿度，装机容量 43.2 万千瓦；改善铁门一号与铁门二号之间 80 km 的航道；作为铁门一号的反调节水库，利用反调节水库下泄的 2 000 m³/s 流量，维持下游的通航水深，使铁门一号电站更好地多发峰荷，这是主要的目的。水库库容 8 亿 m³，同水位变幅 2～3 m。

该工程总投资 3.08 亿美元（1972 年美值），由罗、南双方分摊，其他通航国家不付钱，整个工程除南斯拉夫的 8 台机组安装及南斯拉夫 80 km 的防护堤工程，由南斯拉夫负责外，其他全部由罗马尼亚施工，南斯拉夫监督。为此，南斯拉夫付罗马尼亚 1.05 亿元，其中 5 000 万元为美金，其余由南斯拉夫向罗马尼亚输电偿还。该工程于 1977 年 12 月 3 日开工，文伏波访问参观时，正在兴建中。

大坝上有通南斯拉夫和罗马尼亚的公路，并预留铁路，因南斯拉夫离坝 5 km，已有铁路线。

该地基基础较差，是黏土（沙岩），在水中是坚实的，但在空气中就很差，容易滑坡，摩擦系数 0.31，承载力 4～5 kg/cm²，第一层浇捣困难，估计建成运转 12 年，方能收回成本，而铁门一号水利枢纽工程，3 年收回了成本。

**蒙哥列里—尼可博罗水电航运枢纽** 铁门二号下游 282 km 处，罗马尼亚与保加利亚合建蒙哥列里—尼可博罗水电航运枢纽，水头差 15 m 左右，1972 年底举行了开工典礼，但移民费用尚未达成协议，装机容量 76.4 万 kw，装灯泡式机组 20 台，年发电量 43 亿度，砼坝最大高度 34 m。枢纽布置自左至右为：罗方船闸、10 台机组、16 孔泄水闸、中间为土坝、土坝右侧接升鱼机兼小船闸、保加尼亚 10 台机组、保加尼亚船闸。大船闸尺寸（34×310 m），小船闸尺寸（12×100 m），输水系统是 1/4、3/4 进口的闸室底部长廊道，在过鱼时有专门的头部短廊道放去 20～30 m³/s 的流量，产生诱鱼流速，在闸室前，上闸首后有 12×4×1.5 m（高）的升鱼机，重约 80 t，设有光电管计鱼器，驱鱼栅、取鱼室。多瑙河鲟鱼（sturgeon），体长 2 m 左右，体重 150 kg 左右，数量逐渐减少，属稀有生物，每年 3 月开始从黑海上溯，历经 3 个月，到铁门二号产卵，能适应 8 m/s 的流速，建升鱼机进行保护。过鱼季节,应尽量创造安静的环境,有些船闸尽可能少使用。枢纽的过鱼设施所花投资,占整个投资的 5%～6%。苏联升鱼机过鲟鱼有很多经验,比较成功。

## 四、参观两个实验室

**水电设计研究院(I·S·P·H)** 1972 年,该院总人数为 2 500 人,其中技术人员 1 100 人,一般设计费用是工程投资的 2%,但工程愈大,百分数要减小。该研究院除接受全国水电建设的设计任务外,还有水工、土工、材料等试验研究工作。其中,水工试验室有 70 人,工程师以上 14 人,试验室室内已有面积 800 m²,供水 500 kg/s,正在新建即将投产的试验室 1 000 m²;室外试验场 1 000 m²,正在做铁门二号的截流试验。在试验室内参观了一个船闸模型(试验已结束),该船闸尺寸为 12×150×4 m,水头差 15.5 m,过 1 200 t 船,灌水时间 14 分钟。模型比尺为 1∶40。另外,还看了一个泄水闸的冲刷试验,先由沙粒试验,得冲深 15 m,继而用砼块试验(每一砼块合原型 7～8 吨),还有水轮机模型试验,主要研究进口漩涡和进出水轮机的损失。并介绍了刚开始筹备做风力发电的试验的情况,这是解决能源危机的一个途径。设计院设想,不单是多瑙河上,而是要把内河上的水力资源在 20 世纪末全部开发殆尽。

**水利工程研究院(I·C·H)** 该院直属建筑部,也直属国家,承担电力部、农业食品部、交通部、工业部等有关大型水利水电建设的试验研究工作,院经费的 80% 由生产任务合同取得,20% 由国家补给,每年平均合同所得经费约 3 700 万 leu(约合人民币 460 万元)。全院工作人员 550 人,工程师以上 150 人,其中博士 18 人,研究员 9 人。

水工试验场地,室内共有 8 000 m²,室外 10 000 m²,野外试验场地 10 公顷(150 亩,10 万 m²),院领导简短地介绍了罗境内多瑙河到黑海正在施工的康斯坦察运河,长 62 km,运河最低水位时水面宽度 90 m,可双向航运,在运河首尾各设一个双线船闸,尺寸均为 25×350(连头部的长度),水头差 7.5 m,并看了靠黑海的 1∶25 的船闸模型,缆绳拉力仪是电感式,装在船头。采用的输水系统有两套,闸室灌水时用侧向高支孔方案,泄水是底部廊道,目的是防止盐水入侵,同时还考虑二种措施来防止盐水入侵,一是在下闸首后设压缩空气帷幕,和由电厂泄水入下闸首后引航道内冲挡盐水。

## 五、考察成果和体会

考察结束后,文伏波等整理出三份考察材料上交相关部门,包括《赴罗马尼亚水力发电考察报告(水轮法电机部分)》《铁门水利枢纽左岸航运船闸闸首设计》《罗马尼亚铁门电站资料》。此外,还写有《赴罗马尼亚铁门电站船闸和通航系统考察汇报》一份,写明了考察的内容,并总结了如下的个人体会:

(1)铁门一号船闸通航系统的调度操作自动化水平是较高的,通过10年的运转,也证明调度操作灵活、运行安全可靠。操作台上有通航系统的模拟指示,对各闸阀门的开闭情况,各讯号的显示,水位的变化等,均可了如指掌。还有晴白天用的工业电视和晚上或雾天用的雷达,两者也都是必要的,可以直接观察各处通航情况,及时作出正确、灵活、安全的调度和操作。这一套自动化装备和运输经验,对确保安全通航和提高运转能力,起了很大作用,值得葛洲坝船闸吸取的。

(2)在罗马尼亚水利建设的一般介绍中,感到他们对全国的水利建设,有全面的规划,并要在本世纪末将水利资源全部开发出来,为民造福。考虑是全面的,也是谨慎的。既考虑综合利用,也顾及生态平衡,从已开工的蒙哥列里—尼可博罗水电航运枢纽布置来看,它为了保护鲟鱼,不惜花工程投资的5%～6%建升鱼机兼小船闸。目前,我国要保护长江的中华鲟,观点是一致的,怎样保护,看法有些分歧。这是葛洲坝枢纽建设中存在的一个迫切需要解决的问题。个人认为,我们对中华鲟的人工繁殖研究,集鱼船的研究,人工捕捉过坝的研究等,都是很有必要的。但目前上述研究尚无见效之前,建坝中总该给中华鲟以通道。升鱼机在苏联过鲟鱼还是比较有成效的,未尚不可作为方案之一,积极开展工作。

（3）铁门一号下人字门采用液压式横推拉杆启闭，情况良好，十年来无损坏，仅伺服马达的密封圈换过二次，葛洲坝二号船闸下闸首人字门，采用扇形机械启闭，齿轮直径大，加工困难，故两者之间的差别，还值得进一步比较，以供葛洲坝一号船闸选用。

（4）铁门船闸中闸首的反弧形阀门，看来震动是一个问题，布置中虽已加水平格栅防震措施，还不能满意，不论是罗方还是南方，都不按照一般的阀门操作，开到全开而止，而是都避免停在全开。南方的处理似较合适，因而我们葛洲坝的船闸，反弧形阀门的震动问题和操作方式，也该更引起注意，作进一步试验研究和重视原体运行试验观测工作[①]。

文伏波的考察体会是切合实际的，也是中肯的，其意见和建议在葛洲坝工程的设计和船闸管理运营中有皆有所体现。

---

① 文伏波1980年考察罗马尼亚汇报材料，原件已提交馆藏基地。有关该次考察内容，皆参考此材料。

# 第七章
# 主持编制 1990 年长江流域规划

　　长江是我国第一大河,全长 6 300 km,流域面积 180 万 km²,流域地跨多个不同气候区,降雨时空分布不均,常患洪涝渍灾害和旱灾,灾情分布广,历时长,灾害程度深。唐宋以来,长江流域一直是我国重要的经济发展区,也是未来国家经济重点区。如何全面、有效、合理地开发利用长江的水力资源、水能资源和水资源,无论是过去、现在,还是将来,都是摆在我们面前的一大课题。

　　江河的开发治理,必须以流域规划为依据。在文伏波参与编制了 1955—1959 年的《长江流域综合利用规划要点报告》(简称《要点报告》)的指导下,经过 20 多年实践,长江流域的开发治理取得了显著成效,对抗御自然灾害、利用水资源、促进农业增产和创收、交通事业发展、改善生活条件等,都起了巨大作用。

　　1978 年党的十一届三中全会以后,国民经济迅速发展,对长江流域水资源综合治理与开发提出了新要求:提高防洪安全保障、改善工农业生产条件、保护水资源供给、缓解能源紧张局面、改善干支流通航条件、保护水资源与改善生态环境等;水文、地形、地质及社会经济等基本资料不断延长、增加、丰富、完善,干支流规划、区域规划、专业规划研究不断深入,科学技术水平不断提高,治理开发长江的经验不断积累,对长江流域自然规律和经济规律的认识不断深化;长江流域出现新情况和新问题,如:水质污染、环境保护、生态平衡等。因此,为适应 20 世纪 80 年代及未来发展需要,为实现到 20 世纪末全国工农业年总产值翻两番的战略目标,加之 1957 年的《要点报告》对长江尚有些认识不清之处,及时修订补充《要点报告》,对长江流域的治理、水资源综合利用和水土资源保护,提出全面综合安排,以指导全流域的治理开发,非常必要。

长江流域规划工作,1982 年开始摸底,1983 年 12 月国务院批准立项,1984 年 8 月底 9 月初正式分工,1990 年,编制工作全部告罄,9 月 21 日,国务院发出国发[1990]56 号文,要求有关部门和长江流域内各省、市、自治区、直辖市贯彻执行《长江流域综合利用规划简要报告》,这是继《中华人民共和国水法》颁布之后,经国务院正式审查批准的第一部大江大河的流域规划。三峡工程、南水北调工程等大型水利工程,都是在该流域规划的指导下立项并兴建的。

# 准 备 工 作

长江流域规划的编制工作,是个浩大的工程,涉及国务院多个部委及长江流域各省、市、自治区及其相关机构,必须做好协调工作。长办首先调查摸底,先后派出 9 个调查队 27 个调查组共 230 多人进行了实地查勘,积极与长江流域各省市自治区联系沟通,相关的 10 个省市反映积极,愿意参加规划工作。1982 年 7 月,长办编制完成《长江流域综合利用规划要点报告修订补充任务书(讨论稿)》,开始积极争取立项。1983 年 12 月,国务院正式批准了《长江流域综合利用规划要点报告修订补充任务书》(简称《任务书》),国家计划委员会正式立项,二修长江流域规划。为落实《任务书》的各项任务,1984 年 8 月末至 9 月初,在河北涿县召开协调会,协商二修长江流域规划的具体事宜,并达成一致意见。会后,各相关单位迅速确定了项目负责人,并组建了编写班子。至此,二修长江流域规划的准备工作基本就绪。

## 一、《任务书》的编制和申报

在征求长江流域18个省市自治区及国务院有关部委意见后,长办对《任务书(讨论稿)》进行反复修改后,提交到水电部、国家计划委员会和国务院。1983年3月,国家计划委员会下达关于请水电部负责组织编制长江流域综合开发利用规划的通知。随即,水电部向国家计划委员会上报了《长江流域综合利用规划要点报告修订补充任务书》。国家计划委员会与有关部门共同研究审查《任务书》后,上报国务院,并获批准。1983年12月31日,国家计划委员会下达了《〈长江流域综合利用规划要点报告修订补充任务书〉》批复,要求水电部组织好力量,尽快开展规划工作,并请有关省市自治区和有关部门大力协同,密切配合,按期提交全部规划成果,规划编制中的协调工作由水电部负责。

首先,《任务书》确立了规划的指导思想:"继续执行一九五八年党中央《关于三峡水利枢纽和长江流域规划的意见》的指示,坚持'统一规划,全面发展,适当分工,分期进行'的长江流域规划工作的基本原则。同时,需要正确地解决需要与可能,整体与局部,近期与远景,除害与兴利,生产与生活,农业与工业,干流与支流,上游与下游,左岸与右岸,滞蓄与排泄,防洪、发电、灌溉与航运,水电与火电,发电与用电,以及水土和生物资源的利用与保护等方面的关系。""在规划中,要认真总结以往规划工作及其实施等方面的经验教训,深入调查研究流域自然规律和经济规律。从流域的实际情况出发,全面考虑国民经济各部门发展的需要,包括研究相邻流域对长江的要求,统筹兼顾,综合平衡,在一九五九年《要点报告》的基础上,进行修订补充。"①

《任务书》制定的规划总任务是:"在《要点报告》的基础上,总结所提出的综合利用开发长江水资源的经验教训,总结建国以来长江流域水利水电

---

① 《长江流域综合利用规划要点报告修订补充任务书》,载长江水利委员会:《长江流域综合利用规划报告》(1990年修订),内部资料,1990年12月,第485页。下文中《任务书》的内容参见该书第486~495页。

建设和运行管理方面的经验教训(特别是大坝建设方面的成功经验和失败教训);整理、分析与利用最新基本资料;根据国家经济建设发展新情况与要求,到本世纪末,力争使全国工农业的年总产值翻两番的战略目标,预测到1990年、2000年以及远景三个不同设计水平年综合利用长江水资源的发展,对长江干流和主要支流开发基本方案,进行必要的修改与补充,拟定方案实施程序,并根据国家计划编制要求,及时提供中间成果,使之比较符合实际地指导长江水资源综合利用,更好地为我国四个现代化建设服务。""规划时,要抓住重点,对一些战略性问题,如中下游防洪、治涝,中上游水能开发,干流航运等,要认真研究提出意见。研究工作的深度不要求'一刀切',要分清轻重缓急,对在近期可能实施的项目,研究工作要深一些,远景可粗一些。"具体拟定了14项编写内容:水资源综合利用规划与评价,防洪,治涝,水力发电,灌溉,航运,城市与工矿企业供水,水产,水源保护与环境影响,水土保持,长江中下游干流河道整治,主要支流规划,发展旅游,南水北调。《任务书》指出,防洪是治江的首要任务,中下游防洪和治涝、中上游水能开发、干流航运,是规划的重点。

至于协作分工,《任务书》规定:必须在国家计划委员会和水电部领导下,统筹安排,分工负责,依靠各省市自治区和国民经济各部门同心协力,联合作战。并根据要求,不定期地由长办召开全流域或分省分片的工作协调会,安排开展工作。必要时,请水电部或国家计划委员会主持召开会议协调。在以往规划研究工作的基础上,充分利用现有研究成果和规划资料,结合当前实际,由各负责单位根据各自所承担的任务,按总计划进度要求,开展工作,提出成果,即进行分水系、分片、分专业规划,然后提交长办,由长办进行汇总编制总体规划。

《任务书》初步拟定规划工作进度:1985年提出讨论稿,并密切配合国家长远计划的编制,提交所需中间成果。第一阶段:1983年进行基本资料的搜集、整理、分析;水利工程现状调查、经验总结;1983年下半年召开长江流域规划工作第一次协调会,讨论《长江流域综合利用规划要点报告修订补充任务书》和研究写作分工有关事宜;制定规划工作大纲。各负责单位与协作单位,于1983年第四季度至1984年上半年陆续提交规划成果;第二阶段,

1984—1985 年上半年,进行综合规划协调等工作;第三阶段:1985 年编制并提出《长江流域综合利用规划要点修订补充报告》讨论稿。

《任务书》是 20 世纪 80 年代编制长江流域规划的指导性文件,此后,在文伏波的主持下,三修长江流域规划基本按《任务书》的要求,完成了任务。

## 二、出席涿县协调会　共商编制长江流域规划大计

根据《任务书》的要求,经过 1 年多的努力,1984 年 1 月,长办编成《长江流域综合利用规划修订补充工作大纲》(简称《大纲》),为 1984 年 8 月即将在河北涿县召开的长江流域规划修订补充工作协调会提供了四个准议题:进行长江流域规划要点报告修订补充工作的重要意义及其必要性和迫切性;修订补充工作的总任务、具体项目,规划重点,工作深度以及项目分工;协调关系和工作进度;资料交流办法。

1984 年 8 月 29 日—9 月 1 日,水电部在河北涿县召开了"长江流域综合规划修订补充工作协调会"(简称"涿县协调会")。国家计划委员会和国务院有关部委、中国科学院有关单位、军委总后勤部军事交通运输部、流域内各省、市计划委员会和有关厅局,新闻广播单位等,87 个单位 160 多位代表,出席了会议。文伏波参加了这次协调会。

与会代表分综合组、交通部、电力系统、上游组、中游组、下游组共六个组,分别进行讨论,一致认为,修订补充《要点报告》是十分必要和迫切的;赞成《任务书》关于规划指导思想、规划任务、规划内容、协作分工的相关内容,同时,要增加国家计划委员会在以计土[1983]1972 号复文补充的两项任务,即"应将沿江城镇的发展与布局规划,长江流域环境地址图的编制和预测评价,纳入长江流域综合规划。这两项工作分别请城乡建设环境保护部、地质矿产部负责组织编制"[1];接纳提议,对《任务书》项目分工作了相应的调整

---

[1] 国家计划委员会文件计土[1983]1972 号《关于长江流域综合利用规划要点修订补充任务书的批复》,载长江水利委员会:《长江流域综合利用规划简要报告》,内部材料,1990 年 12 月,第 137 页。

和补充,如:将长江下游防洪和各地正蓬勃发展的小水电纳入规划内容。补充修订长江流域规划工作,总共分 15 个方面 56 个项目,经过讨论和协商,大多数规划任务的分工与协作,在涿县协调会上已基本落实下来,长办负责其中的 15 个项目,对长江流域水源保护、城乡建设和旅游事业的发展规划意见等少数规划项目,由长办负责与有关单位联系落实。

由于修订补充规划的项目多,时间紧,任务重,为早日出成果,会议认为:一定要突出重点,并处理好全流域重点与地区重点、重点与一般的关系。各项规划任务的工作深度,应区别情况,分别对待。对近期可能进行治理和开发利用地区和主要支流的工程,规划工作应该深些;远期工程可以粗些。对重点和国民经济部门要求迫切的规划任务,规划尽可能做深些;对次要任务,要求不甚迫切的,可粗些。对资料较多,历年来研究较深的,规划也做深些;对缺乏资料,以往研究较少的,可以做粗些。

会议决定,修订补充长江流域规划的工作,由水电部负责,长办承担具体的组织和综合编制工作;各项专业规划,由专业主管部门负责协调和综合;一个省市自治区范围内的地区或支流规划,请各省市自治区计划委员会牵头协调,由水利(电)厅(局)负责组织和综合编制工作;涉及多个专业或多个省市自治区的规划,由长办负责进行项目或分片的协调及综合编制工作;特别重要和复杂的问题,必要时可由水电部或国家计划委员会负责协调。为加强联系,各分项规划的负责单位,应指定项目负责人,长办要指定分项联络员。分项规划的负责人名单,请函告长办,长办于 10 月份将各项目负责人和长办联络员汇总名单告各参加单位,便于加强联系。

经过讨论,根据不紧不松的原则,建议将《任务书》规定各项规划完成的期限,普遍推迟半年,于 1986 年上半年提出规划报告讨论稿。但有些项目已开展工作,能早日完成的,应尽早提交规划成果。

许多代表提出,由于当时各规划设计单位正在进行改革,实行收费的办法,要求给予承担规划任务的单位相应的经费补助,否则工作难以开展。会议认为,前期工作所需经费,原则上要求各部门、各地区列为专项,在各自的事业经费中支出。有些单位经费确有具体困难的,国家可以适当补助。

总之,涿县协调会,同意《任务书》制定的规划指导思想和规划任务,支持《任务书》提出的协作分工模式,补充了规划任务,细化了编写要求,适当地延长了工作进度,合适地考虑了经费问题,对推动长江流域规划工作向纵深发展,促进各部门各机构、各地区、各学科各专业之间的协调合作,具有积极作用,是确保长江流域规划能顺利编成的重要保证。

### 三、成立协调小组　组建编写班子

涿县协调会之后,国务院各部委、长办和各有关省市自治区,迅速着手落实涿县协调会精神,分别成立了各自的长江流域规划协调小组,各单位相继召开工作协调会约 20 多次,层层落实任务,保证了修订补充工作的顺利开展。

长办成立的流域规划协调小组,任命文伏波为组长、项目经理;刘崇蓉为副组长;吕顶产、潘广哲、黄宣伟、杨先坤、郭一兵、袁弘任、李纯熙为组员。文伏波定期主持召开协调小组扩大会议、工作例会和周会;协调各方关系,及时解决编写过程中所遇到的问题和困难;制定工作进度表,督促各方按时按质按量完成编制规划的任务;接待各方来长办商讨编制流域规划、提交材料、提交编写成果的人士;分期分批地召集会议讨论各分项目的编制成果,等等。

1987 年 10 月 10 日,钱正英指出,越早拿出长江流域规划越好,编写班子中必须有 5～6 人脱产,由于文伏波已于 1986 年底退休,决定由文伏波专心致志地负责抓长江流域规划的修订补充工作。据此指示,文伏波于 10 月 16 日重组了长江流域规划修订补充编写班子成员:刘崇蓉、洛叙六、潘广哲,陈雪莺、谭培仑、薛函青、罗海超、罗泽华(半脱产)、余剑如、王禹圣、俞澄生、周惟奕。这些编写人员,原则上不与三峡论证报告相冲突;常务班子(即领导小组)成员:文伏波、刘崇蓉、洛叙六、潘广哲、谭培仑、罗泽华、陈雪莺。以文伏波为首的长办协调小组和编写班子,是确保长江流域规划修订补充工作能按时按质按量完成的重要人力资源保障。

# 收集整理资料和实地查勘

　　长江流域规划的资料,主要有三个来源:一是长办保存的丰富资料;二是涿县协调会后各相关单位送到长办来的资料,截至 1986 年,长江流域各省市、各部门先后向长办报送资料或成果 130 多份;三是长办派人现场考察收集到的第一手资料。

## 一、主持编成《长江流域社会经济部分基本资料汇编》

　　汇总、分类和整编浩如烟海的资料,是件繁杂且耗时、耗力的工作,但在文伏波的精心组织和安排下,1984—1985 年编制完成《太湖流域综合治理骨干工程可行性研究报告》;1985 年汇编成《长江中下游河道基本特征》;1985年底,整编出《长江流域水利资源普查成果》和《长江水资源利用》的调查报告;1986 年 1 月,编制完成《清江流域规划补充报告》;1986 年 6 月编制完成《长江干流水资源保护初步规划要点》(讨论稿)和《长江干流规划环境影响评价》(讨论稿);1987 年 3 月长办与贵阳水利水电勘测设计院联合提出《乌江干流规划报告》等。

　　在各类资料收集齐全之后,1985 年 5 月 23 日—6 月 1 日,文伏波主持在武汉市召开了长江流域社会经济部分资料汇总工作会议,水电部和长江流域 16 个省市自治区的计划委员会、经济委员会和有关厅局共 33 个单位 60多人出席了这次会议。会议对文伏波主持编制的《长江流域社会经济部分基本资料调查统计表》(有 17 种表格,涉及长江流域的工业、农业、交通、人口、耕地等各个方面,反映了长江流域的历史和现状等),逐表逐项进行了讨论研究、核对和补充,交流了工作经验,统一了认识,研究并确定了下一步的工作要求和计划。

　　吸纳武汉会议的意见和建议之后,1986 年 5 月,文伏波主持编制成《长江流域社会经济部分基本资料汇编(征求意见稿)》,发送 21 省市自治区的计划委员会、水利厅局、水电设计院,要求核实内容,尽快上报。此后,根据反馈的信息,文伏波等主持了修改工作。该资料汇编的内容包括:行政区划、人口、土地面积、水旱灾情、血吸虫病、基本建设投资额、农业总产值及主要产品产量、淡水鱼生产、工业总产值及主要产品产量、铁路、公路、航运、旅游、灌溉工程及效益、除涝、治碱、水土流失及其治理、主要水利工程技术经济指标等;地区范围,包括长江干支流有关的 18 个省市自治区,并将重庆、武汉、南京三市资料单列;按水系划分,包括长江干支流 30 个水系的资料。

1987 年 4 月 1—5 日,长办在南京市主持召开了《长江流域社会经济基本资料汇编》(统计年度截至 1983 年)审定工作会,出席会议的有长江流域 19 个省市自治区和国家计划委员会国家土地管理局、水电部规划设计研究院的代表共 84 人。经讨论认为,该汇编资料内容丰富,范围广泛,比较客观、准确、系统地反映长江流域基本面貌及其经济发展水平,能够说明长江流域经济在全国的重要地位、数十年来长江开发治理的成就以及当时仍然存在的主要问题,为长江综合利用规划要点报告的修订工作提供了坚实的基础,对各省、市、自治区的国土规划及区域规划、河流规划等,亦有重要参考价值,是国民经济有关部门的一份极为重要的参考资料。经过认真审核校对,一致认为,该汇编资料符合长江流域规划修订补充任务书提出的精度要求,可以基本定稿。1987 年 10 月,该汇编资料印刷完成。12 月底,发给有关部、委和省市自治区的计划委员会、经济委员会、统计局、水利水电厅(局)等单位,供编制地方和专业规划参考之用。

《长江流域社会经济基本资料汇编》,是长江流域综合利用规划(1990 年修订)的四大成果[1]中最先完成的。经过对新旧资料的收集和整理,文伏波

---

[1] 1990 年修订的长江流域规划前后共有四大成果:《长江流域综合利用规划要点报告》(1988 年修订)1 册(在经过修改定稿后,改名《长江流域综合利用规划报告》(1990 年修订)1 册)、《长江流域社会经济基本资料汇编》(1987 年)1 册,此三册共计约 70 万字。《长江流域综合利用要点报告附图》(1990 年修订)1 册(计图 50 幅)。

等感到,资料十分丰富,编制长江流域规划的修订补充报告的压力应该不太大。

## 二、实地查勘  收集第一手资料

长江流域规划一旦编成,是日后数十年开发治理长江的重要依据,仅仅通过收集和整理资料,是远远不够的,必须进行现场查勘,掌握第一手资料,编制的规划才能切合实际,满足现实需要。为此,文伏波或听取查勘队的工作汇报,或亲自查勘,收集第一手资料。

1983年7月6日,文伏波听取长江下游干流九江大堤、同马大堤和无为大堤查勘工作汇报;9月16日—10月5日,参与查勘长江流域尤其是江西省水土流失现状,出席了9月18日—27日在江西南昌召开的长江流域水土保持技术协调会,并致开幕词。其间,还查勘了万安水利枢纽工程,与江西省梁省长商谈了长江流域规划的相关事宜;1985年11月14日—19日,陪同水电部副部长杨振怀、湖北省副省长王汉章、湖北省水利厅厅长童文辉等,查勘荆江大堤、荆江分洪区、下荆江河道和杜家台分洪区;1986年3月5日—9日,陪同湖北省省长郭振乾,湖北省水利厅厅长童文辉等,查勘上荆江、下荆江、荆江分洪区、漳河水库、汉江遥堤、天门水文站和汉川水文站;1986年4月3—17日,先后到南京、高淳、合肥、宣城、泾县、陈村、南陵、当涂、芜湖,征求青弋江、水阳江规划意见;1987年3月上中旬,文伏波带队,查勘了三峡库区和四川省,检查了四川省编写流域规划的情况,听取了已建成的龚咀等水库运营管理和综合效益等各方面的汇报。历时较长、收获颇丰的两次查勘活动如下:

**亲任队长查勘长江中下游河段**  1959年7月《要点报告》编制完成后,经过数十年整治和演变后,长江中下游河段的情况多有变化。为了能获得编制长江流域规划修订补充报告可靠的第一手资料,1988年10月,林一山带队,以听取地方汇报、茶话、座谈为主要方式,历经13天,查勘了长江中下游沿岸安徽、江苏两省的9市1县,主要查勘了长江干流的镇江、铜陵、南通河段。林一山说,他的这次带队查勘,目的是为文伏波打前站。

图 7-1 20 世纪 80 年代,林一山(前排中)与部下文伏波(前排右二)等合影留念

　　1988 年 11 月 13 日—12 月 12 日,文伏波亲任查勘队队长,带领张荣国等 16 人,进行为期一个月的长江中下游河段的查勘工作,"了解下游沿江两岸城市防洪现状,结合城市发展的城市防洪规划,两岸岸线利用的现状及今后规划,进一步编制中下游干流河道综合利用规划,反映各城市防洪现状,今后要求及防洪建设规模,维持现有岸线利用及今后扩大岸线利用存在的问题,河道整治是专业手段,以维护黄金水道。"[①]查勘的主要地方:九江河段、安庆河段、皖河口、铜陵河段、芜湖河段、马鞍山河段、兴隆河段、南京河段、镇扬河段、扬中河段、澄通河段、上海市的长江口等。这次查勘,"经精心安排,所有重点地方都看到了。"更为重要的是,每到一处,在现场查勘的同时,还听取当地相关部门的工作汇报和情况介绍,然后,查勘组的 16 名成员,碰头商讨相关事宜,针对当地的实际情况,迅速地(一般在当晚)拟出规划方案或思路。

　　如:11 月 14 日,现场查勘了九江河段,听取了江西省水利厅、九江修防处、九江市设计院的汇报后,当晚 7 点半,文伏波召集其他 15 位查勘人员开碰头会,对九江段河道整治,达成如下共识:

---

① 文伏波手稿,1988 年 11 月 13 日—12 月 12 日带队查勘长江中下游工作笔记,拍照件和原件已提交馆藏基地。下文中凡属于本次查勘的内容,未注明出处的,皆源于此。

明确九江湖段整治任务重点,是张南航道,为九江沿岸深水港区服务,涉及湖口关系;南北汉分流比变化的利弊,北岸护岸(黄广、同马大堤);市堤的水下边坡是否稳定,要检测,因堤身又外推;永安堤外河段禁止挖砂,护坡质量,防护林作用;希水利局、市提供现有岸线布置,城市防洪规划,及地方对张南航道整治的进一步具体意见;岸线管理政策,集资政策。

又如:11月16日下午,查勘安庆河段。当晚,16人开碰头会,对安庆河段的河道整治,达成如下共识:

安庆河段,主流顶冲点下移,(安庆)市上游有边滩淤积,(安庆)市下游段主泓有南移趋势。

皖河口治理问题,发电厂煤码头堆高,影响皖河出口问题。

城市防洪是否应该包括广济圩,圩基翻沙鼓水问题。

城建发展是否利用南岸问题。

经过这次实地查勘,"为完成下游河段综合利用规划,搜集了丰富的资料。"

# 慎重处理敏感问题

长江流域规划会牵涉许多敏感地区的敏感问题,如:嘉陵江流域规划,牵涉到甘肃、陕西和四川的利益;荆江是向左岸的江汉平原分洪,还是向右岸的洞庭湖分流,涉及到湖北和湖南两省的利益;太湖流域规划,涉及到江苏省、浙江省和上海市的利益;滁河规划,涉及到江苏省和安徽省的利益;华阳河规划,涉及到安徽省和江西省的利益,等等。这些敏感地区,规划意见难以统一,利益各方都站在自己的立场,进行规划。针对这些复杂敏感问题,文伏波等慎重处理,制定了一个基本原则,"如果规划方案,令利害相关的省市都不满意,可能就是照顾到了双方或多方的利益。"①这里以嘉陵江和荆湖关系为例加以说明。

## 一、嘉陵江流域规划的协调处理

根据国家计划委员会 1983 年以计土字第 1972 号文下达的任务书,嘉陵江流域由长办负责提出规划意见。为了平衡四川、甘肃和陕西各方在嘉陵江流域的利益,1984 年 10 月 22 日—24 日,文伏波主持在四川成都召开了嘉陵江流域水资源综合利用规划工作协调会,到会的有四川省有关厅局和地区、甘肃省水利厅、陕西省水电勘测设计院、成都水利水电勘测设计院、西北勘测设计研究院等单位 40 多个代表。会议根据涿县会议精神,对以下有争议的四个问题获得一致意见:

> 嘉陵江开发,应根据其特点,确定兴利除弊的开发次序,处理好干支流、上下游、发电与航运、灌溉等各种关系。
>
> 嘉陵江流域,是工农业发达地区,2000 年内,应综合研究防洪、发电、航运、灌溉等问题,同时,重视水土保持和水资源环境保护等工作,对旅游业的开发也要有所反映。
>
> 1981 年洪水,是嘉陵江历史上少见的,在规划中应予考虑。规划中应提出近期方案,也要同时提出远景方向和开发意见。
>
> 各承担任务的单位将联系人名单于 11 月中旬提交长办。会议还安排了各单位承担任务的分工和提交成果的要求。②

上述达成的共识,平衡了陕、甘、川开发嘉陵江流域水土资源的利益,确立了嘉陵江流域规划编制的要求,是嘉陵江流域规划能顺利编制完成的基本

---

① 文伏波手稿,1984 年工作笔记,拍照件和原件已提交馆藏基地。
② 1984 年规划处 1－4,《人民长江报》第 320 期。

前提。

## 二、荆湖关系的协调处理

荆江在汛期是向南还是向北分流的问题,自明清以来,湖北、湖南两省纷争不断。湖南省"主张南北分流"①,以确保洞庭湖平原的防洪利益;湖北省则主张将荆江洪水向南分流注入洞庭湖,认为洞庭湖是荆江段天然的调蓄水库,以确保湖北省境内荆江大堤防洪安全,进而确保江汉平原的防洪利益。林一山主张荆江主泓南移,在荆北则实行放淤计划②。

1984 年,水电部指出,在制定洞庭湖规划中,既要与长江总体规划不发生矛盾,又要不影响相邻地区之间的和睦关系,以此提醒湖南省不能囿于一省之见。指出,"此次提出的洞庭湖规划的基本精神,是维持现状,修堤防洪,不涉及有重大争议的问题。"③

为了协调湖北和湖南两省之间的利益,文伏波曾多次主持召开与洞庭湖规划相关的会议,共同协商长江中游规划大计。如:1985 年 3 月 15—19日,文伏波主持在湖南湘潭市召开了长江流域防洪治涝规划工作协调会,出席会议的有水电部及 14 个省、市的计划委员会和水利厅、局代表 83 人。主要讨论了长江干支流的防洪排涝问题,研究了长江防洪、治涝规划的战略措施,并就长办提出的《开展防洪、治涝规划工作的意见》进行了认真的讨论,对长办提出的指导思想、任务要求、标准,以及各省市的分工和成果提交时间等,取得了一致意见,落实了各项任务。湖北和湖南的荆江分洪问题,江苏、浙江和上海市的太湖流域规划问题等,在这次会议上也有专门讨论。

湖南省为了自身的防洪利益,1987 年 11 月 5—10 日,特邀文伏波作为专家出席长江荆江段和洞庭湖地区综合治理学术研讨会第一次会议。在听

---

① 文伏波手稿,1984 年工作笔记,拍照件和原件已提交馆藏基地。
② 林一山:《林一山回忆录》,北京:方志出版社,2004 年 7 月,第 315~321 页。
③ 长委会档案馆档案:规 08 - 60 - 30。

取了湖南省委、省政府、省政协及水利部门领导的发言之后,文伏波作了总结性发言,大意是,由于洞庭湖区的整治规划,是长江流域规划的一个组成部分,洞庭湖、荆江河段的治理开发是不可分割的整体,"只有全面规划,统一治理,才能作到江湖两利,上下游统筹兼顾。"因此,文伏波表示,长办在编制长江流域规划修订补充报告时,会多方考虑,"合理采纳"①湖南方面的意见。

为进一步平衡湖北和湖南两省的利益,1988 年 7 月 5 日,文伏波主持召开了修改防洪规划座谈会时,湖北要求百年一遇洪水,应在沙市以上附近解决,同马大堤和黄广大堤也应列入规划项目;湖南提出,下荆江裁弯造成城陵矶水位太高,应继续裁弯取直簿洲湾;洪湖尺八口方案应落实;明确反对开通调弦口;防洪方针要南北兼顾、江湖两利;荆江河道要清障;防御 1870 年洪水的规划方案不明确;松滋口建闸可在三峡工程开工以前实施等。总之,湖北主张荆江洪水尽可能多地向南部的洞庭湖分流,湖南主张荆江洪水尽可能少地向洞庭湖分流。

面对在湖南和湖北两省利益之争,文伏波并没有特意偏颇家乡湖南省,而是站在长江整体防洪利益的高度,贯彻了水电部维持现状、搁置争议的精神,兼顾两省利益:"洞庭湖洪水治理,要与长江干流与四水洪水治理统一安排,并要治水与治沙相结合。三峡水库可有效地拦蓄长江上游洪水和泥沙,减少入湖沙量与水量,并为四口建闸控制创造条件,是治理洞庭湖的根本措施。对四水洪水进行控制,也是洞庭湖地区的重要防洪措施……根据长江防洪总体规划,洞庭湖地区要承担 160 亿 m³ 分蓄洪任务……在遇较大洪水(如 1954 年洪水),可有计划地利用其分蓄洪水,尽量做到不死人。"②

由于文伏波对敏感问题有分寸地把握,所以,长江流域规划得以顺利完成。

---

① 文伏波手稿,1987 年工作笔记,拍照件和原件已提交馆藏基地。
② 长江流域规划办公室:《长江流域综合利用规划要点报告》(1988 年修订),内部资料,1988 年 12 月,第 409 页、413 页。

# 主持编制《要点报告(1990 年修订)》

按计划,长江流域规划的修订补充工作,最快于 1986 年汇总提出成果。为了满足国家计划委员会于 1985 年 10 月前提出《全国国土总体规划纲要》的需要,文伏波主持于 1985 年 4 月编制完成阶段性成果——《长江流域综合利用规划要点纲要》(简称《纲要》),此后,听取领导和专家的修改意见和建议,经多次修改,最终形成了《长江流域综合利用规划要点报告》(1988 年修订,简称《要点报告》)。在 1990 年 7 月 18 日,水利部部长扬振怀建议,将《长江流域综合利用规划要点报告》正式更名为《长江流域综合利用规划报告(1990 年修订)》。

## 一、1985 年 4 月主持编制完成《长江流域综合利用规划要点纲要》

按计划,长江流域规划的修订补充工作,最快也要在 1986 年才能汇总提出成果。可国家计划委员会拟于 1985 年 10 月前提出《全国国土总体规划纲要》,该"纲要"必须以长江流域规划为依据。为此,1984 年 4 月,文伏波主持编制完成了长江流域规划的阶段性成果——《长江流域综合利用规划要点纲要》(简称《纲要》)。5 月 14—15 日,文伏波携刘崇蓉、潘广哲、黄宣伟等,向国家计划委员会汇报,听取了领导和专家的修改意见和建议后对《纲要》进行了补充和修改,着重补充了开发长江的中下游防洪除涝、中上游水能开发、干流航运、南水北调等战略性问题。修改工作于 1985 年 6 月完成。

## 二、编制和修改《长江流域综合利用规划要点修订补充报告纲要(讨论稿)》

由于长江流域规划修订补充工作进展不平衡,应国家计划委员会要求,为了各单位在治理开发长江过程中作出决策时能有所参考,1986 年 12 月,在 1985 年 6 月修改稿的基础上,文伏波主持编制完成了《长江流域综合利用规划要点修订补充报告总论摘要》。该摘要分成两个部分:长江流域概况和防洪、发电、航运、灌溉等 12 项长江治理的主要内容。

为配合三峡工程论证会的需要,1987 年 10 月 10 日和 16 日,水电部部长钱正英指示,写流域规划非常重要,长办必须早些拿出长江流域规划修订补充报告;必须写出一个纲要,便于在 12 月召开的三峡工程论证领导小组第五次(扩大)会议上交流使用;报告必须阐明三峡工程的地位,答复各部门各地区所提出的不属于三峡的问题,如水阳江问题;三峡论证报告与长江流域规划修订补充报告,是两个平行报告;干流和支流各有各的作用,全面论证阐述七大关系;不纠缠三峡早上晚上;要站得高,看得远,面要放宽,尽量全面,灌溉、排水、水资源保护、血吸虫、河口、水阳江、太湖等问题都要涉猎,但不能引起水事纠纷。①

1987 年 12 月 7 日,长办主任魏廷琤指示:20 世纪 50 年代的长江流域规划,起主导作用的是苏联水电专家,1959 年 7 月的长江流域规划是以防洪为主体,苏联水电专家与中国水电派并未结合好,不过,老长江流域规划的七大关系提得很好,但不一定贯彻得好,因此,建议以七大关系为纲,编好长江流域规划;长江流域规划至少管 50 年,必须站得高,看得远,弄清基本资料、主要矛盾、主要蓝图、实施步骤,不只是对各专业进行归纳,要有充分的论证;三峡规划,主要应该针对李锐的论点进行;要充分利用长办的优势,充实的基本资料,加上新中国成立后数十年的研究成果实践经验,必须组织好这些材料;防洪除害是首要问题,重点在中下游;一定要听钱正英的意见,因为长办是配合水电部作长江流域规划修订补充工作。

根据钱正英和魏廷琤的上述指示,1987 年 12 月,文伏波主持编制完成

① 参见文伏波手稿,1987 年工作笔记,拍照件和原件已提交馆藏基地。文中提到的"七大关系",乃 20 世纪 50 年代首次编制长江流域规划时确定的,是历次编制长江流域规划的依据,具体内容是:远景与近期,干流与支流,上中下游,大中小型,防洪、发电、航运与灌溉,水电与火电,发电与用电。下段长办主任魏廷琤的指示,也出于此。

了《长江流域综合利用规划要点修订补充报告纲要(讨论稿)》及《汇报提纲》。17—22日,钱正英在北京主持召开了水电部三峡工程论证领导小组第五次(扩大)会议。20日下午和23日上午,文伏波、潘广哲等在水电部规划设计院5楼会议室,作了编制《长江流域综合利用规划要点修订补充报告纲要(讨论稿)》(即第一稿)的工作汇报。各位领导专家纷纷提出修改意见。下面是从文伏波的工作笔记中摘录的部分领导和专家的意见和建议①:

　　钱正英:长江流域规划对三峡工程早上晚上不作答复,这是三峡工程论证领导小组及其附属14个专家组所要做的工作,但必须答复三峡工程以外的问题;长江流域规划只要说明三峡工程不可替代,讲清楚了绿叶,才能提出三峡工程这朵牡丹花;长江流域规划不要卷入三峡论证当中去,如果说长江流域规划是在画龙,那么,三峡工程专题论证报告则是在点睛;三峡论证报告要有一个长江流域规划报告附件;国外没有全面的大流域规划,长办提出一个粗略的长江流域规划,相当于为三峡工程的论证写一个简要本,但三峡工程的专题报告,必须另外单独论证,即长江流域规划报告与三峡工程水位论证不是一回事儿,不能代替三峡工程水位组的论证报告;长江流域规划,要为三峡工程扫清外围障碍;干支流都要有规划,每条支流都必须列出规划;成都会议的七种关系要讲清楚,每个支流都要纳入地区的经济范围考虑。支流不能代替干流,干流不能代替支流,讲清辩证关系,才能平稳地通过长江流域规划;工作量大、资料丰富,观点应该更清晰。最后,钱正英部长安排,春节后,即3月初,修改后的《长江流域综合利用规划要点修订补充报告纲要(讨论稿)》,要到北京汇报。

　　何孝球:第二、三章重复多了些,第三章可简化一些;第四部分结语要扩大,强调突出三峡工程的地位,干支流关系,开发先后顺序等问题;要图文并茂。

　　潘家铮:流域规划从整个流域着手编写,没有必要集中力量写三峡

---

① 文伏波手稿,1988年工作笔记,拍照件和原件已提交馆藏基地。

工程,三峡工程只是其中的一个工程而已,已有专门论证三峡工程的可行性研究报告,流域规划中就不要多写,报告应该写长江流域的问题,而不是促成三峡工程的一个报告;国民经济的要求应有具体的数字,航运要求要放上去;写作应该更条理化一些;提纲要更简练一些。

苏哲文:长江流域概况需要修改;水土保持、环境保护、水产养殖,虽是重点,但都不要深写;不要围绕着三峡工程写,是流域规划,不是专门论证三峡工程;上、中、下游都有各自的问题;需要附图。

……

听取领导和专家提出的修改意见和建议后,长办与会人员在北京京西宾馆开小会,讨论如何根据领导和专家的意见和建议修改《长江流域综合利用规划要点修订补充报告纲要(讨论稿)》和《汇报提纲》的问题。会上,长办主任魏廷铮指示:

要注意与20世纪50年代的长江流域规划报告作好对比,说明继承与发展的关系;流域规划要有约束力,不能各自为政;调整流域概况一章,分区说明优势和存在的问题:上游主要是旱灾问题,中下游水害问题,经济发达,缺乏能源;以除害兴利、水资源综合利用为主,全面表述各国民经济部门的要求,干流开发方案(分中上、中、下游),各支流开发方案(与各地区、省结合),重点是防洪、发电、航运、灌溉;投资一般都不列,以免引起未来不必要的麻烦;三峡的地位和作用不去专门论证,从防洪、发电、航运上说明,其他措施不能代替三峡工程,三峡工程也不能代替其他措施,只写到近期开发为止,不去论证回答早上晚上的问题;结语要扩大论述七大关系。

对领导的指示,专家的修改意见和建议,文伏波整理出要点,将其贯穿到修改《长江流域综合利用规划要点修订补充报告纲要(讨论稿)》和《汇报提纲》中:

1. 整理书面材料,传达领导指示

(1) 关于长江流域规划与三峡论证的关系问题。

长江流域规划内不能答复三峡迟上或早上的问题;既要讲干流,也要讲支流;既要讲上游,也要讲中下游;要有面,也要有重点。只说明三峡不能替代其他工程措施,其他措施也替代不了三峡工程。三峡工程以外的问题和规划要写清楚,要使人了解全流域各方面的问题。

(2) 具体章节修改意见。

结语部分要改写,增加内容,从七大关系中把干支流关系说清楚,全局与局部的关系,综合利用的关系讲清楚;前言及流域概况中,补充当前经济发展水平及今后经济发展趋势,分区说明各区的优势和存在的问题;在经济上,战略上提高一下。

(3) 长江流域规划内容,主要是规划水资源的综合利用,除害兴利,不要写成国土规划,各篇内容可有深有浅,不强求一律;流域规划的工作深度,只能根据自然经济特点,按照国民经济发展的需要,规划出水资源的综合利用、除害兴利的战略布局,因此,工程量、投资一般不要列入,一些地区报的数字不准确,我们不能承认。

2. 准备两个报告[①]、四张图

(1) 增加了流域概况的内容,分流域的自然概况、流域的社会经济概况、30 多年来的治江成就和自然灾害与存在的问题,四大部分进行写作。

(2) 新补充的内容主要是:各支流、地区规划,重点写了 19 条支流,即金沙江左岸支流美姑河、西溪河、黑水河、鲹鱼河、普隆河五条支流,雅砻江,金沙江右岸支流普渡河、牛栏江、横江三条支流,岷江,沱江,赤水河,乌江,洞庭湖,汉江,鄱阳湖,华阳河,皖河和菜子湖,青弋江和水阳江,巢湖,滁河,太湖,黄浦江,共 19 条支流的治理开发规划意见。这 19 条支流的规划意见,都是根据各地区、各支流本身的自然特点、社会经济情况而确定的开发任务,以解决本河流的水利任务为主,并据以制

---

① "两个报告"指:《长江流域综合利用规划修订补充纲要(讨论稿)》和《汇报提纲》。

定本身的河流开发方案；至于防洪任务，因其重要复杂，洪水是来自上中游而汇入东流，必须有统一安排，解决办法是，以中下游平原防洪工程，结合三峡水库，及上游干支流水库，留一定防洪库容，作为解决方案。

（3）增加了结语部分的内容。

（4）补充了长江流域示意图、长江流域综合利用规划示意图，水土流失治理区示意图，地形、水系、地质、水土流失示意图等 5 张挂图。

（5）纲要增加的内容，主要是考虑召开座谈会时，各省市的要求进行修改。如：云南省：水土保持任务，滇中高原灌区规划，金沙江右岸支流规划意见；贵州省：毕节地区水土保持，乌江、赤水河规划；四川：上亭子口，综合利用嘉陵江；湖南：澧水防洪问题，应建皂市、江垭水库，五强溪大坝建议加高 3 m，因有过临时超蓄的记录。

3. 计划

（1）总共 1 个半月的时间。1988 年 2 月上旬，完成稿子修改，时间紧促［瘵］，文字、结构调整时间十分紧张，尚不能做到条理化。

（2）打印要半个月，2 月 14 日，2 个本子初稿都带到北京汇报，为要召开的各省市座谈会，仍要至少一个月的修改时间，因为有大变动，时间需要的要长些。

4. 水土保持局成立之后

搞现代化的科研设计、规划（水土保持、堤防、移民），河道整治。①

### 三、进一步完善《长江流域综合利用规划要点修订补充报告纲要(讨论稿)》

1988 年 2 月 23 日—3 月 1 日，文伏波等出席了在北京召开的三峡工程

---

① 文伏波手稿，1988 年工作笔记，原件和拍照件已提交馆藏基地。在组织安排修改流域规划修订补充报告的同时，还组织《人民长江》《水利规划研究》，自 1988 年第二、第三季节起，陆续发表有关长江流域规划的论文。

论证领导小组第七次(扩大)会议,并向三峡工程论证领导小组及相关专门组汇报了《长江流域综合利用规划要点修订补充报告纲要(讨论稿)》的编制工作。

会议一致认为,长江是中国最大的河流,也属世界大河,全世界都没有做出像长江流域规划这样规模宏大的流域规划来,难度大,困难多,文伏波等人能提出如此一个讨论稿来,实属不易。同时指出其不足:长江流域综合利用规划面应该广泛,对三峡工程,主要应该论证其在流域规划中的作用和地位,有关三峡工程的争论问题,在三峡工程论证中解决;报告结语,只需要综合说明主要问题和规划结论即可,不要戴"以什么为主"的帽子,如:"以防洪发电为主","以防洪除涝为主",等等,以免引起相关部门的反感;希望文伏波等能抓紧时间,尽快修改报告,向水电部领导及各相关部委汇报。

1988 年 3 月 2—5 日,文伏波等出席了钱正英主持的水利系统内部讨论修改长江流域规划修订补充报告的会议。水利部部长杨振怀,副部长陆佑楣,水电部总工程师潘家铮,副总工程师娄溥礼、徐乾清,三峡总工程筹建处主任陈庚仪,水电部有关司局、水利规划设计院、长办的领导人等 36 人,参加了会议。2 日,文伏波作了汇报。与会领导和专家对文伏波负责编制的《长江流域综合利用规划要点修订补充报告纲要(讨论稿)》予以充分肯定,也提出了如下修改意见:

> 丁学琦:从三峡论证水位组的要求出发,关于干支流规划,提纲中论证的重点,应是开发任务,防洪解决到什么程度,开发方案只写代表性方案即可;尽量图表化……。
>
> 陈清濂:总的应围绕《任务书》写,缺水资源综合利用规划、城市供水、旅游的内容;要有图表。
>
> 陆孝平:规划主要是水资源的综合利用,灌溉、排水,主要为农业服务;分区规划是重点;水土保持中,加泥石流一节。
>
> 徐乾清:长江流域规划作到了什么程度,与三峡工程有关。长江流域规划是三峡工程上马的依据,因此,长江流域规划与三峡工程的三大效益要对接一下;前言要做补充,当前存在五个问题,即防洪、发电、供

水、环境、航运的问题未讲清；尽量避免站在部门的角度思考问题和写作，有的观点得上中下游兼顾；防洪问题要全面点到，上游的山洪、沿江城市防洪、下游风暴潮灾等；治理规划，应把四川放在前面，依次是中下游；南水北调的中线工程与三峡工程的关系要交代一句；城镇规划中，提一下城镇供水的水源和工程设施问题；河道整治写一小段，涉及部门多，以后谁来干；干支流开发，干流上游发电、航运，结合防洪，整篇要前后衔接到位，不能出现前后矛盾或不符的现象；汇报时，多准备图表。

张亦祥：水资源保护与大城市措施，要补些内容，原则上，合理利用长江的水环境容量，应有充分论证基础，按现有投资水平，2000年作不到控制污染水源。

朱承忠：现在国家要求很严，长江流域规划未经审批，就不能搞工程，因此，必须抓紧制定规划并报批。长江流域规划修订补充报告的简要本，要与三峡工程论证报告同时上报。[①]

……

这次讨论会，达成了两项共识：应当增加经济篇；像长江这样大规模的流域规划，投资很难算准确，为了避免今后工作出现被动局面，不必列出投资数目；在长江汛期到来之前，召开国民经济各部门、流域内有关省市自治区及国内相关专业知名专家参加的座谈会，广泛征求意见。

会后，文伏波便根据会议所提的意见和建议，着手安排修改事宜。如：1988年3月23日，文伏波到长办规划处布置长江流域规划下一步的工作：

一、纲要报告综合体准备工作

1. 报告印刷，图表制作

2. 汇报人员名单

3. 汇报人确定，主报告，补充报告

4. 下一步工作安排意见讨论定稿

---

① 参见文伏波手稿，1988年工作笔记，拍照件和原件已提交馆藏基地。

二、继续抓紧按《任务书》完成报告编制

三、重点补充工作

1. 嘉陵江、洞庭湖、澧水、沅水五强溪

2. 物色项目负责人

3. 文伏波本人写好主报告汇报提纲①

　　经过 1 个多月的紧张修改刊印工作,《长江流域综合利用规划要点修正补充报告纲要(讨论稿)》出炉,1988 年 4 月 20 日,长办派专人赴有关省、市、自治区和直辖市发送,并最后一次征求修改意见。

### 四、《长江流域综合利用规划要点修正补充报告纲要(1988 年修订)》和《长江流域综合利用规划要点报告附图(1988 年修订)》编制完成

　　为了迎接 1988 年 5 月 8—14 日在北京召开的长江流域综合利用规划要点修订补充工作座谈会,文伏波逐个落实了汇报材料和汇报人选,拟定了汇报人名单,确定了汇报人数,文伏波本人负责主报告汇报,长办 2 人,其余勘测、地质、测绘、水文、水土保持、长江科学研究院、规划、防洪、除涝、发电、航运、灌溉、调水、是规、水产、经济、洞庭湖、鄱阳湖、金沙江右岸支流、汉江、乌江、岷江、嘉陵江、青弋江、水阳江、太湖流域、巢湖滁河和皖河,除规划 4 人汇报外,其余皆 1 人或 2 人汇报,总共有 50 人汇报。

　　万事俱备,1988 年 5 月 8—14 日,文伏波携带汇报团出席了水利部会同能源部在北京召开的《长江流域综合利用规划要点修订补充报告纲要》(简称《纲要》)工作座谈会②,国家各相关部委,军委的相关部门,科研、规划设计

---

① 参见文伏波手稿,1988 年工作笔记,拍照件和原件已提交馆藏基地。其中"物色项目负责人",指增加的经济篇内容,后来找到湖北社会科学院的相关专家负责完成。

② 有关这次座谈会的内容和引文,参见长江流域规划办公室:《长江流域综合利用规划要点报告(1988 年修订)》,内部资料,1988 年 12 月,第 459～162 页。

单位,长江流域各省、市、自治区和计划单列市,各流域机构,有关水利水电勘测设计院、有关电管局和电力设计院,水利和能源部有关司、局、办,有关学会及新闻单位的代表等,共 240 位代表出席了这次会议,全国政协副主席钱正英到会指导工作。会上,文伏波综合介绍编写情况,分综合组、上、中、下游组进行讨论,各专业进行交流,并研究了下一步编写工作计划。讨论之余,有 15 位代表在大会了发言,有的还递交了书面修改意见。

首先,与会代表对《纲要》给予了较高的评价,《纲要》是建立在丰富材料和大量工作的基础上,比较全面地研究了长江流域各方面的情况,内容基本上符合国家批准下达的《任务书》要求,措施比较切合实际,可以作为下一阶段修订规划要点报告的基础。

其次,确定了 1988 年修订本的 10 大重点内容:流域水资源利用规划与评价;长江干流(上、中、下游)的治理开发方案,宜昌以上干流综合利用梯级枢纽,中、下游河段及河口整治;与干流开发有重要关系的支流以及涉及两省及两省或两省以上的主要支流的治理开发任务与基本方案。这些支流是雅砻江、岷江、嘉陵江、乌江、汉江、洞庭湖水系、鄱阳湖水系和太湖,以及赤水河、清江、华阳河水系、青弋江、水阳江和滁河;长江中下游地区防洪规划;长江水系航运规划;商品粮棉油基地灌溉、除涝、防渍规划和水产发展规划;南水北调规划意见与近期工程可行性论证;水土保持和水资源保护规划;近期项目综合评价与经济分析;实施意见、政策建议及前期工作部署。即"不少人士特别强调长江的丰富水资源对于发展我国粮食、电力、钢铁等国民经济基础行业,具有不可替代的作用,要求进一步阐明中下游防洪和河道整治的紧迫性,搞好岸线的合理利用,要求加强上中游水能资源开发的前期工作,强调发展干支流水运的重要作用,重视和加强商品粮、棉、油和渔业基地建设,加强水土保持,防止水源污染,深入论证南水北调的可行性等。"上述支流规划中提到的支流规划,按 1984 年 8 月的涿县协调会精神,确定分工组织实施;上述支流规划中未提到支流规划,编写完成后,必须报请这些支流所在的省市自治区人民政府审批,有关专业规划,也分别由有关部、委、局和有关人民政府的主管部门编报。

最后,与会人士一致认为,为了完成上述任务,"在实现 2000 年战略目标中，长江流域规划具有迫切性，要加快步伐，尽早完成规划，尽早审定规划，尽早实施规划"；"为了便于国务院审查和今后近期项目的实施，下一阶段修订工作，应突出需要由国家审批的内容。根据中华人民共和国《水法》和国务院批准的"任务书"的规定，准备提交的报告定名为《长江流域综合利用规划要点报告(1988年修订)》，要求于1988年第四季度组织初审后，并力争年底上报。"①

会议结束之后，文伏波主要做了三个方面的工作。一是召集各个专业规划修改讨论会，统一修改内容；二是听取与长江流域规划相关的实地查勘成果汇报；三是亲自带队对长江中下河段的防洪、干流综合利用、河道整治等进行实地查勘。最后，将各方合理的修改意见和查勘的最新成果，重新编入长江流域规划修订补充报告中去。

1988年5月26日，文伏波主持召开了《纲要》修改讨论会，布置了三项修改任务：修改章节安排，由洛叙六执笔报水利部领导；精选图册；提交成果，修订本提要，修订本，图册。时间要求：6月15日前，各专业按新情况提出修改稿。7月15—30日，汇总修改稿。8月，审稿、定稿。最后，发文寄修改意见。

1988年5月31日，文伏波在长办主持召开了《纲要》修改工作布置会。首先传达了5月8—14日北京座谈会的精神及对《纲要》的评价；因为治江的迫切性，要求早改好早报早批；明确应补充的内容为：经济、水资源、近期工程综合评价与经济分析、规划实施意见、政策建议、前期工作安排；提交《要点报告(1998年修订)》，1988年第四季度初审，1988年底报国务院。其次，布置了下一步的工作部署：交成果三本，修订本、图册、提要各一本；各专业根据座谈会的意见，于6月15日提出修改稿，7月30日汇总修改稿，8月30日审稿、定稿，9月30日印刷，图册早印；再次，注意事项：请各专业复查各单位已有成果，加以综合分析，修改成稿；按《任务书》内容编排各章；尽量与当前国民经济要求相结合，《近期工程》一节要详细一些；较长远的规划，不必作结论，如：鄱阳湖控制、南水北调西线水量等。

———————————

① 文伏波：《长江流域规划编制概要》。载《人民长江》，1988年第10期，第10、38页。

洛叙六的建议被文伏波等采纳。首先,新增的《经济篇》,作为第二章,置于第一章《长江流域概况》之后;经济篇的内容应该包括:长江流域经济发展条件,交通、资源;经济发展战略部署,工业、农业、交通运输;长江流域国民经济发展水平预测,2000 年,2030 年;综合治理开发长江对国民经济的重要意义,长江流域经济在全国的地位,开发治理长江对流域经济的影响等等。其次,新增的《水资源综合利用规划与评价》,作为第三章。再次,水土保持的修改工作,应最迟于 6 月 15 日完成;最后,经济篇,应该图文并茂,附加 31 张图。

1988 年 6 月 14 日,文伏波主持召开讨经济篇撰写提纲讨论会。当时掌握的资料有:1983 年社会经济基本资料,各国民经济部门提供的发展规划。邱忠恩建议,经济篇包括前言和七节内容,如:流域经济现状、发展条件,包括现状、分布特点,有利条件、存在主要问题;长江流域经济发展和布局规划设想,包括经济发展的总设想、分区经济发展及规划设想;长江流域分部门的发展规划,包括流域经济发展对水资源综合利用要求,本流域要求,相邻流域经济发展对水资源的要求;综合治理的效益,对促进长江和国民经济的作用,包括长江经济在国民经济中的地位,等等。

1988 年 6 月 22 日,文伏波召开修改《纲要》讨论会,向长办专家征询修改意见。曹乐安建议:政协经济建设委员会定于 1988 年 9 月邀约非水利部以外的专家查勘三峡,研究溪罗渡、向家坝代替三峡工程的方案,说长办吊死在三峡这颗树上。鉴于此,长江流域规划,一定要写明新中国成立以来,长江流域兴办了多少水电工程,水库、荆江大堤、支民堤,多少工程量,防洪问题要多讲一些。

1988 年 6 月 30 日,文伏波召开修改水土保持规划讨论会,听取了李泽章、余剑如、陈俊甫等人关于水土保持规划的修改工作汇报,布置了修改任务,安排了修改计划,要求长办水土保持局于 1988 年 7 月底前提交全部成果。

1988 年 7 月 5 日,文伏波主持召开了修改防洪规划座谈会,讨论了如下问题:湖北和湖南两省对荆江分洪的不同看法;江西省反对田家镇卡口托守,平湖控湖工程不要简单说不行,要求论证安庆华阳湖分洪的必要性;江苏省要求明确城市防洪标准;四川的金马河防洪规划要讲清洪灾损失。

经过讨论,下列问题达成共识:防洪是规划的首要任务,对洪灾损失要讲明;长江中下游河道特性,湖泊调节长江干流洪水的作用要写明;防洪篇应包括重点支流和重点地区;非工程防洪措施应该写得更加详细一些;防洪标准应该分别叙述;荆江大堤加高问题;河道行洪障碍要讲清,等等。

1988 年 8 月 2 日,文伏波主持召开修改水文规划讨论会,与会人员达成共识:概括长江流域防洪的特点;讲明通江湖泊调蓄长江洪水的作用,河道宣泄能力也要有所反映;降雨中心及洪水来源要准确,尤其三峡区间;水面比降,各水文特征值表格化;下游风暴潮的情况,李镇南建议,大通以下感潮河段的水位流量要进一步研究,10 万 km² 的降水汇入长江干流的内容;湖泊萎缩对防洪的影响,如何延长通江湖泊的寿命问题,等等,规划中都必须有所反映。

1988 年 8 月 9 日,主持召开经济规划修改讨论会,经济篇初稿约 3 万字。刘崇蓉、罗智华、潘广哲、李镇南、陈雪莺、高正省等,就经济规划的篇章布局和写作内容等,都提出了极为详细的修改意见和建议。

除了通过讨论会的方式修改规划报告以外,文伏波通过听取各相关查勘汇报的方法,将最新查勘成果,编入长江流域规划修订补充报告中去。如:1988 年 6 月 29 日,听取彭登模汇报陪同钱正英查勘四川防洪的详细情况,吸收了钱正英在考察过程中,提出的修改《纲要》的意见和建议。

经过多方努力,1988 年 11 月,文伏波主持编制的《长江流域综合利用规划要点报告附图(1988 年修订)》共 51 幅图印刷完成。1989 年 2 月,文伏波主持编制的《长江流域综合利用规划要点报告(1988 年修订)》最后印刷完毕。5 月,长办将其上报水利部审查。

## 五、《要点报告(1988 年修订)》通过审查并正式更名

1990 年 5 月 29 日—6 月 5 日,全国水资源与水土保持领导小组主持,在北京召开了《长江流域综合利用规划要点报告(1988 年修订)》(简称《要点报告》)审查会。为广泛听取有关部门、地方以及社会各方面的意见,全国水资

源与水土保持领导小组成员,邀请了国务院有关部门、解放军总后勤部、流域内各省、市和计划单列市、科研、高校和新闻等单位的领导和代表、部分全国政协委员和社会知名专家、学者,其中,有国家计划委员会副主任刘中一、全国政协常委孙越崎、水利部部长杨振怀、著名水利专家张含英、张光斗、严恺等。长江委魏廷琤、李镇南、王家柱、文伏波、洪庆余等,共340多人出席了会议。大会分三个阶段进行:听取长委会关于规划工作和主要规划内容的报告;分组讨论,审议《要点报告》;提出审查意见。

代表认为:《要点报告》总结了新中国成立以后,治理开发长江的经验教训,规划指导思想正确,体现了中央和国务院制定的长江治理和开发利用的方针以及国土政治和国家社会经济发展的战略部署,基本上反映了各有关省、市、区和各有关部门的意见。各项资料比较丰富,重点明确,是一个符合实际的科学规划。《要点报告》基本具备了审批条件,建议国务院批准实施,以指导流域开发治理的全面实施。同时,代表们也对《要点报告》提出了许多补充修改意见。

审查会结束时,国务委员陈俊生代表领导小组,表示原则同意《要点报告》,提出在全国水资源与水土保持领导小组的领导下,由水利部副部长张春园牵头,长江委、国家计划委员会、农业部、林业部、能源部和交通部等,各抽一位参加会议的同志,组成一个修改小组,在"七一"前完成修改工作。

1990年6月6—7日,按陈俊生的建议,组成了修改小组。长江委的文伏波、刘崇蓉、洛叙六、潘广哲、罗泽华、姜兆熊等6人参加了这次修改工作,补充修改的主要内容有如下:

根据国家计划委员会重新修改后的国土规划,修改补充了长江流域中有关长江流域国民经济战略布局的内容。

根据长江流域人多地少的情况,补充了充分利用土地资源的内容。

根据近年来血吸虫病在某些地区有所回升的情况,补充了结合水利工作防治血吸虫病的内容。

根据国务院对长江流域水土保持工作批示的精神,修改了水土保持方面的内容。

防洪是长江流域规划首先要遇到的主要关键问题,这次修改中补充了由于长江中游河道宣泄能力不足,洪水可能造成的巨大损失,用实物指标说明防洪效益等内容。①

此外,还补充了各省市提出的有关内容。修订补充工作如期完成了任务,在 1990 年 7 月 18 日召开的全国水资源与水土保持工作领导小组第三次会议上,根据水利部部长杨振怀的建议,将 1990 年 6 月 6—7 日修改后的《长江流域综合利用规划要点报告》,正式更名为《长江流域综合利用规划报告(1990 年修订)》。

# 主持编制《简要报告(1990 年修订)》

1988 年底,文伏波主持编制的《长江流域综合利用规划简要报告》(简称《简要报告》)完成,1990 年 7 月,刊印完成。7 月 18 日,国务委员陈俊生主持召开了全国水资源与水土保持工作领导小组第三次会议,参加会议的除全国水资源与水土保持领导小组全体成员单位的领导外,还邀请了水利部有关司、局、院、办的领导,长江委的领导等。会上,首先由张春园副部长对修改小组的工作作了说明,长江委潘广哲汇报了长江流域规划简要报告的修改原则、内容等,水利部水资源司司长吴国昌汇报了该报告的审查意见稿。会上经过认真讨论,一致通过了《简要报告(1988 年修订)》,提出了审查意见,确定根据此次会议的讨论情况修改后,正式上报国务院,上报的报告名称定为《长江流域综合利用规划简要报告(1990 年修订)》,简称《简要报告》。水利部杨振怀部长认为,《简要报告》已经经过多次审查,其内容深度均已达到规划要求。陈俊生对《简要报告》也给予了高度肯定,说报告改得好,长江委有人才。

---

① 参见《人民长江报》第 619 期。

1990 年 7 月 23 日,全国水资源与水土保持工作领导小组向国务院呈报《关于〈长江流域综合利用规划简要报告(1990 年修订)〉的审查意见》。全国水资源与水土保持工作领导小组指出,《简要报告》是长江委在国务院有关部门、流域内各级政府大力支持、密切配合协作下,进行大量综合分析研究提出的。认为该报告资料丰富,内容全面,重点明确,较好地体现了国家建设和各项方针政策,协调了各方面的关系,符合国土整治开发和国家社会经济发展的战略部署,基本达到了 1983 年国家计划委员会批准的《长江流域综合利用规划要点报告修订补充任务书》的各项要求。

1990 年 9 月 21 日,国务院以国发[1990]56 号文,向各有关省、自治区、直辖市人民政府,国务院有关部门,发出"国务院批转全国水资源与水土保持工作领导小组关于《长江流域综合利用规划简要报告》审查意见的通知"。国务院同意全国水资源与水土保持工作领导小组关于《长江流域综合利用规划简要报告》的审查意见,并转发有关部门和流域各省贯彻执行,《简要报告》成为继《中华人民共和国水法》颁布后,经国务院正式审查批准的第一部大江大河的流域规划。

经批准的《长江流域综合利用规划简要报告》,根据国民经济发展要求,结合流域自然特点,社会经济条件、水资源开发利用现状,提出了治理开发长江的总体规划方案、长江流域近期治理开发工程,指出了下一步规划工作的意见。

## 一、《简要报告》关于治理开发长江总体规划方案的六大内容

继续提高长江干支流防洪能力,消除洪水灾害。长远目标是最大限度地消除洪水灾害;近期目标是荆江河段以加高加固堤防,配合分蓄洪措施,从能防御 40 年一遇的洪水,提高到防御 100 年一遇的洪水。其他河段防御 1954 年洪水。主要支流防御 20~50 年一遇的洪水。

大力开发长江水能资源,促进水资源的综合利用,规划远景累计开发水电装机容量 5 564 万 kw,投产 3 313 万 kw,比 1985 年增加 2 340 万 kw。

充分开发利用长江水系水运的潜在优势,积极发展航运。近期整治、疏

浚结合水利工程改善长江干流及 31 条支流的通航条件。

继续发展灌溉事业,加强水土保持。规划灌溉面积近期增加 3 000 万亩,达到 2.6 亿亩,远景达到 3 亿亩,使 85% 以上的耕地得到灌溉,水土流失面积的 48% 将得到初步治理,流失区林草覆盖率增加 25%。

南水北调实现跨流域引水。规划有东、中、西及引江济淮线。东线从江苏长江干流引水,中线从汉江引水,西线从通天河、雅砻江、大渡河引水,引江济淮线从安徽长江干流引水。近期先开始实施东线、中线和引江济淮线。

搞好水资源保护、城市和工矿企业供水、沿江城镇布局、发展水产、发展旅游①。

## 二、《简要报告》关于长江流域近期治理七大开工工程

干支流综合利用水利枢纽工程。从防洪、发电、航运、南水北调等综合因素考虑,首先推荐三峡水利枢纽工程。其次,推荐金沙江江段的向家坝、溪落渡两个水利枢纽工程。再次推荐了上游主要支流雅砻江、大渡河、乌江、岷江、嘉陵江上可供开发的水利枢纽工程,主要任务是解决川西平原、四川腹地及成都、重庆等重要城市的工农业供水、防洪,结合发电、改善航运条件。最后,推荐中下游支流清江、洞庭湖水系、汉江、赣江上的一些水利枢纽工程,主要是开发这些支流的水能资源,综合解决防洪、发电、航运、灌溉等问题。

防洪除涝。主要规划了近期长江中下游干流堤防按 1980 年防洪会议确定的标准进行加强,各支流堤防,如:上海市防洪墙、汉江遥堤、干东大堤等,均按支流规划加强。分蓄洪措施分担长江防洪任务,在相当长时期内是必不可少的,要求加强各分蓄洪区安全建设、气象和洪水预报警报等非工程措施。

航运。规划总体上是充分利用水系天然河道,采取整治疏浚和结合水

---

① 长江水利委员会:《长江流域综合利用规划简要报告(1990 年修订)》,内部资料,1990 年 7 月,第 6 - 1~6 - 7 页。

资源综合利用开发渠化河道措施,因地制宜地改善航运条件及开挖人工运河。近期的重点工程是长江干流水富至宜昌及岷江、嘉陵江、綦江、汉江、湘江、赣江、信江中下游和太湖流域主要河流以及江淮运河、两沙运河、京杭运河等。

灌溉与水土保持。灌溉主要发展四川腹地、南阳盆地、吉泰盆地、滇中高原、湘南区等大面积干旱缺水的灌区。洞庭湖、江汉平原、鄱阳湖区、太湖流域等老商品粮和经济作物基地区的改善和提高以及山丘区小型水利的发展,完成净增有效灌溉面积 3 000 万亩;水土保持方面,近期重点是控制长江流域水土流失最严重的地区和河流,以金沙江下游及毕节地区、陇南地区,嘉陵江中下游,三峡库区及兴国县为治理的重点片。

南水北调。工程是解决华北平原、豫鲁地区及西北地区不可缺少的战略措施,东线、中线及引江济淮线(江淮运河)近期要有计划地逐步实施,西线要做好前期准备工作。

河道整治及岸线利用。结合防洪、航运、工业布局与城市发展,有计划地分期进行,重点有上荆江、下荆江、界牌、武汉、九江、安庆、铜陵、芜湖、马鞍山、南京、杨中、镇扬、澄通及长江河段等 14 个重点河段。

水资源保护与水产。水资源保护近期重点是控制攀枝花、重庆、武汉、南京、上海等沿江污染源集中的各城市,结合水利建设继续消灭钉螺。水产主要根据江河湖泊水库的特点,分区发展养殖①。

### 三、《简要报告》关于长江流域下一步规划工作意见

鉴于长江流域面积大、支流多,规划工作深浅不一的特点,为了满足国民经济对长江水资源开发的具体要求,除国家已批准的支流、区域、河段规划外,有些规划工作尚需不断地补充和深化。主要表现在四个方面:对只做到规划意见深度的各支流及干流的一些河段,需根据国民经济发展的需要,

---

① 长委会:《长江流域综合利用规划简要报告(1990 年修订)》,内部资料,1990 年 7 月,第 6 - 7～6 - 12 页。

按照已明确的具体任务和基本方案，分轻重缓急，继续完成规划报告。按照《水法》规定，报各级政府批准；对《简要报告》中提出的近期工程，可有计划有步骤地抓紧进行前期工作，并根据国家和地方经济发展的需要和可能，逐步兴建；关于规划工作的分工，依据《水法》，仍按照1984年8月"长江流域综合利用规划要点修订补充工作协调会"所确定的分工、组织实施；请国家安排必须的规划工作（包括规划工作中的勘测）前期经费，保证规划工作按照"统一规划，全面发展，适当分工，分期进行"的方针，顺利进行①。

《简要报告》自1990年9月批准执行之后，长江水利建设进入了一个大力发展阶段，兴建的重要工程有：三峡工程、南水北调中线工程和东线工程、长江中下游大规模防洪工程建设等。大规模的水利建设，促进了长江流域经济社会的快速发展。

比较《长江流域综合利用规划报告（1990年修订）》（简称《1990年报告》）与1959年的《长江流域综合利用规划要点报告》（简称《1959年报告》），1990年报告是对1959年报告的修订补充，既有继承关系，又有进步改进之处。1990年报告的内容更为丰富，依据的资料更为翔实，研究更为广泛和深入，主要方案更为落实可靠，讨论更加广泛，审查更加合乎法制民主。

亲身经历了20世纪50年代和20世纪80年代两次长江流域规划编制工作的文伏波，根据切身感受，总结了编制流域规划的五大经验②："必须始终贯彻执行中共中央1958年南宁会议上制定的'统一规划，全面发展，适当分工，分期进行'的长江治理规划方针"；"必须进一步查清长江水土资源情况，深化认识长江的特点"；"必须重点突出需要国家审批的内容"；"必须加强水行政主管部门的统一领导，必须加强大力协作"；"流域规划需要不断总结经验，定期补充修订"。这些经验，在21世纪初三修长江流域规划之时，仍然基本适用。

---

① 长委会：《长江流域综合利用规划简要报告（1990年修订）》，内部资料，1990年7月，第6-12～6-13页。

② 文伏波：《试论编制长江流域规划的基本经验》。载自然科学年鉴编辑部：《中国水利年鉴（1991年）》，上海远东出版社，1993年5月，第525～529页。

图 7－2　《长江流域综合利用规划简要报告》水利部科学技术进步奖证书

　　由于文伏波编制《长江流域综合利用规划简要报告(1990 年修订)》的巨大贡献,1994 年 12 月 17 日,水利部颁发给他水利部科学技术进步一等奖;由于他编制《长江流域综合利用规划简要报告(1990 年修订)》功不可没,1992 年 1 月,长江委颁发给文伏波科学技术进步特等奖。

　　长江流域规划(1990 年修订)的成功编制,表明文伏波不仅在业务水平上,而且在组织管理和人际交流上,都达到了相当的境界,这对性格内向,自幼养成害羞习惯的文伏波来说,是十分难能可贵的。

<br>

# 第八章
# 退居二线　发挥余热

　　1982年,葛洲坝水利枢纽工程的大江设计基本定案,大坝枢纽建筑物是否修建过鱼设计的争论已告罄,重大技术问题基本解决。10月,长办党委向水电部建议,任命文伏波为长办副主任。12月4日,水电部(82)水电党字第185号文,同意该任命。12月8日,水电部党组同意长办临时委员会任命文伏波为下届长办党委委员、常委。1984年6月16日,(84)水电党字102号文批准,任命文伏波为长办副主任、长办党委副书记、党委常委。自此,文伏波离开水利工程建设第一线,调回长办汉口总部工作。

　　1984年,文伏波60虚岁,即将面临退休。2月14日夜,他抄录了南宋陆游的《游山西村》、《夜游宫》、《度浮桥至南台》、《剑门道中遇微雨》等诗词。《夜游宫》末句"鬓虽残,心未死",《度浮桥至南台》末句:"白发未除豪气在,醉吹横笛坐榕阴",《剑门道中遇微雨》的末句:"此身合是诗人未?细雨骑驴入剑门",表达了他虽即将步入老年,却仍心系水利事业的不老情怀。

　　1986年,因为超龄,文伏波卸任长办副主任、党组副书记的职位,进入退休状态。退居二线之后,文伏波的主要贡献有:参与三峡工程的论证和招标;陪同林一山进行实地考察,为南水北调工程做准备;担任长江委技术委员会首届主任委员和担任长江委工程技术委员会顾问,率领经验丰富的老技术人员,经常视察三峡工程工地和南水北调工程工地,并为其提供合理化的意见和建议,并多被采纳;著书立说,撰写论文;合乎时宜地倡议编制长江流域规划,等等。至 2010 年行动不便时,文伏波才被迫停止工作。无论是从 1949 年他在扬子江水利委员会下游工程局实习算起,还是从他 1950 年调入长委会总部算起,至 2014 年止,文伏波为水利事业奋斗了 60 余年。

# 魂系三峡工程

新中国成立之初的 20 世纪 50 年代,文伏波已经开始接触三峡工程,属于新中国成立之后,最早规划设计三峡工程的技术人员之一。此后,文伏波参与编制了 1955 年 1 月—1959 年 7 月的长江流域规划、主持 1984—1990 年的长江流域规划工作时,三峡工程都是规划的重要内容。自 20 世纪 80 年代始,文伏波先后参加与三峡工程相关的工作有:1982—1983 年三峡工程 150 m 方案;1983 年,根据文伏波等人向长办主任黄友若建议,长办成立三峡库区规划设计处。该机构是国内组建最早、实力最强的水库移民专业队伍;1986 年,文伏波当选为三峡论证施工专家组专家,参与了长达 2 年 8 个月的三峡工程的论证工作;1994 年 12 月 14 日,三峡工程正式开工之后,文伏波不顾年事已高,以长江委技术委员会主任委员的身份,带领技术委员会的老

图 8-1　1986 年 11 月 7 日,文伏波(前排右五)临退休前长办党组整党办公室合影留念

专家,为三峡工程提供技术咨询,坚持每年至少去三峡工程工地现场考察4次,直至三峡工程于2006年5月20日顺利建成。三峡工程,令文伏波魂牵梦萦,能为三峡工程尽力而感到万分自豪,他说:"不少老同志,包括我最初的科长、国家设计大师曹乐安,还没有这个幸运。"[1]

## 一、参与三峡工程多种比较方案中施工方案的制定

三峡工程正常蓄水位方案,20世纪50年代定为128~260 m,1958年成都会议规定控制在200 m以下,主要为避免淹没影响重庆市区。20世纪70年代以前,研究方案主要集中在190~200 m。随着时间的后延,库区淹没人口不断增长,淹没损失急剧增加,水库移民安置愈难,正常蓄水位高程受到制约,曾研究分期建设方案。

1982年11月24日,邓小平、陈云、李先念、胡耀邦、赵紫阳等表示赞成低坝方案。11月底,水电部部长钱正英要求长办立即着手研究三峡蓄水位150 m方案,尽量减少水库淹没损失和移民安置困难,促进三峡工程早日兴建。

1983年3月底,长办编制完成《三峡水利枢纽150 m方案可行性研究报告》,文伏波是编制该方案的负责人之一。该报告全文约40万字,10个分册,其中,文伏波直接参与了"施工规划及投资估算"分册的规划设计工作。此后,文伏波参与了历次长办编制完成的三峡工程的规划设计方案中的施工方案的规划设计及编制工作:1983年6月的《三峡水利枢纽初步设计工作总体计划及设计大纲》;1984年的《长江三峡水利枢纽正常蓄水位180 m方案研究报告》和《三峡枢纽工程可行性研究报告审查后工作汇报》,包括150 m、160 m、170 m、180 m四组方案,还包括了150 m方案坝顶加高5 m和10 m的方案;1985年3月的《长江三峡水利枢纽初步设计报告》(150 m)方案;1985年7月的《长江三峡水利枢纽正常蓄水位补充论证报告》,包括150 m、160 m、165 m、170 m、180 m五种水位方案,175 m和185 m两种坝顶

---

[1] 文伏波:《水利工程的创新离不开理论和实践》。载《科技进步与对策》,2001年第5期,第16页。

高程,与不同的防洪限制水位及死水位,共组成 32 个方案,推荐采用 170 m 方案,防洪限制水位 140 m,汛前低水位 150 m,坝顶高程 175 m,初期蓄水位按 150 m 运用。其中,1985 年 6 月 17—26 日,在水电部水电总局主持在宜昌召开的三峡水利枢纽初步设计水工、施工、地质专题预审会上,与会专家认为,文伏波参与制定的施工方案比较细致。

由于少数人反对,以及泥沙淤积问题、水库淹没、移民问题、航运问题、投资问题等纠结其中,三峡工程 150 m 和其他多种蓄水位方案,最终皆被搁浅。

## 二、参与三峡工程施工组的论证

鉴于三峡工程已经作了 30 年的准备工作,并进行了大量调查和科研工作,收集了大量资料,1986 年 6 月 2 日,中共中央、国务院以中发(1986)15 号文发出《关于长江三峡工程论证工作有关问题的通知》,决定由水电部广泛组织各方面的专家,对原三峡工程可行性研究报告进行深入论证,重新提出报告。

1986 年 6 月 19 日,水电部为贯彻执行中共中央、国务院上述 15 号文的精神,成立了三峡工程论证领导小组,水电部部长钱正英任组长,副部长陆佑楣任副组长,总工程师潘家铮任副组长兼技术总负责人。

三峡工程的论证分成 10 个专题进行,每个专题设一个或两个专家组,共设地质地震、枢纽建筑物、水文、防洪、泥沙、航运、电力系统、机电设备、移民、生态与环境、综合规划与水位、施工、投资估算、综合经济评价,共 14 个专家组,聘请国务院所属 17 个部门、单位,中国科学院所属 12 个院所,28 所高等院校和 8 个省市专业部门,包括自然科学、工程技术、社会科学、财政经济、生态与环境、系统工程和人防等方面的专家 412 位,涉及 40 个专业。论证过程中,委托有关高等学校、科研、勘测、设计等单位,进行了各项试验、勘测、调查、计算、研究工作,共数千人参加。各专家组均设有工作组,长办在各工作组均设有联络员。为使论证工作能得到各有关方面的指导,论证领导小组商请全国人大财经委员会、政协经济建设组、国家计划委员会、国家科学技术委员会、中国科学技术协会、国务院经济技术社会发展中心、国务院三峡地区经济开发办公室、中科院、中国社会科学院、交通部、机械电子部、财政部、川鄂两省政府推荐人选,担任特邀顾问,后又聘请了机械和国际贸易方面的两位专家,共聘用特邀顾问 21 人。

1986 年 6 月 23—24 日,文伏波出席了钱正英主持召开的三峡工程论证领导小组第一次会议。7 月,施工专家组组成并开始工作,陈赓仪主持该组工作,专家组顾问为李鹗鼎,文伏波是施工专家组的 22 个专家之一。作为施工组专家,文伏波参加了 1986 年 8 月 18—27 日、1986 年 10 月 8—14 日、1987 年 8 月 10—15 日、1987 年 10 月 28—31 日施工专家组召开的全体工作人员会议,还出席了 1987 年 3 月 4—7 日在武汉召开的部分专家专题讨论三峡工程坝定高程 185 m 方案的工期问题,也曾参加过其他专家组的有关会议。

文伏波所在的施工专家组认为,三峡工程施工任务艰巨,主要表现为:工程量巨大;施工强度高;工程范围大而场地分割,施工干扰多;技术要求高,施工难度大。但是,由于已经有了 30 多年水利水电建设的经验,国际上的一些先进经验也可资借鉴,因此,"从施工方面讲,没有不可克服的技术困难,因而,三峡工程是现实可行的。当然,三峡工程的施工,也绝非轻而易举,必须采用当代的先进技术和施工装备,加上科学的、周密的组织和现代化管理工作,才能完成这项艰巨的任务。"①为此,施工专家组对三峡工程的工期问题,混凝土砂石料问题,对外交通问题,施工导流和施工通航问题,金属结构、机电安装和施工设备问题进行了详细的论证。其中,文伏波根据他在丹江口水利枢纽工程和葛洲坝水利枢纽工程施工现场 20 余年的丰富实战经验,以论证工期和对外交通问题贡献最大。

**工期问题** 三峡工程的工期,关系到工程效益,是施工专家组论证的一个重要专题。工期定得太短,实际达不到,会给工程建设和社会带来很大的被动。反之,困难估计过高,工期定得过于保守,也将影响对工程经济效益

---

① 长江三峡论证施工专家组:《施工专题论证报告》,1987 年 11 月。载三峡工程论证领导小组办公室:《三峡工程专题论证报告汇编》,内部资料,1988 年 12 月,第 258 页。

的估计。因此,必须实事求是地拟定一个比较合理的工期。经过考察论证,1987 年 11 月敲定:准备工期 3 年,一期工程 3 年,二期工程 6 年,三期工程 6 年,总工期 18 年。

18 年总工期的安排,与国外工程相比,从准备工程开始,到第一台机组发电,苏联克拉斯诺亚尔斯克和乌斯特伊里姆两个工程都是 12 年。欧美一些国家从导流工程计算,到第一台机组发电,巴西伊泰普工程为 9 年,美国大古力(一期)为 8 年,三峡工程为 9 年。虽然各工程规模不同,并都比三峡工程小,不能完全对比,但从中可以看出,三峡工程从准备工程到第一台机组发电的工期为 12 年,与国际水平相当。

工期论证过程中,有人担心工程浩大,按照上述工期,难以竣工。文伏波则利用他在丹江口水利枢纽和葛洲坝水利枢纽工地 24 年多的实践经验,分析认为,三峡工程的混凝土浇筑量虽大,但只要做好机械化施工准备、现场布局、混凝土浇筑的温度控制,就能如期完成或提前完成。后来,三峡工程真正敲定的施工期限为:第一阶段(1993—1997)5 年,是将上述论证的准备工期和一期工期合并,减少 1 年,为 5 年;第二阶段(1998—2003)与第三阶段(2004—2009),相当于上述论证工期中的二期工期和三期工期,分别为 6 年,总工期 17 年。后来,实际施工时,总工期为 16 年,提前一年完成。事实证明,文伏波等在工期论证过程中的推断是基本符合实际情况的。

对外交通问题。三峡坝址上游,是深山峡谷区,除长江水路以外,数百公里没有适宜的通道。下游宜昌市公路、铁路、空运都能到达,交通便利。从宜昌到三斗坪坝址 40 km,交通十分不便。三峡工程施工期间,运进的商品材料、机械设备和生活物资,将达到 1 475 万 t,另外需要从外面补充的砂石骨料有 359 万 t,还将大量的施工和外来人员往来于宜昌与三斗坪之间。因此,交通便利与否,直接关系到三峡工程能否顺利进行。

长办向论证专家组提出三个对外交通方案:铁路为主,公路、水运为辅;水运为主,公路为辅;公路为主,水运为辅。推荐水运为主,或公路为主的方案,放弃了火车轮渡的方案。施工专家组认为,对外交通方案,应从运行可靠、运输方便、力求经济的原则,进行考虑,同意长办提出的三个方案作为研究对象。

文伏波等认为,三峡工程位于长江上游,可充分利用水运,不论哪个方案,水运都是必要的,尤其是某些特大件(重200～480 t,计60件,共2.32万 t)的运输,因此必须完善必需的水运设施。但上千万 t 的商品材料,大部分来自铁路沿线,有铁路运至宜昌,所需砂石骨料主要不是来自长江,如以水运为主,则大宗物资需在宜昌和三斗坪作两次倒运。物资的损耗大,倒运费用高,同时,在宜昌设置较大的转运场地,也有一定困难。另外,长江航道受洪水(流量大于 53 000 m³/s 时需停航)和雾天(1 年平均23.5 天)影响,可靠性较陆路差,因此,水运只能为辅,不能作为主要的对外交通方案。

公路为主和铁路为主的两个方案中,赞成公路为主的专家认为,公路运营灵活,建设单位容易掌握主动权;铁路方案建设周期较长,造价较高,大部分工作点仍需要公路转运,公路基建费和汽车设备装备,仍不能完全省略;适合水电建设长远发展方向;基建投资和运费便宜。赞成铁路为主的专家认为,铁路运行可靠性高;我国的工矿企业大部分靠近铁路沿线,工程所需商品多适于铁路运输。葛洲坝工程商品运输 73.3% 靠铁路,水运占 17.7%,公路占 9%;公路运输方案要是在宜昌选择适于三峡工程倒运的新货场较为困难;铁路设施为国产,可少花外汇。铁路如选用电器化,可减少供油困难;运费低于汽车运输,在宜昌少倒运,可减少倒运损耗。

专家组在听取各方的不同意见后认为,铁路为主或公路为主的方案,作为三峡工程对外交通,在技术上都是可行的,工期也均能满足工程进度要求,但在经济比较中,各方面提供基本数据差距较大,需要进一步研究核实,暂不作取舍,但提出 6 条建议:不论采用何种对外交通方案,必须对现有公路进行改造;落实各方案的配套要求、项目及相应规模,配套项目应满足运输要求,并适当考虑货流量的可能变化;在经济比较中,铁路及公路专用线基建,以中铁第二勘察设计院已有初步设计作为基础,运营费可按国家有关规定或实际成本加利润计划;公路专用线按准 I 级标准考虑。宜昌到三游洞一段,应充分考虑社会影响,下岸溪至乐天溪段,应充分考虑砂石运输的要求;对铁路为主方案,从小溪塔接轨的可能性和对公路为主方案中段采用环形线,在下阶段工作中,可以予以考虑;对外交通方案的选择可于砂石料场的选择结合起来考虑。

后来,文伏波和长江委的其他相关人员共同建议,如修铁路,则是条断头路,在大坝建设后将会闲置,而高速公路是大势所趋,在三峡坝区开通公路,效益更大,也更持久。为此,建议以公路为主,再辅以水路运输。该建议被决策者所采纳,也得到社会各界的认可。

文伏波作为施工专题论证报告组的顾问和专家成员,为论证总报告,并最终形成"三峡工程对四化建设是必要的,技术上可行的,经济上是合理的,建比不建好,早建比晚建好,建议早作决策"的结论,促成三峡工程在1992年的全国人民代表大会通过和1993年开工,作出了应有的贡献。三峡工程开始之后,其施工方案和施工期限,基本按照上述施工论证方案进行。

## 三、为三峡工程提供技术咨询服务

对文伏波来说,能参与到三峡工程的重新论证,"看到三峡工程上马、开工、截流,看到它一天天顺利进行",是他最大的幸福。为此,他"时刻关心着三峡工程的动态,尤其是对有关的技术问题。"[1]1994年12月14日,病榻上的文伏波(1994年2月9日即农历除夕之夜突患脑溢血而右部偏瘫)听闻三峡工程正式开工的消息,喜不自禁,夜不能寐,恨不能时光倒流,重回水利工程建设第一线,为他魂牵梦萦近半个世纪的三峡工程建设服役,于是,欣然赋诗两首[2]:

> 英裁石壁立西江,病榻初闻喜欲狂。
>
> 为问葛洲当日伴,可堪重着战时装。
>
> 巴山夜雨润橘枝,长峡朝霞映屈祠。

---

① 文伏波:《水利工程的创新离不开理论和实践》。载《科技进步与对策》,2001年第5期,第16页。
② 韩存志、王克美:《院士诗词》,上海:上海科技教育出版社,2001年9月,第31页。另载长委会编:《文伏波治江文集》,内部资料,2012年7月,第284页。其中一、二、四首诗另载李飞、王步高:东南大学百年校庆纪念《中大校友百年诗词选》,东南大学内部资料,2002年,第455页。

行看平湖连天出，欣逢国力日强时。

　　前一首诗，表达了文伏波在得知三峡工程正式开工后的激动心情，更重要的是表达了他热爱水利事业的赤诚之心和为三峡工程建设尽心尽力的愿望。后一首诗是文伏波想象三峡工程建成之后，高峡平湖的壮观景象，庆幸祖国终于有了实现三峡梦的综合国力。

　　由于偏瘫，右手不能写字，文伏波愣是学会左手写字。病愈之后，作为长江委技术委员会主任、三峡工程重大科学技术研究"七五"国家重点科技攻关项目施工专家组专家，文伏波欣然接受长江委总工程师、三峡工程的技术负责人郑守仁的邀请，"参与提供咨询"①。他说："1986年，我退居二线后，担任长江水利委员会技术委员会主任一职，直到2004年……对施工中的三峡工程，有关设计与质量事故处理方案，跟踪咨询。我组织经历了丹江口、葛洲坝施工的部分技委委员，协助郑守仁院士(他常驻三峡工地，全面负责设计总成)技术把关。一年中至少四次有组织地去现场调查研究，进行咨询，提出意见，大多数被采纳。"三峡一、二期工程建设过程中，我们有组织地下工地不下四五十次。"②文伏波要求考察人员写出每次考察完整的调查纪要，而且每篇纪要，他都会认真审阅把关。

　　在文伏波领导的技术委员会的支持下，三峡工程就地取材，围堰采

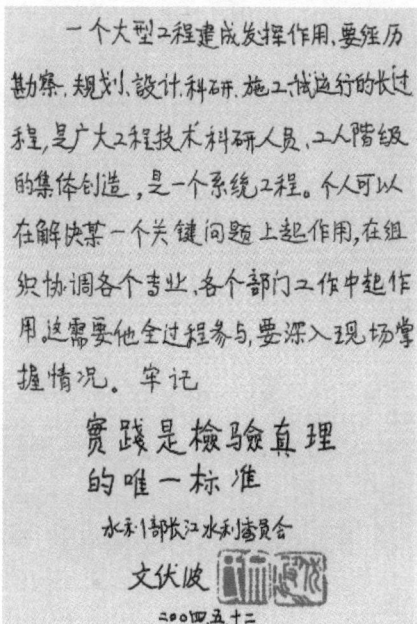

图8-2　文伏波左手题词[采自费滨海编撰《院士春秋》第一卷(上)第54页　北京：中国出版集团东方出版中心，2005.5]

────────────

① 文伏波：《水利工程的创新离不开理论和实践》。载《科技进步与对策》，2001年第5期，第16页。
② 文伏波手稿，无名，写成于2006年3月31日，原件已提交馆藏基地。

用垂直防渗技术,这是世界上首次将大型围堰直接建在粉细砂上的一次大胆而且成功的尝试,使三峡工程投资大大节省,工期也提前了 10 个月。根据丹江口水利枢纽基础开挖的经验,文伏波带领技术委员会的老专家们共同建议,三峡大坝的地基开挖,尽量将质量较好的石头保留下来,以备将来作为混凝土浇筑的骨料使用。这一方法在三峡工程使用以后,便迅速在全国范围内普及开来,既能节省投资,也能加速工期,一举两得。

# 著 书 立 说

文伏波参与组织领导并直接编著了《葛洲坝工程丛书》和《长江志》丛书。以技术委员会主任委员的身份,组织技术委员会的技术人员,老中青结合,以老为主,亲任编辑委员会主任,主持开展了《大中型水利水电工程技术丛书》的编著工作,并为其中部分书籍或书籍中的某些部分审稿,为部分书籍写序;担任技术委员会主任委员期间,还主编了《长江流域地图集》;此外,还担任《长江重要堤防隐蔽工程地图集》、《长江防洪地图集》、《长江流域蓄滞洪区图集》和其他一些水利工程书籍的技术顾问,或科学顾问,或总策划,或为之作序等。其中,以《葛洲坝工程丛书》、《长江志》丛书、《长江流域地图集》、《大中型水利水电工程丛书》贡献较大。

## 一、《葛洲坝工程丛书》

葛洲坝水利枢纽工程,在不少方面体现了我国水利水电科学技术的新水平,1981 年一期工程完成后,为总结、宣传和推广葛洲坝工程建设中的科学技术成就,进一步提高我国水利水电科学技术水平,中国水利学会决定,于 1981 年 10 月下旬,成立中国水利学会《葛洲坝工程丛书》编辑委员会,负责编辑《葛洲坝工程丛书》。

该丛书由直接参与葛洲坝工程规划、设计、施工的一些人员,联合分工编纂而成,由水利水电出版社出版。文伏波为该丛书编辑委员会的委员之一、长江水利委员会编辑委员会 4 个副主任委员之一。该丛书由中国水利电力出版社出版,共 15 册:董士铺主编:《工程概况》,1996 年 1 月;唐日长主编:《泥沙研究》,1990 年 8 月;曹乐安主编:《基础设计与处理》,1998 年4 月;王家柱主编:《导流与截流》,1995 年 6 月;董士铺主编:《闸、坝与电站建筑物》,1995 年 5 月;董士铺主编:《通航建筑物》,1998 年 3 月;曹乐安主编:《建筑物及其基础的安全监测》,1990 年 7 月;王既民主编:《闸门与启闭机》,1998 年 5 月;沈克昌主编:《水轮发电机组》,1991 年 11 月;沈克昌主编:《电气》,1993 年 2 月;贺修银主编:《施工组织与管理》,1995 年8 月;陈笑霖主编:《土石方工程施工》,1995 年 8 月;周世明主编:《混凝土工程施工》,1992 年 5 月;贾鹤泉主编:《运行与管理》,1998 年 6 月;刘一是主编:《工程文献》,1998 年 9 月。其中,文伏波为《工程概况》和《导流与截流》两书的主审,为《基础设计与处理》一书定稿,为《通航建筑物》一书的综述部分审稿,为《建筑物及其基础的安全监测》和《闸门与启闭机》的总论部分审稿。

该丛书全面地反映了葛洲坝工程在勘测、设计、施工、科研、设备制造和安装以及运行管理等方面的新科学技术成就和效果。迄今为止,该丛书仍然是系统介绍葛洲坝工程的一套权威书籍。

## 二、《长江志》丛书

《长江志》是地方志的重要组成部分,1984 年 3 月,按照国务院统一部署,长办成立《长江志》编纂委员会,下设《长江志》总编辑室为其办事机构,并作为长办所属二级机构,确定了《长江志》的编纂方针、编写篇目、编纂体例及编委会工作条例等指导性文件,并正式开始编修该志书。

经过近 20 年的努力,全套 7 卷 25 篇《长江志》,于 2002—2003 年,由中国大百科全书出版社出版。卷一流域综述,包括《水系》、《自然条件》、《社会经济》、《自然灾害》、《历代开发治理》5 篇;卷二水文、勘测,包括《水文》、《测绘》、《工程地址勘察》3 篇;卷三规划、设计、科研,包括《规划》、《设计》、《科学研究》3 篇;卷四治理开发(上),按水利专业门类,包括《防洪》、《水力发电》、《灌溉与城乡供水》、《航运工程》、《水土保持》、《水资源保护》6 篇;卷五治理开发(下),包括《综合利用水利枢纽建设》、《水库移民与库区建设》、《湖区开发治理》、《中下游河道政治》4 篇;卷六水政、人文,包括《水政》、《人文》2 篇;卷七大记事,包括《古近代大事记》、《当代大事记》2 篇。

文伏波为第一届(1984—1991 年)《长江志》编纂委员会的副主任,委员之一;第二届(1991—1995 年)和第三届(1995—1999 年)的主任,第四届(1999—2001 年)和第五届(1999—2001 年)的名誉主任。其中,还亲自参与了《综合利用水利枢纽建设》一书的审定工作。

图 8-3 1985 年 1 月,长办水文局《长江志》第一次工作会议合影(前排右五文伏波)

《长江志》是中国历史上第一部以长江流域自然区域为范围,围绕长江治理开发为重点进行记述的江河专志,系统翔实地综述了长江水系及流域自然地理和社会经济的概貌,客观地反映了长江水利建设中的成败得失和经验教训,是关于长江和长江治理开发的资料总汇,也是千百年来长江流域治理开发的科学总结,是认识和研究长江及其治理开发重要地位和作用的经典文献,是长江流域开发投资者、决策者、建设者应备的专著,是留给今人和后世的宝贵文化财富。

### 三、主编《长江流域地图集》

1950 年,长委会成立之初,长江尚无流域图。20 世纪 50 年代初期,长委会开始编制了一些用于水利规划的区域性地图,如《长江下游流域图》《巢湖流域图》等。为给长江流域规划提供各类专项图,1956 年首次编印了 1∶200 万比例尺的彩色《长江流域图》挂图;1981 年、1984 年重新编制 1∶100 万、1∶200 万比例尺的《长江流域图》。同时,一些工作上用的专题地图,如:水文上的测站分布、气象预报、暴雨分析;规划工作的防洪工程、蓄洪垦殖区、水库、水利资源和电站、水土流失的分布及南水北调工程等地图,也陆续编制。此外,还与国家、流域内一些省市有关部门共同编制了不少专题地图,如:中国科学院地理研究所主持完成的《青藏高原地图集》中,《长江江源图》就是长委会编制的。

编制一部长江流域地图集,是新中国成立之后,几代长江建设者数十年的愿望。文伏波高中时便受地理老师鲁立刚的影响,就十分喜欢地理和地图。他说:"我对地理、历史有兴趣,晚年心愿,想编一本地图集,以形象直观的方式图说长江。我组织同仁,历时 5 年,完成出版了《长江流域地图册》,我认为水利地图是地图学中重要分支,今后有其发展空间。"[1]1999 年 8 月,文伏波主编的《长江流域地图集》(副主编姚楚光、曹升忠、陈炳金,其中曹升忠为常务副主编)在北京中国地图出版社出版,实现了长江建设者们的夙愿。林一山对《长江流域地图集》的评价是:"对长江来说,尚属首编,凝聚了长江建设者的智慧和心血","是一部以水利建设为重点,兼涉自然资源、社会经济和历史文化,对长江干支流进行较为全面描述的大型综合性江河流域地图集。"[2]

作为主编,文伏波从三个方面确定了编图的指导思想:"从内容到形式,

---

[1] 文伏波手稿,无名,写成于 2006 年 3 月 31 日,原件已提交馆藏基地。

[2] 水利部长委会编制,文伏波主编:《长江流域地图集·林一山序》,北京:中国地图出版社,1999 年 8 月。

都紧密围绕水资源这一中心主题,是以水利建设为重点,兼及其他的大型综合性江河流域地图集";"以国务院审批的《长江流域综合利用规划报告(1992 年修订)》为基本依据,并广泛吸收汇总了治理开发长江的多学科资料成果";"不同于一般介绍长江知识的书,它以地图为主,辅以文字说明和表格,使读者对长江流域的全貌获得更直观、更形象、更深刻的了解。"①

《长江流域地图集》包括 7 个组图:序图组,起导言与概述的作用;历史图组,反映长江的历史演变及概况,为治理开发长江提供历史资料;自然条件图组,反映长江流域地质、地貌、气候、土壤、植被、矿产资源、水文、水质等自然地理要素,分量较重,是图集中的重点图组之一;社会经济图组:主要反映长江流域的土地利用、工农业、城市、交通、旅游、经济开发等内容;环境保护图组,主要反映长江流域水质评价、水质污染、水源保护、珍稀动植物分布及保护、鱼类资源及保护、血吸虫及地方病的分布与防治等内容;水资源开发利用图组,主要反映长江流域综合利用规划、水利水电工程、防洪、发电、灌溉、水土保持、中下游河道整治、城市供水、南水北调工程等内容,并突出反映三峡水利枢纽的社会经济效益,是图集中的重点图组;干支流图组,主要反映长江干支流的相对位置,干流各河段的基本情况、各主要支流的概况及治理开发规划,也是图集的重要内容之一。7 个图组,相互关联,相辅相成。各图组又分别列出若干图,基本反映了长江流域的全貌。

《长江流域地图集》可供中央和地方领导机关、有关部门,对长江治理开发进行统筹规划及战略决策研究参考,可以帮助关心长江建设的中外各界人士对长江流域基本情况加深了解,同时,也是介绍祖国大好河山进行爱国主义教育的一本好书。

《长江流域地图集》是一项系统工程,在编制过程中,得到中国科学院地理所、南京地理与湖泊所、土壤所、水生所、植物所、地震所及武汉测绘科技大学(今武汉大学信息学部)、中国地质大学、复旦大学等单位的支持协助,还有长江委各有关部门的通力合作。协编单位有:武汉测绘科技大学(今武

---

① 水利部长委会编制,文伏波主编:《长江流域地图集·文伏波序》,北京:中国地图出版社,1999 年 8 月。

汉大学信息学部)土地科学学院、上海市计划委员会、重庆市计划委员会、湖北省水利厅、中国长江三峡工程开发总公司、湖北省清江水电开发有限责任公司、水利部湖南澧水流域水利水电综合开发公司、四川省水利电力厅。众多单位之间的协调调度工作之难,统稿汇编工作量之巨,牵涉面之广,可窥见一斑,而这些工作,都是作为主编的文伏波所必须面对的。

### 四、《大中型水利水电工程技术丛书》

自 20 世纪 50 年代以来,长江委编制和定期修订长江流域综合利用规划和长江防洪规划等专业规划,设计了三峡、丹江口、葛洲坝、乌江渡、万安、隔河岩和南水北调等大中型水利水电工程,并参与了工程施工、工程监测和调度运行管理。通过这些实践,长江委的科技人员,不仅解决了许多复杂的技术难题,还积累了丰富的实践经验,造就了一批专家。文伏波还清楚记得,老领导林一山主任"一直强调总结的重要性,提倡每做完一件工作,都应及时地加以总结,指出这是提高工作(业务)水平最高有效的方法。"[1]为此,为使长江委长期积累的经验和智慧系统化,理论化,使这笔知识财富长久保存并持续利用,在担任长江委技术委员会主任期间,文伏波在争取到长江委和中国水利水电出版社的积极支持后,组建了编辑委员会,亲任编辑委员会主任,组织长江委的科学技术人员,"本着拾遗补缺精神,抓了总结编书工作,以老工程技术人员为主,老、中、青三结合写作,定名为《大中型水利水电工程技术丛书》,以长江水利委员会所设计的工程实践中的经验教训为主,安排编写。"[2]

该丛书以系统总结长江水利委员会治理开发长江水资源的工作为主,并随着治江事业的持续发展,不定期分阶段地出版。第一批由中国水利电力初步出版 16 本:《通航建筑物》,1998 年 3 月;龚召熊主编:《水工混凝土温

---

[1] 文伏波《序》(写于 2011 年 12 月),载长江沿途工程总公司、长江三峡勘测研究院:《长江流域水利水电工程地质·序一》,北京:中国水利水电出版社,2012 年 9 月。

[2] 文伏波手稿,无名,写成于 2006 年 3 月 31 日,原件已提交馆藏基地。

控与防裂》,1999 年 5 月;司兆乐主编:《水利水电枢纽施工技术》,2002 年;长江水利委员会技术委员会编:《长江流域综合利用规划研究》,2003 年;潘庆燊主编:《长江水利枢纽工程泥沙研究》,2003 年;钮新强主编:《三峡工程与可持续发展》,2003 年;董学晟主编:《水工岩石力学》,2004 年;傅秀堂主编:《水库移民工程》,2005 年;佘文晬主编:《长江河道演变与治理》,2005 年;郑守仁等编著:《导流截流及围堰工程》,2005 年;黄忠恕、金兴平主编:《水文气候预测基础理论与应用技术》,2005 年;杨缝尧主编:《水工金属结构》,2005 年;钮新强、宋维邦编著:《船闸与升船机设计》,2007 年;季学武、王俊等编著:《水文分析计算与水资源评价》,2008 年;长江岩土工程总公司、长江三峡勘测研究院编著:《长江流域水利水电工程地质》,2012 年 9 月;郑守仁等编著:《水利枢纽工程质量标准及监控》,1990 年 1 月。

# 其 他 贡 献

退居二线之后,文伏波还陪同林一山进行南水北调西线工程实地考察,一如既往地强调水利工程的质量,建议三修长江流域规划,建议编制西南诸河流域规划等。

## 一、跟随林一山查勘南水北调西线工程

1989 年 8 月 10 日—9 月 12 日,文伏波刚忙完长江流域规划的编制工作,几乎还没来得及休整,携同王芳清,便应林一山邀请,到北京与林一山会合,陪同林一山查勘南水北调西线工程。查勘经过和路线如下:

在呼和浩特,听内蒙古自治州水利厅胡懋昭厅长介绍内蒙古自治州水利情况;查勘了呼和浩特市郊区的引洪进水口工程、大黑河灌区的东风渠和乾通渠;左阿拉善旗、红领巾水库、万家沟滞洪区、老民生渠、和林格尔和摩天崖水土保持区;托克托、乌拉特前旗的乌梁素海退水渠节制闸;磴口县三

盛公水利枢纽工程;磴口县辖区乌兰布和沙漠(承包植树)治理区;宁夏回族自治区盐池县的盐池;阿拉善左旗;在银川了解黑山峡水资源开发利用状况;途径黑山峡下口、泉眼山泵站、同心县、固原县、陕西省泾川县,到达西安市,从陕西省水利厅了解陕西开发利用水土资源的情况;转至成都,沿岷江而行,途经都江堰,沿岷江左岸看紫坪铺等5个坝址,过映秀时顺鱼志溪而上,看一、二级电站,途经沙湾,抵达汶川县(杂谷脑河与岷江交汇处);自汶川出发,沿岷江支流杂谷脑河而上,抵达马尔康(杜柯河和色曲汇合处)。在马尔康座谈,了解杜柯河的海拔、地形、地貌、地质、水资源等自然环境和社会经济发展状况,并初步制定了从雅砻江、大渡河调水的线路;在四川省水文总站的徐兆成总工程师的陪同下,查勘队去阿坝州、壤塘县、色达县等地查勘;沿抚边河南行,途经小金县,抵达丹巴县(小金河和大金河合流处),听丹巴县县长汇报,尤其关注其境内的海拔高程、地形地貌、农牧业、水利工程、矿藏、道路交通等情况,尤其关注其境内大金河、小金河、甘什扎河、东谷河、大渡河的水资源量;顺大渡河西边的瓦斯沟而上,看冷竹关址,过瓦斯沟看了三个坝址,途径康定城、泸定;翻越二郎山,到海拔3 000 m的山顶(山路崎岖,文伏波不堪颠簸);途经胜利电站工地,查勘雅安地区青衣江、宝兴河水资源状况,收集到铜头电站、宝兴河开发、青衣江规划资料共三本;在罗坎看引青衣江水的长征渠引水进口;经名山、邛崃、大邑、崇庆、温江,返成都,听四川省水电厅汇报,四川省水电厅希望长江流域规划办公室帮助呼吁武都引水工程、都江堰工程、升钟水库。

8月22日—9月12日,文伏波痔疮发作,日日便血,9月2日到马尔康,才得空看医生,当日未能去查勘阿坝州、壤塘县、色达县等地。9月7日,痔疮便血,加上腹痛,查勘队被迫在雅安休整一天。此次查勘,收获颇丰[①]。

查勘队时常聆听林一山的指示。林一山指出:蒙古提出要灌溉乌兰布和沙漠,可引水横穿巴颜喀喇山脉,是不经济的,因为长江和黄河的分水岭海拔过高。雅砻江与金沙江交汇口、大渡河汇入岷江,水源丰富,可越往东,

---

① 参见文伏波手稿,1989年查勘工作笔记,原件已提交馆藏基地。下文中凡属于此次查勘内容,未注明出处的,皆出于此。

山体切割越严重,虽然穿隧洞距离缩短,可地势也低矮了。黑水县是巴颜喀拉山的尾部,海拔 2 700 m,穿隧洞相对容易。大渡河引水 50 亿 m³、雅砻江引水 60 亿 m³、金沙江引水 90 亿 m³,分两条线路,分期开发。当长江引水到黄河时,黄河干流上的梯级开发已经结束,引来的水,通过梯级发电,到 1 100 m高程,可引水灌阿拉善地区,至 2 100 m 高程,至少可开发利用 100 万亩土地。

查勘队听取地方官汇报水利工作。8 月 21 日,听取阿拉善左旗介绍当地自然条件、农牧业和缺水状况、地下水的开采利用,绿洲因严重缺水而受到威胁。黄河干流流经乌兰布和沙漠有 85 km 长,可黄河干流水资源量有限,甘肃、宁夏和内蒙古争相引用,官司连年,黄河干流大柳树区域属于地震多发带,小观音建库后只能扬水灌溉,争论较大,暂不能建水利枢纽工程,只能寄希望于南水北调。

查勘队也进行研究。如:8 月 29 日,遵林一山指示,文伏波在成都研究地图。得悉:自巴颜喀拉山南侧,地势西北高、东南低,高原面切割并不严重,尤以雅砻江上游相当完整,可顺地势实现高水高引、低水低引,到白水,经草原平地,自流入黄河。问题是,各河流之间的分水岭地带,要穿隧洞开渠,各河流要筑坝。又如:9 月 1 日,在马尔康了解情况后,初步研究认为:雅砻江、大渡河自流引水线路,可自仁青岭水库(雅砻江干流开发的第二级水库)引水(海拔 3 900～3 850 m),自西向东,过鲜水河上游的达曲、泥曲,过大雪山,进入大渡河的绰司甲河上游的色曲、杜柯曲,再过脚木足河上游的麻尔柯曲、柯尔曲,沿柯曲支流,过分水岭,进入贾曲,最后,注入黄河。计划从雅砻江引水 80 亿 m³、大渡河引水 30 亿 m³,合计 110 亿 m³,全长约 400 km。贾曲入黄河口海拔 3 444 m,白河海拔 3 432 m。

9 月 13 日返汉,次日全天,与林一山座谈查勘情况,为撰写查勘报告作准备。这次实地查勘及文伏波编写的查勘报告,不仅为长江流域规划打下了坚实的基础,而且也为日后南水北调西线工程的水源点、调水线路等奠定了基础。

1989 年,文伏波已经 65 岁,带病坚持长时间的山区长途跋涉,实属不易!

## 二、关注水利水电工程质量

文伏波一生都在追求水利水电工程的质量,视工程质量如生命。离开水利工程建设一线之后,文伏波作为第一作者,与郑守仁合作,发表《提高我国水利水电工程质量对策的初步探讨》(载《中国三峡建设年鉴》第71～74页,1998.1.1;另见《世界科技研究与发展》第1～4页,1998.9.该文获中国水利学会1999年度优秀论文一等奖)和《当前我国水利水电工程质量问题的思考》(载《中国工程科学》第36～40页,2002.1.)。上述两篇论文,分析当时我国水利工程建设中存在质量问题的原因,并积极寻求对策,建议从技术层面和管理层面着手,提高我国水电工程的质量。同时,建议借鉴清江隔河岩水利枢纽工程建设的经验,充分发挥业主的主导作用,严格合同管理,重视施工人员技术素质,建立严格的生产质量责任制,严格施工工艺,搞好科学技术等,以确保我国水电工程的质量。

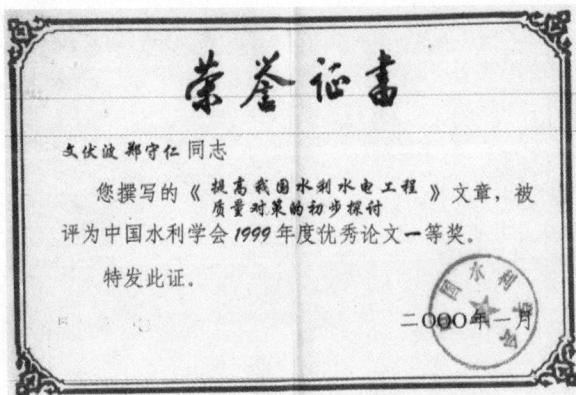

图8-4 文伏波和郑守仁撰写的《提高我国水利水电工程质量对策的初步探讨》被评为中国水利学会1999年度优秀论文一等奖

## 三、建议三修长江流域规划

20世纪末21世纪初,长江流域各级政府和有关部门,依据文伏波主持编制的 1990 年长江流域规划,进行了大规模的水利建设,治理开发长江的关键性工程——三峡水利枢纽工程,已开工并即将建成;堤防进行了全面加高加固;南水北调工程于 2002 年底开工建设等,长江综合治理开发取得了巨大成就。随着长江流域规划方案的逐步实施,长江流域的水生态环境已经发生变化,国家经济的发展,对长江流域水资源的开发利用已提出了新要求。为此,文伏波等主张重新编制长江流域规划,即三修长江流域规划。

1999 年,中国政府制定了西部大开发战略,合理调整经济布局,促进地区经济协调发展;2001 年中国加入 WTO;2002 年 8 月,第九届全国人大常委会第二十九次会议,修订通过了《中华人民共和国水法》,将制定水资源规划提高到一个新的高度;2003 年,党的第十六次全国代表大会,提出全面建设小康社会的奋斗目标。然而,1990 年长江流域规划,源于 1994 年我国政府制定的《中国 21 世纪议程》,视实施可持续发展战略为我国基本国策。上述新的国家发展战略,需要通过修订长江流域综合利用规划来予以贯彻。

1990 年长江流域规划,对金沙江上游河段和一些支流,尚缺乏较完善的综合规划,甚至还没有规划,对建设项目的环境影响,或未加考虑,或考虑不够。仅仅根据专业部门编制的专业规划,甚至在没有任何规划的情况下,出现了"跑马圈水"、盲目建设水利水电项目的无序状况,必将不利于资源环境的利用和保护,而且也在总体上拖延了水资源开发、利用、保护的规模和进度,不利于人与自然的和谐共处、人类文化遗产和景观的保护。为此,综合经济管理部门和流域管理机构,有责任创造条件,及时地组织编制并提出科学完善的流域规划,使长江流域的水资源,在科学发展观的指导下进行有序地开发。

20 世纪后期以来,人类已开始从工业文明时代注重经济效益,逐渐向生态文明时代注重人与自然和谐共处过渡。为此,水利部提出了治水新思路,长江委结合长江具体情况,提出了"维护健康长江,促进人水和谐","在保护中开发,在开发中保护"的治江新理念。然而,1990 年修订的长江流域规划,限于当时的时代特征和认知水平,不能完全符合新的时代特征和治江理念,需要通过修订综合规划,对原有流域综合规划,做出相应的调整,以体现新时代特征和新时期的治水治江思路,更好地指导长江的治理、开发和保护工作。

至于三修长江流域规划,文伏波认为,必须一如既往地坚持一修和二修长江流域规划的基本原则,即统一规划,全面发展,适当分工,分期进行。同时,仍然像一修、二修长江流域规划一样,需要正确解决好远景与近景,干流与支流,上中下游,大中小型,防洪、发电、灌溉与航运,水电或火电,发电与用电的七大关系,根据实际情况,分轻重缓急和先后次序,进行具体安排。三峡工程是长江规划的主体,但是要防止在规划中集中一点而不及其他,或以主体代替一切的思想。另外,必须结合新时代的新特点,与时俱进,坚持新原则:以人为本,人与自然和谐共处,保护中开发和开发中保护,水资源综合利用,因地制宜、突出重点、照顾一般、统筹发展。

　　文伏波建议,三修长江流域规划的内容包括:环境保护、生态安全和水质;在三峡工程和长江上游干支流水库将相继建成的情况下,调整中下游防洪建设的思路、措施和重点;根据在保护中开发、在开发中保护的原则复核和调整水力发电规划;在新的交通运输条件下长江水运发展战略;开展大范围的跨流域调水、优化配置水资源的研究;加强长江中下游干流河道治理和长江河口地区的综合规划;把加强流域管理、改革和完善流域管理体制纳入流域综合规划①。


## 四、建议编制西南诸河流域规划

　　如前所述,西部大开发和西电东送战略,给西南地区的社会经济发展提

---

① 有关三修长江流域规划的内容,参见文伏波:《21 世纪长江规划之我见》,载湖北省科学技术协会:《现代科技系列报告文集》(六),武汉:湖北科学技术出版社,2003 年 5 月,第 131~140 页。另载《中国水利》,2003 年 2 月,第 13~15 页。《建议立即启动长江流域综合规划修编工作》,载长江水利委员会:《文伏波治江文集》资料整理稿,2012 年 7 月,第 55~58 页。文伏波、梁应辰、郑守仁、洪庆余、陈德基写于 2004 年 6 月 22 日:《关于长江和西南诸河流域综合利用规划修编和制定工作的建议》,载中国工程院办公厅:《中国工程院年鉴》(2004 年),高等教育出版社,2005 年;文伏波、洪庆余等:《修订〈长江流域综合规划〉的几点思考》,载《新世纪水利工程科技前沿(院士)论坛》论文集,2005 年 9 月 29~30 日,中国工程院土木水利建筑学部在天津大学主办的新世界水利科技前沿院士论坛会议上的论文集;另载第三届湖北省科技论坛气象分坛暨 2005 年湖北省气象学术年会:《学术论文详细文摘汇集》,湖北省科学技术协会、湖北省气象学会出版,2005 年。

供了契机,极大地调动了人民群众脱贫致富的积极性,2003 年出现的电力资源短缺的情况,推动了西南地区水电工程的建设步伐,出现了加快发展水电资源的新形势。党的十六大提出"全面、协调、可持续"的科学发展观,要建设资源节约型社会和循环经济的目标,这不仅是全面建设小康社会的指导思想,也是综合开发、利用和保护水资源的指导思想。因此,2004 年 5 月,文伏波等提出,用科学发展观审视西南地区的水电建设,是十分必要的。

西南诸河,如澜沧江、怒江、雅鲁藏布江等河流,是我国水资源相对较为丰富的河流,也是人类干涉较少的河流,又是流入境外的国际河流,继续确定属于我国的水资源量,满足当地水资源需要后,多余的水资源随技术经济条件的进步和发展,高瞻远瞩地规划安排西部缺水地区水资源布局。文伏波认为,这一地区正面临着巨大的社会经济发展机遇,水资源的开发、利用、保护任务迫在眉睫,编制澜沧江、怒江、雅鲁藏布江等西南诸河流域综合规划已是当务之急。根据这一地区的特点,生态环境保护和改善的任务将更为突出,虽然人口密度不高,但多为少数民族,经济欠发达,所以移民安置及其经济、环境条件的改善,保护生态的多样性,也应十分重视。

流域的社会经济、水文、地质等基本资料,是编制流域综合规划的基础。过去由于条件的限制,西南诸河流域,未能积累相应的基本资料。2004 年及其以后,应立即安排资料收集等编制流域综合规划的前期准备工作。

# 结　语

　　从收集资料到采访,到撰写传记(2012 年 5 月—2013 年 11 月),再到修改传记(2013 年 12 月—2014 年 8 月),我们项目组的成员经历了忙碌与艰辛,有时甚至夹杂着无奈和沮丧。但随着对文伏波院士了解程度的加深,我们逐渐走进了文伏波的水利人生,无奈和沮丧早已烟消云散,对文伏波的钦佩与敬仰却永远留在了我们心中,而且,能为文伏波这样的学术前辈编写学术成长传记,是我们的荣幸!

　　文伏波说,他"赶上了治江事业的大好时机。"[①]长江治理的三个阶段,即加固长江两岸堤防、在平原地区修建分蓄洪区、建设控制性大型水利枢纽工程,文伏波都是亲历者。诚然,文伏波是幸运的,他刚大学毕业,尚是毛头小伙子时,就被委以重任,参与荆江分洪工程的设计和施工工作,迈开了他水利生涯中稳健的第一步。但是,他日后能一路稳步发展上升,在专业和组织管理上都能独当一面,不仅成为设计方的最高领导林一山,而且也成为施工方最高领导张体学所倚重的得力干将,成长为被长办主任魏廷琤和水电部部长钱正英所器重的股肱大员,仅仅用"幸运"二字来概括是不具备说服

————————

① 文伏波:《丹江口工程 50 年——工程设计的伟大实践》.《人民长江报》,2008 年 8 月 30 日,第 007 版。

力的。

水利是门半科学半经验的学科,文伏波在经历荆江分洪工程之后,就紧紧抓住水利学科的这一特点,极其重视业务学习和工作经验的总结。从文伏波海量的工作笔记中不难发现,无论工作多么繁忙,他都坚持专业理论学习,并随时随地地进行设计和施工工作总结,不仅重视自己亲自参加或主持设施的水利工程的经验总结,而且还注重汲取他人设计案例的实践经验总结。更重要的是,他擅长将工作中摸索出的好经验重新运用到实践中去。如:他将在丹江口工程设计和施工过程中摸索出纵向混凝土围堰的设计和施工方法,运用于日后的葛洲坝水利枢纽工程和三峡水利枢纽工程的围堰设计和施工中;又如:他将丹江口工程在开挖地基过程保存的好岩石作为日后施工骨料使用的经验,推荐给三峡工程,不仅节省了三峡工程造价,而且还缩短了工期;又如:鉴于丹江口工程和葛洲坝工程20多年的现场设计和施工经验,在1986—1988年三峡工程重新论证过程中,在论证施工工期和运输方面,他提出了合理化的建议,并被当局者采纳,等等。

文伏波能迅速成长为长办设计和施工的技术骨干,与他工作中的"三大贵人"——曹乐安、林一山和张体学是分不开的。文伏波为人谦和,虚心好学,崇拜和敬佩那些业务水平过硬的专家(包括苏联专家)、领导和同事,尤其注重向业务水平过硬的人学习,其中,曹乐安堪称他专业上的引路人。曹乐安,文伏波的湖南老乡,深受林一山倚重,1990年8月25日荣获国家百名"设计大师"称号,文伏波称其为"我最初的科长、国家设计大师。"①他的工作轨迹与文伏波基本同步,参与和领导了荆江分洪工程、杜家台分洪工程、丹江口水利枢纽工程、葛洲坝水利枢纽工程的设计和施工工作,参与了20世纪50年代和80年代两次长江流域规划的编制工作,参与过三峡工程多种水位方案的编制和三峡工程的重新论证工作等,其中,在葛洲坝工程规划设计中获得特等光荣证书,在1986—1988年的三峡工程重新论证过程中作出过重大贡献。长期以来,曹乐安一直是文伏波从事设计和施工工作的领导、同事和战友。文伏波十分敬重曹乐安追求真理和实事求是的工作作风,佩服曹

---

① 文伏波:《水利工程的创新离不开理论和实践》。载《科技进步与对策》,2001年第5期,第16页。

乐安的业务水平和工作能力。在荆江分洪工程设计过程中,文伏波跟随曹乐安,学会了通过翻阅大量的中外资料、结合作试验解决设计中重大技术难题的工作方法,并始终坚持,终身受益。

文伏波工作勤奋,踏实肯干,认真负责,精通业务,颇受上司林一山主任的器重。对老领导林一山主任,文伏波有太多的感激和崇敬,是林一山把他调到长江委,是林一山让刚大学毕业的文伏波加入到荆江分洪工程这样重大的水利工程的设计和施工团队,是林一山让他参与 1959 年 7 月的首次长江流域规划的编制,是林一山让 30 出头的文伏波担任长办常驻丹江口工程施工现场的设计代表组组长,给他"提供难得的机遇",为他日后参加"设计更大的水利工程打下了坚实的基础"。林一山曾鼓励他说,"现场设计代表组,就像驻外大使馆的工作人员,放开手干,有大事直接电话找我,我会即时组织力量研究答复。"[①]而且,文伏波临出发前,林一山还叮嘱文伏波坚持工程质量的三大原则。当丹江口水利枢纽工程出现质量事故之后,林一山带领文伏波等到北京向周恩来汇报质量事故,请求暂时停工,做好混凝土大坝的补强工作。待该请求得到周恩来批准之后,林一山将补强设计和准备机械化施工的重任交付文伏波主持。当葛洲坝水利枢纽工程出现质量事故之后,林一山仍然携文伏波等去北京向周恩来汇报工作,请求暂时停工,先做好设计工作。林一山担任葛洲坝工程技术委员会主任期间,每次主持召开葛洲坝工程技术委员会会议时,必携文伏波共同出席会议,而且,林一山在会议上使用的材料,基本上是由文伏波负责整理的。

林一山还亲自带领文伏波等技术骨干多次进行实地考察,这一务实的工作作风,深深地影响着文伏波。早在 1964 年 8—9 月,为回答毛泽东 1963 年提出的三峡水库的寿命问题,林一山便携文伏波等考察了东北、内蒙古、宁夏、陕西一带 10 多条河流的泥沙含量,以及在这些河流上修建的水库被泥沙淤积的情况。得出的结论是,三峡水库可以长期使用;1988 年 10 月,已经

---

[①] 孙军胜、徐冰等:《勿图激扬　但求行实——访中国工程院院士　长江技术委员会主任文伏波》。载长江水利委员会:《文伏波治江文集》,内部资料,2012 年 7 月,第 316 页。另载《中国水利报》,2005 年 10 月 15 日,第 005 版。

结　语 ｜ *289*

双目失明的林一山,亲自带队,历经 13 天,通过走访听汇报等方式,查勘了长江中下游沿岸安徽、江苏两省的九市一县的长江干流镇江、铜陵、南通河段。林一山说,他的这次查勘,是为 11 月 13 日—12 月 12 日文伏波带队查勘长江中下游河段打前站。在林一山查勘的基础上,1988 年 11 月 13 日—12 月 12 日,文伏波亲任 16 人查勘队队长,进行了长达一个月的长江中下游河段查勘工作,为 1990 年版的修订补充长江流域规划搜集了第一手资料;1989 年 8 月 10 日—9 月 12 日,林一山携文伏波等,共同查勘南水北调西线工程,意在为南水北调西线工程作准备。

受林一山影响,也因为水利工程的现实需要,文伏波坚持认为,水利工程设计工作者,必须有足够的实践经验,主张"青年学生,应先搞实际工作,再搞规划设计。"[①]他还鼓励水利工程设计者,多到工地现场,深入一线。当他看到三峡工地上,有个长江委的小伙儿,对三峡工程船闸设计、施工情况了如指掌时,如:永久船闸高边坡哪个石头不稳定,哪个石头打了几个铆筋、铆索,他都能如数家珍,文伏波感到无限欣慰。

文伏波的业务水平、工作能力及其对水利工程质量的坚持,深受湖北省省长张体学的赏识。文伏波在丹江口工程施工现场担任设计代表组组长之时,"指挥部召开所有重要会议,张省长都请文伏波参加,并经常向他咨询有关工程技术和质量方面的问题。"文伏波"对张省长提出的许多十分具体、细致,甚至近于刁难的问题,他胸有成竹,有理有据,简明扼要地作出回答,使得省长频频点头"[②];在丹江口大坝地基开挖的过程中,文伏波不顾"多快好省建设社会主义"的大环境,坚持把握质量关,得罪了一些人。在 1959 年"反右倾"运动中,文伏波被扣上"右派"、"保守"的帽子,张体学主动出面说情,化解了这场风波;在丹江口工程施工期间,张体学还多次携文伏波去北京向周恩来汇报工作。文伏波说,他一生有 7 次见到周恩来,前几次都是张体学带他去的;1969 年底,文伏波被造反派押解回汉口。1970 年 3 月,张体学便

---

① 文伏波手稿,1957 年 11 月 23 日工作笔记,扫描件已提交馆藏基地。
② 纪卓如(张体学的随行记者):《胸中奔腾长江万里——访中国工程院院士文伏波》。载《决策与信息》,1996 年第 12 期,第 25 页。

点名让文伏波到葛洲坝水利枢纽工程工地现场担任设计局局长,再次拯救文伏波于政治危难之际。为此,文伏波对张体学感恩有加。同时,在共同的水利事业建设中,文伏波和张体学结下了深厚的友谊,他习惯称张省长为"体学同志"。

文伏波始终坚持水利工程质量第一的观念不变,无论是在水利工程建设一线,还是退居二线之后。他曾在不同时间和不同场合,反复强调水利工程的质量。

> 水利工程是和水打交道,一点也容不得马虎,一旦出事,涉及到千百万人的生命财产安全。盖的房子要是倒了压死人,那个范围还比较有限。但如果水利工程垮一个坝,那后果是难以想象的……水利工程职业道德,首先就是保证工程安全①。

> 我从事水利工作近50年,深感水利工程与国民经济以及人民生活关系重大。水利工程工期长、投资大,动辄需千万乃至数十亿、数百亿资金,且具有极大的风险性;水利工程只许成功,不许失败。我深切感到,从事工程的技术负责人,必须遵循周恩来总理的教导,以'战战兢兢,如临深渊,如履薄冰'的态度谨慎待之②。

鉴于上述认知,文伏波对水利工程质量的坚持,从不含糊。林一山和张体学,都是文伏波水利职业生涯中的"贵人",也是他的领导,还是他的至交,当林一山与张体学为水利工程质量发生矛盾冲突之时,谁坚持水利工程的质量,文伏波便支持谁。如:丹江口水利枢纽工程开工初期,文伏波因坚持坝址基础开挖标准寸步不让,张体学急于求成,有时不免出现急躁情绪,曾几次对文伏波说:"你能吃苦,也非常勤奋,就是什么事都听林一山的。"文伏

---

① 孙军胜、徐冰等:《勿图激扬　但求行实——访中国工程院院士　长江技术委员会主任文伏波》。载长江水利委员会:《文伏波治江文集》,内部资料,2012年7月,第317页。另载《中国水利报》,2005年10月15日,第005版。
② 《文伏波——求真、创新,以辩证思维综合治理长江》,载卢嘉锡:《院士思维(中国工程院院士卷卷四)》,合肥:安徽教育出版社,2001年4月,第1362页。

波却回答说："长办是设计的代表，设计与施工在工程建设中是相互制约的，我虽是工程局党委的委员，但必须听从设计意见。林一山对工程的意见，我会原原本本地讲给省长听。省长对工程的看法，我也会原原本本地传达给林主任。"①文伏波的这种做法，在张体学眼里，虽然有碍于工程进度，但依然受到张体学的赏识与器重，否则，张体学也不会数次解救文伏波于政治危难之际，并多次携文伏波前往北京向周恩来汇报工作。

文伏波以其数十载的水利工作经验告诉我们，"设计是水利工程的灵魂。"②丹江口工程，是当时全国规模最大的水利枢纽工程，国内尚无经验可以凭依。葛洲坝工程，技术复杂、牵涉面广、综合性强，"谁敢拍板呢？"文伏波说，"当年丹江口如果没有周恩来总理指示施工服从设计这一条，肯定也不行。葛洲坝后来如果没有技术委员会统一领导，也搞不了。"③

文伏波淡泊名利，从不居功自傲。他说："荆江分洪工程完工后，我并没有什么成就感。不过是自己完成了上级交给的任务，看到了在中国共产党领导下，集中力量办大事的能力。"④至于他一生对水利事业的贡献，他说："我很高兴，我赶上了治江事业的大好时机。"⑤他还强调说：

> 与集体智慧相比，个人的力量实在渺小，在长江委的金字招牌映衬
> 下，个人的荣誉更不值得一提。我所高兴的是，在50年的风雨历程中，
> 长江委始终坚持"团结、奉献、科学、创新"的精神，以为国家、为人民、为

① 文伏波手稿，《关于丹江口水利枢纽规划、设计、施工中一些重大方案决定变动的经过及魏廷铮的活动》第9页，原件已提交馆藏基地。
② 文伏波：《设计是水利工程的灵活——回忆丹江口工程的几次重大设计改变》。载长江水利委员会编：《文伏波治水文集》，内部资料，2012年7月，第221页。
③ 孙军胜、徐冰等：《勿图激扬　但求行实——访中国工程院院士　长江技术委员会主任文伏波》。载长江水利委员会：《文伏波治江文集》，内部资料，2012年7月，第318页。另载《中国水利报》，2005年10月15日，第005版。
④ 孙军胜、徐冰等：《勿图激扬　但求行实——访中国工程院院士　长江技术委员会主任文伏波》。载长江委：《文伏波治江文集》，内部资料，2012年7月，第318页。另载《中国水利报》，2005年10月15日，第005版。
⑤ 文伏波：《丹江口工程50年——工程设计的伟大实践》。《人民长江报》，2008年8月30日，第007版。

历史负责的精神,投入到长江的治理开发事业中,不仅没有一次重大失误,而且屡建佳绩,成为全国设计百强的第 5 位,这里面凝聚着几代人的辛勤与汗水,能成为其中一员,我深感荣幸。

……

我从事过许多工程,也在实践中走出过一些前人没有走过的道路,但我自认为自己算不上一个开创型的人物。因为水利工程具有投资大、工期长,参建单位专业多、部门广(的特点),与其他纯粹的理论科学不同,它从来是集体智慧的结晶,个人永远只是集体这个汪洋大海中的一颗水滴。[1]

1994 年元月,正值三峡工程开工前夕,文伏波作为施工专家,在宜昌工地参加对外交通的准高速公路及左岸船闸开挖等施工项目的评标工作。元月底,文伏波从三峡工地回到汉口,就接到长江委干部处通知,要求他填写业绩、著作表及干部考绩表。恰逢夫人刘慕真因高血压住院治疗,匆忙间,草草选了几篇著作复印上交,压根儿"弄不清是怎么一回事。"事后,文伏波才知道,这次填表是国家要成立工程院,长江委推荐他参加院士评选。2 月 9 日,文伏波中风住进武汉协和医院。5 月,他被评选为中国工程院首批院士之时,亲朋好友通过各种途径表示祝贺,朱伯芳院士是文伏波水利学界的老朋友,写信对文伏波说:"您几十年来,一直在水利工程第一线辛勤地工作着,功绩卓著,人所共知,这不仅是您个人的光荣,也是我国广大水利工作者的光荣。"[2]文伏波的大学同学张正、吴特瑜也写信表示祝贺,"你被评为工程院院士,我们非常高兴。水利为人民造福,功存千秋。你名为伏波,名实相符。"[3]这些评价,可谓切合实际,文伏波当之无愧。可文伏波自己在得知他被评为院士之后,感到"劫后余生,没有引起我多大的兴奋,只觉得我没有做出很多成绩,理论水平不高,当之有愧。""以我病老之身,如何无愧于院

---

① 文伏波:《水利工程的创新离不开理论和实践》。载《科技进步与对策》,2001 年第 5 期,第 16 页。
② 朱伯芳 1994 年 6 月 26 日写给文伏波的信,扫描件和原件已提交馆藏基地。
③ 大学同学张正、吴特瑜 1995 年 1 月 28 日写给文伏波的信,扫描件和原件已提交馆藏基地。

士称号呢？首先是恢复体力,锻炼要长期坚持,不能一曝十寒。二是量力而为,按陈云同志讲的,你想长干,那就每天少干一点,不能像壮年那样,夜以继日。"①

文伏波在意的是他做了什么,而不是他得到了多少。他的荣誉,都是他踏踏实实地干出来的,不是他争来的,也不是靠吹嘘来的。他的这一个性与为人处世风格,与他的老领导林一山如出一辙。

文伏波酷爱水利事业,1986年底退休之后,仍然倾注全身心于水利事业,以至于亲朋好友时常提醒他注意身体健康。陈家钰,是文伏波信义中学和国立中央大学的同班同学,他写信提醒文伏波夫妇:"你们两位都有高血压,还望多多保重,伏波的担子不轻,依然奋战,尤其要注意适度,切勿纵情。需知人到耄耋之年,年龄不饶人啊!"②1994年2月9日,因中风而卧榻的文伏波,在得知三峡工程已正式动工兴建时,不禁欣喜若狂,随即赋诗明志,"为问葛洲当日伴,可堪重着战时装。"③病愈之后,文伏波仍然近乎忘我的工作,以至于1999年4月2日夫人刘慕真女士去世时,三哥望平通过家书,反复叮嘱四弟,"继续为事业出点主意(只能出主意,绝不要像前此一样劳碌奔波)。"④实际上,文伏波继续忙于长江流域的水利事业,一刻也没停息过,直至2010年行动不便时止。

文伏波不仅自己热爱水利事业,还希望并促成子女继承父业。次女文丹说,她原本打算报考军医大学的,是爸爸让她将武汉水利电力学院(今武汉大学工学部)作为报考的第一志愿,还说学水利好,将来可以览尽祖国的大好河山。文丹就职于父亲所在的单位——长江委的规划设计处,主要从事南水北调中线工程的论证、规划和设计工作,2014年8月,在南水北调中线工程即将通水之际,受到众多新闻媒体的追捧。长子文洪,教授级高级工程师,就职于华东水利水电勘测设计院,曾任副总工程师,福建闽江水口水

---

① 文伏波:《老骥伏枥志千里》。载《科技日报》,2004年5月31日。
② 初中和大学同班同学陈家钰1993年3月23写给文伏波的信,扫描件和原件已提交馆藏基地。
③ 韩存志、王克美:《院士诗词》,上海:上海科技教育出版社,2001年9月,第31页。另载长委会:《文伏波治江文集》,内部资料,2012年7月,第284页。
④ 三哥文望平1999年4月12日写给文伏波的信,扫描件和原件已提交馆藏基地。

电站、浙江天荒坪抽水蓄能电站、浙江桐柏抽水蓄能电站等的设计总工程师。三个子女就有两个从事水利工作，似乎冥冥之中已有注定。1954年，长江发生百年一遇的大洪水，为纪念这次大洪水，文伏波为出生于该年的长子更名"文洪"，而且，文伏波参与设计和施工的荆江分洪工程北闸，在这年曾3次被开启分洪，实践证明其设计和施工都是成功的。1960年次女出生时，文伏波正在丹江口工地服役，便为次女取名"文丹"。而长女1955年出生时，恰逢建设社会主义高潮时期，文伏波便为其取名"文潮"。巧合的是，文洪与文丹，名字与水利有关的两个孩子，恰好就从事了水利工作，而长女文潮，则从事直升机设计工作。

文伏波能受到良好的教育，从事他酷爱的水利事业，得益于父母的勤劳和坚持，遗憾的是，子欲养而亲不待。由于勉强糊口的家庭，被划成地主，1950年3月，父亲被枪毙。1964年，文伏波将母亲从山东三哥望平家接到汉口自己家中奉养，不料，"文化大革命"开始之初，即1966年6月28日，天气很热，母亲被造反派批斗了一上午，中午回到家里就去世了，而文伏波尚在丹江口工地现场辛勤工作着。至今，提起父母，文伏波仍唏嘘不已，对父亲创办的所有文姓子弟皆受益的文姓祠堂奖学金制度，文伏波始终赞赏有加。

由于工作繁忙，文伏波亏欠妻子和子女太多。他与夫人刘慕真感情甚笃，新婚不久，他便下定决心，"在[以]业务上前进的实际行动，报答你的爱情。"①文伏波还真不食言，事业成功了，可夫人也为此操劳了一生，早早地离开了人世。对夫人的付出，文伏波说："妻子很能理解我，从来都没有和我唠叨她的苦处，其实，我心里都很明白。"②三个子女中，两个女儿出生时，他都奔波在外。1958年8月21日—1982年12月，即33～58岁时，他先后在丹江口工程和葛洲坝工程工地负责现场设计工作。母亲、岳母、三个子女，都是夫人刘慕真边工作边照顾着。次女文丹儿时都不认识父亲，常把邻单元父亲的同事洪庆余先生当成爸爸。

---

① 文伏波手稿，1953年5月22日日记，扫描件和原件已提交馆藏基地。

② 孙军胜、徐冰等：文伏波：《勿无激扬 但求行实》。载《中国水利报》，2005年10月15日，第005版；另载长委会：《文伏波治江文集》，内部资料，2012年7月，第320页。

　　文伏波喜欢中国古典典籍和古典文学,工作之余,常常阅读一些诸如《古文观止》、《资治通鉴》等经典古籍。唐诗和宋词,是文伏波的最爱,在阅读、学习和欣赏的基础之上,他还尝试着创作,他参与设计和施工的四大水利工程中,除了杜家台分洪工程之外,他都写有诗词以抒其怀。令他魂牵梦萦的三峡水利枢纽工程,自然也不例外。

　　纵观文伏波的长江人生,虽然辛劳奔波,可他自己却觉得非常幸运,遇到了开发治理长江的大好时机。虽然淡泊名利,只求耕耘,不问收获,可他却硕果累累,成就卓著。虽然尊敬领导,重情重义,可在面临水利工程质量这样大是大非问题时,从不含糊,坚持正义;尽管对父母、妻、子心存愧疚,可为了长江的治理和开发,他却无怨无悔。大家之风范,不过如此矣!

# 附录一
# 文伏波年表

### 1925 年

8 月 24 日,出生于湖南省益阳县(今湖南益阳市桃江县)大桥镇源嘉桥乡软桥村,在四兄弟中排行老四。

### 1930 年

春季,进入软桥村文氏抱珍初级小学就读。

### 1934 年

7 月,文氏抱珍初级小学毕业。

9 月,入益阳县立第五高等小学(简称"益阳五校",今河溪水中学)就读。

### 1937 年

7 月,益阳县立第五高等小学毕业。

9 月,入湖南省私立信义中学(今益阳第一中学,简称"益阳一中")初中部学习。

**1938 年**

自 10 月下旬始,信义中学迁往湖南省安化县东坪镇期间,停学回家 10 多周。

**1939 年**

元宵节前夕,复学已迁往安化县东坪镇的湖南私立信义中学。

**1940 年**

7 月,从安化县东坪镇的湖南私立信义中学初中部毕业,赴安化县蓝田镇(今湖南省娄底市涟源市),参与了湖南省长郡联立中学高中部(今长沙长郡中学)的入学考试。

9 月,入学已从长沙迁往湖南省安化县蓝田镇的长郡联立中学校就读高中。

**1943 年**

7 月,高中毕业,参加了湖南省毕业会考。另赴湖南耒阳(当时湖南省政府所在地)参加国立中央大学和湖南大学水利工程系的入学考试。

7—8 月,在益阳完全小学(即大桥乡中心小学,原益阳县立第五高等小学,简称"县立五校",今湖南省桃江县河溪水中学)担任算术教员 8 周。

8 月的一天,收到三份大学录取通知书,一份是报考国立中央大学工学院水利工程系的录取通知书,一份是报考湖南大学水利工程系的录取通知书,一份是参加湖南省高中毕业会考后被湖南省分配到湖南大学水利工程系的录取通知书。

11 月,进入重庆国立中央大学工学院水利工程系就读四年制大学本科。

**1944 年**

11—12 月,报名参加驻印远征军,在新一军三十八师教导三团当二等士兵 2 个月。

**1945 年**

1—3 月,从驻印远征军转至青年军二〇一师山炮营第四连当士兵3 个月。

4—5 月,从青年军转至缅甸密支那新一军新兵补充团当士兵约 40多天。

6—10 月,从缅甸密支那新一军新兵补充团转至新一军军部教导总队学生队受训。

10 月 10 日—12 月,躲在广州电工器材厂做工。

**1946 年**

1 月,从广州逃回湖南老家,属于较早离开部队的一批人。

1—9 月,在益阳县立初级职业学校担任数学、物理、化学教员。

10 月,复学南京国立中央大学工学院水利工程系。

**1947 年**

1 月,参加了南京的抗暴游行。

5 月,参加了南京"五一五"运动、"五二〇"运动,担任纠察工作。

**1948 年**

3 月,组织建立南京中央大学水利工程学社,团结进步同学,担任联络干事。

4 月,经夏良哲同志介绍,在南京中央大学加入新民主主义青年社。

5 月,参加了南京"五四"运动纪念、"五二〇"运动周年纪念、"五二一"保卫青年部反迫害游行等政治运动。

11 月,南京中央大学工学院水利工程系四年毕业。

11 月 30 日,撤退到江苏句容中大支部,开展秘密农村革命工作。

12 月,经陈家珏介绍,递交了加入中国共产党的申请书。

### 1949 年

1 月 2 日,经鲁平、陈家珏介绍,在江苏句容加入中国共产党,候补期半年,7 月 2 日,在南京转正。

2 月—5 月 1 日,奉命在江苏无锡农村陵区桥潜伏工作。

5—7 月,以南京军管会文教委员会大学专科部秘书身份,参与接管国民党政府主办的部分大专院校的工作。

7—9 月,担任南京市委会学区党委会组织部干事。

暑期,赴山东青岛海港工程局实习,参与当地的钢板桥工程。

10 月,被分配到长委会南京下游工程局实习。

10—12 月,参加南京整党运动,无任何历史问题。

### 1950 年

5 月,实习结束,从长委会下游工程局调到汉口长委会总部工作。

6 月,被长委会分配到规划处设计科当技术员。

10 月,填写呈请任命设计科副科长的申请书。

### 1951 年

3—8 月,从规划处设计科调到干部训练班,负责干部训练工作。

9 月,重新调回规划处设计科工作,参与荆江分洪工程北闸的设计。

### 1952 年

1 月,参与编制完成《荆江分洪工程技术设计草案(1952 年度)》。

3 月 26 日,北闸开工,进驻工地现场,担任北闸施工指挥长任士舜的秘书,兼质量检查组组长。

7 月 31 日,北闸竣工,从荆江分洪工程工地回到长委会总部。

9 月,升任设计科副科长。

10 月,加入长委会工会。

12 月,参与编写完成《荆江分洪工程进洪闸工程初步总结》。

被授予 1952 年度丙等劳动模范称号。

6 月 1 日—8 月 14 日,参加汉江下游分洪工程临时勘测队进行实地勘测。

10 月 15 日,出席中南区设计会,学习与设计有关的领导、组织、管理、制图、新方法等,总结过去在设计工作中的经验教训,并推广先进设计经验。

**1954 年**

2 月 17 日—3 月初,参与检查组全面检查了荆江分洪工程。

3 月 12 日,参与编制完成《荆江分洪工程检查报告》。

4 月初,参与编制完成《汉江下游分洪工程意见书(草案)》。

4 月 8 日—5 月 3 日,参与汉江下游分洪工程查勘组进行实地查勘。

5 月,参与编制完成《汉江下游分洪工程计划任务书(草案)》。

5—6 月,参与决定将汉江下游分洪工程的进洪闸位置由鄢家村移至杜家台。

9 月 7 日,参与编制完成《汉江下游分洪工程杜家台线查勘报告》。

9 月,参与编制完成《汉江下游分洪工程初步设计报告》。

12 月,参与编制完成《汉江下游分洪工程计划任务书》。

**1955 年**

1 月 2 日,参与编制完成《汉江下游分洪工程杜家台闸基础设计》,决定采用简单易行的填土预压方式处理软弱地基。

1 月,升任长委会设计室科长。

2 月 3 日,参与编制的《汉江下游分洪工程计划任务书》被水利部审核通过。

2 月 20 日,参与编制完成《杜家台分洪工程技术设计指标书》。3 月 1 日,该指标书被水利部审核通过。

3 月 17 日,主持编制的《荆江分洪区排水未完工程技术设计》被报送水利部审核。

3月26日，根据苏联专家建议，完成对《杜家台分洪工程技术设计指标书》的修改工作，加厚了闸墩厚度。

5月3—8日，参加了在武汉召开的水利部和苏联专家审核杜家台分洪闸修正技术设计报告会。同月，根据报告会的意见和建议，修改完成并提出了《杜家台分洪闸地基预压处理计划》（即第一期预压工程计划）。

7月2日，参与编制完成《荆江分洪区进洪闸扩建工程计划任务书》和《虎渡河深水闸工程计划任务书》，被报送水利部审查。

7月16日，参与编制的《荆江分洪区围堤加固工程计划任务书》被报送水利部审查。9月10日，被水利部审批通过。

7月30日，参与编制的《汉江下游杜家台分洪工程技术设计书》及有关附件，报送水利部审批。9月24日，被水利部审批通过。

10月底，陪同苏联专家到杜家台进行预压地基鉴定，并研究第一期预压工程后的地基沉陷情况，表明第一期预压工程有效。

10月31日—12月21日，参与了第二期预压工程的主要过程。

荣获1955年度长委会勘测设计院甲等劳动模范称号。

## 1956年

3月，调入水工建筑物室担任副主任（副处级）。12月4日，水利部通过了长办这一任职决定。

3月30日，写《平原地区水闸设计参考手册》之"通则"部分。

4月8—9日、16—17日，写《平原地区水闸设计参考手册》之"水闸总结"。

4月23—24日，向专家组汇报三峡工程情况，研究丹江口计划，布置长江流域规划工作总结。

4月26日，汉江下游杜家台分洪工程提前1个月竣工，参加了2万多人在杜家台分洪闸现场举行的竣工典礼大会。

5月2—5日，杜家台分洪闸闸门及启闭机工程，验收合格。

6月4—13日，汉江下游杜家台分洪工程，通过竣工验收。

3 月,被任命为专业设计室副主任(副处级)。

4 月 11—24 日,参加了长办组织的 20 人的丹江口查勘队的下游组(另外两组是上游组和李官桥组)的查勘活动。

6 月 24 日,讨论三峡围堰型式,研究了新型管柱支墩式围堰等多种型式的围堰,供比较研究之用。

3 月,调任施工设计处副主任(副处级)。

4 月 14—24 日,参加丹江口查勘队,实地查勘了丹江口坝址区。

5 月下旬,参与编制完成《丹江口水利枢纽初步设计要点报告》。

5 月,在《人民长江》第 5 期发表《解放设计思想实现跃进计划》一文,对丹江口水利枢纽工程开工初期设计的修改工作进行了总结。

6 月 4—6 日,参加了在武汉洪山宾馆召开的丹江口水利枢纽工程鉴定会。参与设计的《丹江口水利枢纽初步设计要点报告》,被湖北省委、水电部及河南省委审查通过。7 月 20 日,修改完成《汉江丹江口水利枢纽扩大初步设计报告》。

7 月,长办初步决定,任命其为丹江口工程局副总参谋长、技术处副处长、丹江口设计代表小组组长。

8 月 11 日,正式免去长办施工处专业设计室副主任职务,改任长办施工处专业设计室副处长。

8 月 21 日,正式任命为长办常驻丹江口水利枢纽工程施工现场的设计小组组长,后改称"设计代表组",进驻丹江口工地,标志着丹江口工程的设计工作已转移到工地现场,专门负责丹江口工程现场的设计工作。

10 月,跟随湖北省省长张体学到北京,就丹江口工程土法上马的问题,请示周恩来并获批准,这是首次见到周恩来。

11 月初,同意丹江口工程局的建议,将原拟定丹江口混凝土双墩大头坝,改为结构较简单、木模板用量较少的宽缝重力坝。

11 月 5 日,建议将丹江口工程右岸一期围堰施工采用的"以土赶水"法,改为"分格围堰、分区排水"的施工法,并获批准。

12 月,阻止丹江口工程指挥部用机钻钻深孔爆破无效,迅速电话请示林一山,林一山及时向周恩来报告,随即接到水电部通知,"禁止放大炮"。

12 月,参与编写的《平原地区水闸设计参考手册》,由水利电力出版社正式出版。

### 1959 年

年初,借鉴三门峡水库的施工经验,促成丹江口工地成立基础验收委员会。

1 月中旬,陪同中苏专家组成的国务院丹江口质量检查组,检查丹江口工程施工质量。检查结果,基础处理基本满意。

3 月 7—11 日,陪同代表水电部的林一山及其邀请的中苏工程技术人员组成的丹江口工程基础验收鉴定组,进行基础鉴定和基础验收。

3 月 8—14 日,与魏廷琤、曹乐安等一起,共同陪同丹江口工程基础验收鉴定组的长办苏联专家组,查勘了 9~11 坝段的基础开挖情况。

3 月 10 日,参加丹江口工程指挥部总指挥长张体学主持的在丹江口工地召开的丹江口通航建筑物设计讨论会,基本确定了丹江口通航建筑物的设计方案。

5 月 11 日,主持编制完成《丹江口水利枢纽通航急转弯设计任务书》。

6—7 月,主持编制完成《丹江口工程质量检查报告》。

7 月,参与编制完成《长江流域综合利用规划要点报告》。

11 月,主持编制完成《汉江丹江口水利枢纽第一期工程大坝已浇坝体混凝土裂缝初步分析报告》,这是对丹江口大坝混凝土裂缝分析及处理的第一份较全面系统的资料。

本年度,因尊重科学坚持丹江口工程质量第一,在"反右倾"斗争中,被扣上"右派"、"保守"的帽子,张体学出面说情和解释,才得以脱险。

### 1960 年

1 月,在《人民长江》第 1 期发表《设计工作中群众路线的胜利》一文。

1月，主持编制完成《引汉济黄济淮总干渠渠首枢纽初步设计》。2月，该设计方案获水电部批准。

2月中旬，参加了水电部水电总局在丹江口工地主持召开的9~11跨楔形梁裂缝处理的决定与混凝土质量控制的建议会。

3月，主持编制完成《汉江丹江口水利枢纽施工详图纲要补充报告》，由于开工后改变坝型，施工方法及工期安排也都有所变动，故而未能报送审批。

## 1961 年

4月，据1961年丹江口大坝砼温度控制设计说明的要求，设计并规定了蛇形冷却水管的间距。

5月26日，出任水电部组成的丹江口混凝土温度控制及防止裂缝科研工作组副组长。

6月，主持设计了左岸25~33块纵缝钻槽的形状。

11月1—19日，加入水电部和湖北省委共同组成的70人丹江口工程质量检查组，作为混凝土温度控制裂缝小组的成员之一，随同基础处理、混凝土工艺、施工机械设备三个小组的人员一起，到丹江口工地进行了全面的工程质量检查。一致认为，必须对丹江口混凝土大坝存在的严重质量事进行认真处理。

12月，与魏廷玥、陈济生、邵长城一起，出席北京水电总局关于丹江口水利枢纽质量事故处理技术会议。

## 1962 年

1月7日—2月11日，跟随林一山赴京向周恩来汇报丹江口工程质量事故。四人在宾馆共同讨论了向周恩来汇报的报告内容，魏廷玥起草，林一山修改。1月11日，四人向水电部党委汇报了丹江口工程的情况。春节期间，独自一人候在北京。2月8日10:30—13:30，跟随林一山，出席了由周恩来亲自主持的在中南海西花厅办公室召开的丹江口工程质量处理会议。

2月24日上午，参加丹江口工程局党委会，讨论精简工程局员工问题，决定留 1.4 万多人，进行培训，26 日开工动员，3 月 29 日结束精简工作。

3 月，安排在长办与丹江口工程局共同组建的丹江口补强科研组的围堰检查监督小组兼职。

3 月 11 日—4 月 3 日，在汉口长办总部主持丹江口工程补强设计工作。

4 月 4 日—4 月 8 日，与长办主任林一山、总工程师李镇南、施工处处长魏廷铮等在丹江口工地，检查丹江口混凝土大坝补强设计和施工。4 月 8 日，送走林一山后，回到丹江口工地，主持丹江口大坝补强设计和补强施工，起草并制定了《设计施工关系》条文，理顺了设计代表组和丹江口工程局的关系。

6 月 27 日，主持编制完成《关于丹江口水利枢纽第二期上游横向围堰安全度汛问题的报告》及围堰鉴定会议的建议。7 月 24 日，获水电部审查通过。

10 月 29 日—11 月 3 日，参加了长办主持在武汉召开的讨论其主持编制完成的《汉江丹江口水利枢纽大坝补强轮廓方案报告(讨论稿)》。

11 月，主持编制完成《汉江丹江口水利枢纽大坝补强轮廓方案报告》第二稿即讨论意见稿。

### 1963 年

1 月 7 日，长办和水电部丹江口工程局，共同组成丹江口大坝处理科研组，开始现场工作。与孔祥千、李子明、郝国恩、陈济生、曹宏勋、乔作成、杨贤溢、朱志新等，同为科研组核心领导成员。下设裂缝组、补强处理组、岩石组、土坝组、混凝土组五个分组，开展工作。

2 月 28 日，主持编成《丹江口水利枢纽大坝混凝土质量事故处理任务书》。

4 月，主持设计完成《丹江口水利枢纽混凝土大坝补强轮廓方案报告(第三稿)》，17 日，与吴康宁等人一起，在队长魏廷铮带领下，报送水电部和水电总局审查。4 月 24 日—5 月 4 日，出席了水电部在北京的审查会议，着重讨论了坝上游面的防渗板方案、第 18 坝段贯穿裂缝的处理和地震设防烈度问题，该设计方案基本通过。

7 月,主持编制的《丹江口水利枢纽施工附属企业整体规划报告》报送水电部审批。12 月,出席了水电部在北京组织的审查会,水电部基本同意该规划。

7 月,主持编成《汉江丹江口水利枢纽整体工程修正设计任务书》,8 月 9 日,获水电部审批通过,水电部要求再补编一个全面的初步设计文件。

10 月,负责编写的施工附属企业砂石、混凝土、制冷三大系统的技术设计报告,报送水电部审批。11 月 8 日,获得水电部审查通过。

12 月 5 日,经湖北省委批准,从 7 级工程师升为 6 级工程师。12 月 24 日,水电部以水电干行字第 305 号文通知,同意由国家机关技术 7 级工程师晋升至 6 级,晋升之后的月工资为 150.00 元。


## 1964 年

1 月 27 日,负责编制的《丹江口水利枢纽混凝土大坝补强轮廓方案报告》,水电部审核通过,提出了六条具体修改意见。

4 月 25 日,丹江口设计代表小组与丹江口工程局联合组成的大坝质量处理科研组提出的《丹江口水利枢纽大坝混凝土裂缝事故灌浆处理试验说明书》,被长办报送水电部和水电总局。

6 月 29 日,主持编制的《丹江口水利枢纽左部河床混凝土坝 19 至 33 坝段厚防渗板技术设计报告》,报送水电部。

7 月,到北京原本准备向周恩来汇报《丹江口水利枢纽混凝土大坝补强轮廓方案报告》编制的情况,意外得悉丹江口工程可能会下马的消息,立马电话通知魏廷琤,建议长办迅速组织人力,研究丹江口工程能迅速发电的方案,以争取短期内少投资而尽快发挥效益的方案。

9 月 25 日,主持设计的《丹江口水利枢纽左部河床混凝土坝 19 至 33 坝段厚防渗板技术设计报告》,获水电部审查批准。

10 月,与魏廷琤等人一道,重新研究提出了缩小丹江口水利枢纽工程建设规模的三个方案:暂时停工方案、单纯防洪方案及防洪结合发电方案。11 月 7 日,水电部将此缩小规模的方案上报国务院、国家计划委员会,并报周恩来、李富春、李先念、薄一波。12 月 7 日,国务院以(64)国计字 572 号文批复水电部,同意按照防洪结合发电的方案进行设计。

10 月底,从长办总部返回丹江口工地,迎接丹江口工地全面开工。

1 月 13 日,负责设计的大坝混凝土浇筑一条龙系统,全部建成投产,包括自王家营骨料筛分系统接至汤家沟的皮带运输系统,再接拌和系统至低栈桥。

2 月 9 日,当选为丹江口大坝基岩鉴定委员会 19 名委员之一,林一山为鉴定委员会主任,任士舜(丹江口工程局副书记)为副主任。

5 月,据 1964 年 12 月 7 日国务院(64)国计字号文的批示(按照防洪结合发电方案进行设计),主持编制完成《汉江丹江口水利枢纽续建工程初步设计报告》。6 月 8 日,送水电部审批。8 月,该设计方案获国务院批准,丹江口工程扭转了极为不利的局面。

7 月,主持设计的预冷骨料系统建成投产。

12 月 31 日,主持编制的《丹江口水利枢纽通航建筑物扩大初步设计》报送水电部,该设计方案是根据 6 月 30 日水电部组织审查《丹江口水利枢纽续建工程初步设计报告》会议对通航建筑物的要求而专门编制的。

1966 年

4 月 30 日,主持编制的《丹江口水利枢纽电子主结线专题报告》(1965 年 12 月上报)和《丹江口水利枢纽机电单项技术设计报告》(1966 年 2 月上报),获水电部批准。

6 月 30 日,水电部同意将大坝在原方案的基础上抬高 10 m,即按坝顶高程 162 m 施工,开始运用时仍按坝前水位 145 m 移民蓄水。设计通航建筑物时便有了稳定可靠的依据。

11 月 23 日,交通部以交基设(66)字第 324 号文通知长办,丹江口枢纽升船机技术施工设计由长办全面负责,部一级单位不再组织审查。此后,设计代表小组全部承担了这一设计重任。

8 月 23 日,出席丹江口工程质量鉴定组座谈会。

11 月 5 日,出席丹江口工程下闸蓄水典礼仪式,丹江口水库开始下闸蓄水。

12 月 29 日,主持设计的丹江口升船方案,获水电部军事管制委员会批准。

受"文化大革命"的冲击,遭受不公平待遇,被降格为绘图员,曾被"贬"到厨房做饭。年底,被造反派押解回汉口。

3 月,平反昭雪,迅速地被湖北省省长张体学点名,到三三〇指挥部勘测设计团担任设计参谋团团长,负责葛洲坝工程的规划设计工作。

4 月,主持编制完成《葛洲坝水利枢纽初步设计要点报告》。

6 月,负责赶做出葛洲坝工地的第一个试验模型。

9 月,主持编制完成《长江葛洲坝水利枢纽初步设计报告》(初稿)。

12 月 30 号,出席葛洲坝工程工地举行的开工典礼仪式。

春,提出挖出葛洲坝小岛,便于葛洲坝工程枢纽建筑物的布置。

6 月 16—23 日,出席了周恩来在北京主持的葛洲坝工程汇报会,周恩来提出救船、救木、救鱼的要求。

6 月下旬—7 月,参加三三〇工程指挥部多次泥沙模型试验,研究葛洲坝枢纽建筑物的布置问题。7 月,在反复试验的基础上,主持编制完成《长江葛洲坝水利枢纽初步设计报告(讨论稿)》。8 月,水电部、交通部、地质部、第一机械工业部、农林部等部门,对该设计报告进行了现场审查,并将审查意见报国务院。10 月中下旬,基本建设委员会再次组织有关各部进行了审查。

12 月,主持对《长江葛洲坝水利枢纽初步设计报告(讨论稿)》进行了一些重大修改后,并报送给国家基本建设委员会。

6 月,跟随林一山到北京,参加周恩来召集的基本建设委员会、水电部、交通部、第一机械工业部负责人会议,讨论葛洲坝修改设计方案。

8 月 24 日—9 月 14 日,出席了三三〇工程指挥部在宜昌主持召开的三三〇工程地质会议,讨论了二、三江泥化软弱夹层的基础处理问题。

10 月,迎接国家基本建设委员会、国家计划委员会、水电部、交通部、第一机械工业部和农林部等共同组成的联合工作组,全面检查葛洲坝工程的设计和施工工作。联合工作组指出葛洲坝工程存在问题有:设计、试验赶不上施工需要;忽视了施工组织设计工作;工程质量不好;科学管理没有跟上。

11 月 8—21 日,随同林一山到北京,向周恩来汇报三三〇工程质量问题。周恩来第一担心的长江通航问题,第二担心泄洪问题。会议形成了《关于修改葛洲坝工程设计问题的报告(送审稿)》(参与此报告的制定),上报周恩来和国务院。报告认为,葛洲坝工程确保长江航道畅通是可能的,鉴于初步设计的任务艰巨,建议在初步设计进行期间,主体工程暂停施工,并建议中央指定有关人员成立葛洲坝工程技术委员会,领导科研和设计工作,直接向中央负责。21 日,周恩来决定,葛洲坝主体工程暂时停工,由长江流域规划办公室负责进行修改设计,并成立葛洲坝工程技术委员会,由林一山任技术委员会主任,有关方面参加。

12 月 8 日,长办任命为副总工程师(时任三三〇指挥部设计局局长)。1973 年 3 月 10 日,湖北省委组织部批准这一任命。

12 月下旬,任命为葛洲坝设计代表处处长。

获"1972 年度三三〇工程指挥部干部先进生产者"称号。

3 月 12 日,主持编制完成《葛洲坝水利枢纽修改初步设计坝轴线比较初步报告(讨论稿)》,建议仍采用原中坝线。

3 月 29 日—4 月 9 日,出席在北京召开的葛洲坝技术委员会第三次会议。

5 月 9 日,出席田国璋汇报三三〇工程鱼道设计汇报会,会上,清华大学的张光斗教授赞同挖出葛洲坝小岛。

5 月 15 日,出席第一次泥沙会议,重点研究了推移质问题,同时,讨论了变态模型阶段性成果。

9 月 10—20 日,出席在武汉召开的葛洲坝工程设计结合赴美考察技术座谈会,讨论了葛洲坝水利枢纽的三江航道、水库淤积、船闸规模、枢纽布置、建筑物设计和施工等方面的技术问题,同时,结合美国水坝同类问题进行了广泛讨论,特别围绕着三江航道能否保证通航等重大技术问题进行了讨论,对今后做好设计和科研工作起了促进作用。

10 月 8—20 日,出席长办在湖北宜昌市召开的葛洲坝工程地质基础讨论会,一致认为软弱夹层是葛洲坝工程的主要地质问题。

### 1974 年

2 月,主持编制完成《长江葛洲坝水利枢纽修改初步设计报告(送审稿)》。

9 月 2—15 日,随同林一山,出席了国务院副总理谷牧主持、国家基本建设委员会承办、在北京召开的葛洲坝工程座谈会,讨论葛洲坝工程是否能复工的问题。会议认为,葛洲坝工程可以在该年第四季度复工。

12 月 8—20 日,出席葛洲坝技术委员会在北京西苑大旅社召开的第六次会议,会议向国务院报送了《葛洲坝工程技术委员会第六次会议的报告》,研究了主体工程复工后需要解决的重大问题,确定二、三江工程尚未定案部分,规定设计的审批原则,审定下阶段勘测、设计、科研工作计划安排,讨论了三江船闸的规模和尺寸等问题。

### 1975 年

1 月 10—20 日,出席长办在葛洲坝工程工地召开的葛洲坝工程 1975 年科研计划座谈会,15 个单位 107 人参加了该次会议。会议分泥沙、水力学、结构地基、建材和施工技术 4 个组进行讨论,交流了一些重要的技术问题,加强了下一步工作的针对性,落实了任务计划。

6 月 11 日,正式提出《长江葛洲坝水利枢纽修改初步设计报告》上报葛洲坝工程技术委员会和水电部门审查。该报告对一期工程的枢纽布置和建筑物型式及有关技术关键问题的解决,都有了明确的科学结论。

9 月 18—28 日,接受葛洲坝工程技术委员会在葛洲坝工地现场的审查,其中,三江工程总布置和三江冲沙闸、三号船闸技术设计结构总图为审查重点。12 月 19—28 日,代表林一山出席了葛洲坝工程技术委员会在葛洲坝工地召开的二、三江建筑物技术设计总图第二次审查会,审查了二江泄水闸、二号船闸、二江电站水下部分和纵向围堰技术设计总图,以及混凝土施工温度控制和开挖爆破施工技术要求。

### 1976 年

5 月 10—20 日,出席水电部委托规划设计院在葛洲坝工地主持召开的主审查会,《葛洲坝工程机电扩大初步设计报告(二江电站、二江泄水闸及三江船闸)》审核通过。

12 月 14—19 日,出席长办在葛洲坝工地召开的坝外变形观测第二次设计科研座谈会。

本年度,正式提出以人工繁殖放流作为保护中华鲟的建议。

### 1977 年

1 月 25 日—2 月 13 日,出席葛洲坝工程技术委员会在北京召开的第九次会议,至于三江航道的设计标准问题,惟交通部有不同意见。

5 月 23—31 日,出席长办在三三〇工地主持召开的大江截流设计、科研工作座谈会,为大江截流会议作准备。

6 月下旬,主持编制《葛洲坝水利枢纽第一期工程单项设计二江电站(建筑物部分)技术设计报告(送审稿)》,报送葛洲坝工程技术委员会和水电部审查。

7月26日—8月3日,出席长办主持在汉口召开的河势泥沙科学研究协调会,讨论了河势规划、南津关整治、三江航道和二江电站厂前布置等主要问题。

1978 年

1月7日,出席长办主持在宜昌召开的葛洲坝工程大江截流技术设计方案讨论会,围堰和截流的设计方案获较高评价。

4月7日,出席葛洲坝工程技术委员会在北京召开的第十次会议。

1979 年

5月12—24日,参加林一山主持在武昌洪山饭店召开的长江三峡水利枢纽选坝会议。

7月15—27日,出席水利部在三三〇工地召开的葛洲坝水利枢纽大江截流及围堰技术设计审查和二江泄水闸技术问题讨论会。

9月20—27日,出席长办主持在汉口召开的葛洲坝工程救鱼问题讨论会。

12月,被免去长办副总工程师职务,被长办临时委员会任命为长办副主任。

12月24日—1980年1月3日,出席葛洲坝工程技术委员会在北京召开的第十一次会议,认为1980年实现大江截流是可能的。

1980 年

3月17日,带队去罗马尼亚考察铁门电站考察,获得水利部对外司的批准。

5月16—31日,带队在罗马尼亚考察铁门水电站(罗马尼亚称"铁门发电公司")、铁门电站以下80公里的铁门二号电站施工现场,考察了位于布加勒斯特的水电设计研究院(I·S·P·H)及其试验室和水利工程研究院(I·C·H)。目的是为葛洲坝水利枢纽即将于1980年开始通航发电作准备,学习铁门电站大型船闸和通航系统安全通航和提高通航能力的经验。

7月8—12日，参加在三三〇工地现场召开的葛洲坝枢纽水力学原型观测工作座谈会，讨论了一期工程运行初期水力学原型观测计划（讨论稿）的编制说明及二江泄水闸、船闸和弧形闸门水力学与震动试验所及现场仪器埋设情况。

8月15日，被长办评为高级工程师。9月23日，水利部干部司以(80)水干字第255号文表示同意。

10月10—13日，出席国家基本建设委员会副主任谢北一在三三〇工地召开的葛洲坝水利枢纽一期工程截流前中间阶段验收会。

12月22日，经(80)水干字第424号文批准，同意由国家技术6级晋升为5级，晋升后的月工资在173.5元。

### 1981 年

1月2—4日，葛洲坝工程大江截流合龙。

1月12日，接到中国水利学会《葛洲坝工程丛书》编辑委员会通知，被邀请作该丛书编辑委员会的21个委员之一、编辑委员会4个副主任委员之一。

1月23日，经(81)水党字第2号文批准，同意长办临时委员会关于决定免去副总工程师职务，并任命为长办副主任的决定。

5月5—23日，出席水利部、电力部、交通部联合工作组组长陈赓仪在三三〇工地召开的葛洲坝工程一期工程通航发电蓄水前的中间验收会议，一致认为，蓄水条件已经具备，商定于5月23日下闸蓄水。

7月，葛洲坝工程安全宣泄70 800 m³/s的洪水，并实现蓄水、通航和首台机组发电的三大目标。

1981年9月25日，在全国第四次"质量月"授奖大会上，主持设计的长江葛洲坝水利枢纽大江截流工程，荣获国家优质工程项目金质奖。

12月底，三三〇工程局设计代表处拟定了《葛洲坝水利枢纽修改初步设计大江部分补充报告（第二次送审稿）》。

### 1982 年

1月13—19日，出席葛洲坝工程技术委员会在北京召开的第十三次会议,主要讨论了大江航道和一号船闸的建设问题,决定了大江建筑物布置方案。

2月18—20日,出席国家农业委员会主持召开的葛洲坝过鱼设施第二次论证会,统一了三点意见:采取人工繁殖放流、网捕一部分亲鱼过坝、川鄂两省江段实行禁捕。

10月,被长办党委任命为长办副主任。12月4日水电部(82)水电党字第185号文批准通过了长办的这一任命。

10月,被长办党委建议为长办下届党委委员、常委的候选人。12月4日,该建议获水电部(82)水电党字第185号文批准。1983年1月5日,获湖北省委批准。

12月8日,水电部党组同意,被任命为长办党委委员、常委。

### 1983 年

1月3日,出席长办主持的准备向国家计划委员会申请补充修订1959年《长江流域综合利用规划要点报告》会。

1月27日,出席《长江流域综合利用规划要点报告》重新修订征求意见会。

3月底,参与编制完成《三峡水利枢纽150 m方案可行性研究报告》,全文约40万字10个分册,并于4月5日上报国家计划委员会和水电部。

7月20日,出席长办关于七个重点项目检查的会议,包括《长江流域综合利用规划要点报告》重新修订、长江中游防洪、三峡、南水北调、防汛、清江流域规划、长江三角洲7个问题。

### 1984 年

1月,根据1983年12月国务院批准的《长江流域综合利用规划要点报告修订补充任务书》的要求,主持编成《长江流域综合利用规划修订补充工作大纲》,提出了各项规划工作的具体要求,以便各单位分工协作共同完成长江流域规划的修订补充工作。

5月9日,出席长办常委会,参与编制的《三峡可行性研究报告》获批。

6 月 16 日,(84)水电党字 102 号文批准,被任命为长办副主任、长办党委副书记,同时,被长办任命为《长江流域综合规划修订补充报告》工作的项目经理,负责报告的总体编制工作。

9 月 15 日,出席长办召开的研讨会,讨论在 9 月 18—22 日李鹏主持的重新修订《长江流域综合利用规划报告》会议上,如何向李鹏汇报的问题。

10 月 5 日,长办召开长江流域规划修订补充工作协调小组扩大会议,被任命为长办长江流域规划修订补充工作协调小组组长,刘崇蓉被任命为副组长。

11 月 14 日,在湖北省委听取李鹏副总理谈三峡工程的泥沙问题,李鹏要求作一个大模型验证泥沙研究成果。

### 1985 年

3 月,参与编制完成了《长江三峡水利枢纽初步设计报告》(150 m 方案),共 13 篇,约 100 万字,附图 230 多张,以(85)长计字第 312 号文上报。

5 月 10—17 日,赴北京向国家计划委员会汇报《长江流域综合利用规划要点报告》的修订补充工作。

10 月,被中国国际文化交流中心湖北分会聘为理事。

12 月 17 日,因是葛洲坝二、三江工程及其水电机组的主要设计者,被国家科学技术进步奖评审委员会颁发了国家科学技术进步特等奖。

12 月 25 日,被中国科学技术咨询服务中心湖南省科学技术咨询中心聘请为《湖南洞庭湖区治理开发总体规划》的特约咨询顾问。

### 1986 年

4 月,主持编制《长江流域综合利用规划要点报告》的工作全面展开。

5 月,负责编制完成《长江流域社会经济部分基本资料汇编(征求意见稿)》,并发送 21 省、市、自治区计划委员会、水利厅局、水电设计院。

6 月 22—24 日,出席在北京召开的由三峡工程论证领导小组组长钱正英主持的水电部三峡工程论证领导小组第一会议。会议就进一步论证三峡工程,重新提出三峡工程可行性研究报告的有关问题进行了研究,同时确定了三峡工程论证领导小组的工作目标、方法、内容、阶段划分及组织机构等。

6月24—26日,携长办的长江水资源保护局的相关人员,出席国家环保局、水电部在武汉市主持召开的《长江干流水资源保护初步规划要点》(讨论稿)与《长江干流规划环境影响评价(讨论稿)》讨论会。

6月,被中国水利学会聘请为中国经济专业委员会工作委员会理事。

7月,被14个三峡论证专家组中的施工组聘为顾问专家。

8月18—27日,出席在北京召开的三峡工程论证施工组全体会议。

10月8—14日,出席三峡工程论证施工组全体会议。

12月,主持编成《长江流域综合利用规划要点修订补充报告总论摘要》。

该年,被中国水利学会聘请为规划专业委员会工作委员会副主任委员。

该年,被中国水利百科全书编纂委员会聘请水利规划分支的撰写人。

年底,退居二线,组建长办技术委员会,并出任技术委员会主任委员。

## 1987 年

1月1日,被福建省闽江流域规划开发管理委员会聘请为闽江流域开发管理技术咨询委员会委员。

3月4—7日,出席了在武汉召开的三峡工程部分施工专家组成员会议,同意大坝一次建成。

8月27日,水电部、国家科技委员会联合以(87)水电技字第66号文《关于颁发"长江三峡工程重大科学技术研究攻关项目课题专家组聘书"的通知》,《通知》明确了专家的任务是:各课题专家组受项目主持部门国家科技委员会和水电部委托,负责可行性报告的论证、专题合同的审议、招标专题的评价、实施方案的咨询、计划执行中的技术指导、课题和专题完成后的成果评价、鉴定和验收等,并对所论证、咨询和指导结论性意见,对国家负责。文件提出了9个专家组及其成员发聘书的名单,被聘为施工专家组专家。

9月,被国家科学技术委员会、国家水电部聘请担任三峡工程重大科学技术研究攻关项目施工专题专家组专家。

11月,作为三峡工程施工专家组的成员,提出《长江三峡工程施工专题论证报告》(三峡工程论证专题报告之十二)。该报告建议,三峡工程准备工期 3 年,一期工程 3 年,二期工程 6 年,三期工程 6 年,总工期 18 年。第一批机组发电 12 年,全部完建 18 年。对外交通以铁路或公路为主,水运为辅。

### 1988 年

1 月 21—26 日,出席钱正英、陆佑楣主持在北京召开的水电部三峡论证领导小组第六次(扩大)会议,审议并原则通过了枢纽建筑物、施工、投资估计等 3 个专题论证报告。

1 月,主持编成《长江流域综合利用规划修订补充纲要(第二稿)》。3 月正式刊印,并提出《长江流域综合利用规划修订补充纲要(讨论稿)》及《汇报提纲》。

2 月,被武汉市社会科学院聘请为长江流域经济开发课题顾问。

3 月 2 日,向水电部汇报了《长江流域综合利用规划修订补充报告纲要(讨论稿)》及《汇报提纲》。大会肯定了该纲要,指出应当增加经济篇。

4 月 20 日,主持编成《长江流域综合利用规划要点修正补充报告纲要》(补充稿)及其《汇报提纲》,派专人赴送有关省、市、自治区。

5 月 8—14 日,出席水利部会同能源部在北京召开的长江流域综合利用规划要点修订补充工作座谈会,作了长江流域规划修订补充工作进展情况的汇报。会议建议,将来上报的报告定名为《长江流域综合利用规划要点报告(1988 年修订)》。

10 月,在《人民长江》第 10 期发表《长江流域规划编制概要》一文。

11 月 13 日—12 月 12 日,带领 16 人乘船考察长江干流中下游河段,为《长江流域综合利用规划要点报告》收集第一手资料。11 月,负责编制完成《长江流域综合利用规划要点报告附图》(1988 年修订),共 51 幅图。

12 月,主持编成《长江流域综合利用规划要点报告(1988 年修订)》。

### 1989 年

2 月 27 日—3 月 7 日,出席三峡工程领导小组在北京召开第十次(扩大)会议,原则通过了参与编制的《长江三峡水利枢纽可行性研究报告(审议稿)》。

5月,主持编制的《长江流域综合利用规划要点报告(1988年修订)》报送水利部审查通过。

8月10日—9月12日,跟随林一山查勘南水北调西线工程调水线路。

10月,出席长办主持在宜昌召开的三峡工程快速施工研讨会,重点研究了混凝土浇筑快速施工一条龙配套优化方案。

## 1990年

5月1日,被中国国际文化交流中心湖北分会聘请为理事。

5月29日—6月5日,出席全国水资源与水土保持工作领导小组主持的在北京召开的《长江流域综合利用规划要点报告(1988年修订)》审查会,领导小组原则上同意此报告,同时,也要求根据会议提出的意见,作适当的修改后,然后连同审查意见一起,报国务院批准。

6月6日—7月,率领长办的刘崇蓉、洛叙六、潘广哲、罗泽华、姜兆雄,会同国家计划委员会、农业部、林业部、能源部、交通部、卫生部、国土局等有关部委各一人,在水利部副部长张春园领导下,讨论并决定了《长江流域综合利用规划要点报告(1998年修订)》下一步需要补充修改的内容。

7月18日,出席了长办召开的干部大会,王家柱传达了国务委员陈俊生以国务院名誉,主持在北京召开的全国水资源与水土保持工作领导小组第三次会议,与会领导和专家一致通过《长江流域综合利用规划要点报告(1990年修订)》和对该报告的审查意见,确定根据此次会议的讨论情况修改后,正式上报国务院审批,上报报告定名为:《长江流域综合利用规划要点报告(1990年修订)》。

7月23日,全国水资源与水土保持工作领导小组向国务院呈报《关于〈长江流域综合利用规划要点报告(1990年修订)〉的审查意见》,领导小组原则同意该报告。

9月,《长江流域综合利用规划简要报告》修订补充报告通过国务院审批,成为《水法》颁布后我国第一个通过国务院批准的大江大河流域规划。

10月24日,水利部向首都新闻界通报了国务院审查批准的《长江流域综合利用规划要点报告(1990年修订)》的内容及其在我国经济生活中的重大意义。这是我国经国务院批准的第一个大江大河的规划,是今后长江流域开发利用水资源和防治水害活动的基本依据,标志我国依法治水进入了一个新的里程,对其他大江大河规划的编制、审查、批准,具有指导作用。

该年,中国水利学会聘请担任水利经济专业委员会(研究会)工作委员会理事。

### 1991 年

4 月,参与的"七五"国家重点科技攻关项目第 16 项《长江三峡工程重大科学技术研究》,通过国家鉴定和验收,被国家科学技术委员会、水利部、能源部授予"国家科技攻关专家荣誉证书"。

9 月,被国家科委社会发展司和国家计委国土地司领导的、国务院三线办规划一组承担的"长江上游地区资源开发和生态保护总体战略研究"课题组聘为顾问。

10 月,经国务院批准,享受政府特殊津贴,自 1990 年 7 月始补发,是首批享受国务院特殊津贴的专家。

### 1992 年

1 月,因主持编制的《长江流域综合利用规划报告》而荣获长江委科技成果奖评审委员会颁发的科学技术进步特等奖证书,证书号:C910001 - G。

8 月 18 日,被长江水利委员会聘请为"丹江口水库开发性移民系统研究课题"首席科学家。

8 月,被长江委聘请为水利政策研究员。

### 1993 年

年初,开始编制《长江流域地图集》。

8 月,被中国地理学会特聘为长江分会副主任。

### 1994 年

出席 1990 年 5 月 29 日—6 月 5 日在北京召开的《长江流域综合利用规

划简要报告(1990 年修订)》审查会议。领导小组原则同意该报告。

6 月 3 日,中国工程院中工函 003 号通知,已于 5 月当选为中国工程院首批院士。水利学科仅有 3 名首批院士,另两位为潘家铮和张光斗。

7 月 21 日,国发[1990]56 号国务院批转全国水资源与水土保持工作领导小组《关于〈长江流域综合利用规划简要报告〉审查意见的通知》,原则批准《长江流域综合利用规划简要报告》,作为今后长江流域综合开发、利用、保护水资源和防治水害活动的基本依据。

11 月,被水利水电快报编辑部聘请担任顾问。

12 月 17 日,主持编制的《长江流域综合利用规划简要报告》荣获水利部科学技术进步一等奖,证书号:S941002 - G01。是集体组的主要获奖人,与罗海超二人各自获得个人奖。

## 1995 年

2 月,在《中国三峡建设》发表《伟大的年代——难忘的记忆——牢记周总理教导把三峡水利枢纽建成五利俱全的工程》一文。

被陈华芳主编《中国工程院院士》收录。

## 1996 年

7 月,作为第一作者,与郑守仁合作,在《人民长江》第 7 期发表《当前我国水利水电工程建设质量存在的问题及对策》一文。

## 1997 年

1 月,被陈叔赓主编《中国水力发电年鉴·水利水电行业的中国工程院院士》(第 644 页)收录。

发表《牢记周总理的教导》一文,载《院士趣闻录》第 130~134 页,上海辞书出版社,1997 年 7 月。

发表《一个团结战斗的集体——回忆丹江口水利枢纽设计代表组》、《丹江口水利枢纽施工中的质检工作》,中国人民政治协商会议湖北省丹江口市委员会文史资料委员会:《丹江口文史资料》第四辑第 98~100 页、第 101~

108 页,1997 年 10 月。

### 1998 年

1 月 1 日,与郑守仁合作,在《中国三峡建设年鉴》发表专论《提高我国水利水电工程质量对策的初步探讨》一文。

发表《葛洲坝水利枢纽——三峡的实战准备工程》一文,被朱光亚等主编:《中国科学技术文库·院士卷》(第 4291～4294 页)收录,科学技术文献出版社,1998 年 1 月。

3 月,发表《水资源是出汉产业带建设的命脉》一文,载《长江论坛》1993 年第 3 期。

3 月,作为第一作者,与俞澄生合作,发表《南水北调与我国可持续发展》一文,载《大自然探索》1998 年第 3 期。

4 月 1 日,被长江水利委员会长江科学研究院聘请为《长江科学院院报》编辑委员会特邀顾问。

6 月 10 日,被中国长江三峡工程开发总公司新闻宣传中心、中国三峡建设杂志社聘请为特约撰稿人。

### 1999 年

1 月,被武汉市计划委员会聘请为武汉市工程咨询专家委员会委员,聘期三年。

1 月,主编的《长江流域地图集》出版,中国地图出版社,1999 年 8 月。

作为第一作者,与郑守仁合作撰写的《提高我国水利水电工程质量对策的初步探讨》一文,被评为中国水利学会 1999 年度优秀论文一等奖。

### 2000 年

1 月,发表《长江流域规划——治理开发长江的蓝图》一文,载《治江辉煌五十年》,武汉出版社,2000 年 1 月。

9 月 13 日,被聘请为长江技术经济学会第二届理事会顾问。

9 月,发表《按可持续发展和西部大开发的要求进一步搞好长江治理开发》一文,载《中国水利》第 9 期。

2001 年

1 月 18 日,被聘请为长江水利委员会水利政策法规研究员。

2 月,被聘请为长江发展研究院学术顾问。

3 月 20 日,被聘为中国工程院确定为土木、水利与建筑工程学部院士增选评审组的 21 个水利工程组成员之一。

5 月,发表《水利工程的创新离不开理论和实践》一文,载《科技进步与对策》第 5 期。

5 月,被《探秘》杂志社聘请为顾问。

6 月,与李长安合作,发表《关于长江流域生态环境系统演变与调控研究的思考》一文,载《长江流域资源与环境》2001 年第 6 期。

9 月,被水利部聘请为科学技术委员会委员。

11 月 27 日,被湖北省李四光研究会第五次会员代表大会推荐为名誉理事长。

11 月,潘家铮、张泽祯主编《合理配置和南水北调问题》,中国水利电力出版社,2001 年 11 月。与孙鸿烈、刘昌明、陈厚群、周君亮院士和另外 5 名专家,是该项目组成员。

2002 年

1 月,作为第一作者,与郑守仁合作,发表《当前我国水利水电工程质量问题的思考》一文,载《中国工程科学》2002 年第 1 期。

3 月,为《葛洲坝水利枢纽论文选集——纪念葛洲坝水利枢纽通航发电 20 周年》(长江委编,黄河水利出版社)撰写了《前言》,是该书的顾问。5 月,该书正式出版。

8 月,主修:《益阳文氏七房抱珍八修族谱》成功印刷装订,第 21～23 页载《文伏波传略》。主动出资 1 万元,资助编写和出版益阳文氏七房抱珍八修族谱。

8 月 15 日,与郑守仁、韩其为共同撰写的《关于加强长江荆江河床演变观测模型试验和理论研究的建议》(工程院院士建议),提交给中国工程院,载《工程院院士建议》2002 年第 7 期(总第 47 期)。

9 月,《益阳五小啊,我亲爱的母校!》一文,被韩存志、王克美主编的《院士书信》收录,上海科技教育出版社出版,2002 年 9 月。

10 月 30 日,被中共武汉江岸区委员会、武汉市江岸区人民政府聘请为江岸区科技顾问。

12 月 10 日,被武汉大学聘请为兼职教授,聘期三年,聘字第 2002086号。

## 2003 年

1 月 7—9 日,参加了在长江委召开的,由长江委和长江技术经济学会主办的"贯彻实施'水法'暨长江治理开发战略研讨会",8 日下午,作为专家代表,在大会上作了《21 世纪的长江规划之我见》的发言。

2 月,发表《21 世纪长江规划之我见》一文,载《中国水利》第 2 期。

4 月,因其在水利工程界的成就和造诣,被中国人民解放军理工大学工程兵工程学院诚请在军事桥渡工程领域进行指导。

5 月,组织相关专家编写的《大中型水利水电工程技术丛书》开始陆续出版。

6 月,与洪庆余合编的《长江流域综合利用规划研究》由中国水利水电出版社出版。

6 月,与葛修润、郑守仁、朱伯芳、陈厚群共同提名美籍华人石根华为中国工程院外籍院士。

9 月 25 日,长江委以长人劳[2003]608 号文通知,卸任长江委科学技术委员会主任委员,被聘任为 26 个顾问之一,主任委员由郑守仁院士接任。

12 月,夏淑萍等著:《凝眸中原——中国经济快速发展的第四板块》(基础卷)出版,中央文献出版社,2003 年 12 月。被聘请为该书顾问,并为该书作序。

2 月,发表《如何根治长江流域水土流失》一文,载《中国三峡建设》第 2 期。

4 月 8—10 日,参加在北京召开的中国水利学会第八次全国会员代表大会,当选为中国水利学会第八届理事会 65 个名誉理事之一。

5 月,将修三峡工程地基石捐赠予母校长郡中学。

发表《老骥伏枥志千里》一文,载《科技日报》,2004 年第 5 月 31 日。

8 月,被中国管理科学院改革与发展研究所聘为理事会理事,聘期 3 年。

12 月 10 日,被中国水利经济研究会第七届理事会聘请为高级顾问。

12 月,被湖北省水利学会聘为第九届理事会名誉理事。

12 月,被杨敬东主编的《三湘院士风采录》(第四卷第 333 页)收录,湖南科学技术出版社,2004 年 12 月。

1 月 10 日,被中德"长江流域湿地生态功能区划分"研讨会聘请为中德"长江流域湿地生态功能区划分"研讨会学术委员会委员。

1 月 14 日,被选为 2005 年中国工程院增选土木、水利与建筑工程学部院士的水利工程组的 25 个组员之一。

3 月 22 日,书面推荐河南省水利科学研究所短期气象预测研究的高级工程师(教授)赵得秀(男)为中国工程院院士。

3 月 25 日,赠送湖北省图书馆《百年馆庆题辞》一件,被湖北省图书馆收藏。

5 月,被费滨海编撰《院士春秋》第一卷(上)(第 54 页)收录,中国出版集团东方出版中心,2005 年 5 月。简要介绍了生平,并附有与妻子刘慕真的合影照。

5 月,母校长郡中学立雕像于校园中。

8 月 10 日,与郑守仁院士一道,被中国管理科学院聘请为终身院士。

9 月 29—30 日,出席中国工程院土木、水利与建筑学部主办,在天津大学召开的新世界水利科技前沿院士论坛会议。与洪庆余、邱忠恩、黄建和合作,发表《修订〈长江流域综合规划〉的几点思考》一文,与钮新强、邱忠恩合作,发表《长江流域水电建设与可持续发展》,均载于 2005 年《新世纪水利工程科技前沿(院士)论坛》(会议论文)。

10 月 28 日,被水利部中国科学院水工程生态研究所聘为第三届学术委员会副主任,聘期 4 年(2007—2010)。

10 月 31 日,鉴于中国管理科学不是所学和所从事的专业,与郑守仁院士一道,向中国管理科学院提出"关于退出'中国管理科学院'聘请'终身院士'的声明",正式要求退出中国管理科学院的终身院士行列。

### 2006 年

3 月,长江荆江大堤文村夹(在沙市下游约 30 km)发生了大幅度(长约 550 m、宽约 10 m)崩岸,与郑守仁、韩其为共同建议,加强长江荆江河床沿边观测模型试验和理论研究。

唐少斌、谢腊生、徐冰:《降洪伏波安邦国——记中国工程院院士文伏波》,2006 年 9 月 13 日《长江水利网》。

10 月 28 日,被水利部中国科学院水工程生态研究所任命为水利部中国科学院水工程生态研究所第三届学术委员会副主任,聘期 4 年(2007—2010)。

12 月,被长江技术经济学会聘为第三届理事会顾问。

### 2007 年

1 月,与韩其为合作,发表《河流健康的定义与内涵》一文,载《水利科技进展》第 1 期。

成立林一山治江思想研究会,为《河流辩证法与冲积平原的治理》一书作序。

4 月 8 日,被南京水利科学研究院聘为科学技术委员会顾问委员,有效期 5 年。

5 月,被母校益阳市一中在校内铸浮雕像。

12 月,被中国水利水电科学研究院、中科院水利部水土保持研究所聘为水土保持生态工程技术研究中心专家委员会名誉委员。

1 月,被聘请为水利部科学技术委员会顾问。

8 月,发表《工程设计的伟大实践》一文,载《人民长江》第 8 期。

2009 年

5 月,被中国科学技术协会编:《中国科学技术专家传略·工程技术编·水利卷Ⅰ》(第 402~416 页)收录,中国水利水电出版社,2009 年 5 月。

11 月,《毕生精力献长江——文伏波院士自述》发表,载杨敬东主编:《三湘院士科学人生自述集》第 38~42 页,湖南科学技术出版社,2009 年 11 月。

李卫星:《把一切献给长江》,载《中国水利报》2009 年 9 月 21 日。

出席 2009 年度国家科学技术奖励大会,并与曾就读于母校长郡中学的部分院士在人民大会堂湖南厅合影。

2010 年

6 月,与谭培伦合撰《从 1998 年抗洪看长江的洪患治理》出版,载徐匡迪主编:《中国科学技术前沿》(中国工程院版)第 12 卷,高等教育出版社,2010 年 6 月。

欧阳春林、王培君:《江河人生:伏波安澜长江情》,载《中国三峡》,2010 年第 6 期第 88~95 页。

2012 年

7 月 12 日,签订《文伏波学术成长资料采集工程》项目合同书,项目负责人为武汉大学水利水电学院王红。

7 月,长江委编:《文伏波治江文集》,内部资料。

9 月,长江水利委员会大中型水利水电工程技术丛书之一,长江岩土工程总公司、长江三峡勘测研究院编著:《长江流域水利水电工程地质》,中国水利水电出版社,2012 年 9 月。为该丛书编辑委员会主任,并为之作序。

11月8日、13日、20日,12月7日、11日,接受项目负责人王红的采访。

### 2013 年

12月30日,项目负责人王红携《治水殆与禹同功——文伏波传》,赴南京议事园参加结题报告会,并成功结题。

### 2014 年

7月下旬,在南水北调中线工程即将通水之际,长江委的郑守任院士、钮新强院士来家中,提前庆祝90华诞。

# 附录二
# 文伏波主要论著

## 一、论文

1. 文伏波. 解放设计思想实现跃进计划[J]. 人民长江, 1958, 5:6-7.

2. 文伏波. 设计工作中群众路线的胜利[J]. 人民长江, 1960, 1:21-24.

3. 文伏波. 葛洲坝水利枢纽——三峡的实战准备工程[J]. 人民长江, 1979, 5:2-16.

4. 文伏波. 葛洲坝枢纽工程简介[J]. 水力发电, 1984, 12:18-20.

5. 文伏波. 长江流域规划编制简史[J]. 三峡工程的论证和决定, 1987.

6. 文伏波. 执行水法, 加速流域规划的编制工作[J]. 人民长江, 1988, 6:5-7.

7. 文伏波. 前事不忘后事之师——纪念丹江口水利枢纽开工三十周年[J]. 人民长江, 1988, 9:11-15.

8. 文伏波. 长江流域规划编制概要[J]. 人民长江, 1988, 10:1-11.

9. 文伏波. 丹江口工程施工中的几次质量检查活动[J]. 长江志季刊. 1990, 2.

10. 文伏波. 大型水利工程综合经济评价中的几个问题[J]. 水利经济, 1990, 3:1-4.

11. 文伏波. 试论编制长江流域规划的基本经验. 中国水利年鉴(1991年)

[C],1991.1.1:525－529.

12. 文伏波.长江水利建设事业的新阶段——纪念长江干流第一座坝运行十周年[J].人民长江,1991,11:1－8.

13. 文伏波.建国以来长江的洪涝治理.自然科学年鉴编辑部编:自然科学年鉴(1991)[C],上海远东出版社,1991.1.1:1.19－1.39.

14. 文伏波.水资源是长江产业带建设的命脉[J].长江论坛,1993,3:7－8.

15. 文伏波.伟大的年代 难忘的记忆——牢记周总理教导把三峡水利枢纽建成五利俱全的工程[J].中国三峡建设,1995,1:25.

16. 文伏波.他山之石可以攻玉[J].水利水电快报,1995,5:1.

17. 文伏波.我经常阅读的一本好杂志[J].人民长江,1995,9:14.

18. 文伏波,郑守仁.当前我国水利水电工程建设质量存在的问题及其对策[J].人民长江,1996,7:1－2.

19. 文伏波,郑守仁.提高我国水利水电工程质量对策的初步探讨[J].中国三峡建设年鉴(1998年)[C].71－74.

20. 文伏波,俞澄生.南水北调与我国可持续发展[J].大自然探索,1998,17(3):1－5.

21. 文伏波,郑守仁.提高我国水利水电工程质量对策的初步探讨[J].人民长江,1998.9:1－3.

22. 文伏波,邱忠恩.长江流域水能资源利用与可持续发展[J].世界科技研究与发展,1998,5:7－14.

23. 文伏波.编好世纪末卷 迎接新纪元[J].人民长江,1999,1:1.

24. 文伏波.众志成城,98长江抗洪图[J].博览群书,1999,5:1.

25. 文伏波.按可持续发展和西部大开发的要求进一步搞好长江治理开发[J].中国水利,2000,9:12－14.

26. 文伏波等.三峡工程应按"一级开发,一次建成,分期蓄水,连续移民"的建设方案全面实施[J].科技导报,2001,2:3－6.

27. 文伏波.进一步搞好长江流域治理开发[J].科技进步与对策,2001,3:44－45.

28. 文伏波.水利工程的创新离不开理论和实践[J].科技进步与对策,2001,

5:14 - 16.

29. 李长安,文伏波等. 关于长江流域生态环境系统演变与调控研究的思考
    [J]. 2001,6:550 - 557.

30. 文伏波. 在长江护岸工程(第六届)及堤防防渗工程技术交流会上的讲
    话,2001 年长江护岸工程(第六届)及堤防防渗工程技术经验交流会会
    议论文集[C]. 2001,12 - 14.

31. 文伏波. 求真、创新、以辩证思维综合治理[J]. 长江院士思维(卷四),合
    肥. 安徽教育出版社. 2001.

32. 文伏波,郑守仁. 当前我国水利水电工程质量问题的思考[J]. 中国工程
    科学,2002,1:36 - 40.

33. 文伏波. 21 世纪长江流域规划之我见[J]. 中国水利 2003,3:13 - 16;另
    见湖北省科学技术协会编:《现代科技系列报告文集》(六):131 - 140,湖
    北科学技术出版社,2003 年 5 月。

34. 文伏波. 按可持续发展和西部大开发要求 进一步搞好长江治理开发工
    作[J]. 长江自然辩证法文集. 2003.

35. 文伏波. 用辩证唯物主义指导长江流域规划工作[J]. 长江自然辩证法文
    集. 2003.

36. 文伏波,陈俊府. 对长江流域生态环境建设的认识与思考[J]. 水利水电
    技术,2004,1:30 - 32;另载中国水土保持科学,2004,3. 1 - 3.

37. 文伏波. 如何根治长江流域水土流失 文伏波院士提出七条建议[J]. 中
    国三峡建设,2004. 2. 25:14.

38. 文伏波,陈俊府. 关于长江流域生态建设的战略思考[J]. 中国水土保持,
    2004,5:2 - 4.

39. 文伏波:《老骥伏枥志千里》[J].《科技日报》2004. 5. 31.

40. 文伏波. 长江流域水电建设与可持续发展[J]. 水电与可持续发展国际研
    讨会论文集. 2004.

41. 文伏波. 修订长江流域综合规划的几点思考[J]. 新世纪水利工程科技前
    沿(院士论坛)会议论文,2005. 2 - 7.

42. 文伏波,钮新强,邱忠恩. 长江流域水电建设与可持续发展[J]. 新世纪水

利工程科技前沿(院士论坛)会议论文,2005.144 - 148.

43. 文伏波.序(2004.11.9):[J].水文水资源论著选,出版地不详,2006.

44. 文伏波等.河流健康的定义与内涵[J].水科学进展,2007,1.30:14 - 150.

45. 文伏波.序(2000.7).水利部长江水利委员会编:《长江防洪地图集》,北京:科学出版社2001.2.

46. 文伏波,工程设计的伟大实践[J].人民长江,2008,8.30:1 - 3.

47. 文伏波.序(2008.3).长江水利委员会大中型水利水电工程技术丛书,余文畴、卢金友著:《长江河道崩岸与护岸》,北京:中国水利水电出版社,2008.8.

48. 文伏波:《文伏波自传》,写于2001年10月8日,载长江委编:《文伏波治江文集》第269~271页,2012.7.

**二、著作**

1. 文伏波,葛洲坝工程丛书编辑委员会委员,长江水利委员会编辑委员会副主任委员。文伏波审总论,曹乐安主编:《建筑物及其基础的安全监测》[M].北京:中国水利电力出版社,1990.7.

2. 文伏波,葛洲坝工程丛书编辑委员会委员,长江水利委员会编辑委员会副主任委员。文伏波主审,王家柱主编.导流与截流[M].北京:中国水利电力出版社,1995.6.

3. 文伏波,葛洲坝工程丛书编辑委员会委员,长江水利委员会编辑委员会副主任委员。文伏波主审,董士镛主编.工程概况[M].北京:中国水利电力出版社,1996.1.

4. 文伏波副主编,洪庆余等著.长江三峡工程技术丛书——三峡工程技术研究概论[M].湖北科学技术出版社,1997.10.

5. 文伏波审,长江水利委员会编.三峡工程施工研究[M].湖北科学技术出版社,1997.10.

6. 文伏波,葛洲坝工程丛书编辑委员会委员,长江水利委员会编辑委员会副主任委员。文伏波审综述,董士镛主编.通航建筑物[M].北京:中国水利电力出版社,1998.3.

7. 文伏波,葛洲坝工程丛书编辑委员会委员,长江水利委员会编辑委员会副主任委员。文伏波定稿,曹乐安主编. 基础设计与处理[M]. 北京:中国水利电力出版社,1998. 4.

8. 文伏波,葛洲坝工程丛书编辑委员会委员,长江水利委员会编辑委员会副主任委员。文伏波审总论,王既民主编. 闸门与启闭机[M]. 北京:中国水利电力出版社,1998. 5.

9. 文伏波顾问,三峡试验坝—陆水蒲圻水利枢纽志编纂委员会编. 三峡试验坝——陆水蒲圻水利枢纽志[M]. 武汉:湖北人民出版社,1999. 5.

10. 文伏波顾问,长江技术经济学会黎安田主编. 长江流域的水与可持续发展[M]. 北京:水利水电出版社,1999. 8.

11. 文伏波主编,长江流域地图集[M]. 北京:中国地图出版社,1999. 8.

12. 文伏波主编,李耀新著,长江地区可持续发展研究丛书—长江地区产业经济与可持续发展[M]. 武汉:武汉出版社,1999. 10.

13. 文伏波主编,陈志龙著. 长江地区基础设施与可持续发展[M]. 武汉:武汉出版社,1999. 10.

14. 文伏波主编,伍新木、张秀生、刘国光著. 长江地区城乡建设与可持续发展[M]. 武汉:武汉出版社,1999. 10.

15. 文伏波主编,马蔼乃著. 可持续发展与长江地区发展战略[M]. 武汉:武汉出版社,1999. 10.

16. 文伏波编委主任,龚召熊等著. 水工混凝土的温控与防裂[M]. 北京:中国水利水电出版社,1999. 10.

17. 文伏波主编,方子云、邹家祥著. 长江地区环境对策与可持续发展[M]. 武汉:武汉出版社,1999. 10.

18. 文伏波主编,朱农、王冰著. 长江地区人口问题与可持续发展[M]. 武汉:武汉出版社,1999. 10.

19. 文伏波审,洪庆余主编. 长江防洪与 98 大洪水[M]. 北京:中国水利水电出版社,1999. 11.

20. 文伏波等著. 长江水利经济论文选集[M]. 武汉:武汉出版社,2000.

21. 文伏波科学顾问,水利部长江水利委员会编. 长江防洪地图集[M],北京:科学出版社 2001.2.

22. 文伏波编委主任,司兆乐著.水利水电枢纽施工技术[M].北京:中国水利水电出版社,2002.1.

23. 文伏波顾问,长江水利委员会主编.葛洲坝水利枢纽论文选集——纪念葛洲坝水利枢纽通航发电20周年[M].郑州:黄河水利出版社,2002.5.

24. 文伏波主编.益阳文氏七房抱珍八修族谱,私家资料,湖南桃江县,2002.8.

25. 文伏波编委主任,钮新强著.三峡工程与可持续发展[M].北京:中国水利水电出版社,2003.5.

26. 文伏波等著.长江流域综合利用规划研究[M].北京:中国水利水电出版社,2003.6.

27. 文伏波编委主任,潘庆燊著.长江水利枢纽工程泥沙研究[M].北京:中国水利水电出版社,2003.10.

28. 文伏波技术顾问、总策划,水利部长江水利委员会长江重要堤防隐蔽工程地图集编纂委员会编.长江重要堤防隐蔽工程地图集[M].北京:科学出版社,2004.3.

29. 文伏波编委主任,董学晟等著.水工岩石力学[M].北京:中国水利水电出版社,2004.8.

30. 文伏波.劫后犹存伏枥心 十载征程百年伟业[M].北京:中国科学技术出版社.2004.

31. 文伏波编委主任,刘少林等著.导流截流及围堰工程[M].北京:中国水利水电出版社,2005.1.

32. 文伏波编委主任,傅秀堂等著.水库移民工程[M].北京:中国水利水电出版社,2005.2.

33. 文伏波.长江水利委员会大中型水电工程技术丛书主任,文伏波审稿绪论和结语,余文畴主编,卢金友副主编.长江河道的演变与治理[M].北京:中国水利水电出版社,2005.8.

34. 文伏波编委主任,杨逢尧、魏文炜著.水工金属结构[M].北京:中国水利水电出版社,2005.9.

35. 文伏波编委主任,黄忠恕、金兴平著.水文气候预测基础理论与应用技术[M].北京:中国水利水电出版社,2005.9.

36. 文伏波审定,洪庆余总编.《综合利用水利枢纽建设》[M].北京:中国大百科全书出版社,2006.2

37. 文伏波编委主任,钮新强、宋维邦著.船闸与升船机设计[M].北京:中国水利水电出版社,2007.4.

38. 文伏波科学顾问,水利部长江水利委员会长江勘测规划设计研究院长江流域蓄滞洪区图集编纂委员会编.长江流域蓄滞洪区图集[M].北京:科学技术出版社,2007.7.

39. 文伏波编委主任,王德厚著.水利水电工程安全监测理论与实践[M].武汉:长江出版社,2007.7.

40. 文伏波编委主任,季学武、王俊著.水文分析计算与水资源评价[M].北京:中国水利水电出版社,2008.6.

41. 文伏波编委主任,包承纲著.土工合成材料应用原理与工程实践[M].北京:中国水利水电出版社,2008.6.

42. 余文畴、卢金友著.长江水利委员会大中型水利水电工程技术丛书——长江河道崩岸与护岸[M].北京:中国水利水电出版社,2008.8.

43. 毕生精力献长江——文伏波院士自述,杨敬东主编.三湘院士科学人生自述集[M]P38-42.长沙:湖南科学技术出版社,2009.11.

44. 长江水利委员会编.文伏波治江文集[M].内部资料,2012.7.

45. 文伏波编委主任,长江岩土工程总公司、长江三峡勘测研究院编著.长江流域水利水电工程地质[M].北京:中国水利水电出版社,2012.9.

# 附录三
# 参考文献

**一、论文类**

1. 长江水利委员会水工建筑物室. 杜家台分洪闸地基预压处理工程的初步总结 [J]. 中国水利,1956,8:22-51.

2. 长江水利委员会水工建筑物室. 汉江下游杜家台分洪闸地基预压处理工程初步总结[J]. 人民长江,1956,7:1-14.

3. 文伏波. 解放设计思想 实现跃进计划[J]. 人民长江,1958,5:6-7.

4. 湖北省省长张体学同志在丹江口工程总指挥部四级干部会议上的讲话(1959.2.6). 为了1959年更大、更好、更全面地跃进——集中力量确保右岸 积极做好左岸的准备工作[J]. 人民长江,1959,5:36-38.

5. 丁琦. 丹江口水利枢组基础的开挖和处理[J]. 人民长江,1959,7:54-56.

6. 长办枢组设计室丹江口设计代表组. 丹江口水利枢组设计工作初步小结[J]. 人民长江,1959,7:27-31.

7. 文伏波. 设计工作中群众路线的胜利[J]. 人民长江,1960,1:21-24.

8. 张盛京、仲傅坤. 汉江丹江口水利枢组第一期工程人工采运砂石骨料的施工经验[J]. 人民长江,1960,3:21-31.

9. 罗承管. 汉江丹江口水利枢组截流设计施工中的几点体会[J]. 人民长江,1960,3:15-20.

10. 施流. 丹江口水利枢组围堰设计中的几点体会[J]. 人民长江,1960,3:22-25.

11. 施流. 丹江口水城枢组第二期围堰型式选择[J]. 人民长江,1960,3:6-11.

12. 文伏波. 葛洲坝水利枢组——三峡的实战准备工程[J]. 人民长江,1979,5:2-16.

13. 林一山. 河流辩证法与葛洲坝工程[J]. 人民长江,1982,5:34-46.

14. 文伏波. 葛洲坝枢组工程简介[J]. 人民长江,1984.6:18-20.

15. 柴挺生. 长江葛洲坝水利枢纽坝区河势问题的试验研究[J]. 水利水运科学研究, 1985,12:43 - 55.

16. 文伏波. 执行水法,加速流域规划的编制工作[J]. 人民长江,1988,6:5 - 7.

17. 文伏波. 前事不忘 后事之师——纪念丹江口水利枢纽开工三十周年[J]. 人民长江,1988,9:11 - 15.

18. 文伏波. 长江流域规划编制概要[J]. 人民长江,1988,10:1 - 11、38.

19. 文伏波. 丹江口工程施工中的几次质量检查活动[J]. 长江志季刊. 1990. 2.

20. 文伏波. 长江水利建设事业的新阶段——纪念长江干流第一座坝运行十周年[J]. 人民长江,1991,11:1 - 8.

21. 文伏波. 伟大的年代 难忘的记忆——牢记周总理教导把三峡水利枢纽建成五利俱全的工程[J]. 中国三峡建设,1995,1:25.

22. 文伏波,郑守仁. 当前我国水利水电工程建设质量存在的问题及其对策[J]. 人民长江,1996,7:1 - 2.

23. 纪卓如. 胸中奔腾长江万里——访中国工程院院士文伏波[J]. 决策与信息,1996,12:24 - 27.

24. 文伏波,郑守仁. 提高我国水利水电工程质量对策的初步探讨[J]. 人民长江,1998. 9:1 - 3;另见中国三峡建设年鉴(1998. 1. )[C]. 71 - 74.

25. 李卫星. 伏波将军文伏波[J]. 湖南党史,2000,1:46 - 50.

26. 文伏波. 按可持续发展和西部大开发的要求进一步搞好长江治理开发[J]. 中国水利,2000,9:12 - 14.

27. 文伏波等. 三峡工程应按"一级开发,一次建成,分期蓄水,连续移民"的建设方案全面实施[J]. 科技导报,2001,2:3 - 6.

28. 文伏波. 进一步搞好长江流域治理开发[J]. 科技进步与对策,2001,3:44 - 45.

29. 文伏波. 水利工程的创新离不开理论和实践[J]. 科技进步与对策,2001,5:14 - 16.

30. 文伏波,郑守仁. 当前我国水利水电工程质量问题的思考[J]. 中国工程科学,2002,1:36 - 40.

31. 文伏波. 21 世纪长江规划之我见[J]. 中国水利 2003,2:13 - 16.

32. 文伏波. 修订长江流域综合规划的几点思考[J]. 新世纪水利工程科技前沿(院士论坛)会议论文,2005,2 - 7.

33. 袁汉学、胡晶. 丹江口水利枢纽工程建设中的张体学. [J]. 湖北档案,2008,4.

34. 文伏波,工程设计的伟大实践[J]. 人民长江,2008,8. 30:1 - 3.

二、著作类

1. 林一山著. 河流辩证法与葛洲坝工程,武汉:湖北科学技术出版社,1984. 12.

2. 文伏波审总论,曹乐安主编. 建筑物及其基础的安全监测[M]. 北京:中国水利电力出版社,1990. 7.

3. 自然科学年鉴编辑部编. 自然科学年鉴(1991)[M]. 上海:上海远东出版社,1991.

1. 1.

4. 杨世华主编. 林一山治水文选[M]. 北京:新华出版社,1992. 4.

5. 中国水利年鉴编辑委员会编. 中国水利年鉴(1991 年)[M]. 北京:水利电力出版社,1992. 5.

6. 桃江县志编纂委员会编. 桃江县志[M]. 北京:中国社会出版社出版,1993. 5.

7. 自然科学年鉴编辑部编. 中国水利年鉴(1991 年)[M]. 上海:上海远东出版社,1993. 5.

8. 中国水利学会、中国电机工程学会、中国水力发电工程学会主编. 葛洲坝水利枢纽科研论文选集[M]. 北京:水利电力出版社,1993. 6.

9. 文伏波主审,王家柱著. 导流与截流[M]. 北京:中国水利电力出版社,1995. 6.

10. 文伏波主审,董士铺主编. 工程概况[M],北京:中国水利电力出版社,1996..1.

11. 文伏波副主编,洪庆余等著. 长江三峡工程技术丛书—三峡工程技术研究概论[M]. 武汉:湖北科学技术出版社,1997. 10.

12. 文伏波审,长江水利委员会编. 三峡工程施工研究[M]. 武汉:湖北科学技术出版社,1997. 10.

13. 文伏波审综述,董士铺主编. 通航建筑物[M]. 北京:中国水利电力出版社,1998. 3.

14. 文伏波定稿,曹乐安主编. 基础设计与处理[M]. 北京:中国水利电力出版社,1998. 4.

15. 中国长江三峡工程开发总公司. 工程文献[M]. 北京:水利水电出版社,1998. 9.

16. 文伏波主编. 长江流域地图集[M]. 北京:中国地图出版社,1999. 8.

17. 文伏波顾问,长江技术经济学会黎安田主编. 长江流域的水与可持续发展[M]. 北京:水利水电出版社,1999. 8.

18. 文伏波主编,李耀新著. 长江地区可持续发展研究丛书—长江地区产业经济与可持续发展[M]. 武汉:武汉出版社,1999. 10.

19. 文伏波主编,陈志龙著. 长江地区基础设施与可持续发展[M]. 武汉:武汉出版社,1999. 10.

20. 文伏波主编,伍新木、张秀生、刘国光著. 长江地区城乡建设与可持续发展[M]. 武汉:武汉出版社,1999. 10.

21. 文伏波主编,马蔼乃著. 可持续发展与长江地区发展战略[M]. 武汉:武汉出版社,1999. 10.

22. 文伏波编委主任,龚召熊等著. 水工混凝土的温控与防裂[M]. 北京:中国水利水电出版社,1999. 10.

23. 文伏波主编,方子云、邹家祥著. 长江地区环境对策与可持续发展[M]. 武汉:武汉出版社,1999. 10.

24. 文伏波主编,朱农、王冰著. 长江地区人口问题与可持续发展[M]. 武汉:武汉出版社,1999. 10.

25. 长江水利委员会宣传新闻中心编.治江辉煌五十年[M].武汉:武汉出版社,2000. 1.

26. 荆江分洪工程编纂委员会.荆江分洪工程志[M].北京:中国水利水电出版社, 2000.4.

27. 文伏波等著.长江水利经济论文选集[M].武汉:武汉出版社,2000.

28. 水利部长江水利委员会编.长江防洪地图集[M].北京:科学出版社2001.2.

29. 卢嘉锡编.院士思维——中国工程院院士卷(卷四),合肥:安徽教育出版社, 2001.4.1.

30. 韩存志、王克美主编.院士诗词[M].上海:上海科技教育出版社,2001.9.

31. 文伏波编委主任,司兆乐著.水利水电枢纽施工技术[M].北京:中国水利水电出版社,2002.1.

32. 文伏波顾问,长江水利委员会主编.葛洲坝水利枢纽论文选集——纪念葛洲坝水利枢纽通航发电20周年[M].郑州:黄河水利出版社,2002.5.

33. 韩存志、王克美主编.院士书信[M].上海:上海科技教育出版社,2002.9.

34. 湖北省科学技术协会编.现代科技系列报告文集(六)[M].武汉:湖北科学技术出版社,2003.5.

35. 文伏波编委主任,钮新强著.三峡工程与可持续发展[M].北京:中国水利水电出版社,2003.5.

36. 文伏波等著.长江流域综合利用规划研究[M].北京:中国水利水电出版社,2003. 6.

37. 文伏波编委主任,潘庆燊著.长江水利枢纽工程泥沙研究[M].北京:中国水利水电出版社,2003.10.

38. 文伏波技术顾问、总策划,水利部长江水利委员会《长江重要堤防隐蔽工程地图集》编纂委员会编.长江重要堤防隐蔽工程地图集[M],北京:科学出版社, 2004.3.

39. 丹史文著:张体学情洒丹江口[M].武汉:长江文艺出版社,2004.7.

40. 林一山著.林一山回忆录[M].北京:方志出版社,2004.7.

41. 文伏波编委主任,董学晟等著.水工岩石力学[M].北京:中国水利水电出版社, 2004.8.

42. 李卫星著.长江委的人和事[M].哈尔滨:北方文艺出版社,2004年10月。

43. 联合国水电与可持续发展国际研讨会论文集[M].北京:2004.10.

44. 文伏波编委主任,刘少林等著.导流截流及围堰工程[M].北京:中国水利水电出版社,2005.1.

45. 文伏波编委主任,傅秀堂等著.水库移民工程[M].北京:中国水利水电出版社, 2005.2.

46. 文伏波.长江水利委员会大中型水电工程技术丛书主任,文伏波审稿绪论和结语,余文畴主编,卢金友副主编.长江河道的演变与治理[M].北京:中国水利水电出版社,2005.8.

47. 文伏波编委主任,杨逢尧、魏文炜著.水工金属结构[M].北京:中国水利水电出版社,2005.9.

48. 文伏波编委主任,黄忠恕、金兴平著.水文气候预测基础理论与应用技术[M].北京:中国水利水电出版社,2005.9.

49. 中国工程院土木水利建筑学部主持召开新世纪水利工程科技前沿(院士)论坛会议.新世纪水利工程科技前沿(院士)论坛论文集[M].天津大学,2005.9.

50. 中国工程院办公厅编.中国工程院年鉴(2004)[M].北京:高等教育出版社,2005.9.

51. 第三届湖北省科技论坛气象分坛暨2005年湖北省气象学术年会学术论文详细文摘汇集[M].武汉:湖北省科学技术协会、湖北省气象学会出版,2005.

52. 文伏波审定,洪庆余总编.综合利用水利枢纽建设[M].北京:中国大百科全书出版社,2006.2.

53. 文伏波编委主任,钮新强、宋维邦著.船闸与升船机设计[M].北京:中国水利水电出版社,2007.4.

54. 文伏波科学顾问,水利部长江水利委员会长江勘测规划设计研究院长江流域蓄滞洪区图集编纂委员会编.长江流域蓄滞洪区图集[M].北京:科学技术出版社,2007.7.

55. 文伏波编委主任,王德厚著.水利水电工程安全监测理论与实践[M].武汉:长江出版社,2007.7.

56. 文伏波编委主任,包承纲著.土工合成材料应用原理与工程实践[M].北京:中国水利水电出版社,2008.6.

57. 文伏波编委主任,季学武、王俊著.水文分析计算与水资源评价[M].北京:中国水利水电出版社,2008.6.

58. 余文畴、卢金友著.长江水利委员会大中型水利水电工程技术丛书—长江河道崩岸与护岸[M].北京:中国水利水电出版社,2008.8.

59. 杨敬东主编.三湘院士科学人生自述集[M].长沙:湖南科学技术出版社,2009.11.

60. 长江岩土工程总公司、长江三峡勘测研究院编著.长江流域水利水电工程地质[M].北京:中国水利水电出版社,2012.9.

### 三、内部资料

1. 水电部第十工程局.丹江口水利枢纽施工技术总结(1)(2)(3)[Z],内部资料,1975.

2. 长江科学院编.葛洲坝水利枢纽科研论文选编[Z],内部资料,1988.1.

3. 三峡工程论证领导小组办公室编.三峡工程专题论证报告汇编[Z],内部资料,1988.12.

4. 长江流域规划办公室编.长江流域综合利用规划要点报告(1988年修订)[Z],内部资料,1988.12.

5. 长江水利委员会编. 长江流域综合利用规划简要报告(1990 年修订)[Z],机密,1990.7.

6. 长江水利委员会编. 长江流域综合利用规划简要报告(1990 年修订)[Z],内部资料,供学习使用,秘密,1990.12.

7. 长江水利委员会编.《长江流域综合利用规划报告(1990 年修订),机密,1990.12.

8. 长江水利委员会档案馆编. 长江水利委员会大事记——生产技术类(1949—1983)(1)[Z],内部资料,1993.6.

9. 长江水利委员会档案馆编. 长江水利委员会大事记(1949—1983 年)生产基础类第三册[Z],内部资料,1993.6.

10. 水利部长江水利委员会. 汉江丹江口水利枢纽初期工程设计总结(上、下)[Z],内部资料,1993.6.

11. 汉江集团报社编印. 我与丹江口水利枢纽[Z],内部资料,1999.6

12. 桃江县河溪水乡中学七十周年校庆筹备委员会编. 湖南桃江县河溪水乡中学七十周年校庆纪念册[Z],内部资料,2000.

13. 文伏波主编. 益阳文氏七房抱珍八修族谱[Z],私家资料,2002.8.

14. 李飞、王步高编. 东南大学百年校庆纪念《中大校友百年诗词选》[Z],内部资料,2002.

15. 武汉自然辩证法协会. 长江自然辩证法文集[Z].武汉:内部资料,2003.

16. 文伏波. 一个屋檐下的特殊组合家庭. 夏泽蒿主编. 宝案堂遗墨[Z],私家资料,2005.10.

17. 长江流域自然辩证法研究会编. 长江自然辩证法文集(1996—2003 年)[Z].武汉:内部资料,2003.

18. 长江水利委员会编. 文伏波治江文集[Z],内部资料,2012.7.

**四、报纸类**

1. 文伏波. 我的心愿[N]. 长江三峡工程报,1993,5,12.

2. 文伏波. 老骥伏枥志千里[N]. 科技日报 2004.5.31.

3. 徐冰、孙军胜等. 勿图激扬 但求行实——访中国工程院院士 长江技术委员会主任文伏波[N]. 中国水利报 2005,10.15:005.

4. 文伏波. 丹江口工程 50 年——工程设计的伟大实践[N]. 人民长江报 2008,8.30:007.

**五、档案类**

1. 文伏波复原军证书"陆军新编第一军司令部证明书","中华民国"三十五年八月十九日,原件保存于国立中央大学(今南京大学)档案馆。(据文伏波本人在其档案中记载,由于他属于"开小差"逃离部队的,无法从部队开到复原军证书,为了能复学南京中央大学,大学同学帮他弄了这份假证明)。

2. 文伏波的履历档案,原件保存于长江水利委员会档案馆。

3. 文伏波的自传及自传性质的档案,原件保存于长江水利委员会档案馆。

4. 文伏波的鉴定、考核、考察档案,原件保存于长江水利委员会档案馆。

5. 文伏波的奖励档案,原件保存于长江水利委员会档案馆。

6. 文伏波的工资级别待遇等档案,原件保存于长江水利委员会档案馆。

7. 文伏波的可供参考的有保存价值的档案,原件保存于长江水利委员会档案馆。

8. 文伏波的政审档案,原件保存于长江水利委员会档案馆。

9. 加入党团的档案,原件保存于长江水利委员会档案馆。

上述长江水利委员会档案馆保存的文伏波所有档案材料的扫描件,已全部提交馆藏基地。

10. 长江水利委员会档案馆档案:43C66 - 24.

11. 长江水利委员会档案馆档案:1955 勘设院- 114.

12. 长江水利委员会档案馆档案:1984 年规划处 1 - 4.

13. 长江水利委员会档案馆档案:规 08 - 60 - 30。

**六、手稿类**

(一) 文伏波日记和工作笔记

1. 文伏波 1952 年、1953 年、1954 年、1955、1956 年、1957 年、1962 年、1963 年、1980 年、1984 年、1985 年、1987 年、1988、1989 年工作笔记,原件已提交馆藏基地。

2. 文伏波手稿:1962 年 1 月 8 日上午向周总理汇报的工作日记(专门一本),扫描件已提交馆藏基地。

3. 文伏波手稿:《关于丹江口水利枢纽规划、设计、施工中一些重大方案决定,变动的经过及魏廷琤的活动》,原稿未注明写作时间。

4. 文伏波 1979 年 9 月 20—27 日长办在汉口召开的葛洲坝工程救鱼讨论会笔记,电子件已提交馆藏基地。

5. 文伏波 1980 年考察罗马尼亚汇报材料,原件已提交馆藏基地。

6. 文伏波 1986 年退休后的一份无名手稿,原件已提交馆藏基地。

7. 文伏波 1988 年 11 月 13 日—12 月 12 日带队查勘长江中下游工作笔记,原件和扫描件已提交馆藏基地。

8. 文伏波 1989 年查勘工作笔记,原件已提交馆藏基地。

9. 文伏波手稿,2006 年 3 月 31 日写成,原件和扫描件已提交馆藏基地。

10. 文伏波手稿,原稿无日期,已提交馆藏基地。内容谈到他报考大学时选择水利工程系的原因,是受到高中地理老师鲁立刚的影响。根据内容推测,似乎是《毕生精力献长江——文伏波院士自述》(载杨敬东主编:《三湘院士科学人生自述集》第 38 页,湖南科学技术出版社,2009.11. )的草稿。

(二) 信件

1. 三哥文望平 1990 年写给文伏波的信,原件和扫描件已提交馆藏基地。

2. 初中同班同学、大学同班同学陈家钰 1993 年 3 月 23 写给文伏波的信,原件和扫描件已提交馆藏基地。

3. 1993 年 7 月 24 日,三哥文望平祝贺文伏波 68 岁生日的家信,原件已提交馆藏基地。
4. 三哥文望平 1994 年 4 月 10 日写给文伏波夫妇的家信,原件已提交馆藏基地。
5. 朱伯芳院士 1994 年 6 月 26 日写给文伏波的信,原件已提交馆藏基地。
6. 初中和大学同学洪荒(原名冯先开)1995 年 1 月 26 日写给文伏波的信,原件已提交馆藏基堤。
7. 大学同学张正和吴特瑜 1995 年 1 月 28 日写给文伏波的信,原件已提交馆藏基地。
8. 二哥文藕耕 1999 年 1 月 17 日写给文伏波夫妇的家信,原件和扫描件已提交馆藏基地。
9. 三哥文望平 1999 年 4 月 12 日写给文伏波的家信,原件和扫描件已提交馆藏基地。
10. 1999 年 9 月 1 日,二哥文藕耕家长媳聂创吾写给文伏波的家信,原件和扫描件已提交馆藏基地。

## 七、采访录音

1. 2012 年 11 月 13 日,王红采访文伏波录音资料,已提交馆藏基地。
2. 2012 年 11 月 20 日,王红采访文伏波录音资料,已提交馆藏基地。
3. 2012 年 11 月 20 日,杨沈龙等采访文伏波次女文丹录音资料,已提交馆藏基地。

# 后　记

　　长江是我国第一大河,养活了中国近四分之一的人口。长江流域的经济,在我国具有举足轻重的地位。文伏波堪称新中国成立以来开发治理长江的一部活历史,亲历了长江流域重大水利工程的规划、设计、施工和运行管理,其中一些水利工程,在当时的中国是绝无仅有的,在世界也占有一席之地。其贡献之巨大,功勋之卓著,非该传记所能尽言。其谦虚的品质,和蔼的态度,敬业和务实的精神,在接触、采访和交流的过程中,笔者感同身受。

　　作为长期从事科学技术史尤其是水利史和水利社会学的工作者,写一部当代水利专家的学术成长传记,一直是我的一个梦!感谢中国科学技术协会和老科学家学术成长资料采集工程办公室,能为我提供这个难得的机会!感谢文伏波院士及夫人殷汉霞女士,在文院士身体欠佳的状况下,多次接受我们的采访和烦扰!感谢文伏波院士的秘书、长江水利委员会工程处处长刘国利先生,为我们提供了便利,赠送给我们资料!感谢长江水利委员会档案馆馆长方艳平先生,为我们查阅与文伏波相关的档案提供便利!感谢文伏波院士的同事薛士仪、傅秀堂、季昌化、成绥台等,为我们讲述了文伏波院士工作中的点点滴滴;感谢文伏波院士的族人和两个女儿,为我们提供了许多文伏波院士生活中一些鲜活的第一手资料,长女文潮还亲自修改了该传记中与家庭和生活相关的内容！感谢文伏波院士的母校益阳县立五校（今河溪水中学）、湖南私立信义中学（今益阳一中）、长沙长郡联立中学（今长沙长郡中学）、国立南京中央大学（今南京大学）的相关负责人，为我们提供了资料！是这些单位这些人的帮助，共同成就了文伏波学术成长传记！

文伏波参与设计和施工的水利工程，档案资料浩如烟海，工程技术资料的书籍、内部资料和学术论文繁多；自从在长江下游工程局实习时起，文伏波便养成了记工作笔记的习惯，其工作笔记百余本；再加上我们采集到的各类资料。可谓千头万绪，笔者虽多年从事水利史的教学和科研工作，但愣是花费了半年的时间消化这些资料，才理出个头绪。尽管如此，在撰写过程中，仍然有些问题不甚清楚，不得不多次找文伏波院士求证。然而，由于事隔久远，文院士对很多事情已模糊不清甚至忘却，笔者不得不多方求证，力求能还原事情的原貌，尽可能地讲清楚文院士学术成长的历程。实际情况却是，文伏波所从事的水利工作，如他自己所言，是许多水利科学工作者共同合作的结果，集体智慧的结晶，决非某个或某几个"超人"力所能及。更重要的是，文伏波参与设计和施工的大型水利工程，无一不牵涉到国家的需求和决策。鉴于此，该传记将文伏波的学术成长历程，置入大的历史背景和集体合作的实际情形中，进行如实描述，尽可能地力求真实，这也是文伏波院士本人对我们撰写他的学术成长传记的唯一要求。

该传记从初稿写成（2013 年 12 月），到修改完成（2014 年 8 月），前后经历 8 个月，字斟句酌，反复推敲，数易其稿。2013 年 12 月 31 日，在南京结题时，承蒙多位专家提出了宝贵的修改意见。初稿提交后，有幸得到张黎教授的指点，提出了许多具体的修改意见。该传记能有今日之面貌，各位专家功不可没！

王 红

2014 年 8 月

# 老科学家学术成长资料采集工程丛书
# 已出版(50种)

《卷舒开合任天真:何泽慧传》　　　《此生情怀寄树草:张宏达传》

《从红壤到黄土:朱显谟传》　　　　《梦里麦田是金黄:庄巧生传》

《山水人生:陈梦熊传》　　　　　　《大音希声:应崇福传》

《做一辈子研究生:林为干传》　　　《寻找地层深处的光:田在艺传》

《剑指苍穹:陈士橹传》　　　　　　《举重若重:徐光宪传》


《情系山河:张光斗传》　　　　　　《魂牵心系原子梦:钱三强传》

《金霉素·牛棚·生物固氮:沈善炯传》　《往事皆烟:朱尊权传》

《胸怀大气:陶诗言传》　　　　　　《智者乐水:林秉南传》

《本然化成:谢毓元传》　　　　　　《远望情怀:许学彦传》

《一个共产党员的数学人生:谷超豪传》　《没有盲区的天空:王越传》


《含章可贞:秦含章传》　　　　　　《行有则　知无涯:罗沛霖传》

《精业济群:彭司勋传》　　　　　　《为了孩子的明天:张金哲传》

《肝胆相照:吴孟超传》　　　　　　《梦想成真:张树政传》

《新青胜蓝惟所盼:陆婉珍传》　　　《情系梁菽:卢良恕传》

《核动力道路上的垦荒牛:彭士禄传》　《笺草释木六十年:王文采传》


《探赜索隐　止于至善:蔡启瑞传》　《妙手生花:张涤生传》

《碧空丹心:李敏华传》　　　　　　《硅芯筑梦:王守武传》

《仁术宏愿:盛志勇传》　　　　　　《云卷云舒:黄士松传》

《踏遍青山矿业新:裴荣富传》　　　《让核技术接地气:陈子元传》

《求索军事医学之路:程天民传》　　《论文写在大地上:徐锦堂传》


《一心向学:陈清如传》　　　　　　《铃记:张兴铃传》

《许身为国最难忘:陈能宽》　　　　《寻找沃土:赵其国传》

《钢锁苍龙　霸贯九州:方秦汉传》　《虚怀若谷:黄维垣传》

《一丝一世界:郁铭芳传》　　　　　《乐在图书山水间:常印佛传》

《宏才大略　科学人生:严东生传》　《碧水丹心:刘建康传》